Mongolian Proverbs
Монгол Зүйр Цэцэн Үг

A window into their world
Тэдний Ертөнц Дэх Цонх

Mongolian Proverbs
A window into their world

Janice Raymond

Translated by
Otgonjargal Oidovdorj

RESOURCE *Publications* • Eugene, Oregon

MONGOLIAN PROVERBS
A Window Into Their World

Copyright © 2014 Janice Raymond. All rights reserved. Except for brief quotations in critical publications or reviews, no part of this book may be reproduced in any manner without prior written permission from the publisher. Write: Permissions, Wipf and Stock Publishers, 199 W. 8th Ave., Suite 3, Eugene, OR 97401.

First published in 2010.

Resource Publications
An Imprint of Wipf and Stock Publishers
199 W. 8th Ave., Suite 3
Eugene, OR 97401

www.wipfandstock.com

ISBN 13: 978-1-62564-629-3

Manufactured in the U.S.A.

To Markus and Gertrud Dubach
For their encouragement and love
for the Mongolian people

Introduction

This volume concerns the nature and function of Mongolian proverbs. Its primary goal is to help foreigners better understand how Mongols see the world around them. Knowing the proverbs and how some Mongols use them was only a starting point for my research. I learned the most about Mongolian culture by discussing the proverbs with Mongolians and letting them tell me the point they were trying to make. For this reason, I would encourage foreigners who read this to discuss these proverbs with their Mongolian friends. The time listening will be well spent with the reward of learning more about Mongolian culture.

In Mongolia, proverbs are a part of every day conversations. But as people move more and more into the cities, their traditional use appears to be lessening. Some proverbs are unique to a specific geographic or ethnic group. As a result, proverbs that are unknown with one group of people may be very popular with another. Furthermore, a proverb might be known by Mongols of all ages but the different age groups may use it in different ways. This is not unusual. Scholars have shown that proverbs in different cultures can have multiple meanings (Westermarck 1930; Kirshenblatt-Gimblett 1994; Seitel 1977; Crépeau 1994; Jason 1971; Messenger 1959). It is best for foreigners to check with local Mongolians on the appropriateness of particular proverbs.

For this collection, Mongolian friends from Ulaan baatar, Darhan, and Erdenet explained to me how they used these proverbs and what their intended meaning was. Each proverb or saying has been classified under one of five categories: regularly used (heard or used at least once a month), frequently used (heard or used at least once every other month), often used (heard or used at least four or five times a year), occasionally used (heard or used at least once a year) or rarely used (heard or used only a few times in their lives). This classification for each proverb is an average of the different responses. I did not include any proverbs that those whom I interviewed had never heard. Because of the large number of proverbs used by Mongolians, it is common for a particular proverb to be considered very popular by one person, but virtually unknown by another person even though both people are the same age and live in the same city. Some proverbs classified as occasionally used or rarely used still represent themes that are very common in the culture.

The ages of those whom I interviewed were between 22 and 69. I expected the youngest person (22) to be the one who had never heard a particular proverb, but discovered that the youngest person sometimes considered a proverb popular that older people had never heard used. Most of my respondents had completed university.

Mongolian Proverbs

Some proverbs, although originally two lines, are only referred to by one of the two lines because the meaning is so well known. For example,

> Brass beside gold turns to yellow
> Little brother beside older brother becomes smarter

It is common to only hear the first line. An example of this in English would be the proverb, "Birds of a feather, flock together." In commenting on a person's relationship to others, someone might say only, "Birds of a feather," because it is assumed the listener already knows the second part. Many of the proverbs have small variations, typically in the tense of the verbs. When these have been given to me, they appear in parentheses. If a word is underlined, it means that sometimes it is replaced by the word in parentheses. If the word preceding the parentheses is not underlined, it means that the word in parentheses is sometimes added. If there are no words in parenthesis in the English translation, it means the Mongolian variations translate the same way into English. Also because the sentence structure for a Mongolian sentence is different than the English sentence structure, sometimes the words in the second line of the English translation actually come from the first line of the Mongolian.

Hundreds of Mongolian proverbs have not been included because those who worked with me had never heard them used. Since proverbs in any culture get their meaning within a specific context (Kirshenblatt-Gimblett 1994), I was not confident of the meaning of a proverb if my respondents knew it, but had never heard it used.

In the Mongolian books of proverbs I have seen, the proverbs are listed in alphabetical order rather than by themes. Therefore I have done the same with this research. For foreigners, I encourage you to just read through the book and whenever possible discuss the proverbs with your Mongolian friends. Ask them what the situation was when they used a particular proverb and the point they were trying to make. I am confident you will discover many more uses and in the process come to a better understanding of the Mongolian culture.

Танилцуулга

Энэхүү номдоо Монголчуудын дунд хэрэглэгддэг зүйр цэцэн үгсийн төрөл зүйл, шинж чанарын тухай өгүүлэхийг зорьсон билээ. Юун түрүүнд Монголчууд хүрээлэн буй орчин, ертөнцийг хэрхэн ухаарч, мэдэрч буйг гадаадын иргэдэд ойлгоход нь туслахыг хүссэн юм. Монгол зүйр цэцэн үгийг мэдэж авах, зарим Монголчууд тэднийг ямар тохиолдолд хэрэглэдэг болохыг олж мэдэх нь судалгааны ажлын минь зөвхөн эхлэл нь байсан. Монголчуудтай зүйр цэцэн үгийн утга, ямар утга санаа илэрхийлэхийг хүссэн зэргийн талаар ихийг сонсож, асууж сурч байхдаа би бээр Монголын зан заншлын тухайд багагүй зүйлийг сурч мэдсэн. Иймээс би гадаадын бусад иргэдээ урамшуулан энэхүү номыг уншиж, мөн монгол найз нөхөдтэйгөө өргөн их яриа өрнүүлэхэд уриалж байна. Таны тэднийг сонсох цаг бол таны хувьд хамгийн үр ашигтай цаг байх бөгөөд Монголын соёлын талаарх мэдлэгт тань том дусал болно хэмээн найдаж байна.

Монголчуудын дунд зүйр цэцэн үг нь бараг өдөр тутмын ярианы хэрэглүүр болсон байдаг. Харин хотын соёл газар авч, хотжилт хүрээгээ тэлэхийн хэрээр ардын уламжлалаасаа тэд аажмаар холдсоор байгаа байдлыг олж харж болно. Зарим зүйр цэцэн үгүүд тодорхой нэг газар нутаг, үндэстний дунд цор ганц байдаг. Үүнээс үүдээд нэг хэсэг хүмүүсийн дунд түгээмэл байх зүйр цэцэн үгийг нөгөө бүлэг хүн мэдэхгүй тохиолдол гардаг байна. Түүнээс гадна аль нэг зүйр цэцэн үгийг Монголчууд насныхаа ялгаанаас хамаарч өөр хоорондоо ялгаатайгаар ойлгож, хэрэглэх нь бас байдаг ажээ. Гэвч энэ нь тийм ч элбэг тохиолддог зүйл биш. Эрдэмтэд өөр өөр соёлоос үүдэлтэй зүйр цэцэн үг нэмэлт өөр утгыг өөртөө агуулдаг (Westermarck 1930; Kirshenblatt-Gimblett 1994; Seitel 1977; Crépeau 1994; Jason 1971; Messenger 1959) болохыг хэлсэн байдаг. Тиймээс энэ ажил маань зөвхөн Монголчуудын дунд хэрэглэгддэг зүйр цэцэн үгийг олж мэдэхэд томоохон сайхан завшаан болж байгаа юм.

Энэхүү номдоо Улаанбаатар болон Дархан, Эрдэнэт хотуудад амьдран суугаа монгол найз нөхдийн маань утгыг хэрхэн ойлгож, ямар үед хэрэглэдэг тухайгаа хэлж өгсөн зүйр цэцэн үгсийг оруулсан билээ. Зүйр цэцэн үг бүрийг дараах таван ангилалаар ангилсан болно. Үүнд: өргөн хэрэглээний (дор хаяж сард нэг удаа сонсдог, хэрэглэдэг)-*regularly used*, түгээмэл (дор хаяж хэдэн сард нэг удаа сонсдог, хэрэглэдэг)-*frequently used*, дундаж (дор хаяж жилд дөрвөөс таван удаа сонсдог, хэрэглэдэг)-*often used*, ховор (дор хаяж жилдээ нэг удаа сонсдог, хэрэглэдэг)-*occasionally used*, цөөн (амьдралдаа цөөн боловч удаа сонсдог, хэрэглэдэг)-*rarely used*. Зүйр цэцэн үгээ ангилахдаа судалгааныхаа дүнгийн дунджаар тооцож оруулсан болно. Ярилцсан хүмүүсээсээ огт сонсоогүй гэсэн хариу авсан зүйр цэцэн

үгийг энэхүү номдоо нэгийг ч оруулсангүй. Учир нь мэдээж монголчуудын дунд хэрэглэгдэж буй зүйр цэцэн үгийн тоо бол тоолж барамгүй бөгөөд хэдийвээр нэг хүнийх нь хувьд маш өргөн хэрэглэгддэг үг боловч бодит амьдрал дээр тэр бүр хэрэглэгддэггүй үг олон байсан юм. Мөн тодорхой тооны зүйр цэцэн үгс ховор, цөөн хэрэглэгддэг гэсэн ангилалд орсон ч тухайн зүйр цэцэн үгийн сэдэв нь дундаж хэрэглээнийх байж болох талтай.

Ярилцлага хийсэн хүмүүсийн маань нас 22-69 байсан. Би бээр хамгийн залуу хүн (22 настай) нь тодорхой зарим зүйр цэцэн үгсийг огт сонсоогүй байж болох юм хэмээн таамаглаж байсан ч залуу нь ахмад настай хүнийхээ огт сонсоогүй зүйр цэцэн үгсийг илүүтэй мэдэж, хэрэглэж байсныг олж илрүүлсэн билээ. Судалгаанд оролцогчдын ихэнх нь дээд боловсролтой.

Зарим зүйр цэцэн үгс угтаа хоёр мөрөөс бүтдэг хэдий ч нэг мөрийг нь л хэрэглэсээр заншсан тохиолдол олон байсан юм. Тухайлбал,

    Алтны дэргэдэх гууль шарлана
    Ахын дэргэд дүү ухаажна

Энэхүү зүйр цэцэн үг нь эхний мөрөөрөө нэгэнт хэрэглэгдсээр заншсан байна. Үүнтэй адил жишээ англи зүйр цэцэн үгэнд бас бий. Жишээлбэл, "Birds of a feather, flock together" (Ижил далавчтай шувууд нэг дор цуглана) гэсэн зүйр цэцэн үгийг "Birds of feather" хэмээн товчлон хэрэглэдэг. Учир нь сонсогчдод энэ зүйр цэцэн үгийн хоёр дахь мөр нь хэдийнэ танил болсон байдаг. Олон зүйр цэцэн үг өөр хоорондоо үйл үгийн болон үйлийн цагийн хувьд бага зэргийн зөрүүтэйгээр хэлэгдэж хэвшсэн байдаг. Ийм зүйр цэцэн үгс тохиолдоход хаалтанд солигдох үгийг нь оруулж, мөн тухайн үгийн доогуур зурж тэмдэглэсэн болно. Хэрэв доогуур нь зураагүй атлаа хаалтанд хийсэн бол энэ нь зарим тохиолдолд нэмэгдэж ордог гэсэн үг. Хэрэв англи орчуулгад нь ямар ч хаалтгүй оруулсан бол монгол зүйр цэцэн үгсийн эдгээр ялгааг англи хэлэнд хөрвүүлэхдээ нэг л хувилбараар буулгах боломжтой гэсэн үг. Мөн монгол, англи хэлний өгүүлбэрийн бүтцийн ялгаанаас шалтгаалж монгол зүйр цэцэн үгсийн нэг дэх мөр нь англи орчуулгын хоёр дахь мөрөнд орчуулагдсан нь бий.

Зуу зуун монгол зүйр цэцэн үгс энэ ажилд минь ороогүй бөгөөд тэдгээр нь надтай ажилласан хүмүүсийн хэзээ ч сонсоогүй, эс бол хэрэглэж байгаагүй үгс юм. Нэгэнт аливаа ард түмний зүйр цэцэн үг өөрийн гэсэн өвөрмөц онцлог, агуулгыг өөртөө тээж явдаг арвин баялаг соёлын өв учир (Kirshenblatt-Gimdlett 1944) хэрэв миний асуултад харамгүйгээр хариулж, тусалж дэмжсэн тэдгээр хүмүүсгүйгээр энэ бүх зүйр цэцэн үгсийн утгыг ухаж ойлгох нь миний хувьд тун бэрхшээлтэй зүйл байх байсан юм.

Миний ажигласнаар монгол зүйр цэцэн үгийн ном зүйр цэцэн үгсээ сэдэвчилсэн маягтай байхаасаа илүүтэй цагаан толгойн үсгийн дарааллаар байрлуулсан байх юм. Тиймээс өөрийн судалгааны энэхүү ажлаа ч нэгэн адил хийлээ. Гадаадын бусад иргэддээ хэлэхэд, энэхүү номыг уншиж үзээд

Mongolian Proverbs

хэдийд ч монгол найз нөхөдтэйгөө энэ талаар ярилцах боломжтой шүү! Тэднээс эдгээр зүйр цэцэн үгсийг ямар тохиолдолд хэрэглэдэг болохыг нь лавлаж асуугаарай! Та энэхүү номыг уншсанаар зүйр цэцэн үгсийн олон янзын хэрэглээг олж мэдэх, Монголын соёлыг илүүтэй ойлгоход тус нэмэр болно хэмээн найдаж байна.

Mongolian Proverbs

#1   —*often used*

А үсгийн толгой <u>мэдэхгүй</u> (ацаг танихгүй)
Арвын тооны учрыг олохгүй

Энэхүү үгийг ухаан муутай, ном эрдэм сурч чаддаггүй хүний тухай яриxдаа хэрэглэдэг.

Does not <u>know</u> (recognize) the letter "A"
Does not understand the meaning of "10"

This can be used to describe someone who is not intelligent and cannot learn.

#2   —*occasionally used*

Аав нь <u>бүгдийн</u> (гэрийн) хаан
Ах нь дүүгийн хаан

Аав хүний үг хэл хийгээд үйлдэл тухайн гэр бүлийн амьдралд голлох нөлөөг үзүүлж байдаг. Дүү нар нь ууган ахынхаа амьдралыг харж, хэлсэн үгийг хүндэтгэн дагах хэрэгтэй. Энэ нь анхны хүүхэд хүү байxын чухлыг өгүүлж байна.

Father is a king <u>of all</u> (of the home)
Oldest brother is a king of his younger siblings

In the family, the father's word and his life are the most important. Siblings need to also honor the words and the life of the oldest brother. It is important in the family to have a son as the first child.

#3   —*occasionally used*

Аав нь хэлж хүү нь дагана
Ам нь идэж сүүл нь таргална

Хонь өвс идэх тусам сүүл нь таргалж байдаг. Аав хүний хэл ярьж буй нь маш чухал бөгөөд түүний хэлсэн үг хүүхдүүдийг нь дуулгавартай байдалд сургадаг. Энэ үгийг хүүхдийг аавынхаа үгэнд дуулгавартай хандахад сургаж хэлдэг болов уу. Заримдаа мөрүүд солигдож хэлэгдэх нь бий. #79-г үз.

Father speaks and son follows
Mouth eats and tail fattens

When sheep eat, it follows that their tails will become fatter. A father's words are very important. So when he speaks, it follows that children are to be obedient to what has been said. This might be said to teach children to respect their fathers. Sometimes the lines are reversed. See #79.

#4   —*occasionally used*

Аав хүний сэтгэл бөх
Атан тэмээний нуруу бөх

Сэтгэл зүрхэнд нь тухайн хүний зан араншин агуулагддаг. Яг л холын замд хүнд хүчир ачааг үүрч яваа тэмээний нуруу хүчтэй байдгийн нэгэн адилаар аав хүн сайн, сэтгэлийн тэнхээтэйгээс гадна зовлон дунд ихээхэн тэвчээрийг гаргах ёстой байдаг.

Father's heart is strong
Camel's back is strong

The heart is the place of a person's character. Just as the camel's back is strong in order to carry many things for a long journey, fathers are to have good, strong characters and also to be patient in suffering.

Mongolian Proverbs

#5 — *often used*

Аав ээжийн сургаал сайхан
Алтан нарны илч сайхан
Ах дүүсийн ачлал сайхан

Father and mother's teaching is nice
Golden sun's warmth is nice
Brothers' and sisters' care is nice

Энэ нь зүйр цэцэн үг бус, хэлц юм. Нарны илчинд дулаацах, эсвэл элгэн садангаараа халамжлуулах сайхан байдаг шиг, эцэг эхээ сонсож, тэдний үг сургамжийг дагах нь бидэнд сайхан хэрэг юм.

This is a saying, not a proverb. Just as it is nice when we are warmed by the sun or cared for by relatives, it is nice when we listen to our parents and follow their teaching.

#6 — *occasionally used*

Ааваа санавал авгаа
Ээжээ санавал нагацаа

If you miss visiting your father, visit your father's brothers and sisters
If you miss visiting your mother, visit your mother's brothers and sisters

Эцэг эхээс өнчрөн хоцорсон, эс бөгөөс эцэг эх нь алс хол одсон бол үр хүүхэд нь тэднийг санагалзах нь зүйн хэрэг. Энэхүү үг нь тийм үр хүүхдэд хандан хэлэгдсэн үг байж болох агаад тэд авгындаа, нагацындаа тайтгарлыг олохоор очицгоох аж. Авга, нагацууд нь эцэг эхийг нь орлон тэдэнд эцэг эхийг нь санагдуулам халамж анхаарлыг үзүүлэх болно. Магад авга болоод нагацуудынх нь үзүүлэх энэхүү халамж анхаарал хань ижлийнх нь үзүүлэх халамжнаас ч хавьгүй илүү байж болох юм гэж итгэсэн сэтгэлийн үг байх.

After parents have died or if they are far away, they will be missed by their children. This might be said to the children so the children will go to their aunts and uncles for comfort. They stand in for the parents and will care for the children and remind them of their parents. It is believed this care is best given by aunts and uncles rather than a spouse.

#7 — *regularly used*

Аавдаа
Авгай авахыг заах
Аавдаа
Адуу манахыг заах

To your father
Teach how to get married
To your father
Teach how to herd horses

Үр хүүхдүүд нь аавууддаа юуг ч заах хэрэггүй, учир нь тэд хэдийн бүхнийг мэдэж байгаа. Магад энэхүү үгийг өөрийгөө аавaacaa илүү ихийг мэддэг хэмээн ташаа ойлгогч хүүхдүүдэд зориулан хэлсэн, эс бөгөөс тэдний тухай ярихдаа хэрэглэдэг болов уу. Мэддэг зүйлийг нь заах гээд байгаа хүмүүст зориулж зарим хүн энэ үгийг хэрэглэдэг. Ахмад настныг хүндлэхгүй байгаа залуust хандан зарим хүн энэ үгийг хэлдэг.

Children should not try to teach their fathers anything because they already know everything. This might be said to or about children who think they know more than their father. Others might use it when people are trying to teach other people something they already know. Others might use it when referring to young people who are not acting respectful towards their elders.

#8 —occasionally used

Аавыгаа амьдад
Арзайх сахал бүү тавь

Дээр үед аавыгаа амьд сэрүүн байхад буюу хүү нь хэт эрт сахлаа ургуулах нь аавыгаа хүндэтгэхгүй байгаагийн тэмдэг гэж үздэг байв. Энэ зүйр цэцэн үг нь хүүхдүүдийг бардамнахын оронд эцгээ хүндэлж сонсдог бай хэмээн сануулж байна.

When your father is alive
You are not allowed to have a pointed-whiskered beard

In earlier times, for a son to have a beard while his father was still alive was a sign of disrespect. This proverb is a warning for children not to be proud but to respect and listen to their fathers.

#9 —frequently used

Аавын буйд хүнтэй танилц
Агтны буйд газар үз

Та морь унавал орчин тойрноо бүгдийг нь харах боломжтой. Сайн, муу газар хаана байгааг харж болно. Сайн газар гэж юун түрүүнд унд ус, ургамал ногоо сайтай газрыг хэлдэг. Зарим хүн энэ зүйр цэцэн үгийг эцгийнхээ амьд сэрүүнд үр хүүхэд нь бие даан явж, дэлхий ертөнцтэй танилцах хэрэгтэй гэдгийг хэлж байна гэж үздэг. Хэрэв тэд ийн явбал нүд нь нээгдэж, ухаан тэлэх болно. Зарим хүн үүнийг хүүхдүүд эцгээ амьд байхад хамт газар үзэх хэрэгтэй гэсэн утгаар тайлбарладаг. Ингэснээрээ тэд хүмүүстэй уулзаж, эцгээсээ ямар хүн муу, ямар хүн сайн болохыг сурна. Энэ ялгааг тайлбарлаж өгөх нь эцгийн үүрэг юм. Зарим эцэг эх хүүхдүүдээ олон хүнтэй харилцаж холбогдохыг хүсэх үед, эсвэл аялалаар явж олон янзын хүмүүстэй уулзах гэж байгаа хүнийг урамшуулж хэлдэг байна.

When father is around get to know people
When you have a horse see the land

When you are riding your horse, you can see everywhere. From this you learn where the good and the bad places are. The good places are primarily where there is good water and good grazing. Some people understand this proverb to mean that before a father dies, his children should go out on their own and learn about the world by going places. If they do, their minds will be opened and widened. Others would say that it means children should go out with their fathers while they are alive. That way they can meet people and learn from their fathers which people are good and which are bad. It is the father's responsibility to explain the difference. Some people use this when parents want their children to communicate more with people or to encourage someone who will travel to communicate with the people they will meet.

#10 —frequently used

Аавын сургаал алт
Ээжийн сургаал эрдэм

Эцгийн сургаал хүний зүрхэнд (зан араншин), харин эхийн сургаал оюун санаанд хүрдэг гэж итгэдэг. Үр хүүхдүүд сайн хүн болохын тулд эцгийнхээ заасан сургаалыг үнэлж хүндэлдэг байх хэрэгтэй. Илүү ухаалаг болье гэвэл эхийн заасан сургаалыг үнэлж цэгнэх учиртай. Энэ нь эцэг эхээ хүндлэх нь чухал бөгөөд тэдний сургаалыг дагах нь үр ашигтай гэдгийг хүүхдүүдэд сануулахын тулд хэлэгддэг байсан бололтой.

Father's teaching is gold
Mother's teaching is knowledge

It is believed that the father's teaching goes into the heart (place of character), while the mother's teaching goes into the mind. Children need to value what their fathers teach them in order to become good people. They need to value what their mothers teach them in order to become more knowledgeable. This might be said to remind children of the importance of respecting their parents and the benefits of following their teachings.

#11 —often used

Аавын үгүйд ах аав
Ээжийн үгүйд эгч ээж

Гэр бүл, эцэг хүний үг яриа, амьдрал хамгийн чухал байдаг. Ах дүүс ч бас ууган ахынхаа үг яриа, амьдралыг хүндэтгэдэг байх хэрэгтэй. Эцэг нь өнгөрөх үед ах нь тэдний эцэг болдог. Үүнтэй адил, эх нь нас барсны дараа том эгч нь дүү нарынхаа эх нь болдог.

When father is gone the eldest brother is father
When mother is gone the eldest sister is mother

In the family, the father's word and his life are the most important. Siblings also need to honor the words and the life of the oldest brother. He becomes their father when their father dies. In the same way, the eldest sister becomes her siblings' mother after their mother dies.

#12 —often used

Аавын хүү адилгүй
Арван хуруу тэгшгүй

Аавын хүү алагтай, цоогтой
Арын мод өндөртэй, намтай

Бид хүн бүрээс ижил зүйлийг хүсэн хүлээх хэрэггүй. Хүн бүр өөр өөр авьяас чадвартай, гарал үүсэл ялгаатай, адилгүй туршлагатай, өөр зан чанартай бөгөөд төгс хүн гэж нэг ч үгүй. Сайн ч хүн, муу ч хүн байдаг гэдгийг үр хүүхдэдээ сануулахын тулд энэ үгийг хэлдэг бололтой. #127, #686, #702, #1004-г үз.

Father's sons are not the same
Fingers are uneven

Father's sons are here and there
Trees of the forest are short and tall

We should not expect the same things from every person. Everyone has different talents and no one is perfect. This might be said to warn children that there are good and bad people. See #127, #686, #702, #1004.

#13 —often used

Аавын хүү алдраараа гайхагдана
Ээжийн хүү эрдмээрээ гайхагдана

Хүүхдүүдийн сайн зан чанарт эцгийнх нь, оюуны чадавхид эхийнх нь нөлөө их байдаг. Сайн зан чанартай хүү эцэг нь өөрт нь хэрхэн сайн эр хүн байхыг хэр сайн зааж сургасан болохыг харуулдаг. Эх хүний нэн тэргүүний хариуцлага бол мэдлэг олгох явдал бөгөөд эрдэм мэдлэгтэй, олон зүйлийг хийх чадвартай хүүхэд эхийнхээ сайныг илтгэн харуулдаг. Таны зан чанар эцгийнхтэйгээ адилхан байдаг учраас хүмүүс эцгийг тань хэн болохыг мэдэхийг хүсдэг. Зарим хүн энэ зүйр үгийг эцэг эхтэй огтхон ч хамаагүй гэж үздэг бөгөөд эрдэм мэдлэгээрээ олноо алдаршин, бусдад хүндлэгддэг болсон хүний тухай ярихдаа хэрэглэдэг гэж үздэг.

Son of the father astonishes others by his glory
Son of the mother astonishes others by his intelligence

Children's good character reflects on their father and their intelligence reflects on their mother. A son with good character shows how well his father showed him how to be a good man. Since the mother's primary responsibility is to give knowledge, a child who has knowledge and can do many things reflects well on the mother. People want to know who your father is because your character will be like his. Others believe this proverb has nothing to do with parents, but is used to refer to someone who has become famous because of his knowledge and the respect others have for him.

Mongolian Proverbs

#14 —*occasionally used*

Ааг нь ихдэж
Ажил нь багадах

Too much arrogance
Too little work

Энэ нь үргэлж уурлаж, байнга л бусдад асуудал үүсгэж байдаг боловч ямар ч ажил хийдэггүй хүнийг дүрслэн хэлдэг. Бардам залхуу хүмүүст хандан зарим хүн энэ үгийг хэлдэг.

This describes a person who is angry and makes problems for others all the time but never does any work. Some might use it when referring to the proud man who is lazy.

#15 —*occasionally used*

Аальгүй хүн үгэнд унах
Агсам морь нүхэнд унах

A woman who lacks self control falls in a word
Stubborn horse falls into a hole

Зөрүүд морь эзнийхээ удирдамжийг дагахгүй байсаар эцэст нь нүхэнд унадаг. Үүний ижил, өөрийгөө хянаж захирдаггүй эмэгтэй хүн өөрийг нь буруу замд оруулах муу зөвлөгөөг дагадаг. Тэр хөнгөн зантай, аальгүй бөгөөд үргэлж цэнгэж баясаж явдаг. Тэрээр ямар зан ааш гаргаж байгаагаа бодож үздэггүй. Энэ зүйр үгийг иймэрхүү зан чанартай хүнд, эсвэл зарим нэг хандлага, үйл хэрэг хүнд муу үр дагавар авчирдаг гэдгийг зааж сургахад хэрэглэдэг бололтой.

It is understood that a stubborn horse that does not follow good instructions ends up in a hole. In the same way, a woman who is not self-controlled will follow bad advice which will take her in a bad direction. She is light-minded, flirtatious, parties and only laughs. She is not thinking about the character she is displaying. This might be said when referring to someone with this character or to teach that certain attitudes and actions will bring you bad consequences.

#16 —*frequently used*

Аальгүйгээс
Хамаргүй нь дээр

It is better not to have a nose
Than to be flirtatious

Аальгүй эмэгтэй аальгүйтэх үедээ ам хамраа даран, инээмсэглэж, чанга хөхрөх зуршилтай байдаг. Энэ зүйр үгийг аальгүй эмэгтэйн тухай ярихад, эсвэл ийм эмэгтэйг аальгүйтэхийг нь болиулахын тулд хэрэглэдэг бололтой.

A flirtatious woman has a habit of covering her nose, smiling or laughing and turning away when she is flirting. This might be said about or to a woman who flirts to try to get her to stop.

#17 —*occasionally used*

Ааш зангийн номхон нь дээр
Адуу малын тарган нь дээр

Humility is higher than all of the character traits
Fatness is better for livestock

Бидний мал сүрэг тарга тэвээрэг сайтай байвал илүү дээр нь хэн бүхэнд тодорхой. Үүний адил бид даруу төлөв байвал илүү дээр гэсэн утгатай. Энэ зүйр үгийг даруу төлөв бус хүнд хандаж, эсвэл даруу байхын чухлыг хүүхдүүддээ зааж сургахад хэрэглэдэг.

It is understood that it is better when our livestock are fat. In the same way, it is better when we are humble. This might be said to refer to someone who is not humble, or to teach children the importance of humility.

Mongolian Proverbs

#18 —*occasionally used*

Ааштай хүн хүндээ барна
Ажилтай хүн хүндээ хэлнэ

Хүн шургуу ажиллах үед бусад хүмүүс түүний тухай сайшаан ярьдаг. Эсрэгээрээ муухай зан авиртай хүн үүнийгээ бусдад харуулах үед хүмүүс түүнийг хүндэтгэхээ больдог. Энэ зүйр үгийг тааруухан зантай, үүнээсээ болж нэр хүндээ алдсан хүний тухай ярихдаа, эсвэл үр хүүхдэдээ муу муухай зан авираас зайлсхийхийг үнэхээр хичээх хэрэгтэй гэдгийг сануулахад хэрэглэдэг бөгөөд түүнчлэн зарим хүмүүс нэр алдарт хүрч, бусдын хүндэтгэлийг хүлээсэн хүмүүсийн тухай ярихад хэрэглэдэг байна.

Person who has bad character loses his name
Person who works hard will tell his name

It is obvious that when people work hard, others will think well of them. The reverse is also true in that people will lose the respect of others when their actions show they have a bad character. Some people would say this to refer to someone whose behavior is not good and as a result will no longer have a good name or, to teach children to work hard or to avoid bad behavior. Others use it to refer to people who have earned respect in their careers.

#19 —*frequently used*

Аваагүй байхад авгай сайхан
Алаагүй байхад үнэг сайхан

Энэ нь амьд үнэг үхсэн үнэгнээс хамаагүй сайн харагддаг гэсэн утгатай. Гэрлэхээсээ өмнө төрх байдал, зан чанар нь хавьгүй сайхан байсан эмэгтэйн тухай хэлэхэд хэрэглэдэг. Гэрлэхээсээ өмнө энэ эхнэр сайн дэмжигч нэгэн байснаа гэрлэснийхээ дараа нөхрөө илүү сайн хүн болгохыг хүсэж, үүний улмаас үглэн, түүнийг өөрчлөхийг хичээж эхэлдэг. Заримдаа мөрүүд солигдож хэрэглэгдэх нь бий. Зарим хүмүүс энэ үгийг хүмүүсийн гаднах байдал доторхтойгоо адил биш гэдгийг ойлгуулахад хэрэглэдэг. #58-г үз.

When not married a woman looks nice
When not killed a fox looks nice

It is understood that a live fox looks much better than a dead one. This might be said when referring to a woman whose appearance or character was much nicer prior to marriage. Before marriage this woman was supportive, but after marriage she wants her husband to be a better person, so she nags and tries to get him to change. Sometimes the lines are reversed. Some understand it to mean that appearance may be different from character. See #58.

#20 —*often used*

Аваргыг хаяж (ялж)
Аварга болно (болдог)

Та аваргыг ялахаасаа өмнө биш харин ялсны дараа л аварга болдог. Зарим хүмүүс энэ үгийг аваргыг ялж чадаагүй байж хоосон бардамнаж, сайрхдаг хүний тухай ярихдаа хэрэглэдэг гэж үздэг. Харин зарим нь хүмүүсийг дасгал сургуулилтаа үргэлжлүүлэн хийхийг урамшуулахын тулд хэрэглэдэг гэдэг.

You throw (defeat) the champion
You will become (become) the champion

When you are able to defeat the champion, then you are the champion and not before. Some people would say this about a person who has false pride and is bragging but hasn't defeated the champion. Others use it to encourage people to continue to train.

#21 —occasionally used

Авах хүн бөхийх (бөхийж)
Өгөх хүн гэдийх (гэдийнэ)

Цагаан сарын үеэр (Монголын шинэ жил) настай хүмүүс босож зогсоод, хүүхдүүдэд бэлэг өгдөг, хүүхдүүд бөхийж хоёр алгаа дэлгэн тосдог. Мөн хэн нэгэн уучлал хүсвэл, тэд бага зэрэг бөхийн, уучлалыг хүлээн авдаг. Өнөө үед энэ зүйр цэцэн үгийг ажилчид ихэвчлэн хэлдэг. Зарим үед боссууд ажилчдаа гуйлгачин шиг үзэж, юу хийлгэхийг хүсэ тийн үйлдүүлэхийг хүсдэг. Иймэрхүү төрлийн босстой ажилчдын хувьд цалингаа авахдаа ч гэсэн өөрт нь бүрэн дуулгавартай байгаа хандлага үзүүлэх хэрэгтэй болдог. Заримдаа хөрөнгөтнүүд өөрөөс нь тусламж хүссэн хүмүүст босстой ижилхэн хандлага гаргадаг.

The receiving person <u>will bow</u> (bows) down
The giving person will stay standing

During *Tsagaan Sar* (Mongolian New Year) adults stand up to give gifts to children. Children bow and have their hands open with their palms up. If someone is asking for forgiveness they should also bow down a little to receive the forgiveness. Today it is commonly said by workers. Bosses sometimes see their workers as beggars and expect them to act accordingly when asking for anything. Workers with this type of boss would need to show a submissive attitude when asking to get their salary. Sometimes beaurocrats have the same attitude as bosses towards those who come to them for help.

#22 —regularly used

Авахдаа уургын морь шиг
Өгөхдөө ургаа хад шиг

Зарим хүн энэ үгийг зүйр цэцэн үг гэж үздэггүй. Хүчтэй морь хад чулуутай газар байсан ч гэсэн үргэлж давхих гэж зүтгэдэг. Зарим хүмүүс энэ үгийг хүнээс авах дуртай атлаа бусдад өгөх, хуваалцах дургүй хүний тухай ярихдаа хэлдэг.

When you want something from others, you are like a strong horse
When you want to give something to others, you are like a rock

Some people do not consider this to be a proverb. A strong horse is always trying to move, whereas a rock sits still. Some people would say this about a person who likes to receive but not to give and share with others.

#23 —occasionally used

Авд мордоход нохой хэрэгтэй
Адуунд явахад уурга хэрэгтэй

Энэ хоёр мөр хоёулаа адуу хайхаар юм уу, эсвэл ан хийхээр явахдаа амжилттай сайн бая гэвэл юу хэрэгтэйг хэлдэг. Хүн ямар нэг үйл ажиллагаа эхлэхийг хүсэж байгаа атлаа хэрэгцээтэй зүйлдээ анхаарал тавихгүй байгаа үед, эсвэл хэн нэгэн таван мэдрэхүйгээ (мэдээжийн зүйлийг) ашиглахгүй байгаа үед энэ үгийг хэлж болох юм.

When going hunting a dog is needed
When going to look for horses a lasso pole is needed

Both lines speak of what is needed in order to be successful if going hunting or looking for horses. It might be said when someone wants to start a project but is not paying attention to what is needed or when someone is not using common sense.

Mongolian Proverbs

#24   *—often used*
Авдарт байтал айлаас эрэх
Гарт байтал гаднаас эрэх

Энэ хоёр мөр хоёулаа хэрэгцээтэй зүйл нь аль хэдийн гэрт нь байсаар байтал үүнийгээ мартан хайхаар явж байгаа хүмүүсийг дүрслэн хэлдэг. Эсвэл тэд өөр нэг газар хайж байх үедээ гэнэт нөгөө зүйл нь гэртээ байгааг санаж байгаа тухай хэлж байж болох юм. Энэ нь бид ямар нэг хэрэгцээтэй зүйлийг эрж хайхаар болбол бид өөр ямар нэг газарт хайхаасаа өмнө гэртээ хайх хэрэгтэй гэдгийг сануулан хэлж байж болно.

Look for something yet it is still in your trunk
Look for something outside yet it is still in your hand

Both lines describe people who go looking for something that is needed, forgetting that they already have it at home. Or it may be that while they are looking elsewhere, they remember they have it at home. This might be said as a reminder that when we are looking for something we need, we should first look in our homes before looking elsewhere.

#25   *—regularly used*
Авсан хүн нэг тамтай
Алдсан хүн арван тамтай

Хулгай хийсэн хүний тухай ярихдаа зарим хүмүүс энэ зүйр үгийг хэрэглэдэг. Хулгайч хүний байнгын нэг зовнил бол түүнийг хайж яваа хүн ба хэзээ баригдах тухай байдаг. Хоёр дахь мөр нь хүнээс юм зээлчихээд алга болгочихсон хүмүүсийг хэлдэг. Тэд яахаа мэдэхээ больж, илүү зовдог. Зарим хүмүүс хоёр дахь мөрийг юмаа хулгайд алдсан хүний тухай ярьж байна гэж үздэг бөгөөд ийм хүн арван хүнийг сэжиглэвч, үүнийгээ хэлж чадахгүйгээс болж зовдог гэсэн утгатай. #63-г үз. Эсвэл энэ нь би ямар нэгэн зүйлээ алдаад олох гэж зовж байгаа гэсэн утгатай.

The person who stole something has one hell
The person who lost something has ten hells

Some people would say this when referring to people who have stolen something. Thieves have one constant worry all the time and that is about the person who is looking for them and when they will get caught. Line 2 refers to people who borrow something and then lose it. They will suffer more trying to figure out what to do. Other people understand line 2 to mean that the one who lost something will suspect ten people and suffers because he cannot say anything. Or it can be that I know I have lost something and will suffer trying to find it. See #63.

#26   *—occasionally used*
Авснаа мартах нь адгийн шинж
Эргүүлж өгөх нь эрхэм шинж

Өрөө төлөхгүй байх нь үнэхээр муу, харин буцааж төлөх нь гайхамшигтай хэрэг. Энэ зүйр үгийг хүүхдүүдэд өрөө буцааж төлөх нь чухал гэдгийг заахдаа, мөн хүмүүсийг өрөө буцаан төлөхийг уриалах үед хэрэглэж болно.

Taking then forgetting is really bad
Giving back is precious

Not repaying a debt is really bad, but repaying is wonderful. This might be said to teach children the importance of repaying debts or to encourage people to repay their debts.

#27   *—regularly used*
Агт алдвал барьж болдог
Ам алдвал барьж болдоггүй

Морио алдвал эргүүлээд барьж авч болдог, харин үгийг нэгэнт хэлсэн л бол

A horse released can be caught,
A word released cannot be caught

It is understood that a horse that has been released can always be brought back; but

эргүүлж авах боломжгүй гэсэн утгатай. Энэ нь биднийг хэлж буй үгэндээ анхааралтай хандахыг сануулдаг. Заримдаа мөрүүд солигдож хэрэглэгдэх нь бий.

words, once said, cannot be taken back. This warns us to be cautious with our words. Sometimes the lines are reversed.

#28 —*occasionally used*
Агт морь сайн бол алсын замд түшиг
Ах дүү сайн бол аль алиндаа түшиг

Сайн морьд холын аяныг туулж чаддаг, үүнтэй адил ах дүүсийн харилцаа сайн бол амьдралд тустай.

If a horse is good, it is good for a long journey
If brothers have a good relationship, it is good for both of them

It is understood that good horses will be able to make long journeys. In the same way, good relationships between brothers is good for life.

#29 —*frequently used*
Адгийн зарга
Арав хоногтой

Хуулийн хамгийн жижиг хэрэг ч гэсэн шийдэгдэх гэж их цаг авдаг. Энэ зүйр үгийг хуулийн асуудалтай хүнд, эсвэл зан авир нь эрх мэдэлтнүүдтэй холбоотой төвөгтэй байдалд оруулж байдаг хүнд хэрэглэж болно.

The worst lawsuit
Takes ten days

Even the smallest legal matters seem to take the longest time to resolve. It might be used for a person who has a legal problem or for someone whose behavior is liable to get them into trouble with the authorities.

#30 —*often used*
Адгийн ноён албатдаа баатар
Адгийн эр авгайдаа баатар

Энэ зүйр үгийг бусад хүмүүстэй сайхан харилцдаг атлаа эхнэрээ дарангуйлж, хүчирхийлж, доромжилдог хүний тухай ярихдаа хэрэглэдэг. Муу удирдагчдын тухай ярихдаа зарим хүн энэ үгийг хэрэглэдэг.

The worst master is a general for slaves
The worst man is a general for his wife

This might be used when referring to a man who oppresses, abuses and insults his wife, but with others he acts fine. Others might use it when referring to bad leaders.

#31 —*occasionally used*
Адгуус амьтанд дайсан олон
Албат хүнд ноён олон

Энэ нь хөдөө газар адгуус амьтанд хор хөнөөл учруулах өөр амьтад олон байдаг гэсэн утгатай. энэ үгийг ажилчид юм уу, эсвэл дарга удирдагч гэх мэт эрх мэдэлтний дор, тэднээр хянуулан амьдардаг хүчгүй (эрх мэдэлгүй) хүмүүсийн тухай ярихдаа хэрэглэдэг.

For animals there are many enemies
For slaves there are many masters

It is understood that animals out in the countryside have many other animals who can harm them. This might be said when referring to workers or those without power who are being contolled by those who do have power, expecially a leader or a boss.

#32 —*frequently used*

Адилдаа адил
Годилдоо годил

What is the same
Will leave the same

Энэ нь өөрсдийгөө бусдаас илүү дээр зан чанартай, эсвэл авъяас чадвартай гэж боддог боловч үнэн хэрэгтээ адилхан буюу огтхон ч дээр биш гэдэг нь хүмүүст илэрхий харагддаг хүмүүсийг хэлдэг. Бусдаас огтхон ч ялгаагүй атлаа өөрийгөө бусад хүмүүсээс илүү дээр гэж хэн нэгнийг ярих үед энэ зүйр цэцэн үгийг хэрэглэж болно.

This describes people who think they are better in character or skills than others, but in reality people can see that they are the same and not better. This might be said when someone is speaking about how he or she is better than someone else when it is clear to others there is no difference.

#33 —*occasionally used*

Адуу азаргагүй бол сүрэг <u>болдоггүй</u>
  (болж чадахгүй)
Галуу түүчээгүй бол цуваа <u>болдоггүй</u>
  (болж чадахгүй)

If there is no stallion there <u>is no</u> (cannot be) herd
If there is no lead goose there <u>is no</u> (cannot be) v-formation

Энэ нь адуун сүрэг азаргагүй буюу эцэг малгүй бол хэзээ ч өсөж үржиж чадахгүй гэсэн утгатай. Түүнчлэн удирдаж явах галуугүй бол галуунууд цуваа үүсгэн явж чадахгүй. Үүнтэй ижил, удирдагчгүй бүлэг хүмүүс амжилтад хүрч чадахгүй. Сайн удирдагчтай байхаас гадна хүмүүс удирдагчаа дагадаг байх хэрэгтэй. Удирдагч хэрэгтэй болсон үед энэ зүйр үгийг хэрэглэж болно.

It is understood that without a stallion to father offspring, the herd will never grow. It is also understood that without a lead goose, geese cannot fly in their organized V-formation. In the same way, a group without a leader cannot be successful. Not only are good leaders needed, but people need to follow their leaders. This might be said in a situation where a leader is needed.

#34 —*occasionally used*

Адууны алаг сайхан
Аяганы алаг муухай

For horses, multi-colored is nice
For cups, multi-colored is ugly

"Алаг аяга" гэсэн хэлц нь хүмүүст дэв тогтоочихоод түүнээсээ хамааран аяганд нь өөр өөр хэмжээтэй хоол хүнс хийх гэсэн утгатай. Баян эсвэл чухал нөлөө бүхий хүн ядуу хүнээс хавьгүй ихийг хүртдэг. Ингэх нь сайн зан авир биш. Хоёр нүүртэй хүний тухай ярихдаа энэ зүйр үгийг хэрэглэж болно.

The phrase, "multi-colored cups" means that a person puts different amounts of food into someone's cup depending on the person's status. A wealthy or important person gets more than one who looks poor. This is not good behavior. This might be said to refer to a person who is two-faced.

#35 —*often used*

Адууныхаа хэрээр исгэр
Хөнжлийнхөө хэрээр жий

Whistle for as many horses as you have
Kick as many times as your blanket is long

Исгэрэх гэдэг нь морийг дуудах нийтлэг арга юм. Зүйр үгийн эхний мөр нь та хэр олон адуутайгаа мэд, тэгвэл та хэр урт исгэрэхээ мэднэ гэдгийг хэлдэг.

Whistling is the common way to call horses. The first line refers to knowing how many horses you have so you know

Хоёр дахь мөр нь хөнжил тань хэр урт гэдгийг мэд, тэгвэл та хөлөө хэр урт жийх вэ гэдгээ мэднэ гэсэн утгатай. Зарим хүмүүс энэ зүйр цэцэн үгийг юу хийж чадахаа, мөн яаж хийхээ мэддэг хүмүүст хэлдэг гэж үздэг. Харин зарим нь чадах хэмжээнээсээ илүү ихийг хийхийг хүсдэг, хэмжээ хязгаараа харалгүй хийдэг дээгүүр санаатай хүмүүст зориулан хэрэглэдэг гэж үздэг.

how long to whistle. The second line refers to knowing how long your blanket is so you know how far you can stretch your legs. Some people would say this to refer to someone who knows what they can do and how to do their work. Others use it for people who are pretentious and want to do more than they are capable of, and do not see their limitations.

#36 —frequently used
Ажил хийвэл ам тосдоно
Алхайж суувал амьдрал дордоно

Ам тосдох гэдэг нь та сайн идэх болно гэсэн утгыг агуулдаг. Зарим хүн энэ зүйр үгийг ажил хийж буй хүнийг урамшуулахын тулд хэрэглэдэг. Харин зарим хүн энэ үгийг ажил сайн хийдэг хүн, ажил сайн хийдэггүй хүн хоёрын амьдралыг тайлбарлаж байна гэж хэлдэг. Зарим үед зөвхөн эхний мөр л хэрэглэгдэх нь бий.

If you work, you will have oil on your mouth
If you do nothing, your life will get worse

Oil on your mouth indicates that you are eating well. Some people would say this to encourage someone to work. Others say it as a commentary on the life of one who works hard or one who does not work. Sometimes only the first line is used.

#37 —frequently used
Ажил хийвэл дуустал (нь)
Давс хийвэл уустал (нь)

Давсыг бүрэн уусаж алга болтол хутгах хэрэгтэй. Үүний адил, хүмүүс ямар нэг үр дүн харах хүртлээ үргэлжлүүлэн ажиллах шаардлагатай. Хэрвээ ямар нэг ажил эхэлсэн л бол заавал дуусгах хэрэгтэй. Энэ зүйр үгийг нэгэнт эхэлсэн ажлаа дуустал зогсохгүй байхыг урамшуулан хүмүүст хэлдэг.

Do work until it is finished
Stir salt until it is dissolved

It is understood that salt needs to be stirred until it has fully dissolved. In the same way people should continue working until they can see some results. If a project is started, it should be finished. This might be said to encourage people not to stop working once they have started.

#38 —often used
Ажил хийж хүн болдог
Ар давж хүлэг болдог

Морь өндөр уулыг өгсөж уруудаж чадаж байвал жинхэнэ морь болсон гэж үздэг. Үүнтэй адилаар, хүн ямар нэг зүйлийг хэзээ ч сураагүй, эсвэл хэзээ ч оролдож үзэж байгаагүйгээсээ болоод аливаа зүйлийг хийж чадахгүй байвал, тэр хүн бүрэн бүтэн хүн болоогүй байна гэсэн үг юм. Зарим хүн энэ үгийг хэн нэгнийг урамшуулахын тулд, эсвэл залхуу, ажил хийдэггүй хүний тухай ярихдаа хэрэглэдэг.

Becomes a human after working
Becomes a horse after going over and behind a mountain

It is understood that a horse that can go up and over a big mountain is considered to really be a horse. In the same way if people cannot do anything because they never learned anything or because they never tried, they are not fully human. Some people would say this to encourage someone or to comment on someone who is lazy and won't work.

Mongolian Proverbs

#39   *—often used*

Ажилд дадлага хэрэгтэй
Ачаанд татлага хэрэгтэй

Experience is needed for work
Rope is needed for a load

Татлага байхгүй бол ачаанд байгаа эд юмс унаж алга болно. Үүнтэй адил, ажлыг зөв хийхийн тулд дадлага туршлага хэрэгтэй. Энэ зүйр үгийг ажил хийхийг оролдож байгаа боловч ямар ч туршлагагүй хүнийг хэлэхэд хэрэглэдэг. Зарим хүмүүс энэ үгийг хүч чадлаа биш толгойгоо илүү ашиглахыг уриалахдаа хэрэглэдэг.

It is understood that without a rope things will fall off the cart. In the same way, experience is needed to do a project right. This might be said about someone who is trying to get a job done, but has no experience. Others might use it to encourage people to use their minds more than their physical strength.

#40   *—occasionally used*

Ажлыг аргаар
Хэцүүг эвээр

With a method for work
With skill for the difficult

Хэрвээ хүнд хэцүү ажлыг амжилттай хийе гэвэл зүгээр л хүчээр балбаад байх биш, харин тохирох арга барилыг хэрэглэх хэрэгтэй. Ямар ч ажлыг амжилттай хийе гэвэл зөв арга техник хэрэгтэй. Энэ үгийг зөв хэрэгсэл болон чадвар дутагдсанаас болж амжилттай байж чадахгүй байгаа хүмүүст хэлдэг.

It is understood that if work is difficult, a proper method is needed to be successful rather than just beating on something with force. Any work that is to be successful needs the right technique. This might be said when others are not being successful because they do not have the right skill or tools.

#41   *—occasionally used*

Ажлын сайнаар баяжих
Бэлчээрийн сайнаар таргалах

Good work makes you rich
Good pasture makes herds fat

Хэрвээ бэлчээр сайн бол мал сүрэг сайн хооллож, таргалдаг. Үүнтэй адилаар, хүн шударга, сайн ажиллавал баян болдог. Энэ зүйр үгийг шаргуу сайн ажиллаж, ажил амьдрал нь өөдрөг яваа нэгний тухай тайлбарлан хэлэхдээ, эсвэл хэн нэгнийг сайн ажиллахыг урамшуулахдаа хэлж болно. Зарим хүн энэ үгийг хэн нэгэнийг өвөлдөө бэлтгэлтэй байхыг уриалахдаа хэрэглэдэг.

It is understood that if there is good pasture, animals will eat well and become fat. In the same way, if people work hard and are honest, they will become rich. This might be said as a commentary on someone who has worked hard and is doing well or to encourage someone to work hard. Others might use it to encourage someone to prepare well for the winter.

#42   *—regularly used*

Аз хүү байвал
Ёоз хүүгээр цохино

If a person is lucky
He will even win with *yoz*

Ёоз гэдэг нь шоо шиг нүхтэй тоглоом юм. Энэ нь мөн тухайн тоглоомон дээрх хамгийн азгүй хэсгийн нэр. Зарим хүн хамгийн муу байдалтай байсан ч ялж чаддаг хүнд энэ үгийг хэлдэг. Харин зарим нь энэ зүйр үгийг ямар нэг зүй-

Yoz is a game with domino like pieces. It is also the word for the unluckiest piece to draw in the game. Some people would say this when referring to a person who can win even with the worst draws. Others might use it when referring to someone

лийг азаар хожихыг хүсэж байгаа хүнд зориулан хэрэглэдэг байна.

who wants to win something through luck.

#43 —occasionally used
Азаргаа унаад
Адуугаа эрэх

Азарга бол сүргийн удирдагч юм. Хүн азаргаа унаад явж байна гэдэг нь түүнийг бусад адуунуудаас нь холдуулдаг. Үүнээс болж сүрэг удирдагчгүй болж, өөр өөр зүгт тарж оддог. Эзэн нь морьдоо буцаан авчрахын тулд явж, тэднийг хайх хэрэгтэй болно. Хэрвээ тэр азаргыг унаж яваагүй байсан бол азарга бусад морьдыг хамтад нь байлгаж байх байв. Зарим хүмүүс энэ үгийг удирдагч хэрэгтэй болсон үед хэрэглэдэг. Харин өөр зарим хүмүүс үргэлж төөрөлдөн мунгинаж, буруу зүйл хийдэг хүнийг харахдаа энэ зүйр үгийг хэрэглэдэг байна.

When he rides his stallion
He looks for his horses

A stallion is always the leader of a herd. When this man rides the stallion, he is taking it away from the other horses. As a result they have no leader and scatter in different directions. In order to get his horses back, he must go and look for them. If he had not ridden off on the stallion, the stallion would have keep the other horses together. Some people would say this when referring to the need for a leader. Others might use it when observing a person who always seems to be confused and does the wrong thing.

#44 —frequently used
Айвал бүү хий
Хийвэл бүү ай

Хэрвээ хүн ямар нэг зүйл хийж байгаа бол зоригтой байж, үүнийгээ л хийх хэрэгтэй. Зарим хүмн энэ зүйр үгийг хүмүүсийг хийж чадах зүйлээ хийхдээ итгэлтэй байхад нь урамшуулан зоригжуулахад хэрэглэдэг, эсвэл ямар нэг зүйлийг хийх үү, байх уу гэж эргэлзэн шаналж байгаа хүмүүст зориулан хэлдэг байна. #1138-г үз.

If you are afraid, do not do it
If you do it, do not be afraid

If people are doing something they need to be brave and just do it. Some people would say this to encourage people to do what they are capable of doing and to be confident, or it can be used when people are having trouble making a decision about whether or not to do something. See #1138.

#45 —frequently used
Айдгийгаа авдартаа хийх

Энэ нь хүн бүрд нүүр тулж, даван туулахад хэцүү зүйл гэж байдаг гэсэн утгатай. Зарим хүн энэ зүйр үгийг асуудал нь давж гарч барамгүй хүнд санагдах үед хэргэлдэг. Харин зарим хүмүүс энэ үгийг хүнд хэцүү байдал яг л сургууль дээрх шалгалттай адилхан, шалгалт өгсөн ч бай, эсвэл багш нь шалгалт авахаа больсон ч бай, өнгөрөн одох үед хэрэглэдэг. Зарим хүн энэ үгийг ажлаа хийж дуусахад хэрэглэдэг.

Put into a trunk the thing that scares you

It means everyone has something that is difficult to face or overcome. Some people would say this when referring to when a problem that seemed too heavy was faced and overcome. Others would use it when referring to when a difficulty just went away like a test in school, when either the test is over or the teacher decided not to have the test. Others might use it when work is finished.

Mongolian Proverbs

#46 — *frequently used*

Айж явбал
Аминд өлзийтэй

Энэ зүйр үгийг хүмүүсийг хийхэд бэлэн байгаа зүйлдээ анхааралтай байхыг сануулан хэрэглэдэг.

If you are always careful
It is good for your life

It might be used to remind people to be cautious in what they are getting ready to do.

#47 — *occasionally used*

Айл аймаг эетэй нь сайхан
Ах дүү нар эвтэй нь сайхан

Энэ нь бодит үнэнийг өгүүлж байна.

It is nice to have peace in the neighborhood
It is nice to have peace among brothers

These are true statements.

#48 — *occasionally used*

Айл гэрээ додомдож чадвал
Төр улсыг засаж чадмой

Энэ нь удирдагч хүн төр улсдаа нүүрлэж буй асуудлыг шийдвэрлэх эрхтэй болохоосоо өмнө өөрийнхөө гэрт байгаа асуудлыг шийдвэрлэж чаддаг гэдгээ харуулах нь чухал гэдгийг хэлж байна.

If you fix the family
You can fix the government

This refers to the importance of leaders having shown that they can handle the problems in their own homes before they have the right to handle the problems facing the government.

#49 — *frequently used*

Айл хүний амь нэг
Саахалт хүний санаа нэг

Дотнын хөрш айлууд бие биеэ сайн мэддэг бөгөөд өөрсдийнхөө амьдралыг хуваалцдаг. Тэд бие биеэ дэмжиж, тусалдаг. Хоёр дахь мөр нь хэдийгээр хоорондоо ойрхон амьдардаггүй ч гэсэн хүмүүс бие биедээ тусалж чадна гэдгийг сануулдаг.

Close neighbors have one life
Far away neighbors have one mind

Close neighbors know each other and they share their lives. They support and help each other. The second line is a reminder that people who live faraway can also help even though they do not live close by.

#50 — *frequently used*

Айлаас эрэхээр
Авдраа уудал

Зарим хүмүүс энэ зүйр үгийг хүн хийж чадах боловч өөртөө итгэлгүй байдлаасаа болж бусад хүнээс тусламж хүсэж байгаа үед хэрэглэдэг. Харин зарим хүн энэ үгийг гэрт нь тухайн зүйл аль хэдийн байгаа боловч эхлээд гэртээ хайхын оронд өөр газар хайж байгаа хүмүүст зориулан хэрэглэдэг. Зарим хүн энэ үгийг үргэлж тусламж гуйж явдаг хүмүүст хандан хэлдэг.

Seek from your trunk
Rather than asking from others

Some people would say this when people can do something but they do not have the confidence so they ask for help from someone else. Other people would use this for people who are looking for something that they probably already have at home and they should look there first. Others might use it for the person who is always asking for help.

#51 —occasionally used

Айлын алагаас
Адууны алаг дээр

Алаг морь тийм ч үнэтэй байдаггүй. Нэг гэр бүлийнхэн энд тэнд тархай бутархай байдалд байна гэдэг нь тэд хуваагдсан гэсэн утгатай. Энэ нь гэр бүл нэгдмэл байхын ач холбогдлыг харуулж байгаа бөгөөд гэр бүл дотроо маргаж муудалцах үед хэрэглэдэг.

It is better to have a spotted horse
Than a family here and there

A spotted horse is not valued. Having family here and there means they are divided. It shows the importance of a united family and might be used when a family is arguing among themselves.

#52 —occasionally used

Айлын хоол амттай
Авга нь хүртэл аятай

Энэ нь өөрийн гэр бүлийнхнээсээ илүү бусдын идэвхи зүтгэл, айлын хоол хүнсийг магтдаг хүмүүсийг хэлдэг. Өөр хүний авгыг магтана гэдэг нь өөр хүний гэр бүлийн нэгэн хэсэг болохыг илүү дээр хэмээн үзэж байгаа гэсэн утгатай. Зарим хүн энэ үгийг гэрийнхээ биш, айлын хоолонд дуртай хүүхдүүдэд хандан хэлдэг.

Other family's food is tasty
Even other family's uncle is nice

This describes people who praise the food and efforts of others more than they do their own families. To praise another's uncle means they appear to even prefer to be a part of another's family. Some might use it when referring to children who prefer eating at another person's home rather than their own.

#53 —often used

Аймхай хүн зуу үхнэ
Баатар хүн нэг үхнэ

Энэ үгээр маш аймхай хүнийг дүрслэн хэлдэг.

A person who scares easily dies a hundred times
A hero dies only once

This describes a person who is easily frightened.

#54 —regularly used

Айсан хүн адуу үргээж (үргээнэ)
Ичсэн хүн хүн алах (ална)

Хэрэв хүмүүс хэн нэг хүнээс юм уу, эсвэл догшин амьтнаас айвал зугтааж, адуу үргээх болно. Энэ нь сайн хэрэг биш. Зарим хүмүүс хоёрдугаар мөрийг нь хүнд шоолуулснаасаа болж ичсэн хүний тухай хэлж байгаа гэж үздэг. Ичсэн хүн эвгүй байдалд орж, улмаар нөгөө хүнээ алахыг хүсдэг. Энэ нь тийм ч нийтлэг бус зүйл биш. Энэ үг нь ийм тохиолдолд хэлэгддэг байж болох юм. Зарим хүн хоёр дахь мөрийг хэн нэг муу хүн гэмт хэрэг үйлдчихээд, үүнийг нь хэн ч хараагүй гэж бодох үед хэрэглэдэг гэж үздэг. Гэхдээ тэр дараа нь нэг хүн өөрийг нь харсныг мэдэж, тэр хүн цагдаад хэлж магадгүй гэж бодон түүнийг алах ёстой болно, эсвэл маш

If a person is afraid, he <u>scares</u> (will scare) horses
If a person is ashamed, he will kill someone

If people are afraid of an angry animal or a person, they will run and that scares the horses, which is not good. Some people understand line 2 to be referring to someone who has been mocked and therefore shamed. He will be embarrassed and willing to kill. This is not uncommon. It might be said in that situation. Others understand line 2 to refer to a bad person who has committed a crime and thinks no one saw it. But later he realizes that one person did see him and that person may tell the police, so he must kill him or at least look very threateningly at him. Those with

их сүрдүүлсэн байдалтай ханддаг. Энэ үгийг ийм байдлаар ойлгодог хүмүүсийн хувьд тухайн хүн дахин нэг гэмт хэрэг үйлдэж магад гэдэг утгаар тус үгийг хэрэглэдэг. Дээрх хоёр ойлголт нь хоёулаа хүн их айсан харагдаж байгаа үед энэ зүйр үгийг хэрэглэдэг. Зарим хүн энэ үгийг айсан ба ганцаараа байгаа хүнд хандан хэлдэг. Бид тэднийг тайван байлгаж тайвшруулах хэрэгтэй.

this understanding might use it when they have seen another commit a crime. Both understandings might be used when people appear frightened. Some might use it when referring to people who are afraid or alone. We should give them comfort by leaving them alone.

#55   —regularly used

Айсан хүнд
Аргал хөдлөх

Айсан хүнд
Алсын уул хөдөлнө

Айхад
Аргал хөдөлнө

To the fearful person
Livestock dung moves

To the fearful person
Mountain will move

When fearful
Livestock dung will move

Амархан айдаг хүмүүсийн хувьд хэзээ ч тохиолдохгүй зүйлсээс хүртэл айдаг. Энэ зүйр цэцэн үгсийг амархан айдаг хүмүүсийн тухай ярихдаа хэрэглэдэг. Зарим хүн энэ үгийг жижиг зүйлээс айдаг хүмүүст хандан хэлдэг. Бид тэднийг тайвшруулах хэрэгтэй.

People who are easily frightened are even afraid of things that never happen. This might be used when referring to someone who is easily afraid. Some might use it when referring to people who are afraid of small things. We should comfort them.

#56   —occasionally used

Айхаа арьсанд боож
Ичихээ эсгийд боож

Wrap up your fear in leather
Wrap up your shame in felt

Эрт цагт найр наадам дээр агсам тавьсан согтуу хүнийг нойтон эсгийнд хүлж, архийг нь гаргадаг байжээ. Эсгийнд бооно гэдэг нь аливаа зүйлийг хүлж, хянах гэсэн утгатай. Зарим хүн энэ зүйр цэцэн үгийг гэм буруугаа мэдэхгүй байгаа хүмүүст зориулж хэрэглэдэг гэж итгэдэг. Тэд нэр хүндээ алдаж, ёс суртахуунгүй байсныхаа төлөө ичиж зовсон байдал огт гаргахгүй байхын оронд, өөрсдийн зан авираас ичих хэрэгтэй. Ийм хүмүүсийн хувьд, нэгдүгээр мөрөн дэх айх гэдэг нь хүндлэх, магтах гэсэн утгатай байдаг. Өөр бусад хүмүүсийн хувьд, нэг дэх мөрөн дэх айх гэдэг нь хүмүүсийн айдаг зүйлийн тухай ярьж байна гэж үздэг бөгөөд эхний мөрийг хүмүүсийг айдсаа хөөн зайлуулахад нь урамшуулан зоригжуулахдаа хэрэглэдэг гэж үздэг.

In earlier times, drunks who argued at a feast were wrapped in wet felt to sober them up. To wrap in felt means to bind and control something. Some people believe this proverb refers to people who do not acknowledge their fault. They should be ashamed of their behavior, but they have instead thrown away their honor and show no shame about their immorality. For these people fear in line 1 refers to respect or honor. For other people, fear in line 1 refers to what people are afraid of and they might use line 1 to encourage people to throw their fears away.

#57 —occasionally used

Алаагүй баавгайн
Арьсыг хуваах

Энэ нь шагналаа авахаасаа эсвэл шагналд хүрэхээсээ ч өмнө үүнийгээ хуваадаг хүмүүсийн тухай хэлдэг.

Person shares the skin of a bear
Which has not yet been killed

This describes people who divide the rewards before they have been earned or achieved.

#58 —frequently used

Алаагүй байхад үнэг сайхан
Аваагүй байхад авгай сайхан

Энэ нь амьд үнэг үхсэн үнэгнээс хамаагүй сайхан харагддаг гэсэн утгатай. Түүнчлэн энэ нь гэрлэхээсээ өмнө төрх байдал, зан чанар нь хавьгүй сайхан байсан эмэгтэйн тухай хэлэхэд хэрэглэдэг. Гэрлэхээсээ өмнө энэ эхнэр сайн дэмжигч нэгэн байснаа гэрлэснийхээ дараа нөхрөө илүү сайн хүн болгохыг хүсэж, үүний улмаас үглэж, түүнийг өөрчлөхийг хичээж эхэлдэг. Заримдаа мөрүүд солигдож хэрэглэгдэх нь бий. #19-г үз.

When not killed, a fox is nice
When not married, wife is nice

It is understood that a live fox looks much better than a dead one. This might be said when referring to a woman whose appearance or character was much nicer prior to marriage. Before marriage this woman was supportive, but after marriage she wants her husband to be a better person, so she nags and tries to get him to change. Sometimes the lines are reversed. See #19.

#59 —rarely used

Алаг махны тасархай
Алтан ясны хэлтэрхий

Энэ нь эхчүүд хүүхэд төрүүлэхдээ тэдэнд өгдөг зүйлийн тухай хэлж байна. Зарим ээжүүд өөрийнх нь зарим хэсэг үр хүүхэдтэй нь хамт байгаа, тиймээс ээжийгээ мартаж болохгүй гэдгийг хүүхдүүддээ сануулахын тулд энэ үгийг хэлдэг байж болох юм. Зарим ээжүүд хэдийгээр хүүхэд нь өөрийнх нь яс махнаас авсан хэдий ч түүнийг бусад хүмүүст магтахдаа энэ үгийг хэрэглэдэг.

A piece of spotted flesh
A piece of golden bone

This refers to what mothers have given their children through childbirth. Some mothers might say this to the children to remind them that pieces of the mother went to them so they should not forget their mothers. Some mothers might say this when praising her children to others to express how precious they are even though the baby took some of her fat and bones.

#60 —rarely used

Алба мэдэхгүй ноён улсын чөдөр
Ааш муутай хүн нутгийн чөтгөр

Энэ нь үүрэг хариуцлагаа гүйцэтгэж чаддаггүй засгийн удирдагч тухайн улсад сөргөөр нөлөөлдөг гэдгийг хэлж байна. Үүнтэй адилаар, нэг нутгийнхны дунд хамт ажиллаж, амьдрахад хэцүү хүмүүс байвал энэ нь хүмүүсийн сайн сайханд сөргөөр нөлөөлдөг.

Lord who does not know his duty, will become a hindrance in the country
Person who has a bad personality, will become a hindrance in the community

It is understood that government leaders who cannot carry out their responsibilities will negatively affect the country. In the same way, when there are people in a community who are difficult to work with or live with, this negatively affects the well-being of the people.

#61   —occasionally used

Алба хаагаагүй эрийг ямар эр гэх вэ
Гал асаагаагүй эмийг ямар эм гэх вэ

Энэ нь зүйр цэцэн үг. Үүнийг нэгэн шүлгээс авсан бөгөөд зарим үг нь өөрчлөгдсөн. Энэ нь зоригтой сайн эрс тулалдахад бэлэн байдаг, харин сайн эхнэрийн гал байнга асаж, хоол ундтай байдаг гэсэн утгатай. Зарим хүн энэ үгийг тодорхой нэг ажил үүргийг гүйцэтгэх ямар ч дадлага туршлагагүй атлаа хийж чадна гэж хэлээд, хийж чадахгүй байгаа хүмүүсийн тухай ярихдаа хэрэглэдэг гэж үздэг. Энэ үгийг мөн залуу хүмүүст буурь суурьтай байхыг анхааруулан хэрэглэж болно.

If he does not go to the army, who will think he is a real man?
If she never starts a fire, who will think she is a good wife?

The lines are from a poem with some of the words changed. It is understood that good, brave men are willing to fight and that a good wife keeps the fire going and cooks. Some people might use it when referring to people who do not have any experience to do a particular task, but say that they can do it when they cannot. It might also be used as a warning for young people to act mature.

#62   —often used

Алдана алдана гэхэд
Алд дэлмээр алдах

Зарим хүн үүнийг зүйр цэцэн үг гэж үздэггүй. Энэ нь бусдыг сонсох дургүйгээс, мөн гарч болох үр дагаврыг тооцоогүйгээс болж үргэлж алдаа гаргаж байдаг хүмүүсийг хэлдэг.

When people make a mistake
They stretch their mistake by a fathom

Some people do not believe this is a proverb. This describes people who continually make mistakes because they do not plan for possible consequences and are unwilling to listen to others.

#63   —regularly used

Алдсан хүн арван тамтай
Авсан хүн нэг тамтай

Хүний юмыг хулгайлсан хүний тухай ярихдаа зарим хүмүүс энэ зүйр үгийг хэрэглэдэг. Хулгайч хүн өөрийг нь хайж байгаа хүний тухай, мөн хэзээ баригдах бол гэж байнга л нэг зүйлд санаа зовж явдаг. Хоёр дахь мөр нь хүнээс юм зээлчихээд алга болгочихсон хүмүүсийг хэлдэг. Тэд яахаа мэдэхээ болж, илүү зовдог. Зарим хүмүүс хоёр дахь мөрийг юмаа хулгайд алдсан хүний тухай ярьж байна гэж үздэг бөгөөд ийм хүн арван хүнийг сэжиглэж, үүнийгээ хэлж чадахгүйгээс болж зовдог гэсэн утгатай. #25-г үз.

A person who lost something has ten hells
A person who takes something has one hell

Some people might use this when people borrow something and then lose it. They will suffer trying to figure out what to do. What will the person think of me? How will I replace it? If it was stolen, will the thief return? They suffer trying to figure out what to do. But people who steal things suffer less because they have only one worry all the time and that is about the person who is looking for them and when they will get caught. Others might say this when referring to people who have stolen something. Some understand line 1 to mean that the one who lost something will suspect ten people and suffers because he cannot say anything. See #25.

#64 —*often used*

Алдыг нь аваад дэлэм дээр нь
Атгыг нь аваад чимх нь дээр нь

Take up to a half of a fathom
Take almost all of a handful

Дэлэм гэдэг нь алдалсан хоёр гарын дунд хурууны үзүүр хоорондын зайг хэлдэг. Зарим хүн энэ үгийг том ажлыг дуусгадаггүй хүмүүсийг хэлэхдээ хэрэглэдэг болов уу. Мөн асуудал үүсэх үед шийдвэрлэхийн оронд зугтаж зайлсхийх тохиолдолд үүнийг хэрэглэдэг байж болох юм. Зарим хүмүүс энэ үгийг харамч нарийн хүмүүсийг хэлэхдээ хэрэглэдэг бололтой. Та ийм хүнд ямар нэг юм өгөхөд, тэр үргэлж илүү ихийг харж хүлээдэг.

A fathom is the distance between the tips of the middle fingers when both arms are stretched out to the sides. Some people might use it to refer to people who do not finish a big job. It might also be used when a problem appears and the person walks away rather than solving it. Other people might use it to describe people who are greedy. When you give them something, they always want and expect more.

#65 —*rarely used*

Алиа нь
Солио болжээ

Joke turns to craziness

Энэ үгийг дэндүү их алиалж, хошигнол нь дандаа маргаан үүсгэж байдаг хүмүүсийг хэлэхдээ хэрэглэдэг бололтой.

This might be used to refer to people who joke too much and their jokes often lead to a fight.

#66 —*occasionally used*

Алсыг харвал
Аминд тустай
Холыг бодвол
Хожим тустай

If you see the future
It will help your life
If you see far away
It will help later

Зарим хүмүүс 3, 4-р мөрийг цаг агаар харах, эсвэл алсаас ирж буй хүн болон амьтныг харах тухай хэлж байна гэж итгэдэг. Тэднийг харснаараа та бэлтгэлтэй байх болно. Үүний нэгэн адил, та ирээдүйд болж магадгүй зүйлсийг урьдчилан харвал, үүнд илүү сайн бэлтгэлтэй байна. Ухаалаг хүн ирээдүйг харж, байж болох хувилбаруудыг харж байдаг. Хүнийг ямар нэг зүйл хийхээсээ өмнө бодохыг зөвлөх үед, эсвэл амьдралдаа тодорхой байр суурьтай байх талаар хэлэхдээ энэ үгийг хэрэглэдэг байж болох юм.

Some people believe lines 3 and 4 refer to seeing weather, people or animals in the distance that are approaching. By seeing them you can be prepared. In the same way if you anticipate what might happen in the future, you will be better prepared for it. The wise one looks to the future to see the possibilities. This might be used when advising someone to think before they do something or to have an accurate perspective on his or her life.

#67 —*occasionally used*

Алт мөнгийг эрээд сураад олно
Аав ээжийг гуйгаад ч дахиж олохгүй

You can find gold by looking for it
You cannot find your parents again by asking for them

Хэрвээ хүн зөв газраа хайвал алтыг олж болдог. Нөгөө талаар, эцэг эх нь нэгэнт нас барвал бид тэдний буцаж ирээч гэж гуйж чадахгүй.

If people search in the right places, gold can be found. On the other hand, once parents are dead we cannot ask them to come back to us.

#68 —*occasionally used*

Алтаар солихгүй цаг эрдэнэ
Ахиад олдохгүй нас эрдэнэ

Цаг хугацаа болон амьдралыг зөв зохицуулах нь чухал. Буруу сонголт хийж болзошгүй хүнд энэ үгийг хэрэглэдэг болов уу.

Time is precious, you cannot exchange it for gold
Age is precious, you cannot find it again

Life and time should be handled well. It might be used for someone who may be making poor choices.

#69 —*occasionally used*

Алтайг давж эр болдог
Арыг давж хүлэг болдог

Энэ нь амьдрал хүнд хэцүү гэдгийг хэлдэг. Гэхдээ хэрээ хүн тэсвэр тэвчээртэй байвал, аажимдаа амжилтад хүрч, дадлагажиж туршлагажина. Хүн асуудлаас зугтаж, эсвэл асуудалд бууж өгөх ёсгүй.

After you go over the Altai mountains, you become an adult man
After it goes over the back of the mountain, it becomes a strong horse

This speaks of the difficulties of life. But if people will persevere, they will eventually be successful and will grow from the experience. People should not give up or run away from problems.

#70 —*occasionally used*

Алтан дэлхийг нар гийгүүлнэ
Амьтан хүнийг эрдэм гийгүүлнэ

Алтан дэлхийг нар гийгүүлдэг
Ард олныг эрдэм гийгүүлдэг

Нар гарвал гэрэл гэгээтэй болж, бүх юм тодорхой харагддаг. Эрдэм мэдлэг нь хүнийг ухаантай гэдгийг харуулдаг. Хүн эрдэм мэдлэгээ бусдыг гэгээрүүлэхэд ашиглавал, тэд тухайн мэдлэгийн ашиг тусыг хүртэх болно. Эрдэм мэдлэгтэй хүн шагнал хүртэх үед, эсвэл бусад хүмүүст үр ашигтай зүйл хийж байгаа хүний тухай хэлэхдээ энэ үгийг хэрэглэдэг.

Sun shines on the golden earth
Wisdom shines on humans

Sun gives light to the world
Knowledge gives light to the nation

If the sun shines, it is light and all can see clearly. Knowledge shows that a person is intelligent. When a person uses knowledge to enlighten others, they will benefit from that knowledge. These might be used if a person is knowledgeable and has won a prize or if the person has done something that is beneficial for others.

#71 —*often used*

Алтан дээр суусан гуйлгачин
Амсар дээр овойсон хөөсөнцөр

Монголын газар шороонд маш их эрдэс баялаг байдаг бөгөөд хүмүүс үр ашгийг нь хүртэж чадалгүй, үүний үр дүнд ядуу хоосон амьдардаг. Хоёр дахь мөр нь хэдийгээр хөөс дүүрэн байсан ч энэ нь бидэнд хоол хүнс болдоггүй. Ихэвчлэн эхний мөр нь Монголын амьдралын тухай хэлдэг.

Beggar who sits on gold
Foam rubber piled on edge

Underground in Mongolia there are a lot of minerals but the people do not benefit as much as they would like from them and often live poor lives. Line 2 means that even though foam piled on end will be tall, it cannot be our food. Usually only the first line is said regarding life in Mongolia.

#72 —occasionally used

Алтан нарыг
Алгаар хааж чадахгүй

Golden sun
Cannot be hidden with one's palm

Хэн нэгэн хүн нарны тухай гомдоллох үед, бид наранд буюу халуунд нөлөөлж чадахгүй гэсэн утгаар энэ үгийг хэлдэг байж болох юм. Бид цаг агаарыг хянаж, цагдаж чадахгүй гэдэг нь тодорхой бөгөөд ойлгомжтой. Өөрчилж, эсвэл хянаж чадахгүй зүйлийн талаар гомдоллож байгаа хүний тухай ярихдаа энэ үгийг хэрэглэдэг болов уу.

When someone complains about the sun, this may be said to indicate that we cannot influence the sun, meaning the heat. It is understood and obvious that we cannot control the weather. This might be said to someone who is complaining about what cannot be controlled or changed.

#73 —frequently used

Алтны дэргэд (дэргэдэх) гууль
  шарлана
Ахын дэргэд дүү ухаажна

Brass beside gold turns to yellow
Little brother beside older brother
  becomes smarter

Алтны хажууд байгаа гуулины өнгө өөрчлөгдөгдсөн юм шиг харагддаг. Үүнтэй адил, дүү нь ахтайгаа ойр дотно байвал ахынхаа сайн зан чанараас сурч авдаг. Хүмүүс хэнтэй цагийг хамт өнгөрүүлж байгаагаасаа шалтгаалж, зан чанараа сайжруулж өөрчилж болдог гэсэн утгаар энэ үгийг хэрэглэдэг бололтой. Ихэвчлэн эхний мөр нь хэрэглэгддэг.

The color of brass looks like it changes when it is placed next to gold. In the same way, younger bothers who stay close to their older brothers will take on the better character of their older brothers. This might be used to indicate that people can improve their characters, depending on with whom they spend their time. Usually only the first line is used.

#74 —frequently used

Алтны дэргэдэх гууль шарлана
Сайны дэргэдэх муу сайжирна

Brass turns yellow beside gold
Bad thing gets better beside good

Зарим хүмүүс үүнийг зүйр цэцэн үг гэж үздэггүй. Алтны хажууд байгаа гуулины өнгө өөрчлөгдсөн юм шиг харагддаг. Муу зан чанартай хүн сайн хүмүүстэй хамт байвал өөрсдийнхөө амьдралыг харж, өөрсдийгөө илүү сайн болгох зарим нэг жижиг өөрчлөлтүүдийн тухай бодож эхэлдэг. Багш, эсвэл найз нөхдөө сонгохдоо анхааралтай байхыг урамшуулахын үүднээс энэ үгийг хэрэглэдэг байж болох юм.

Some people do not believe that this is a proverb. The color of brass looks like it changes when it is placed next to gold. Bad character people standing next to good people are able to start to look at their own lives and think about some small changes that can be made to make themselves better. This might be used to encourage people to carefully choose good people as teachers or friends.

#75 —frequently used

Алтыг нь аваад авдрыг нь хаях
Үрийг нь аваад эхийг нь хаях

Takes gold, throws away the trunk
Takes the child, throws away the mother

Алтыг нь аваад, авдрыг нь хаях гэдэг нь ямар нэг зүйлийг нөгөөгөөсөө бага үнэ цэнэтэй учраас үл тоомсорлох гэсэн утга-

To take the gold and throw away the trunk means that something that has value is discarded because it is of lesser value than

тай. Ямар нэг үүлийг хэрэглэчихээд дараа нь тухайн зүйл үнэ цэнэтэй байсаар байтал үл тоомсорлон хаяж байгаа хүнд, эсвэл эр хүн маш сайн эхнэр авчихаад, эцэг эхийг нь үл тоомсорлож байгаа тохиолдолд энэ үгийг хэрэглэдэг бололтой. Ихэнхдээ нэг дэх мөрийг хэрэглэдэг.

something else. It might be used to refer to someone who uses something and then throws it away ignoring that it still has value or when a man marries a very good woman but ignores her parents. Usually only the first line is used.

#76 —often used

Ам ажил хоёр
Алд дэлэм зөрөх

Mouth and life
Far apart

Энэ үг нь үйл хэрэг нь хэлж ярьсантайгаа үргэлж тохирдоггүй хүмүүсийг хэлдэг.

This describes people whose actions are not consistent with their words.

#77 —frequently used

Ам алдвал барьж болохгүй
Агт алдвал барьж болно

If you lose your mouth you cannot catch it
If you lose your horse you can catch it

Энэ нь алдсан морийг олж, буцаан авч болдог гэсэн утгатай. Харин нөгөө талаар, (таны ам алдсан) аль хэдийнээ хэлчихсэн үгийг буцаан авч болдоггүй. Энэ үгийг хүмүүсийг хэлсэн амлалтдаа хүрдэг байх, мөн хэлэхээсээ өмнө боддог байхыг анхааруулан хэлэхдээ хэрэглэдэг болов уу.

It is understood that a missing horse can be found and returned. On the other hand, words that have been spoken (lose your mouth) cannot be taken back. It might be used as a reminder to people to keep their promises and to caution them to think before they speak.

#78 —often used

Ам бардам
Ажил (Гуя) шалдан

Mouth is proud
Work (thigh) is naked

Ажил нь шалдан байна гэдэг нь тухайн хүн юу ч хийгээгүй гэсэн утгатай, гуя нь шалдан гэдэг нь тэр хүн юу ч өмсөөгүй буюу өөрөөр хэлбэл юу ч үгүй гэсэн утгатай. Тэр хүн өөрийгөө их чухал хүн мэтээр ярьдаг боловч үнэн хэрэгтээ ийм байж чаддаггүй. Энэ үгийг олон юм хийнэ гэж үргэлж амалдаг боловч юу ч хийдэггүй хүн, эсвэл өөрийгөө дэндүү их өргөмжилж ярьдаг хүний тухай ярихдаа хэрэглэдэг.

Work being naked means the person gets nothing done and the thigh being naked means the man is not clothed, which means he has nothing. He talks like he is important, but is not. This might be used to refer to a person who always promises to do many things, but does nothing or to one who speaks too highly of himself. See also #160.

#79 —occasionally used

Ам нь идэж сүүл нь таргална
Аав нь хэлж хүү нь дагана

Mouth eats, tail fattens
Father speaks, son follows

Хонь өвс идэхэд сүүл нь дагаж таргалдаг. Үүний адил, аав нь хэлэхэд үр хүү-

When sheep eat, it follows that their tails will become fatter. In the same way, when

хэд нь аавынхаа хий гэж хэлсэн зүйлийг хийж, дуулгавартай дагадаг. Аавынх нь үг маш чухал учир, түүний өгч буй заавар зөвлөгөөг дагах учиртай. Энэ зүйр цэцэн үгийг аавыгаа хүндэлдэг болоход хүүхдүүдийг сургахдаа хэрэглэдэг. Заримдаа мөрүүд солигдож хэрэглэгдэх нь бий. #3-г үз.

the father speaks, it follows that children are to be obedient in what he tells them to do. His directions must be followed, because his words are very important. It might be used to teach children to respect their fathers. Sometimes the lines are reversed. See #3.

#80 —regularly used

Ам нээвэл
Уушиг нээ

If mouth opens
Open lungs

Монголд хүмүүс мэдэрч, бодож буй зүйлээ дотроо хадгалах нь элбэг. Хүмүүсийг аливааг дотроо хадгалахын оронд сэтгэлээ нээн ярьдаг байхыг урамшуулахад энэ зүйр цэцэн үгийг ашиглаж болно.

In Mongolia it is common for people to keep their feelings and thoughts inside, but this proverb can be said to encourage them to speak up and not keep things inside.

#81 —occasionally used

Ам хэл туулайнаас хурдан
Атаа жөтөө хутганаас хурц

Gossip is faster than a rabbit
Hatred is sharper than a knife

Энэ нь хов жив маш хурдан тархдаг гэдгийг, мөн уур хилэн, үзэн ядалтын аюулыг хэлж байна.

This speaks of how fast gossip can travel and the dangers of hatred and anger.

#82 —occasionally used

Амаа хичээхгүй бол гай тарина
Галаа хичээхгүй бол гамшиг тарина

If your mouth is not kept, it will bring trouble
If the fire is not kept, it will bring disaster

Галаа хичээхгүй байна гэдэг нь гал хүрэх ёсгүй газартаа тархаж байна гэсэн утгатай. Энэ нь ойлгомжтой юм. Энэ үгийг бид амнаасаа гарч буй үг яриаг хянаж байх хэрэгтэй гэдгийг сануулахад хэрэглэдэг.

For a fire to not be kept means that it spreads where it should not. This is understood. This is used as a reminder that we need to control the words that come out of our mouths.

#83 —occasionally used

Аман дээрээ аварга баатар
Үнэн дээрээ үхсэн чөтгөр

In his mouth a great hero
In truth a dead devil

Энэ үгийг бардам сагсуу хүмүүсийн тухай ярихдаа хэрэглэдэг бололтой. Гэхдээ энэ нь хуурамч бардамнал юм, учир нь тэд хэлсэн ярьсан шигээ байж чаддаггүй. Энэ үгийг мөн худалч хүний тухай ярихдаа хэрэглэдэг байж болох юм.

This might be used to describe people who are proud and conceited, but it is a false pride because they are not what they say they are. It might also be used to refer to a liar.

#84 —occasionally used

Аман дээрээ ачит бурхан
Ачир дээрээ хорт могой

From his mouth he is helpful like a god
But in fact he is a poisonous snake

Ийм хүмүүсийн үг яриа нь тэдний их тусархаг хүмүүс гэж ойлгогдохоор байдаг боловч харин хэрэгцээтэй цаг болоход эдгээр хүмүүс ямар ч тус нэмэр болдоггүй. Энэ үгийг худалч хүмүүсийн тухай ярихдаа хэрэглэдэг.

The words of these people sound like they will be so helpful, but when the time comes, these people provide no help. This might be used to refer to people who lie.

#85 —frequently used

Аманд орсон шар
Тосыг хэлээрээ түлхэнэ

Yellow butter in mouth
You will push oil away from your mouth

Аманд орсныг хэлээр түлхэх
Араанд орсныг модоор түлхэх

Push things out of your mouth by your tongue
Push things out that are deep in your mouth by wood

Аманд орсон алтыг
Хэлээрээ түлхэх

There is gold in your mouth
You push it away with your tongue

Зарим хүн гурав дахийг нь зүйр цэцэн үг гэж үздэггүй. Бид амтгүй зүйлсийг хэлээрээ түлхээд амнаасаа гаргачихдаг. Хэн нэгэнд сайн зөвлөгөө өгөхөд тухайн хүн эсэргүүцээд байх үед зөвлөгөөг нь сонсохыг ятгаж энэ зүйр үгийг хэрэглэдэг гэж зарим хүмүүс үздэг. Харин зарим хүний хувьд энэ үгийг хэн нэгэнд сайн зүйл зөвлөөд байхад эсэргүүцээд байгаа тохиолдолд хэрэглэдэг бололтой. Зөвлөгөө өгч байгаа хүн энэ зүйр цэцэн үгийг иш татан хэлдэг байна.

Some people do not believe that the third one is a proverb. Things that do not taste good are pushed out of our mouths by our tongues. Things that are deeper need something longer and stronger than our tongues. Some people might use it when a person is being given good advice (good words), and the speaker has to "push hard" to get the person to listen because the other person is resisting. Others might use it for a person who is offered something good and it is rejected. The giver might quote this proverb.

#86 —frequently used

Аманд ч үгүй
Хамарт ч үгүй

Not in mouth
Not in nose

Маш бага зүйлийг хуваадж, та хичнээн хичээсэн ч хүмүүст огт хүрэлцэхгүй байгаа нөхцөлд энэ үгийг хэлдэг гэж зарим хүмүүс үздэг. Өөр бусад хүмүүсийн хувьд хүн ямар нэг зүйл авах гэж хичээсэн боловч юу ч үгүй хоосон хоцорч байгаа үед, эсвэл нэг хулгайч нөгөө хулгайчаасаа хулгайлсан нөхцөлд энэ үгийг хэрэглэдэг болов уу. Учир нь хэн нь ч юу ч үгүй хоцорч байна. Түүнчлэн зарим нь бусадтай хуваалцдаггүй тэнэг нэгний алдааг хэлэхдээ энэ үгийг ашигладаг гэж үздэг.

Some people might use it to refer to a situation where there is so little to share that no matter how hard you try, no one will get enough. Others might use it to refer to someone who tried to get something, but ended up with nothing or to a situation where one thief steals from another thief. Neither one deserved anything. Others might use it when referring to the mistake of a fool who did not share with others.

Mongolian Proverbs

#87 —*often used*
Амар байна уу? гэсэн биш гай болов

Үүнийг хүний мэндийн үгний хариуд ээлдэг үгс хэлэхийн оронд муу муухай үгээр хариулдаг хүмүүсийн тухай хэлэхдээ хэрэглэдэг бололтой. Тэдний хариулт нь уурлаж дургүйцсэн үг байдаг, эсвэл тэд үргэлж ямар нэг юм гуйж, өөрсдийнхөө асуудлыг ярьж байдаг байж болох юм. Дараа нь үүнийг хэлж байгаа хүн нь тэдэнтэй илүү болгоомжтой харилцах, эсвэл харилцахаас зайлсхийх болно.

Greeting that is not a greeting is bad luck

This might be used when referring to people who when they are greeted reply with bad words rather than a polite response. Their response might be angry words or they are always asking for something and speaking only about their problems. In the future when approaching them, the speaker will be more cautious or even avoid them.

#88 —*regularly used*
Амиа борлуулж
Довоо шарлуулах

Энэ нь зөвхөн өөрийнхөө тухай бодож явдаг хувиа хичээсэн хүний тухай хэлж байгаа бололтой.

Caring for just yourself
Taking care of what is close to you

This might be said about selfish people who only think about themselves.

#89 —*occasionally used*
Амин хувийн ашиг өвсний
 шүүдэртэй адил
Ард олны ашиг өндөр уултай адил

Хувь хүний ашиг сонирхол сайн үйл мөн боловч улс үндэстний эрх ашигтай харьцуулахад энэ нь өчүүхэн жижиг зүйл гэдгийг хүмүүст сануулдаг.

Personal benefit is like a drop of dew in
 the grass
National benefit is like a tall mountain

This reminds people that what benefits an individual is good, but compared to what benefits the nation it is very small.

#90 —*frequently used*
Амны билгээр ашдын жаргал

Амны билгээс ашдын бэлэг (билэг)

Хүмүүсийг хэл яриагаа захирч, сайн сайхан зүйлсийн тухай ярьж, аливаад гутранги хандахгүй байхыг сануулахын тулд энэ үгийг хэрэглэдэг бололтой. Хүмүүс үргэлж өөрийнхөө асуудал бэрхшээл ярьдаг байж болохгүй.

Future happiness comes through the
 mouth proclaiming good words

Future gift comes through the mouth
 proclaiming good words

These might be used to remind people to control their mouths, talk about good things and to not be pessimistic. People should not always talk about their problems.

#91 —*frequently used*
Амны хишиг нь
Ардаа гарах

Ёс заншлаа дагадаггүй, мөн сахилга

The blessings of the mouth follow behind

This might be used when people are not following traditions and are undisciplined

батгүй, буруу зүйл хийдэг хүмүүсийн тухай ярихдаа энэ үгийг хэрэглэдэг. Тэдний зан авир тэдэнд ирэх ерөөлийг хааж байдаг. Хэрвээ хүмүүс сайн зүйлсийн тухай ярих аваас сайн сайхан зүйл тэдэн дээр ирэх болно. Тэдэнд олон сайн зүйл байдаг байж болох юм. Гэвч тэдний зан авираас болоод амьдрал нь сайн байж чаддаггүй. Зарим хүн энэ үгийг муу зүйл хийгээд түүндээ харамсах ч үгүй байгаа хүмүүст хандан хэрэглэдэг.

and doing wrong. Their behavior is blocking blessings. If people speak about good things, good things will come to them. They may have many good things, but their lives are bad and this is because of their behavior. Some might use this when referring to people who are behaving in a bad way but have no remorse.

#92 —often used

Амныхнь (Амны) салиа арилаагүй
Арван нас хүрээгүй

Mouth saliva does not go away
Even though he is not ten years old

Амны салианы тухай эхний мөр нь заримдаа шүлсээ гоожуулдаг бяцхан хүүхдийг хэлдэг. Ийм хүүхэд арваас доош настай боловч настай хүн шиг ярьдаг. Насанд хүрсэн хүн шиг ярьдаг төлөвшөөгүй хүүхдүүдийн тухай ярихдаа энэ үгийг хэрэглэдэг бололтой.

The first line about saliva refers to how a baby sometimes drools. This child is under ten, but talks like he is older. This might be used to refer to immature children who talk like they are adults.

#93 —occasionally used

Амсар муутай аяганд цай бүү хий
Ам султай хүнд нууцаа бүү хэл

If cup's rim is broken, do not serve tea
If a person does not keep confidence, do not share secret

Аяганы амсар, ирмэг нь хагарч эмтэрсэн бол цай хийж болохгүй. Өөрсдөд нь ярьсан нууц зүйлийг дандаа бусдад ярьж байдаг хүмүүст үл итгэж, өөр хүнд мэдэгдмээргүй байгаа мэдээллийг хэлэх хэрэггүй.

It is understood that tea should not be served in a cup with a lip that is chipped or cracked. People who repeat what they are told in secret should not be trusted with information the speaker does not want repeated.

#94 —regularly used

Амташсан хэрээ
Арван гурав дахина

A fed crow
Returns thirteen times

Хэд хэдэн удаа тус хүргэсэн боловч дандаа илүү зүйл хүсэн дахин дахин эргэж ирдэг хүмүүсийн тухай ярихдаа энэ үгийг хэрэглэдэг. Зарим хүн энэ үгийг хэн нэгэн хийх ёсгүй зүйлийг үргэлжлүүлэн хийж байгааг хараад хэлдэг.

This might be used to refer to people who have been helped several times and they keep returning for more. Some might use it when speaking to people who continue to do the things they should not.

Mongolian Proverbs

#95 —occasionally used

Амттаныг идэвч араанд шингэхгүй
Алтыг эдлэвч биед шингэхгүй

Зарим хүмүүс зөвхөн чихэр жигнэмэг зэрэг бие эрүүл мэндэд тусгүй зүйлсийг иддэг. Үүний нэгэн адил, алт хэдий гоё сайхан ч хоол хүнс биш учраас алтаар өөрсдийгөө гоёж чимэглэлээ гээд эрүүл саруул болохгүй ээ. Энэ үгийг хүссэн зоргоороо амттан иддэг хүүхдүүдэд зориулан хэлдэг бололтой. Энэ нь мөн насанд хүрсэн олон хүний хувьд түгээмэл байдаг зүйл юм. Энэ үгийг мөн эдийн шуналтай хүмүүст зориулан хэлдэг.

Delicious food that has been eaten does not stay on the molars
Gold used on our bodies is not absorbed into our bodies

Some people only eat cookies and sweets which will not help their bodies. In the same way gold is beautiful but adorning ourselves with it does not make us healthier because it is not food. It might be used for children who have been allowed to eat sweets as much as they want. This is a common practice of many adults. It might also be used for someone who is obsessed with material things.

#96 —frequently used

Амь наана
Там цаана

Хүнд нөхцөл байдалд орсон үедээ юу хийхээ мэдэхгүй байхад, эсвэл хэцүү хувилбаруудаас нэгийг нь сонгох ёстой болсон зэргээр амьдралын янз бүрийн нөхцөл байдлыг тайлбарлахдаа энэ үгийг хэрэглэдэг. Там бол бидний байхыг хүсдэг газар биш. Түүнчлэн бидний өнөөгийн нөхцөл байдал ч бидний хүсэж байгаа зүйл биш гэсэн утгатай. Зарим хүн энэ үгийг ямарваа юманд яарсан үедээ хэрэглэдэг.

Life is here
Hell is there

This might be used as a commentary on life when we are in a difficult situation and do not know what to do or have to choose between difficult alternatives. Hell is not where we want to be, but our current situation is also not where we want to be either. Some might use it when they are in a hurry.

#97 —frequently used

Амьд арзайж
Мэнд мэлтийх

Хэдийгээр бүх юм зүгээр харагдаж байгаа ч аз жаргалгүй амьдардаг хүмүүсийн тухай ярихдаа энэ үгийг хэрэглэдэг болов уу. Зарим хүн энэ үгийг хошигносон аргаар амьдрал хэцүү байна, юу ч өөрчлөгдсөнгүй, хэвээрээ амьд мэндхэн л байна хэмээн мэндчилгээ маягаар хэрэглэдэг.

Life is okay
Looks healthy

This might be used to refer to people who do not have happy lives even though they look okay. Some might use it when greeting others in a humorous way to mean that life is difficult and nothing has changed but they are still alive.

#98 —frequently used

Амьд хүн аргатай
Аргалын гал цогтой

Аргалын гал удаан цогшдог. Ширхэг аргал байсан ч ямар нэг хэмжээгээр ду-

There is a way for a person who is alive
There is an ember in the dung fire

A dung fire lasts a long time. If there is even one ember, it will produce some heat.

лаан ялгаруулдаг. Амьд хүн өөрийнхөө нөхцөл байдлаас гарах сайн арга замыг олж чаддаг. Үүнийг нөхцөл байдал хичнээн хүнд байсан ч итгэл найдвар байдаг юм шүү гэдгийг хүмүүст сануулахын тулд хэрэглэдэг бололтой.

People who are alive can find a good way out of their situations. It might be used to remind people that there is still hope, no matter how difficult their situation is.

#99 —regularly used

Амьд хүний гэрч болохоор
Үхсэн хүний дэр бол

Амьсгаа хураажь буй хүний толгойн дор гараа тавина гэдэг хэцүү зүйл, гэхдээ энэ нь зөвхөн богино хугацаанд л үргэлжилдэг. Харин би хэн нэгнийг ямар нэг буруу зүйл хийж байгааг харвал миний нөхцөл байдал үүнээс ч илүү хэцүү болох болно. Учир нь би үүнийг хэн нэгэнд хэлэх хэрэгтэй гэдгийг мэднэ, гэхдээ буруу зүйл хийж байсан хүн надад уурлах тул, асуудлыг шийдвэрлэхэд илүү их цаг хэрэгтэй болно. Хүмүүс харсан зүйлээ мэдээлэхгүй, чимээгүй өнгөрч, хожим нь тэдний ухамсар үүрэг хариуцлагыг нь үргэлж сануулж байхаар тийм нөхцөл байдалд орох уу, үгүй юу гэдгийг шийдэж, сонголт хийх шаардлагатай болох үед энэ үгийг хэрэглэдэг байж болох юм.

Do not be a witness for a living person
It is better to be the pillow for a dead person

It is difficult to put your hands under the head of a person who is dying, but it will only last a short time. To a greater degree my situation becomes difficult when I see someone doing something wrong. I know that I need to tell someone, but the one doing wrong will be angry with me and the situation will take a long time to resolve. It might be used when people face a choice between whether or not to report what they saw or keep quiet and have their conscience continually remind them of their responsibility.

#100 —frequently used

Амьд явбал
Алтан аяганаас усууна

Амьд явбал алтан хундаганаас ус ууна
Мэнд явбал мөнгөн хундаганаас ус ууна

Хүн амьдралынхаа туршид хэзээ ч санаж бодож байгаагүй зүйлийг амсаж туулдаг гэдгийг хүмүүст сануулахын тулд энэ үгийг ашигладаг. Тиймээс бид амьд сэрүүн байгаадаа талархах хэрэгтэй. Учир нь бидэнд ирээдүй гэж бий бөгөөд сайн сайхан зүйлс бидэнд ирэх болно.

If you are alive
You will drink water from golden cup

If you are alive, you will drink water from a golden cup
If you are healthy, you will drink water from a silver cup

It might be used to remind people that during our lives we may experience things we never expected. Therefore we need to be thankful that we are alive, because we have a future and good things could come to us.

#101 —frequently used

Амьд явбал алтан аяганаас (ус) ууна

Энэ үг нь хүмүүст амьд явах хугацаандаа хүн хэзээ ч бодож, хүлээж байгаагүй тийм зүйлийг амсаж туулах боломжтой

Stay alive and one day you will drink (water) from a golden cup

This might be used to remind people that during our lives we may experience things

гэдгийг сануулахад хэрэглэгддэг бололтой. Тиймээс бид амьд байгаадаа баярлаж талархах хэрэгтэй. Энэ нь бидэнд ирээдүй байгаа бөгөөд сайн сайхан зүйл бидэнд ирэх болно гэсэн утгатай.

we never expected. Therefore we need to be thankful that we are alive. It means we have a future and good things could come to us.

#102 —occasionally used

Амьдралын эх ажил
Ажлын эх санаачлага

Work is the beginning of life
A new idea is the beginning of work

Хэрвээ бид ажилтай байх аваас амьдралтай байна гэдгийг хүмүүст сануулахын тулд хэрэглэгддэг бололтой.

This might be used to remind people that if we have work we have life.

#103 —regularly used

Амьдын зол
Үхсэний гарз (хохь)

The luck of the living
The misfortune of the dead

Хүнд хэцүү байлаа ч бид амьд байгаа нь их аз завшаан юм гэдгийг сануулахад энэ үгийг хэрэглэдэг байж болох юм. Зарим хүн осол болоходхүний амь эрсдээгүй үед энэ үгийг хэрэглэдэг.

This might be used as a reminder that even with difficulties we are lucky to be alive. Some might use it when there has been an accident but people have survived.

#104 —occasionally used

Амьтанд ад
Адуунд шодон

A person who is hated by others
A horse with a short tail

Адуу үодон шиг сүүлтэй байх нь ямар ч ашиг тусгүй. Өөрсдийгөө харж, хүмүүс өөрийг нь яагаад ад үзээд байгааг мэдэж, зан авираа өөрчлөх шаардлагатай хүмүүст зориулан энэ үгийг хэлдэг.

A short tail on a horse is not useful or beneficial. This can be used to refer to people who need to look at themselves and see why others hate them and then change their behavior.

#105 —often used

Амьтанд ад болох

The living will become hated by others

Зарим хүмүүс үүнийг зүйр цэцэн үг биш, харин хэлц гэж үздэг. Залхуу хүн, эсвэл зөвлөгөө өгсөн ч юу ч хийж чадахгүй хөгшин настай хүний тухай ярихдаа энэ үгийг хэрэглэдэг бололтой. Залхуу эсвэл настай хүн өөрсдөд нь хэрхэн хандаж байгаа талаар хэлэхдээ энэ үгийг хэрэглэдэг. Зарим хүмүүс үүнийг муухай зан ааш бардам зангаасаа болж хүмүүстэй таарахгүй байгаа хүмүүст хандан хэлдэг.

Some people believe this is a saying, not a proverb. This might be used when a lazy or older person who cannot do anything gives advice. We have become fed up with this and the lazy or older person might say this referring to how they have been treated. Some might use it when referring to people who don't get along with others because of their stubbornness and bad character.

#106 —*occasionally used*

Ангын юмыг арвуулаа
Ховрын юмыг хориулаа

Эхний мөр нь анчин хүн агнасан зүйлээ ихэвчлэн бусадтай хуваалцдаг гэдгийг, хоёрдугаар мөр нь амархан олддоггүй, тиймээс ч үнэ цэнэтэй байдаг ховор зүйлсийн тухай хэлж байна. Энэ нь маш их эрдэм мэдлэгтэй хүн, тэр мэдлэгээ бусдад туслахын тулд хэрэглэх хэрэгтэй гэсэн утгаар хэрэглэдэг. Зарим хүмүүс ятар нэгэн үнэ цэнэтэй зүйл юм уу онцгой зүйл олсон үедээ хэрэглэдэг.

Ten of them share a thing after hunting
Twenty of them share a scarce thing

The first line refers to hunters who commonly share what has been caught. The second line refers to scarce things which may be valuable because they are not easily found. It might be used to refer to a person who has a lot of knowledge and needs to share that knowledge with others in order to help them. Others might use it when they have found something valuable or special.

#107 —*occasionally used*

Араатныг аргаар
Адууг уургаар

Ямар ч ажил хэргийг гүйцэтгэх ёстой зөв арга зам гэж бий.

Skill for hunting wild animals
A lasso for catching horses

All projects have a correct way to be done.

#108 —*occasionally used*

Арвайн гурил ус даадаг
Аавын хүү үг даадаг

Жирийн гурилтай харьцуулбал арвайн гурил илүү их ус шингээдэг. Зарим хүмүүс аавын хүү гэсэн хэлцийг сайн хүн болж өссөн гэсэн утгатай гэж үздэг. Сайн хүмүүжилтэй өссөн хүн бусдын үгэнд тэвчээртэй ханддаг. Ингэж үздэг хүмүүс бусдад тэвчээргүй хандаж байгаа хүмүүст энэ үгийг хэлдэг. Өөр бусад хүмүүс хоёр дахь мөрийг нь хүү нь аавынхаа хэлсэн бүгдийг хүлээн авч, хийдэг байх хэрэгтэй гэсэн утгатай гэж ойлгодог. Эдгээр хүмүүс энэ зүйр цэцэн үгийг үр хүүхэд нь эцэг эхийнхээ хэлж буй зүйлд тэвчээртэй байж, хэлсэн зүйлийг нь сонсдог байх хэрэгтэй гэдгийг сануулах, урамшуулах, эсвэл засаж залруулахад хэрэглэдэг.

Barley flour holds water
Father's son holds others' words

Barley flour can absorb a lot of water compared to regular flour. Some people understand the phrase "father's son" to mean being raised well. A child who has been raised well will be patient with the words of others. These people would use this when someone is not patient with others. Others understand the second line to mean that a son needs to take in all his father says and do what he says. These people would use this when someone needs to be corrected or encouraged or for reminding children to be patient with their parents and listen to what they say.

#109 —*often used*

Арван тавны сар шиг
Атар газрын цэцэг шиг

Үзэсгэлэнтэй сайхан хүн юм уу, юмсын тухай ярихдаа энэ үгийг хэлдэг болов уу. Үүнийг зарим хүн мөн залуу сайхан байхад нь эхнэртээ юм уу, эсвэл хэн

Like a full moon on the fifteenth
Like a flower in the virgin land

This might be said when referring to someone or something that is beautiful. Others might use it to refer to a man who loves his wife or someone special when she

нэгэн эмэгтэйд хайртай байснаа эмэгтэй нь ямар нэг асуудалтай болох үед зугтаж байгаа эрэгтэйн тухай ярихдаа хэрэглэдэг.

is young, but when she has problems, he runs away.

#110 —*rarely used*

Арван хүнд ах байдаг
Атга шагайнд шинэ байдаг

Шагайгаар тоглох үед хуучин шагайнууд дунд шинэ шагай үргэлж нэмэгдсэн байдаг. Шагай тоглож байгаа хүн шинэ болон хуучин шагайны ялгааг мэднэ. Зарим хүн энэ үгийг бид хэн нэгнийг шүүхээсээ өмнө бодох хэрэгтэй гэдгийг сануулахад хэрэглэдэг бололтой. Харин зарим хүн асуудал үүсч, удирдагч сонгох шаардлагатай болсон үед үүнийг хэрэглэдэг. Хамгийн ахмад нь удирдагч болох болно.

Ten people have a brother
In a handful of sheep ankle bones there is a new one

In the game of ankle bones there are always old bones along with new ones that have been added. A player knows the difference between old ones and new ones. Some people might use it as a reminder to think before we judge someone. Others might use it when there is a problem and a leader needs to be selected. The person who is the oldest will be the leader.

#111 —*occasionally used*

Аргаа барахаар
Алгаа маажна

Энэ зүйр цэцэн үг нь хэцүүхэн цаг үеийг туулж буй нэгний тухай өгүүлж байна. Алгаа маажих гэдэг нь мөнгө хүсэж буй арга хэлбэр юм.

If you are in despair
Scratch your palm

This proverb describes someone on hard times. Scratching your palm is a way to wish for money.

#112 —*often used*

Аргаа барж
Алиагаа алдах

Зарим хүн үүнийг хүндхэн асуудалтай нэгний тухай ярихдаа хэрэглэдэг. Харин зарим хүн үүнийг бусдын үгийг огт сонсохгүй байсаар одоо яах учраа олохоо байсан хүний тухай ярихдаа хэрэглэдэг.

In despair
Lost joy

Some people might use it to describe a person who is on hard times. Others might use it to describe people who never listen to others and have now run out of chances.

#113 —*occasionally used*

Аргал түүхийн өмнө араг савраа
Ажил хийхийн өмнө арга ухаанаа

Бид ямар нэг зүйлийг эхлүүлэхийн өмнө тохирох бэлтгэлийг хийх хэрэгтэй гэдгийг сануулахдаа энэ үгийг хэрэглэдэг.

Before you pick up dung you have to prepare a shovel and basket
Before you work prepare your mind

This might be used as a reminder that we should prepare properly before starting anything.

Mongolian Proverbs

#114 —*occasionally used*

Аргалаас илч
Ажлаас тос

From dung there is warmth
From work there is oil

Энэ үгийг хичээнгүй ажиллах нь хоолтойгоо золгох, эсвэл нүдэнд харагдах ямар нэг үр дүнд хүргэх болно гэдгийг хүнд сануулахдаа хэрэглэдэг.

This might be used to remind someone that hard work will bring something to eat or other results that can be seen.

#115 —*occasionally used*

Аргыг олбол
Бэрхийг давна

If you find a way
You can overcome a challenge

Аливаа асуудлыг шийдвэрлэх гэж оролдож байгаа хүмүүст тухайн асуудлыг шийдэхийн тулд тэдэнд мэдлэг хэрэгтэй гэдгийг сануулахын тулд энэ үгийг хэрэглэдэг. Зарим хүн энэ үгийг хэцүү ч гэсэн асуудлаа шийдээрэй гэж хэн нэгнийг зоригжуулахдаа хэрэглэдэг.

This might be used to remind people when they are trying to solve a problem that they need knowledge. Others might use it to encourage others to try to solve a problem even though it is difficult.

#116 —*occasionally used*

Аргыг олбол арсланг ч нэг үгээр
   дийлнэ
Ажлыг сурвал уулыг ч нэг хүн
   нураана

If someone finds a way, win a lion with
   one word
If someone learns a method, break down
   a mountain

Бид бусадтай ярихдаа тохирох зөв үгсийг хэрэглэх хэрэгтэй, мөн аливаа зүйлийг хийх зөв арга замыг сурах хэрэгтэй гэдгийн сануулга болгож энэ зүйр цэцэн үгийг хэрэглэдэг.

This might be used as a reminder that we need to know the right words to use when speaking to others and that we need to learn the right way to do things.

#117 —*occasionally used*

Ард баян бол улс баян
Улс баян бол ард баян

If people are rich the country is rich
If the country is rich the people are rich

Эдгээр нь зүгээр л бодит үнэнийг өгүүлж байна.

These just describes something that is true.

#118 —*occasionally used*

Арслангийн ааш
Хавд таарахгүй
Гарьдын шүүрэлт
Шаазгайд таарахгүй

Lion's character
Does not suit a small poodle's character
Garuda's seizing
Does not suit a magpie's seizing

Гарьд гэдэг нь домогт гардаг том шувуу юм. Зарим хүн алдаа гаргачихаад, хариуцлагыг нь хүлээхийн оронд өөрөөсөө залуу юм уу эсвэл сул дорой хүнийг буруутгадаг. Тийм хүмүүст зориулан

Garuda is a large bird from mythology. Some people might use it when people make mistakes, but rather than accepting responsibility, they blame someone younger or weaker. Others might use it when

энэ үгийг хэлдэг. Харин зарим хүн энэ үгийг бусдад тийм ч нөлөөтэй хүн биш атлаа тийм мэт аашилж буй хүмүүст зориулан хэлдэг .

referring to people who act like somebody important or influential when they are not.

#119 —regularly used
Арслангийн (Галзуу) (Галзуу барын) аманд
Гараа хийхээс ч буцахгүй

Энэ нь эрсдэл хүлээхээс айдаггүй хүний тухай, эсвэл юунаас ч айдаггүй зоригтой залуу хүний тухай ярихад хэрэглэгддэг үг юм.

Into the lion's (tiger's) (mad tiger's) mouth
Does not draw his hand back

This can be used to refer to a person who takes risks or to a brave young person who has no fear.

#120 —rarely used
Арслангийн баатар омог
Үнэгэнд зохихгүй

Өөрсдөө хийж чадахгүй, эсвэл амласандаа хүрч чаддаггүй атлаа бусдыг дорд үзэж, бардамнан сайрхдаг хүмүүсийн тухай ярихдаа энэ зүйр үгийг ашигладаг.

A lion's hot temper is not suitable for a fox

This can be used to refer to people who look down on others, bragging about doing things they cannot do, and then are unable to keep their promises.

#121 —often used
Архи арван насыг авна
Тамхи таван насыг авна

Дээрх хоёр үйл нь хоёулаа хүний амьдралын олон жилийг үгүй хийдэг болохыг сануулан хэлэхэд хэрэглэгдэг үг юм.

Vodka takes ten years
Cigarette takes five years

This might be used as a reminder that both these actions will take years off a person's life.

#122 —rarely used
Архи шингээх нь ходооднoос
Эрдэм шингээх нь ухаанаас

Хүмүүсийн уух чадвар нь тэдний ходоод гэдэсний байдалтай холбоотой гэдэг нь тодорхой. Жишээ нь, Монголчууд ходоодны тухай чонын ходоодтой юм шиг гэж ярьдаг бөгөөд энэ нь юу ч идэж ууж байсан гэдэс ходоод нь өвддөггүй, эсвэл гүйлгэдэггүй гэсэн утгатай. Үүнтэй адилаар, хүн хэр их мэдлэг боловсрол эзэмших нь тэдний ухaaнаас шалтгаалдаг.

How well vodka is absorbed depends on the stomach
How well knowledge is absorbed depends on intelligence

It is known that a person's capacity to drink is related to the condition of his stomach. For example, Mongolians speak about their stomachs being as good as the wolf's, meaning no matter what they eat or drink, they never have diarrhea or other stomach problems. In the same way, how well people can take in knowedge is related to the level of their intelligence.

#123 —occasionally used
Архинаас аюул
Сархадаас самуун

From vodka danger
From alcohol a riot

Архидан согтуурахын хор хөнөөлийг дүрслэн хэлэхэд энэ үгийг хэрэглэдэг.

This can be used to describe the consequences of drinking alcohol.

#124 —occasionally used
Архины андуу
Сархадын сандуу

Alcohol makes you confused
Alcohol makes you sloppy

Энэ нь архи ууж, согтуурахын үнэн байдлыг өгүүлж байна.

This states what is true about drinking alcohol.

#125 —occasionally used
Арц занданы үнэр сайхан
Ахмад хүний сургаал сайхан

Juniper smells nice
Elder's teaching is nice

Арц зандан гэдэг нь лам нарын шатааж, уугиулдаг ногоон ургамал юм. Буддын шашинт хүний хувьд энэ үнэр сайхан байдаг шиг ахмад хүний сургаал ч мөн хүлээн авууштай, сайн юм.

Juniper is the green plant that *lamas* burn. Just as the aroma is nice for a Buddhist, the teaching of elders is also pleasant.

#126 —occasionally used
Арчилбал эдэнд тустай
Арвилбал эзэнд тустай

It is beneficial to take care of your belongings
It is beneficial for the owner to save

Өөрт байгаа зүйлээ арчлан хамгаалж, үр ашиггүй үрэхгүй байхыг сануулахын тулд энэ үгийг ашигладаг.

It can be used as a reminder to take care of what we have and not waste anything.

#127 —often used
Арын мод алагтай цоогтой
Аавын хүү сайнтай муутай

Forests are different
Sons of fathers are bad and good

Бид бүх хүнээс ижил зүйлийг хүлээж, найдах хэрэггүй юм. Хүн болгон өөр өөр авъяас чадвар, ялгаатай гарал үүсэлтэй, туршлагын хувьд ч эн тэнцүү бус, зан чанарын хувьд ижилгүй. Төгс хүн нэг ч үгүй. Сайн хүн ч, бас муу ч хүн бий гэдгийг хүүхдүүдэд анхааруулан энэ үгийг хэлдэг байж болох. #12, #686, #702, 1104-г үз.

We should not expect the same things from every person. Everyone has different talents and no one is perfect. This might be said to warn children that there are good and bad people. See #12, #686, #702, 1004.

#128 —*frequently used*

Асуухаар	Instead of asking
Асгачих (асга)	Throw away

Асууж өгөхөөр
Асгаж орхи

Instead of asking to give
Throw away

Асуухаар
Аягалж өг

Instead of asking
Just give it

Зочин ирэх үед гэрийн эзэн асуулгүйгээр цай аягалж, тавгийн идээ тавих ёстой. Ямар нэг юм хүсэж байгаа эсэхийг нь асуухыг зарим хүн бүдүүлэг хэрэг гэж үздэг бөгөөд ингэвэл гомдох нь бий. Тиймээс ингэж асуух нь огт хэрэггүй зүйл юм. Гэрийн эзэн хүн зочноосоо ямар нэг юм ууж, идэх үү гэж асуух үед энэ зүйр үгсийг хэлдэг.

When guests come, the host should put out tea and snacks without asking if the guests want anything. Some may even be offended or consider it rude if they are asked if they want anything. So to ask is a waste of energy. These might be used when a host asks guests if they would like something to eat or drink.

#129 —*occasionally used*

Ах дүүтэй хүн тал мэт уужим
Ах дүүгүй хүн алгын чинээ бачим

If a person has brothers and sisters it is like a vast steppe
If a person does not have brothers and sisters it is like the palm of a person's hand

Ганцаараа байснаас гэр бүлээрээ байх нь илүү дээр. Ахан дүүс бие биеийнхээ тухай гомдоллох үед энэ зүйр үгийг тэдэнд хэлдэг.

It is better to have family than to be alone. This can be used when siblings complain about each other.

#130 —*frequently used*

Ах нь сургаж
Дүү нь сонсдог

Older brother teaches
Younger one listens

Ах нь дүү нартаа аливаа сайн зүйлийг (зан чанар, боловсрол г.м) зааж сургах үүрэгтэй. Дүү нар нь түүнийг сонсох ёстой.

The older brother has a responsibility to teach good things (character and education) to his younger brothers and sisters. Younger siblings should always listen.

#131 —*often used*

Ах сайтын дүү цэцэн
Ажил сайтын гэр цэмцгэр

If the older brother is good, younger brother is smart
If a person is hardworking, his home is neat

Цэвэрхэн гэр орон бол ажилсаг хүний тэмдэг юм. Үүний нэгэн адилаар, ах нь дүү нартаа сайн зүйлсийг (зан чанар, боловсрол г.м) зааж сургах үүрэгтэй учраас ухаалаг дүү нар бол сайн ахын тэмдэг юм.

It is known that a clean home is the sign of a hardworking person. In the same way, because the older brother has a responsibility to teach good things (character and education) to his younger brothers and sisters, intelligent younger brothers and sisters are the sign of a good older brother.

#132 —*regularly used*
Ахаа алд хүндэл
Дүүгээ дэлэм хүндэл

Ах дүүс бие биеэ хүндэлдэг байх хэрэгтэй. Гэхдээ ахаа хүндлэх байдал нь дүү нарынхаас хамаагүй өндөр байдаг. Өөр хоорондоо зүй зохистой харьцаж чадахгүй байгаа ах дүүст зөвлөгөө өгөхдөө энэ үгийг ашиглах боломжтой.

Honor your older brother deeply
Honor your younger brothers and sisters but less than the oldest brother

Siblings should respect each other. But the level of respect due an older brother is much higher than for younger brothers and sisters. This might be used to give advice to siblings when they are not treating each other properly.

#133 —*occasionally used*
Ахмадаа танихгүй хүн
Адгуус малаас дор
Ардаа энэрэхгүй ноён
Атаатан дайснаас дор

Ард түмнээ хүндлэхгүй байгаа засгийн газрын удирдагч нар, эсвэл ахмад настнаа хүндлэхгүй байгаа хүмүүсийн тухай яриxдаа, эсвэл тэдэнд зөвлөгөө өгөхдөө энэ үгийг хэрэглэдэг.

If a person does not know his elders
He is worse than an animal
If the master does not show kindness to his people
He is worse than an enemy

This can be used as advice or as a comment on people who do not respect their elders or on government leaders who do not respect the people.

#134 —*regularly used*
Ахын сургаал ач
Эгчийн сургаал элбэрэл

Хэрвээ хүн хайр халамж хүсвэл эгч дээрээ очих хэрэгтэй. Харин хэрэв зөвлөгөө, сургамж хүсвэл ахдаа очих хэрэгтэй.

Older brother's teaching is beneficial
Older sister's teaching is caring

If people want care and compassion they need to go to their older sister. If they want advice they should go to their older brother.

#135 —*regularly used*
Ахын хишиг
Дүүд олдохгүй

Бидэнд санал болгосон ямар нэг зүйлийг хүлээж авахаас татгалзах үед үүнийг хэрэглэдэг. Зарим хүн бэлэг солилцож байхдаа талархлаа илэрхийлж энэ үгийг хэлдэг.

Brother's blessing
Is not found by younger brother

This might be used when we refuse something that has been offered to us. Others might use this when exchanging gifts with friends indicating their appreciation.

#136 —*regularly used*
Ачийг бачаар
Тусыг усаар

Хүнд тус болох үед тухайн хүн нь тэр тусламжинд талархахгүй байх, эсвэл хариуд нь муу зүйл хийх үед энэ үгийг хэрэглэдэг.

Bad deed repays good deed
Bad deed repays help

This might be used when we help people but they don't appreciate our help and even do bad things in return.

#137 —regularly used

Аяганы хариу өдөртөө
Агтны хариу жилдээ

Энэ үг харилцааны талаар өгүүлж байна. Дотно харилцаа нь аливаа тусламж, гуйлт зэргийн хариуг богино хугацаанд өгдөг, харин хол хөндий харилцаатай бол бүр хожим нь л туслах байх. Хэрвээ та хэн нэгэнд тусалвал энэ нь танд сүүлд буцаж ирнэ. Урьд нь бусдаас тусламж авч байснаа мартчихаад бусдад туслахгүй байгаа хүмүүст сануулга болгож энэ үгийг хэрэглэдэг бололтой. Зарим хүн жижиг зүйлийн хариу богино хугацаанд, харин том зүйлийн хариу урт хугацаанд ирдэг гэдгийг сануулахад энэ үгийг хэрэглэдэг.

A cup returns in a day
A horse returns in a year

This is about relationships. Close relationships return favors or help in a short period, but relations who are far away (a horse ride away) will help, but it will be in the future. If you help someone, it will come back to you later. Some people might use it to remind people who have forgotten the help they received earlier and who now are not helping others. Others might use it as a reminder that the small thing that was given away will be repaid in a short time, but if it was something big it will take longer.

#138 —occasionally used

Баавгай хэдий догшин ч
Бамбаруушдаа номхон
Хутга хэдий хурц ч
Ишиндээ халгүй

Гэр бүл дотроо хүмүүс бие биедээ хэрхэн хандах ёстойг бид мэдэх ёстой гэдгийг сануулахад энэ үгийг хэрэглэдэг.

Even a wild bear
Is gentle to its babies
Even a sharp knife
Is not harmful to its handle

It can be used to remind us that we need to know how to treat each other kindly within the family.

#139 —occasionally used

Баас хатавч
Өмхийгөө тавихгүй

Хэдийгээр муу хүнээс заримдаа сайн зүйл гардаг ч уг хүн нь муу хэвээрээ л байдаг.

Even if droppings are hard
They still stink

Even if people who have bad character sometimes show good character, they are still primarily bad character people.

#140 —occasionally used

Баатар хүн нэг суманд
Баян хүн нэг зуданд

Бүх юм нь зөв замаар явж, бүгд л сайн сайхан байснаа гэнэт нэг өдөр алдаа гаргаж, гарз хохирол учирсан хүмүүсийн тухай ярихдаа зарим хүн энэ үгийг хэрэглэдэг. Харин зарим хүн эд баялгаараа бардамнан сайрхаж байгаа хүмүүст эд баялаг нь хялбархан үгүй болж болно гэдгийг сануулахдаа үүнийг хэрэглэдэг гэж үздэг. Заримдаа мөрүүд солигдож хэлэгдэх нь бий.

A hero is killed by one bullet
A rich person is ruined by one severe winter storm

Some people might use it when referring to people who have had everything going the right way or they have been good, but then one day they make a mistake and have a loss. Others might use it when speaking to people who are proud of their wealth to remind them that it can easily be lost. See #171.

#141 —occasionally used

Бага гэж бүү бас
Балтгар гэж бүү дэвс

Do not look down on little ones
Do not trample down small things

Зарим хүн энэ зүйр цэцэн үгийг ахмад настнаас илүү ухаантай залуу хүнийг үнэлж үзэхгүй байгаа тохиолдолд хэрэглэдэг бололтой. Харин зарим нэг нь ямар нэг зүйл нь бага, цөөн байна хэмээн гомдоллож байгаа хүмүүст энэ үгийг хэлдэг байна. Бид өөрт байгаа зүйлийг хэрэглэх хэрэгтэй бөгөөд бага гэж чамлах хэрэггүй.

Some people might use it when referring to a young person who is smarter than older people but is not being valued. Others might use it when people are complaining about how little they have of something. We need to use what we have and not despise it because it is small.

#142 —occasionally used

Бага гэм гэж бүү бас
Баатар гэж бүү бардамна

Do not ignore your sins as little
Do not boast that you are a hero

Зарим хүн энэ үгийг хийсэн буруу нь бага хэрэг учир ямар нэг муу үр дагавар гарахгүй хэмээн бодож суугаа хүмүүст зориулж хэлдэг бололтой. Харин зарим хүн үүнийг бардамнан сагсуурч буй нэгний тухай ярихдаа хэрэглэдэг. Жинхэнэ баатар хүн хэзээ ч бардамнадаггүй.

Some people might use it for people who think because their sins are small there will not be any consequences. Others might use it about one who brags. A real hero does not boast.

#143 —regularly used

Бага залхуугаас болох
их залхуу

From a little bit of laziness
Much laziness will come

Энэ нь залхуурч эхэлж байгаа хүнд хэлж буй сануулга юм.

This is a warning for when someone is just starting to be lazy.

#144 —often used

Бага залхуугаас их залхуу
Бага буруугаас их эндүү

From a little bit of laziness, much
  laziness will come
From little mistakes, big
  misunderstandings will come

Энэхүү хоёр мөр нь хоёул жижиг асуудлаас үүдэж том асуудал бий болдог тухай өгүүлж байна. Хоёр дахь мөрөнд өгөгдсөн жишээ нь хүмүүс ямар нэг мэдээллийн багахан хэсгийг ч болов буруу ойлгож хүлээн авсан үед энэ нь бусдад тэр чигээрээ хүрч, тархдаг гэдгийг илэрхийлж байна. Энэхүү үл ойлголцол нь том асуудалд хүргэхдээ амархан. Энэ үгийг залхуу болох эхлэлээ тавьж байгаа болон урьд өмнөх явдлаа давтаж, одоо өөр болсон хэмээн бодож үүнийгээ хүлээн зөвшөөрөхгүй байгаа, эсвэл буруу ташаа мэдээлэл олж авсан хүмүүст анхааруулан сануулахдаа хэрэглэдэг.

Both lines state that big problems start with small ones. An example of line 2 would be when people misunderstand a small part of the information they have been given or have heard. This misunderstanding easily leads to big problems. This might be used to warn people who are starting to become lazy or who are repeating stories they are not sure of because they were not present or do not have the correct information.

#145   —often used

Бага чулуугаар
Их чулууг хөдөлгөх (доргиох)

Нэг хүнээс гарсан багахан санаа бусад хүмүүсийн том зүйлийг хөдөлгөж чадна гэдгийг хэлэхдээ зарим хүн энэ үгийг ашигладаг бололтой. Харин бусад хүмүүсийн хувьд үүнийг багахан хов жив том асуудал болтлоо өсөж болно гэдгийг сануулахдаа ашигладаг. Түүнчлэн зарим нь үүнийг өөртөө илүү их эрсдэл хүлээж эсвэл бусдаас илүү их зүйл зарцуулж, ингэхдээ хэн хэндээ ашигтай зүйл хийж байгаа хүмүүсийн тухай ярихдаа хэрэглэдэг байна. Зарим хүн энэ зүйр үгийг хийх ёстой зүйлс дээр анхаарлаа бүрэн хандуулахгүй байх тухай сануулахдаа хэрэглэдэг. Анхааралтай бодож, алхам алхмаар хийвэл том үйл хэргийг бүтээж чадна. Мөн зарим хүн худалдан авч буй хүнд нь өөр мөнгө байхгүй учир байсан багахан мөнгөнд нь үнэтэй зүйлээ хямдхан өгч байгаа худалдаачны тухай ярихдаа үүнийг хэрэглэдэг . Зарим хүн үүнийг хүнд хүчир ажил хийхгүй ухаанаа зарцуулан мөнгө олж байгаа хүмүүст хандан хэлдэг аж.

With a small rock
Shake the big rock

Some people might use it to say that one small idea from one person can generate big things in others. Others might use it as a warning that a little gossip can grow into a big problem. Others might use it when referring to people who take advange of others by getting them to spend more or take more risk than they do even though both will benefit. Others might use it as a reminder to not be focused on all that needs to be done. Think carefully and step-by-step the big job will be done. Others might use it to refer to a seller who might accept less money for an expensive thing because it was all the person had. Others might use it when referring to people who do not work hard, but use their minds to earn a lot of money.

#146   —regularly used

Бага ярьж
Их хий

Аль болох бага ярьж, аль болох ихийг хийх нь зөв хэрэг. Ямар нэг зүйл хийхийн тулд хэтэрхий их ярьж байгаа хүмүүсийн тухай ярихдаа энэ үгийг хэрэглэх боломжтой. Зарим зүйлийн хувьд цөөн бөгөөд зөв үгсийг хэлэх нь илүү үнэ цэнэтэй байдаг.

Talk little
Do much

The right way is to talk as little as possible, but do as much as possible. It might be said to one who talks too much in order to get them to do something. Using the fewest words to say something is valued.

#147   —occasionally used

Багаас их болж
Нимгэнээс зузаан болдог

Багаас ихэд хүрдэг
Намаас өндөрт ахидаг

Аливаа зүйлийг эхлүүлж буй хүмүүст цаг хугацаа өнгөрөхөд энэ нь өсөж хөгжих болно гэж тэр хүмүүсийг урамшуулахдаа энэ үгийг хэрэглэж болно.

From small it will become big
From thin it will become thick

From small you reach big
From short you reach high

This can be used to encourage people when they start something that in time it will grow.

Mongolian Proverbs

#148 —*occasionally used*

Багад сурсан эрдэм мандах нар мэт
Өтлөхөд сурсан эрдэм жаргах нар мэт

Жаргаж буй нар удаан хугацаагаар гэрэлтдэггүй. Энэ нь нас өтөлсөн хойноо сурсан эрдэм мэдлэгтэй адилхан юм. Ийм эрдэм мэдлэг нь бидний залуудаа сурч мэдсэн зүйл шиг удаан хугацааны турш ашиглагдаж чадахгүй. Тийм ч учраас бид залуу насандаа сурч боловсрох нь маш чухал. Энэ зүйр үг нь залуу хүнийг сурч мэдэхийг урамшуулахад хэрэглэгддэг.

The knowledge you gain when young is like the rising sun
The knowledge you gain when old is like the setting sun

It is known that the setting sun does not shine for a long time. This is compared to knowedge we learn when we are older. It will not be used as long as the knowledge we gain when we are young. Therefore it is important to study when we are young. It might be used to encourage a young person to study.

#149 —*occasionally used*

Багадаа тэвнэ хулгайлбал
Хэтдээ тэмээ хулгайлна

Бага зүйлийн хулгай ирээдүйд ихийг хулгайлахад хүргэх болно.

If you steal a needle when young
You will steal a camel in the future

Stealing small things will lead to stealing big things in the future.

#150 —*often used*

Багшийн эрдэм шавьд
Зулын гэрэл тосонд

Тос байвал гал тэтгэгдэн ассаар байх болно. Тосгүй бол гал асахгүй. Энэ үгээр багш хүн шавиа эрдэм мэдлэгээр хэрхэн тэтгэдгийг илэрхийлж байгаа юм. Шавийн эрдэм мэдлэгийг харж багшийн сайныг мэдэж болно гэсэн утгатай. Багш нарыг магтах, сайшаахад хэрэглэгдэнэ.

Teacher's knowledge to the student
Light of lamp to the oil

If there is oil, the light is supported and we can see it. If there is no oil, there is no light. This image is used to describe how teachers support their students with knowledge. In the knowledge of the students we can tell a good teacher. This is used to praise the teachers.

#151 —*often used*

Бадарчин явсан газар балагтай
Батгана суусан газар өттэй

Энэхүү үгийн эхний мөр нь түүхээс улбаатай. Монголын түүхийн нэгэн зурвас үед бадарчин гэгдэх өөрийн гэх гэр оронгүй, бусдад дулдуйдан, айлаас айл хэсүүчлэн амьдардаг хүмүүс цөөнгүй байсан бөгөөд эдгээр хүмүүс нь хонож буй айл, тухайн гэр бүлд тус болохоосоо илүүтэй гай болдог байжээ. Зарим хүн энэ үгийг тодорхой нөхцөл байдалд, ямар нэг асуудал гаргаж болзошгүй зан байдалтай хүмүүсийн талаар анхааруулга өгөх зорилгоор хэрэглэдэг бол зарим хүн үүнийг жаахан муу нэртэй хүмүүсийн бусдад үзүүлдэг муу нөлөөг сануулан илэрхийлэхэд хэрэглэдэг.

When there is a mendicant monk, there are misdeeds
When there is a fly, there are worms

The first line is from Mongolian history. There was a time when there were monks who had no home and would live off the charity of others, usually living with them. It was common for this person to create a lot of problems for the family, rather than helping. Some people might use it as a comment on a situation as a reminder that one person can cause a lot of problems. Others might use it to refer to a person who is not famous nor has a good name and always has a bad influence on others.

Mongolian Proverbs

#152 —*occasionally used*

Байгуулагдаагүй төрд
Баатар эрс хэрэгтэй
Байгуулсан төрд
Багш мэргэд хэрэгтэй

If government has not been built
Heroes are needed
If government has been built
Teachers and wise people are needed

Ямар нэг зүйлийг хөдөлшгүй үнэн болохыг нь батлахад зүйрлэл болгож хэрэглэдэг.

This states something that is true.

#153 —*occasionally used*

Байна гэж бүү бард
Бага гэж бүү чамла

Do not be proud of what you have
Do not be dissatisfied with small things

Бид өөрсдөдөө байгаа зүйлээ хэт дөвийлгөн үнэлж, түүгээрээ бардамналгүйгээр дарүү төлөв байхын сацуу өөрсдөдөө байгаа өчүүхэн зүйлд ч сэтгэл хангалуун байх хэрэгтэй гэсэн санаа.

We are not to exaggerate the things we have. Instead we need to be humble and thankful for what we have.

#154 —*occasionally used*

Байнд ч үгүй
Банзанд ч үгүй

Not on the target
Not on the board

Энэ нь байт харваа эсвэл буудлагаас гаралтай үг бөгөөд сум байндаа ч, банзанд ч тусахгүй байхыг хэлж байна. Зарим хүн бүтэлгүй хүний байдлыг үүгээр зүйрлүүлдэг бол зарим нь маш их чалчдаг боловч тэр нь ямар ч утга учиргүй байдаг хүмүүсийн байдлыг зүйрлүүлэн хэлдэг. Зарим хүн үүнийг зөв хариулт өгөхгй байгаа хүмүүст хандан хэлдэг.

This is a shooting or archery metaphor meaning the bullet or arrow missed everything. Some people might use it to refer to someone who is not successful. Others might use it for people who talk a lot but never make their point. Others might use it when a person does not give a correct answer.

#155 —*occasionally used*

Байх хүнийг өгөхийг нь хүлээ
Үгүй хүнийг олохыг нь хүлээ

Wait until the person who is there gives you something
Wait until the person who is not there finds something

Энэ үгийг зарим тохиолдолд хүнээс тусламж эрж очсон үедээ хэрэглэдэг. Хэрэв тусламж эрж очсон хүний хүсч байгаа зүйл нөгөө этгээдэд байгаа бол өөрөө түүнийгээ санал болготол нь хүлээ. Хэрвээ байхгүй шинжтэй бол түүнийг олж иртэл нь хүлээх хэрэгтэй гэсэн утгыг илэрхийлж байна. Зарим хүн хоёр дахь мөрний утгыг хэрэв зорьж очсон хүн чинь гэртээ байхгүй бол түүнийг өөрөө эрж олоод хэрэгтэй зүйлээ түүнээс сураглах хэрэгтэй гэсэн утга хэмээн тайлбарлах нь бий. Ерөнхийдөө аливаа зүйлд тууштай, шантрахгүй байх хэрэгтэй гэсэн санаа.

Some people might use it to refer to when they visit someone because they need help. If they are sure the person has what is needed, they need to wait until it is offered. The second line says that if they are sure the person does not have what is needed, they are to wait until the person is able to find what is needed. Others would say the second line means I should go and find the person who was not at home in order to get what I need. I should be persistent.

#156 —occasionally used

Байшинд багана түшиг
Эрд нөхөр түшиг

A pillar is a support for a building
A friend is a support for a man

Ямар нэг зүйлийг үнэн гэдгийг батлах гэсэн утгатай. Ихэвчлэн хэн нэгний хувьд хань ижлээс нь илүүтэй найз нөхөд нь түшиг тулгуур болдог.

This states something that is true. Typically it is the friend rather than the spouse who is closest to a person.

#157 —rarely used

Балай биетэй
Далай санаатай

Foolish body
Ideas like an ocean

Зарим хүн нэг дэх мөрний үгийн утгыг хөгжлийн бэрхшээлтэй хүмүүст хамааруулж тайлбарлах нь бий. Бие нь хэдий "балай" буюу хэвийн бус байсан ч тэр хүнээс далай мэт агуу санаа гарч болно гэсэн утга. Гэтэл зарим хүмүүс энэ үгийн утгыг юу ч чадахгүй "балай" ухаантай хэрнээ далай шиг том зүйл ярьж явдаг хүмүүсийг хэлнэ хэмээн тайлбарладаг бол үүнийг зүйр цэцэн үг гэж үздэггүй хүмүүс ч бий.

Some people believe the first line refers to people who are physically handicapped. They would use it to remind people that even disabled people can have many good ideas. Others believe the proverb is referring to foolish people and might use it when referring to a fool who thinks about so many things his mind is like an ocean, so he gets nothing done. Some people do not consider this to be a proverb.

#158 —rarely used

Балга уугаад
Ваар согтох

Drinks one gulp
The jar will be drunk

Согтууруулах ундааг жаахан уусан тэдийд л аюул осол дагуулж мэднэ гэсэн утга. Зарим хүн энэ үгийг зүйр цэцэн үг гэж үздэггүй.

Just a little alcohol can be dangerous. Some people do not consider this to be a proverb.

#159 —occasionally used

Бар цагт босохгүй бол
Өдрийн явдал хоцорно

If you do not get up at tiger time
Whole day's work will be late

Монголд цагийг 12 жилийн амьтдаар төлөөлүүлэн хэлэх заншил байх бөгөөд бар цаг гэдэг нь өглөөний 5 цаг 40 минутаас 7 цаг 40 минут хүртэлх хугацааг заана. Энэ үгээр өглөө эрт босдоггүй, залхуу хүнийг илэрхийлдэг байна.

The Mongolian clock has animals that represent each hour. Tiger time is 5:40 am to 7:40 am. This is for one who is lazy and does not get up early.

#160 —regularly used

Бардам ам
Шалдан гуя

Proud mouth
Naked thigh

Шалдан байна гэдэг нь тухайн хүн юу ч үгүй, эсвэл юу ч чадахгүй, өөрийгөө их

The thigh being naked means the person is not clothed, meaning they have nothing.

мундаг болгон ярьдаг боловч хэрэг дээрээ юу ч чаддаггүй хүнийг илэрхийлнэ. Энэ нь үргэлж л ярьж байдаг боловч үнэн хэрэгтээ юу ч хийдэггүй, эсвэл үргэлж том ам гарч байдаг боловч юу ч чаддаггүй хүмүүсийг егөөдөн хэлсэн үг юм. #78-г үз.

He talks like he is important, but he has nothing. This might be used to refer to a person who talks a lot but does nothing or to people who always promise to do many things, but do nothing. See #78.

#161 —occasionally used

Бардам хүнд багш үгүй
Эвдрэх юманд эзэн үгүй

The proud man has no teacher
The broken thing has no owner

Энэ үг нь хэний ч үгийг сонсдоггүй бардам сэхүүн зантай хүнийг тодорхойлоход хэрэглэгдэнэ.

This can be used to refer to a proud person who does not listen to anyone.

#162 —rarely used

Бардамд сайн үгүй
Шалданд дулаан үгүй

There is no good when you are proud
It is not warm if you do not have clothes

Энэ үг нь хэний ч хэлэх үгийг сонсдоггүй бардам сэхүүн зантай хүнийг тодорхойлоход хэрэглэгдэнэ.

This might be used to refer to a proud person.

#163 —occasionally used

Барж идсэн баянаас
Мэрж идсэн хоосон дээр

A poor man who eats and gnaws is better than
A rich man who eats up everything

Энэ нь чи хэр их мөнгөтэй байх нь чухал биш, харин түүнийгээ хэрхэн зарцуулдаг нь чухал гэсэн утгатай. Баян хүн юмны үнэ цэнийг мэддэггүйнхээ улмаас мөнгөө бодлогогүй үрэх нь их. Тэр ядуу хүний ухаанаас суралцаж, мөнгөө бодлоготой зарцуулж сурах хэрэгтэй бөгөөд, эс бөгөөс эцсийн эцэст тэр юу ч үгүй хоосон хоцорно.

This means how much money you have is not important. What is important is how you spend it. A rich man does not look for the best price and eventually uses up all his money. He needs to learn from the poor man and try to live on less because otherwise he will eventually have nothing.

#164 —often used

Барилдахаасаа таахалзах (нь)
Хийхээсээ хээхэлзэх (нь)

Pretending to wrestle more than wrestling
Pretending to do something more than doing

Зарим хүн энэ үгийг ихийг хийх дүр үзүүлэвч үнэндээ юу ч хийдэггүй, бусдын ард нуугддаг хүмүүсийг хэлэхдээ хэрэглэдэг бол заримдаа энэ үг нь ямар нэг зүйлийн талаар байнга ярьдаг боловч үнэндээ түүнийхээ талаар ямар ч мэдлэггүй, түүнийгээ хийх ямар ч чадваргүй хүмүүсийг илэрхийлнэ. Мөн нэг их чухал биш зүйлд хэт их ач холбогдол өгдөг хүмүүсийн талаар ярихдаа хэрэглэх нь ч бий.

Some people might use it when referring to people who pretend to do something, but instead stay behind others. Others might use it for people who talk a lot about doing something, but they do not have the knowledge or skill so they do nothing. Others might use it to refer to someone who puts efforts into things that are not necessary.

#165 —*occasionally used*
Бариу гутал хөлд халтай
Бардам зан аминд халтай

Tight shoes are not good for the feet
Proud character is not good for life

Зарим хүн энэ үгийг хэт бардам зантай хүмүүсийн талаар яриxдаа хэрэглэдэг бол сайхан харагдахын тулд өөртөө жижигдсэн гутал өмсдөг атлаа үргэлж хөл өвдөж байна хэмээн гомдоллодог хүүхнүүдэд хэлдэг хүмүүс ч бий. Харин зарим хүн энэ үгийг багадсан гутал өмсөөд хөл нь холгосон хүнд хандан хэлдэг байна.

Some people might use it when referring to people who are proud. Others might use it for a woman who wears shoes that are too small in order to look pretty, but she constantly complains about her feet. Others might use it when referring to bad shoes that hurt a person's feet.

#166 —*regularly used*
Барын амнаас
Чонын аманд орох

Goes out of tiger's mouth
Goes into wolf's mouth

Хэн нэгэн хүн муу сонголт хийгээд өмнөхөөсөө илүү муу нөхцөл байдалд орохыг хэлнэ.

This might be used for people who make bad choices and the end result is worse than before they started.

#167 —*rarely used*
Барын дүртэй
Бялзуухайн зүрхтэй

Has tiger's appearance
Has bird's heart

Энэ үг нь байгаагаасаа илүү дээр болж харагдахыг хичээдэг хүмүүсийг илэрхийлсэн утгатай.

This can be used to refer to people who try to act bigger than they are.

#168 —*regularly used*
Барын зулзагыг
Бага дээр нь
Энэ үг нь хүүхдүүдийг балчир наснаас нь эхлэн сайтар хүмүүжүүлэх хэрэгтэй гэсэн утгатай.

Tame the tiger's cub
When he is little

This refers to disciplining children when they are young.

#169 —*occasionally used*
Баян гэж бүү сагсуур
Баатар гэж бүү бард

Do not be proud that you are rich
Do not be arrogant that you are a hero

Энэ үг даруу төлөв зантай байхыг сургамжилсан утгатай.

This can be used as a reminder to be humble.

#170 —*occasionally used*
Баян хүн бачтай
Ядуу хүн хочтой

A rich person is cunning
A poor person has a nickname

Баян хүмүүс бусдаас онцгой байр суурьтай байдаг тул хүмүүс тэднийг бүтэн нэрээр нь дуудна. Гэвч ядуу

When rich people are present, others use their full names. But for poor people only their nicknames are used. This implies

хүмүүсийг бол хочоор нь дуудах аж. Энэ нь хүмүүс ядуу хүнийг дорд үзэж, басамжлан харьцдагийг харуулж буй. Зарим тохиолдолд энэ нь баян хүмүүс эд хөрөнгөтэй учраас нэр хүндтэй байдаг бол ядуу хүмүүс юу ч үгүй хоосноосоо болж бусдад элдвээр ялгаварлан гадуурхагддаг гэсэн утгыг ч илэрхийлнэ. Мөн их зантай, юунд ч сэтгэл ханадаггүй баячуудад энэ үгийг хэлэх тохиолдол ч бий.

calling them names in order to make fun of them. Some people might use it when the rich are being honored only because of their wealth or when the poor are being disparaged because of their poverty. Others might use it for a rich person who is conceited and never satisfied with anything.

#171 —*often used*

Баян хүн нэг <u>шуурганд</u> (зуданд)
Баатар хүн нэг суманд

Хэрэгтэй гэсэн бүх юм нь байгаа, бүх ажил хэрэг нь бүтэмжтэй явах хүн ч нэг л өдөр хийсэн нэг алдаанаасаа болж бүх зүйлээ алдаж болно. Заримдаа энэ үгийг эд баялгаараа хэт бардамнадаг хүмүүст хандан энэ бүхэн чинь нэг л өдөр ор мөргүй алга болж мэднэ шүү хэмээн сануулах зорилгоор хэрэглэдэг байна. #140-г үз.

A rich person by one (severe) storm
A hero by one bullet

Some people might use it when referring to people who have had everything going the right way or they have been good, but then one day they make a mistake and have a loss. Others might use it when speaking to people who are proud of their wealth to remind them that it can easily be lost. See #140.

#172 —*often used*

Баярласан хэрээ
Бархирна

Зарим хүн энэ зүйр цэцэн үгийг ямар нэг зүйлийн үр дүнг хараагүй байж хэт эрт баярлан хөөрдөг хүмүүсийн талаар ярихдаа хэрэглэдэг. Магадгүй хүлээж буй үр дүн нь харамсмаар байдлаар эргэж ч болох юм. Заримдаа ердөө л жижиг сажиг зүйлд хэт их баярладаг хүмүүсийг ч хэлэх нь бий. Учир нь хэрээ гэдэг амьтан үргэлж муу муухайн бэлгэ тэмдэг болж байдаг. Мөн өөрийнхөө баярлаж талархсан сэтгэлийг тохиромжгүй байдлаар илэрхийлдэг хүмүүсийг ч энэ үгээр илэрхийлдэг. Тийм хүн өөрөөсөө бусдыг үл тооно.

Happy crow will screech

Some people might use it when referring to people who rejoice too quickly before results are seen and then when they are seen the people have regret. Others might use it to describe a very happy person or one who has shouted in joy. Because the crow always refers to bad character, others might use it to refer to a person who expresses thankfulness in the wrong way. This person is selfish and self-centered.

#173 —*regularly used*

Би үхэхээр чи үх

Туйлын амиа бодсон хүнийг илэрхийлсэн үг.

You die rather than I

This can be used to describe a person who is self-centered and selfish.

#174 —often used
Би явж байна
Бээжин сууж байна

Энэ үг нь Бээжин хот уруу тэмээн жингээр ачаа бараа тээвэрлэн арилжаа хийдэг байсан наймаачдаас гаралтай. Бээжин хаашаа ч хөдлөхгүй нь үнэн учраас худалдаачид хэзээ нэгэн цагт Бээжинд хүрэх нь дамжиггүй. Зарим хүн энэ үгийг зорьсон зорилго нь хэтэрхий хол байсан ч түүнээсээ ухрах, шантрах хэрэггүй. Мөрөөдөл ямар нэг байдлаар заавал биелнэ хэмээн хүнд урам өгөх зорилгоор хэлдэг. Зарим тохиолдолд эхлүүлсэн ажлаа дуусгалгүй, дэндүү алгуурлаж байгаа хүмүүсийг шүүмжлэхэд хэрэглэгддэг бол Аялалаар үргэлж ийш тийш явдаг хүмүүсийг хэлэх нь ч бий. Тэдний зорьж буй газрууд нь байрандаа байсаар байх учраас тэд хэзээ нэгэн цагт заавал тэндээ очно.

I am going
Beijing is sitting

The image in the proverb comes from traders traveling slowly by camel to Beijing. Beijing is not going anywhere and the traders will eventually get there. Some people might use it to encourage people to not put away their goals even though they seem far away. A dream can eventually come true. Others might use it as a criticism of someone who has not finished a project. The project is waiting to be finished. Others might use it when referring to a person who is constantly traveling. They are going to a far place and eventually they will get there.

#175 —occasionally used
Бие биедээ ноён
Бэтэг гэдсэндээ ноён

Энэ үгээр үргэлж биеэ чагнан, биеийнхээ байдалд санаа тавьдаг хүмүүсийг хэлэх тохиолдол байдаг бол бусдыг эзэрхийлж дарамтлах сонирхолтой хүмүүсийг, эсвэл өөрөө хэзээд, хэнээс ч илүү байхыг хүсдэг өрсөлдөөнч зан чанартай хүмүүсийг илэрхийлэх нь ч бий.

A person is lord over another person
Stomach disease is lord over stomach

Some people might use it as a reminder that people usually try to rule over others. Others might use it as a reminder for people to listen to what their bodies are saying and take care of themselves. Others might use it to refer to people who are competitive and always want to be better than others.

#176 —rarely used
Бие боол
Гэдэс ноён

Энэ нь ховдог хүнийг илэрхийлж байна.

Flesh is the slave
Stomach is the master

This can be used to describe a glutton.

#177 —occasionally used
Бие өтлөвч
Санаа өтлөхгүй

Хэн нэгэн залуу хүн өөрөөсөө ахмад хүнийг хөгшин, тус нэмэргүй хэмээн басамжилж, ямар нэг зүйлийг хийж чадахгүй байгаагийнх нь төлөө шүүмжлэх үед хариу болгож энэ үгийг хэрэглэх тохиолдол байдаг. Бие нь хэдий хөгширч өтөлсөн ч ухаан санаа нь эрүүл саруул хэвээрээ байх боломжтой гэсэн утга.

Flesh gets older
Mind does not get older

This might be used when someone thinks people are not intelligent because they have become older. Sometimes young people criticize older people because of what the older ones cannot do. The older people would respond with this meaning that their bodies may be older but their minds are still very good.

Mongolian Proverbs

#178 —often used

Биеийн бөхөөр нэгийг
Сэтгэлийн бөхөөр арвыг

Tenacity of body wins one
Tenacity of soul wins ten

Энэ үг нь хүмүүсийг сэтгэлийн тэнхээ-тэй байхад уриалан дуудсан үг юм.

This can be used to encourage someone to be tenacious.

#179 —occasionally used

Биеэ зааж чигчийгээ
Нөхрөө зааж эрхийгээ

Point to yourself with your little finger
Point to your friend with your thumb

Биеэ зааж эрхийгээ
Нөхрөө зааж чигчийгээ

Point to yourself with your thumb
Point to your friend with your little finger

Хүн эрхий хуруугаа гозойлговол сайныг, харин чигчий хуруугаараа мууг илэрхийлдэг. Жаахан хүүхдүүд муудалцахаараа бие бие уруугаа чигий хуруугаа гозойлгох нь бий. Эхний үг нь өөрийгөө бус, найз нөхрөө хүндлэн дээ-дэлж явдаг хүнийг илэрхийлж байгаа бол, хоёр дахь үг нь үүний эсрэг утгатай. өөрийгөө зааж эрхий хуруугаа, найз нөхрөө зааж чигчий хуруугаа гаргана гэдэг нь тухайн хүний бардам сэхүүн занг илтгэж байна. Энэ үг нь бардам сэхүүн бус, харин даруу төлөв байх нь зүйтэй болохыг хүмүүст сануулахад хэрэглэгддэг аж. Мөн аливаа зүйлд хэт шүүмжлэлтэй хандахыг буруушаасан өнгө аястай.

The thumb is pointed towards what is good, but the little finger (pinky) is pointed towards what is not good. Little children sometimes do this to someone with whom they no longer want to be friends. The first proverb is one of humility because the thumb is towards the friend and the little finger is towards yourself. The second proverb is the opposite. It shows pride because your thumb is towards yourself and the little finger is towards the friend. These might be used to remind a person to be humble and not proud. They might also be used to remind someone to not be judgmental.

#180 —frequently used

Биеэ засаад
Гэрээ зас
Гэрээ засаад
Төрөө зас

Fix yourself
Then fix your home
Fix your home
Then fix your state

Энэ нь хүн ямар нэг том үйл хэргийн төлөө явж байгаа бол эхлээд өөрийн амьдрал, гэр бүлдээ байгаа жижиг асуудлуудаа бүрэн шийдэх хэрэгтэй гэ-сэн утгатай.

This can be used for people who try to accomplish something big before first straightening out their own lives and families.

#181 —occasionally used

Биеэ мэдвэл хүн
Бэлчээрээ мэдвэл мал

If you know yourself, then you are human
If an animal knows its pasture, then it is an animal

Мал бэлчээрлэх газраа сонгож сурна гэдэг нь нас бие гүйцсэний шинж бө-гөөд үүний нэгэн адил тухайн хүний зан чанар ямар байхаас үл шалтгаалан

It is understood that when herds recognize and find their pasture, it shows they are not small any more. In the same way, when

өөрийнхөө жинхэнэ мөн чанар, хэр хэмжээгээ мэдсэн бол тэр хүн өсч төлөвшсөний шинж юм.

people get to the point that they really know themselves (whether their character is good or bad), they then become real people or grown-up.

#182 —often used
Биеэ мэдэж
Бяраа тань

Know yourself
Know your strength

Энэ үг нь аливаа хүн өөрийнхөө юу хийж чадах, юу хийж чадахгүйгээ сайн мэдэж байх ёстой гэсэн утгатай.

This can be used as a reminder that people should know what they can and cannot do.

#183 —occasionally used
Билүүнд ойртоогүй хутганы ир
Бэлчээрт ойртоогүй малын мах

Knife edge that did not reach the whetstone
Meat that did not reach the pasture

Зарим ахимаг насны хүмүүс энэ үгээр залуу, аливаад туршлага багатай хүмүүсийг илэрхийлэн хэлдэг. Мөн ямар нэг ажлыг эхлүүлэх барьцтай зүйл хэлж, хийдэггүй хүмүүсийг ч энэ үгээр хэлэх нь бий.

Some older people might use this when talking about young people and their lack of experience. Others might use it when referring to someone who never gets to the point of actually starting a project.

#184 —rarely used
Бирдийн нүдэнд
Далай харам

To genie's eye
Possessive of ocean

Далай хэдий хязгаар нь үгүй мэт уудам боловч, бирд түүнээс хуваалцахыг үл хүснэ. Хэт харамч хүнийг илэрхийлсэн үг.

Even though the ocean is very large, the genie does not want to share. This can be used when referring to a miser or someone who is stingy.

#185 —often used
Богдоос боол нь
Хаанаас хаалгач нь

Slave rather than a *bogd*
Watchman rather than a king

Богд гэдэг нь XX зууны эхэн үеийн Монголын шашин төрийн тэргүүн, хаан эзэн бөгөөд шашны болон төрийн хэрэгт асар их эрх мэдэлтэй нэгэн байжээ. Энэ үг нь дорд ядуу ч гэсэн зарим хүмүүс нөлөө бүхий том хүмүүсээс илүү тус болох тохиолдол бий гэсэн утгатай.

A *bogd* was the title for a king prior to the people's revolution in the early part of the twentieth century. He was the religious as well as civil authority. Some people might use it as a reminder that little people can give better help than important people.

#186 —occasionally used
Богино буу их дуутай
Богино хүн их үгтэй

A short gun has a big noise
A short person has big words

Энэ үг нь өөрсдийгөө том хүн шиг бодож, ярьдаг өсвөр насны хүүхдүүдэд

Some people might use it for teenagers who talk like they are adults. Others might use

хамаатай. Зарим хүн үүнийг хэт яншаа хүмүүсийг илэрхийлэхдээ хэрэглэх нь ч бий.

it for people who are always nagging in order to get them to stop.

#187 —*rarely used*
Бодлогогүй хүний алдас үлэмж
Болгоомжгүй хүний айдас үлэмж

Энэ нь өөрийн болгоомжгүйгээс аюул, муу зүйлийг өөртөө дуудаад, түүнээсээ айж буй хүмүүсийг илэрхийлнэ.

The person who is not thoughtful has many mistakes
The person who is not careful has many fears

This can be used to describe people who are afraid of what will happen because they have not been careful.

#188 —*regularly used*
Бодоод бодоод
Бодын шийр дөрөв

Энэ үг нь хичнээн бодсон ч, ямар ч ялгаа байхгүй, шийдвэр, шийдэлд хүрч чадахааргүй нөхцлийг илэрхийлнэ.

Thinking thinking
Animal's four legs

This might be used when referring to the person who thinks and thinks but is unable to reach a decision.

#189 —*occasionally used*
Бодсон олон зүйлээс
Бүтсэн нэг зүйл дээр

Энэ нь дараагийн хийх зүйлээ бодож төлөвлөхөөсөө өмнө одоо хийж буй ажлаа бүрэн дуусгах хэрэгтэй гэсэн утга.

The one thing finished
Better than many things only thought

This can be used to encourage someone to finish a project before moving on to something else.

#190 —*often used*
Болзоо ихэдвэл шалиг
Бороо ихэдвэл шалбааг

Энэ нь хөвгүүд олон найз охинтой байх, эсвэл охид олон найз хөвгүүнтэй байхыг буруушаан анхааруулсан утгатай бөгөөд заримдаа залуу хосууд гэрлэхээсээ өмнө хэт удаан хамт байх нь зохимжгүй, энэ тал дээр болгоомжтой байх хэрэгтэй гэсэн утгыг ч илэрхийлдэг.

If you date too much, immorality
If it rains too much, mud

This might be used as a warning for boys not to have many girlfriends and for girls to not have many boyfriends. It might also be used as a warning to young couples to be careful and not spend too much time together before they get married.

#191 —*often used*
Болоогүй идээг идэх гэж бүү яар
Боломгүй ажлыг хийх гэж бүү оролд

Энэ үг нь зохих мэдлэг чадваргүй атлаа ямар нэг зүйлийг хийхийг оролдож байгаа хүмүүст хамаатай.

If the meal is not cooked, do not eat it
If the work is impossible, do not try it

This can be used for people who are trying to do something for which they do not have the correct knowledge or skill.

#192 —regularly used

Болсноос ам хүр
Буурлаас үг сонс

Монгол заншил ёсоор бол айлд зочлон очсон хүн бүрийг гэрийн эзэн заавал дайлж цайлах агаад, зочин түүнийг нь идэхгүй бол болохгүй. Гэрийн эзнийг хүндэтгэж байгаагаа илэрхийлж, өгсөн хоолноос нь ядаж амсах ёстой. Гэвч өгсөн зүйлийг нь идэхгүй байна гэдэг нь тухайн зочин хэдэн үг ч солих завгүй, тун яаруу яваагийн илрэл болох бөгөөд орчин үед энэ нь харьцангуй уян хатан болж, юм амсахгүй буцлаа гээд тухайн хүнийг заавал ёс алдсанд тооцоод байдаггүй болсон. Өөр нэг тайлбараар бол гэрийн эзэн хоол хийж байх үед зочин таарвал яаралгүй, хоол болтол нь хүлээх ёстой. Мөн тэсвэр тэвчээртэй байхыг сургасан үг хэмээн тайлбарлах нь ч бий. Хоол болохыг хүлээх тэвчээр байхгүй бол бусад зүйлд ч гэсэн амжилт гаргахад тэвчээргүй зан нь саад болно. Мөн энэ нь хүүхдүүдийг ахмад хүний үгийг сонсож сургах зорилготой.

Eat food cooked
Listen to words from elders

It is traditional to always eat some of what a person has fixed for you when you visit them because it is imperative that the host give you something when you come. If you at least taste the food you can compliment your host. To not take food that has been offered means you are in a hurry and have no time for relationship and even do not have time for greetings or conversation. Not all follow this today. Another interpretation is that guests are not to be in a hurry when food is cooking but they are to wait for it to be ready. Others might use it when they want someone to be patient. If they are not patient enough to wait and taste food, neither will they be patient in their job and will consequently be unsuccessful. It might also be used to teach children to listen to their elders' words and to follow their directions.

#193 —frequently used

Болсон идээнээс бүү зайл
Болшгүй хүний үгэнд бүү ор

Гэрийн эзний санал болгож буй зүйлээс татгалзаж болдоггүй шиг муу муухай хүний хэлэх үгийг сонсож болохгүй.

Do not decline cooked food
Do not follow a bad person's word

It is understood that we are not to decline food that has been offered. This tradition is used as a reminder that it is also important to not listen to the words of someone who displays bad character.

#194 —regularly used

Боож үхэхэд бор шидмэс дутах

Боож үхье гэвч
Бор шидмэс олдохгүй

Энэ нь үнэхээр үхэхийг хүсмээр хэцүү нөхцөл байдлыг илэрхийлсэн үг юм. Олс байхгүй учраас өөрийгөө боомилох ч арга байхгүй, хүнд нөхцөл байдал. Зарим хүн юу хийхээ мэдэхгүй бухимдахдаа энэ үгийг хэрэглэдэг.

When strangling yourself, brown rope is missing

You want to strangle yourself
But cannot find brown rope

These might be used to refer to a situation that is so difficult that people would like to die, but know they cannot commit suicide. Others might use it when they do not know what to do and are frustrated.

#195   *—rarely used*

Боол хүнд буруу тасрахгүй
Буруу хажууд сүүдэр тасрахгүй

Боол бол нийгмийн хамгийн доод давхаргын хүн. Тэдний эзэд тэдний алдааг хялбархан олж хараад шүүмжилдэг. Ер нь хүмүүс өөрөөсөө дээд зиндааны хүнийг шүүмжилж чадахгүй атлаа, дорд хүмүүсийг шүүмжилдэг. Боол хүн үргэлж бусдын өмнөөс хариуцлага хүлээдэг байв. Монголчууд ерөнхийдөө ямар нэг зүйлийн буруу болохыг нь илэрхийлэхдээ "буруу тал"-аас нь дурддаг. Зарим хүн энэ үгийг ямар нэг зүйлд хариуцлага хүлээхээсээ илүүтэй үргэлж бусдыг эсвэл байдал нөхцлийг шүүмжлэн буруушаахыг оролдож байдаг хүмүүсийн талаар ярихдаа хэрэглэдэг бол зарим нь энэ үгээр ажлаа хийж чаддаггүйнхээ улмаас үргэлж алдаа гаргаж байдаг хүмүүсийг илэрхийлэх нь ч бий.

There is no end to the slave's mistakes
There is no end to the shadow on the wrong side

A slave was the lowest title and the one people liked to blame. Masters easily found the mistakes of their slaves. People never blame upward, only downward. The slave was the scapegoat. Normally Mongols use the "wrong side" to refer to something that is not right. Some people might use it to describe people who always look for someone or some situation to blame rather than admitting responsibility. Others might use it to refer to people who continually make mistakes because they do not do their work well.

#196   *—occasionally used*

Боол хүнд ноён олон
Богтос маханд шөрмөс олон

Боолд зааж, зааварлах хүмүүс мундахгүй. Энэ үг нь хэн нэгэнд хэтэрхий олон хүн дарга мэт загнан, юу хийхийг нь зааж зааварлах нөхцөл байдлыг илэрхийлнэ.

Slaves have many masters
Foreleg has lots of tendons

For people who are slaves, many will tell them what to do. It might be used to refer to a situation where people have too many bosses or advisors who try to rule over them.

#197   *—often used*

Боолын боол
Босгоны шороо

Эхний мөр нь хамгийн доод төвшний боол гэсэн утга. Энэ үгийг мөн тоглоом болгон, "Би энд дарга нь шүү" гэсэн утгаар хэрэглэх нь бий. Зарим хүн үүнийг яг үнэндээ чамд ямар ч хүч чадал байхгүй гэдгийг сануулах үүднээс хэрэглэдэг бол зарим нь огтоос хэрэггүй хүнийг энэ үгээр илэрхийлдэг байна. Гэвч үүнийг зүйр үг биш гэж үзэх хүмүүс ч бий. Заримдаа даалуу тоглож байхдаа боолоо болгож авсан өрсөлдөгчөө эвгүй байдалд оруулахын тулд энэ үгийг хэрэглэдэг.

Slave of slaves
Dust of threshold

The first line refers to the lowest grade of slave. It might be used when you are joking with others and say that you are the boss. The others would then respond with this proverb meaning, in reality you have no power. Others might use it when referring to someone who is really unimportant. Some do not believe it is a proverb. It is sometimes heard as an insult to the competition when playing dominoes.

#198 —regularly used
Боохойн түрүүнд хэрээ
Борооны түрүүнд шороо

Before wolf there are crows
Before rain there is dust storm

Борооны өмнө шороо
Боохойн түрүүнд (өмнө) хэрээ

Dust is before a rain
Crow is before a wolf

Энэ үг нь аливаа зүйлийг өөр нэг зүйл заавал дагалдаж байдаг болохыг нотолсон утгатай. Мөн жижиг асуудлаас том асуудал үүсч болзошгүйг сануулах зорилгоор ч хэрэглэж болно. Зарим хүн бороо орохын өмнө шороо шуурахад энэ үгийг хэрэглэдэг.

This is a true statement of things that naturally follow each other. It can also be used as a warning that where small problems occur, bigger ones will follow. Some might use it when there is a dust storm indicating that rain will come.

#199 —rarely used
Бороо дээлэн дээр ус
Дэлхий дээр тоос

Water is on the *deel*
Dust is on the earth

Бороонд норсон хүний дээл нойтон байх нь гарцаагүйн адилаар энэ дэлхий дээр болж буй бүх үйл явдал хүмүүст мэдэгдэх нь гарцаагүй.

When it rains there will be water on a person's *deel* (traditional clothing). In the world what has happened can be seen.

#200 —occasionally used
Бороотой болович
болзоондоо
Хуртай болович
Хугацаандаа

Even if it is rainy
Come to the appointment
Even if it is snowy
Be on time

Энэ үг нь онцгой тохиолдол бүрт аливаа хүн байх ёстой газартаа, хүрэх ёстой цагтаа очиж байх хэрэгтэй гэсэн утгыг илэрхийлнэ.

It can be used as a reminder to someone to be on time for something specific.

#201 —occasionally used
Босоо гийчинг зочлоход бэрх
Бусгадаг морийг унахад бэрх

It is hard to be hospitable to the guest who is standing up
It is hard to ride the horse that has been startled

Бусгаж үргэдэг морийг унахад хэцүү байх нь ойлгомжтой. Жишээ нь морь гэнэт зогсоход унаж яваа хүн нь ойчиж мэднэ. Үүнтэй адил чи хэн нэгний гэрт орж ирчихээд босоогоороо зогсоод байвал гэрийн эзэнд тун эвгүй байх болно. Тун яарч, тухлах зав байхгүй байсан ч хэн нэгний гэрт орохдоо тайван байх хэрэгтэй гэсэн утга.

It is understood that it is difficult to ride a horse that has been startled. The rider can easily fall if the horse suddenly stops. In the same way, when guests stay standing, it means they are in a hurry and do not have time to visit. This is rude to the host so it is difficult to be hospitable. When you visit someone you should sit after entering the home and be calm.

#202 —occasionally used

Бөөгүй газар дүвчин галзуурна
Бухгүй газар шар галзуурна

Дүвчин буюу хуурамч бөө нь жинхэнэ бөө байхгүй газарт өөрөө жинхэнэ бөө мэт л аяглана. Шар бол үхэр сарлагийн эрлийз бөгөөд тухайн үхэр сүргийн бух байхгүй үед шар бух мэт авирлана. Зарим хүн энэ үгийг яг тухайн нөхцөл байдалд тохиромжтой хүн байхгүй бөгөөд түүнийг орлож чадахгүй байсан ч чадах мэтээр аашлах хүмүүсийг хэлэхдээ хэрэглэдэг бол зарим хүн энэ үгээр дээрээ ямар ч захиргаа, зааваргүйгээр бүх зүйлийг өөрийн дураар хийдэг хүмүүсийг хэлдэг. #218-г үз.

Place with no shaman, a false one will be strengthened
Place with no bull, an ox will be strengthened

The false shaman becomes bolder when a real one is not around. An ox is a hybrid, half cow and half yak. He becomes bolder when a bull is not present. Some people might use it when the appropriate person is not available, and others are professing to be experts even when they are not. Others might use it to refer to people who prefer doing things alone with no authority over them. See #218.

#203 —occasionally used

Бөөсөнд хутга
Бүлхэнд жад

Энэхүү үгээр хэн нэгэн хялбархан асуудлыг шийдэхийн тулд хэтэрхий нарийн төвөгтэй арга хэрэглэхийг илэрхийлнэ.

A knife for lice
A spear for tendon

This might be used for a situation where someone is using too elaborate a method to solve a very simple problem.

#204 —occasionally used

Бөх хүн бүдүүн өвсөнд (бүдрэх)
Бөө хүн хар хэлэнд (бүдрэх)

Энэ үг нь ямар ч хүчтэй хүнд сул тал бас байдаг гэсэн утгыг илэрхийлнэ. Бөө хүн үг нь сайн сайхныг үйлдэх ёстой ч заримдаа хүмүүсийг хараадаг. Хар хэлт бөө гэдэг нь хөлсөөр хүнд хараал хийдэг бөө нарыг хэлдэг. Зарим хүн энэ үгийг хүчтэй хэмээгддэг хүмүүсийн сул тал ил гарч ирэхэд хэрэглэдэг бол зарим нь ямар нэг алдаа гаргасан хүнийг тайвшруулах зорилгоор хэрэглэнэ (илүү хүчтэй хүн ч гэсэн алдаа гаргасан жишээг татах г.м-ээр). Мөн хараал хийсэн бөөд тэр хараал нь эргэж ирэх тохиолдолд хэрэглэх нь ч бий.

Wrestler (stumbles) on a stalk of hay
Shaman (stumbles) with a black tongue

This says even an apparently strong person has weaknesses. A shaman should be doing good things but sometimes instead they curse and do bad things to people. A shaman with a black tongue means he got money to curse people. Some people might use it when strong people show their weaknesses, or to comfort people who have made mistakes by reminding them that even the strong falter. Others might use it to refer to when a shaman cursed someone and then the curse came back on the shaman.

#205 —frequently used

Будаа буруу харах хооронд шингэнэ

Зарим хүмүүс үүнийг будаа бол маш хурдан шингэдэг хоол гэсэн утгаар хэрэглэнэ. Идсэн будаа маш түргэн

Rice can digest as soon as we look back

Some people might use it as a commentary on how easily rice digests. Rice goes through your system quickly and soon you

шингэж, хүн дахин өлсдөг. Тиймээс будаа сайн чанарын хоол биш гэсэн санаа. Зарим хүн энэ үгээр эрүүл бус хооллолттой хүнийг хэлэх нь ч бий.

are hungry again. For this reason some consider rice not a quality food. Others might use it with someone who is not eating in a healthy way.

#206 —regularly used
Будаач будаач гэхээр
Сахлаа будах

When people say you are a good painter
You even paint your beard

Хэн нэг хүн өөрийгөө магтсаныхаа дараа ажилдаа алдаа гаргаж ичгүүртэй байдалд орсон үед энэ үгийг хэрэглэнэ. Мөн нэр хүндээ алдаж, бусдын элэг доог болсон хүний тухай яриад ч хэрэглэнэ. Зарим хүн энэ үгээр өөрийн толгойгүй, бусдын нөлөөнд амархан автдаг хүмүүсийг хэлэх нь ч бий.

Some people might use it after a man has praised himself and then makes a mistake and is embarrassed. Others might use it to refer to an easily excitable person who has lost honor and respect because of his actions and he has respect mocked. Others might use it to refer to a person who does things without thinking and is easily influenced by others.

#207 —frequently used
Булавч бултайна
Даравч дардайна

Even if buried it shows
Even if pressed it becomes hard

Энэ үгийг хэн нэгэн ямар нэг зүйлийг нуухыг байдгаараа хичээж байвч, тэр нь илт байгаа тохиолдолд хэрэглэнэ.

This can be used to refer to someone who is trying to hide something, but it can still be seen.

#208 —occasionally used
Булаг булгийн ус ондоо
Газар газрын ёс ондоо

Different springs have different water
Different places have different traditions

Бид амьдарч буй газар орныхоо ёс заншлыг дагах нь зүй ёсны хэрэг юм.

We need to follow the traditions where we are living.

#209 —regularly used
Булгийн эх нь булингартай бол
Адаг нь булингартай

If the source of the stream is dirty
The end is also dirty

Ажлын эхлэл нь муу бол төгсгөл нь муу байна гэсэн утгыг илэрхийлэхдээ үүнийг хэрэглэдэг. Мөн хүүхэд эцэг эхээ дуурайдаг гэсэн санааг энэ энэ үгээр хэлдэг.

This can be used to refer to a situation where the work that has been started is bad and therefore the end result will be bad. Some might use it indicating that children are imitating their parents.

#210 —occasionally used
Булхай буруу хандана
Булчин гадагшаа хандана

He who acts falsely will move in the wrong direction
Muscle will move outside

Энэ үгээр хуурамч дүр эсгэгчийг илэрхийлнэ. Үеэрээ нугалахад булчин нь ил товойж гарч ирэхийн адилаар тийм

This can be used when referring to someone who acts falsely. It can clearly be seen

хүмүүс харваас илт байдаг гэсэн утгыг илэрхийлжээ.

just as the size of our muscles can clearly be seen when they are flexed.

#211 —frequently used
Бурмаар тэтгэхээр
Урмаар тэтгэ

Энэ нь хүүхдүүдэд юу өгөх нь хамгийн хэрэгтэй вэ гэдийг зөвлөсөн утгатай.

It is better to feed with encouragement than with candy

This can be used as advice for what to give children.

#212 —occasionally used
Буртгаа угаавал цэвэр
Буруугаа хүлээвэл нөхөр

Энэ үг нь аливаа хүн буруу зүйл хийсэн бол буруугаа хүлээж сурах хэрэгтэй гэсэн утгыг илэрхийлнэ.

If you wash your dirt, it will be clean
If you confess your sin, you will be friends

This can be used as a reminder for us to admit when we have been wrong.

#213 —frequently used
Буруу замаар будаа тээвэл
Буцахдаа шороо тээнэ

Буруу замаар будаа тээнэ гэдэг нь тухайн хүн хамгийн дөт замыг сонгохын оронд удаан явах, бартаа саад ихтэй, буруу замыг сонгон явж, өөртөө лай хураах нь гэсэн утга. Энэ үгийг хэн нэг хүн муу үр дагавартай зүйл хийхийг завдаж байвал зогсоохын тулд ухуулга болгон хэрэглэх боломжтой юм.

If you carry rice using the wrong way
When you go back you will carry dirt

Carrying rice using the wrong way means that you did not use the most direct route and instead went on a long, bumpy road and picked up dirt as you traveled. The correct route would not have taken so long. This can be used to discourage someone from doing bad, unfair or unjust things because there will be bad consequences.

#214 —frequently used
Буруу ишилсэн сүх шиг

Энэ нь зөрүүд, гөжүүд, өөрчлөлөгдөх дургүй хүнд хэлдэг үг.

Like an ax with the wrong handle

This can be used for stubborn or obstinate people who refuse to change.

#215 —occasionally used
Буруу олзноос
Зөв гарз дээр

Энэ үгийг буруу замаар ашиг олсноос ач тусыг тань хариулах чадваргүй ядууст тусалсан нь дээр гэж хэлэхдээ хэрэглэдэг. Нэр хүндээ сэвтээн байж олж авсан ашиг хонжооноос нэр үл сэвтээх гарз хохирол нь дээр гэдгийг сануулж буй юм.

Honest loss is better than spoils gotten dishonestly

This can be used to remind someone that it is better to give help to poor people who can give you nothing in return than to get something dishonestly. It is better to suffer loss than to gain dishonestly and lose your good name.

#216   —regularly used

Буруу өссөн хүүхэд
Бухын хүзүүнээс хатуу

Хүмүүжилгүй хүүхдийг энэ үгээр илэрхийлнэ

Undisciplined child is harder than an ox's neck

This can be used when referring to an undisciplined child.

#217   —occasionally used

Буруу хэлж
Зөвийг сонсох

Зарим хүн энэ үгээр аливаа үгийг сонсоод зөв ойлгосон атлаа давтаж хэлэхдээ буруу хэлж байгаа хүнийг хэлдэг бол зарим хүн хэн нэгний буруу ярьсныг өөр нэг хүн засч өгөхийг хэлдэг.

To tell the wrong
To listen to the right

Some people might use it when someone has heard information correctly but then repeats it incorrectly. Others might use it when a person uses a word incorrectly and then another person corrects the mistake.

#218   —regularly used

Бурхангүй газрын (газар) бумба
    галзуурна (галзуурах)
Бухгүй газрын (газар) шар галзуурна
    (галзуурах)

Эрт үед зөвхөн лам нар л номын ухаанд боловсорсон байжээ. Лам, шашингүй, харанхуй бүдүүлэг газарт Бумба буюу чөтгөр дураараа аашлах боломжтой. Зарим хүн энэ үгээр тухайн нөхцөл байдалд байх ёстой хүн нь байхгүй араар өөр нэг хүн түүний оронд чаддаг мэт аашлахыг хэлдэг. Мөн зохисгүй авирлан, өөрийн эрх мэдлээс хэтэрсэн зүйлийг хийж буй хүмүүсийг ч хэлнэ. Жишээлбэл дарга нь байхгүй үед нарийн бичиг нь гэнэт түүний өмнөөс бие даан шийдвэр гаргах нь зохисгүй үйлдэл бөгөөд үүнийг зогсоохын тулд энэ үгийг хэрэглэж болно. Харин зарим хүн энэ үгээр дээрээ ямар ч удирдлага, дарамт шахалтгүйгээр, бүхнийг өөрийн дураар хийж буй хүнийг хэлдэг байна. #202-г үз.

Bumba strengthens where there are no gods
Ox strengthens where there is no bull

In earlier times only monks were educated. Godless places meant no monks or intelligent people. *Bumba* is a devil. He becomes bolder when no monks or intelligent people are present. Some people might use it when the appropriate person is not available and someone is trying to act like the expert. Others might use it when people are not behaving properly and there is no authority over them. For example, if the boss is out of town and then his secretary starts making unauthorized decisions, the proverb would be directed at or about her to stop doing the things she does not have the authority to do. Others might use it to refer to people who prefer doing things alone with no authority over them. See #202.

#219   —occasionally used

Бурхантай газар буг олон
Буянтай газар нүгэл олон

Энэ ертөнцөд бурхад гэж байдаг бол чөтгөр ч байдаг. Үүний адилаар хүмүүс сайн үйл хийдэг нь үнэн боловч, хажуугаар нь нүгэл үйлддэг нь ч бас үнэн билээ.

There are many demons in a place where a god is
There are many sins in a place with many good deeds

It means that gods are in the world, which is good. But there are also too many demons. Just as people commit many sins, many people do good deeds.

Mongolian Proverbs

#220   —*often used*

Бусдын юмаар будаалах
Хүний юмаар хүүдэгнэх

Энэ нь үргэлж бусдын эд зүйлийг өөрийн юм шиг дураараа эдэлж хэрэглэж байдаг хүнийг илэрхийлж байна.

To make a banquet with other's things
To lavishly use other's things

This can be said about people who always use others' things as if they were their own.

#221   —*rarely used*

Буулгаагүй модонд хурц сүх
Буулгасан хойно хурц ухаан
Буулгаагүй төрд баатар эр
Буулгасан хойно багш мэргэд

Энэ үгийг хэсэг хүмүүс одоогийн байгаа нөхцөл байдлаа өөрчлөхийг хүсч буй үед хэрэглэнэ. Энэ нь хийх үйлдлээ эхнээс нь сайтар нарийн төлөвлөж байж хөдлөх хэрэгтэйг сануулж буй үг юм.

Sharp axe is needed before taking down a tree
Sharp wisdom is needed after taking down a tree
A hero is needed before changing a government
Teachers and wise people are needed after changing a government

It can be used when people want to change a situation. It is a reminder that they need to plan what they will do after the change.

#222   —*often used*

Буурлаас үг сонс
Болсноос ам хүр

Гэрийн эзний хийж өгсөн хоолноос зочин нь заавал хүртэх ёстой байдаг шиг өөрөөсөө ахмад настай хүний хэлэх үгийг хүндэтгэн сонсож байх ёстой. Хүүхдүүдийг сурган хүмүүжүүлэхэд хэрэглэдэг.

Listen to the word of your elders
Eat what is cooked

It is understood that once food has been cooked, we need to eat it. In the same way, we need to listen to our elders and take their words into us as soon as they have been spoken. It can be used as advice for children.

#223   —*often used*

Буух эзэнтэй
Буцах мөртэй

Энэхүү үг нь хар зах дээрх наймааны үеэр хэрэглэгдэх нь бий. Хэрэв авсан эд зүйл нь ямар нэг асуудалтай байвал буцаад худалдагч этгээдийг олоод ирэх боломжтой. Дэлгүүрээс худалдан авсан ч, асуудал гарахад эргээд ирэх тодорхой хаягтай гэсэн үг. Заримдаа энэ үгийг хэн нэгний хэлж буй үгэнд бусад хүмүүс үнэмшихгүй тохиолдолд тэр үед хамт байж гэрч болсон хүнтэй бол яригч этгээд өөрийн үнэн хэлж буйг батлах зорилгоор хэрэглэдэг. Зарим хүн муу зүйл хийж байгаад үйлдэл дээрээ баригдсан хүмүүст хандан энэ үгийг хэлдэг.

Have a person to address
Have a track to go back on

Some people might use it when people are considering buying something at the black market. If there is a problem, they will not be able to find the seller. On the other hand, if they buy at a store they have someone to go back to. Others might use it when someone says you are lying. To prove that what you said is true, you go to the person who was with you at that time so that person can verify what was said. Others might use it when someone gets caught doing bad things.

#224 —rarely used

Буухиа ч гэсэн буужморддог
Буур ч гэсэн шавж зогсдог

Буур орооныхоо үеэр шавж зогсоод амсхийдэг. Энэ үгийг хэт нэг зорилго, ажилдаа улайраад биеэ хайрахгүй байгаа хүмүүсийг амсхийлгэх зорилгоор хэрэглэх нь бий.

Horse relay rider takes a short break
Male camels take a break

Line 2 is referring to male camels during breeding season. This might be used when trying to get people who are rushing or working too hard to get them to take a break.

#225 —frequently used

Бухын доодохыг харж
Үнэг турж үхэв

Үнэг хэзээ ч бухыг идэж чадахгүй байтлаа барьж идэх гээд хүлээгээд байвал эцэстээ мэдээж турж үхнэ. Үүний нэгэн адилаар аливаа боломжгүй зүйлийг хүлээж буй, эсвэл санаанд багтамгүй зүйлтэй учирсан тохиолдолд энэ үгийг хэрэглэнэ.

Fox will starve to death
While waiting under an ox

The fox is waiting to eat the ox, which is an impossibility. In the same way this can be used for someone who is waiting for something to happen that is impossible or when referring to unmet expectations.

#226 —rarely used

Буцах бэрд
Үнээ тугал нийлэх хамаагүй

Үнээ тугал нийлчихвэл тугал үнээний дэлэнг тугал нь хөхөөд хоосолчих тул тухайн айл саальгүй болж хоцорно. Үнээ саах бол ерөнхийдөө бэрийн үүрэгт ажил. Харин тухайн бэр төрхөмдөө буцах гэж байгаа бол түүнд тэр айлын үнээ тугал нийлэх, нийлэхгүй огт хамаагүй болно гэсэн утга. Зарим хүн үүнийг эхнэр нь салаад явахад түүний ард ямар ажил дутуу үлдэх нь эхнэрт хамаагүй болно гэсэн утгаар, зарим хүн бусдын хэрэгт хошуу дүрэхгүй байх нь зүйтэй гэсэн утгаар хэрэглэдэг бол үүнийг зүйр үг гэж үздэггүй хэсэг хүмүүс ч бий.

The bride leaving home
It does not matter for her whether the cow and calf are together

When the calf and the cow are together, the cow cannot be milked because the calf will be feeding. The bride (daughter-in-law) is responsible for milking the cow. But if she leaves, she no longer cares. Some people might use it when a wife leaves and will no longer care that work is not being done. Others might use it to warn people to not get involved in other people's business. Some people do not consider this a proverb.

#227 —regularly used

Бушуу туулай
Борвиндоо баастай

Хэт түргэдсэн үйлдэл хийснээс болж хүн алдаа гаргаж болно гэсэн утгатай. Ихэвчлэн багш нар сурагчдыг сурган хүмүүжүүлэх зорилгоор хэрэглэдэг. Мөн аливаа хүн хэт хурдан шийдвэр гаргахыг сайшаахгүй байгаа утга. Аливаа зүйлийг хийхийн өмнө сайтар бодож тунгаавал зохино.

Rabbit in a hurry
Has droppings on his bottom

Some people might use it in a situation where someone is working too fast and making mistakes. It is often used by teachers with young children. Others might use it if they think someone is making a decision too quickly. It is a reminder for people to think seriously before doing something.

#228 —frequently used

Бүгдээрээ хэлэлцвэл буруугүй
Бүлээн усаар угаавал хиргүй

Мэдээж бүлээн усаар угаасан зүйл цэвэрхэн болдог. Аливаа асуудлыг шийдэхийн тулд зөв аргыг сонгох хэрэгтэй. Тэгснээр олон асуудлыг шийдэж чадна. Энэ үгийг хэн нэгэнд ганцаараа шийдвэр гаргахаасаа өмнө бусад хүмүүстэй ярьж зөвлөлдөх хэрэгтэй баөгөөд нэг баг шиг ажиллах хэрэгтэйг сануулах зорилгоор хэрэглэнэ.

There is nothing wrong if we discuss something all together
There is no dirt if we wash with warm water

It is understood that warm water will clean off all the dirt. Some people might use it to say that using the right method to make a decision will eliminate many problems. Others might use it to encourage someone to get advice from others before making a decision or, to encourage others to work as part of a team.

#229 —rarely used

Бүдүүн өвс багтахгүй
Бүл улс

Энэ үгээр зүү орох зайгүй нөхөрлөдөг найз нөхөд болон маш дотно харилцаатай гэр бүлийнхнийг хэлнэ. Хоёрдугаар мөр нь нэг гэр бүлийнхэн гэсэн утгатай. Тэдний дундуур өвс ч орох зайгүй тийм ойр дотно гэсэн утга.

No space for a stalk of grass
United family

Some people might use it to refer to a very close family because the second line in the Mongolian means people in the same family. You cannot move through thick grass. In the same way, these family members are so close that there is no space to get in between them.

#230 —rarely used

Бүтээе гэвэл бэрхээс бүү ай
Хийе гэвэл хэлэхээс бүү ай

Аливаа зүйлийг хийх гэж байгаа бол өөртөө итгэлтэй, шийдэмгий байж, түүнийгээ хийх хэрэгтэй гэсэн утга. Хийж чадах зүйлээ хийх гэж байгаа бол бэрхшээлээс айх хэрэггүй гэсэн утгаар мөн хэрэглэдэг. Басхүү ямар нэг зүйлийг хийх эсэхээ шийдэж чадахгүй байгаа хүнд урам зориг өгөх зорилгоор ч хэрэглэдэг.

If you want to make something, do not be afraid of difficulties
If you want to do something, do not be afraid of speaking

Some people might use it if others are doing something, they need to be confident and just do it Others might use it to encourage people to do what they are capable of doing and to be responsible. Others might use it when someone is having trouble making a decision about whether or not to do something.

#231 —often used

Бэлгийн морины шүдийг үздэггүй
Бэргэний орыг сөхөж хардаггүй

Хэрэв морь худалдан авч байгаа бол түүнд зарцуудсан мөнгөнийхөө үнэ цэнийг гаргах гэж шинжих нь зүй ёсны хэрэг юм. Харин бэлгэнд ирж буй морийг шинжилгүй хүлээн авбал зохино. Хоёр дахь мөр нь өөрийнх нь гэр болж

Do not check teeth of horse that is a gift
Do not check bride's bed

If a horse is being purchased, buyers check the horse to make sure they are getting value for what they are paying. But if a horse is given to us, we are just to accept it, because it is a gift. Line 2 refers to relatives who want to check a bride's bed to make

ирсэн бүсгүйг охин биеэрээ ирсэн эсэ-
хийг мэдэх гэж орыг нь сөхөж хардаг
хүмүүсийг хэлж байгаа боловч энэ нь
угтаа тэдэнд хамаагүй асуудал гэдгийг
хэлж байна. Учир нь тэр нэгэнт хүний
эхнэр. Монголчууд бэлэг өгсөн хүний
өмнө бэлгийг нь задалж үздэггүй зан-
шилтай. Хэрэв задалбал шунахай хүний
шинж гэлцдэг.

sure she was a virgin when she married, but
this is none of their business because she is
someone else's wife. There is an old tradi-
tion that you are not to open a gift in front
of the person who gave it because it would
appear that you are checking your gift's
value thereby making you seem greedy.

#232 —occasionally used

Бэлтгэл сайн бол
Ажил сайн
Билүү сайн бол
Хутга хурц

Work will be good
If preparation is good
The knife will be sharp
If the whetstone is good

Билүү сайн байвал түүгээр ирлэсэн
хутга хурц болох нь дамжиггүй. Энэ нь
аливаа том ажлыг эхлэх гэж байгаа хүн
түүндээ сайтар бэлтгэсэн байх хэрэг-
тэйг сануулсан үг юм.

It is understood that a knife will sharpen
if the whetstone is good. This is normally
used as a reminder to be prepared before
you start a big project.

#233 —occasionally used

Бэрхэд бүү цухалд
Хялбарт бүү ханхалз

Do not be irritable with difficult things
Do not be proud with easy things

Зарим хүн энэ үгийг амар хялбар зүй-
лийн өмнө агуу том хүн мэт ааширладг
хүний талаар ярихдаа хэрэглэдэг бол
зарим нь ажилд нь асуудал тулгараад
түүнтэйгээ тэмцэж байгаа хүнд хэлдэг.
Мөн хүнийг тайвшруулах үедээ ч энэ
үгийг хэрэглэх тохиолдол бий.

Some people might use it for someone
who brags about things he has easily done.
Others might use it to encourage someone
who is confronting difficulties while doing
something. Others might use it for some-
one who needs to calm down.

#234 —rarely used

Бэхэнд ойртвол хар
Шунханд ойртвол улаан

If you approach ink, you become black
If you approach paint, you become red

Энэ нь өөрийн бус зүйлд бүү гар хүрч
бай гэсэн сануулга. Хэрэв тэр зүйл эв-
дэрвэл, чиний буруу болно.

This can be used as a reminder to not touch
what is not yours. If it breaks, it will be
your fault.

#235 —frequently used

Бяруу болоогүй байж
Бухын баасаар баах

Calf is not grown
But he thinks he can make bull's dung

Энэ зүйр үгээр өөрийнхөө бодит чадва-
раас дээгүүр зүйл ярьж явдаг хүмүүсийг
илэрхийлдэг.

This can be used for people who talk bigger
or better than they are.

Mongolian Proverbs

#236 —often used

Гавал хагаравч малгай дотроо
Гар хугаравч ханцуй дотроо

Толгой үргэлж малгайд багтаж, гар үргэлж ханцуй дотор багтаж байдаг тул аливаа дотоод асуудал анх үүссэн хүрээндээ л үлдэх ёстой гэсэн утгаар энэ үгийг хэрэглэх нь бий. Асуудал өөр газар сөхөгдөх ёсгүй. Харин зарим хүн шууд утгаар нь, эдгээр эрхтэнүүд гэмтэж бэртсэн ч гэсэн тухайн хүнийх хэвээрээ байх учраас, өөртөө байгаа зүйлдээ сэтгэл хангалуун байх хэрэгтэй юм гэсэн утгаар хэрэглэдэг аж.

If your skull is broken, it is still in your hat
If your arm is broken, it is still in your sleeve

Some people might use it with the idea that just as the skull belongs in the hat and the arm in the sleeve, problems within the home or the community need to stay there. They should not be discussed in other places. Others might use it meaning that even though these parts of the body are broken, the person still has them, so this might be used to remind people to be thankful for what they have.

#237 —frequently used

Гадаа гандаж
Хөдөө хөхрөх

Хөдөө нутагт, хээр гадаа ажилладаг хүмүүсийн талаар ярихдаа энэ үгийг хэрэглэнэ. Зуны халуун наранд гандаж, өвлийн хүйтэн жаварт хайруулан байж ажилладаг тэсвэр тэвчээртэй, хөдөлмөрч хүмүүсийн талаар өгүүлж байна.

Tanned outside
Became blue in the countryside

This can be used to refer to people who work outside in the countryside. They become tan from being in the sun in the summer and blue from getting cold working outside in the winter. They are hard workers.

#238 —frequently used

Гадаа гарч эр болж
Гэрт орж эм болох

Энэ нь эхнэргүй болсон эр, эсвэл нөхрөө алдсан эмэгтэйг илэрхийлж байна. Тэр хүн гэр бүлээ тэжээхийн тулд эр хүний ч, эм хүний ч үүргийг гүйцэтгэх шаардлагатай нь болно.

When outside you become a man
When in the home you become a woman

This can be used to refer to a single parent who does everything around the home.

#239 —rarely used

Гадаад үзэгдэл нь тоть, тогос шиг
Дотоод мэдлэг нь шалбааг, намаг шиг

Гаднаас нь харахад сайхан харагдавч, дотоод сэтгэл нь муу хүнийг энэ зүйр үгээр хэлнэ.

Its appearance is like a parrot or a peacock
Its knowledge is like a dirty puddle or mud

This can be used to refer to people who look good on the outside, but their characters (inside) are bad.

#240 —occasionally used

Гадагшаа явах хүн амаа хичээ
Гэрт байх хүн галаа хичээ

Гэрт түлж буй галыг хэн нэгэн үргэлж харж байхгүй бол гал гарч болзошгүй. Гадагшаа явна гэдэг нь хол газарт одох гэсэн утгыг илэрхийлж буй бөгөөд алс явах гэж буй хүн өөрийнхөө аюулгүй байдлыг бодолцож, элдвийн хүний дургүйг хүргэхгүйн тулд хэлж ярих үгээ бодож байх хэрэгтэй.

Person who goes outside must watch over his own mouth
Person who stays at home must be careful with fire

It is understood that the fire in the *ger* must be tended or there will be problems. To go outside here means to go a long distance. It can be used as a reminder for people who are going away from home to be careful when speaking.

#241 —occasionally used

Гаднаа аргалгүй
Гандаа усгүй

Түлэх аргалгүй, уух усгүй сууж байна гэдэг нь туйлын залхуу хүний амьдралын дүр зураг юм. Энэ үгийг залхуу хойрго хүмүүст хэлдэг байна.

There is no cow dung outside
There is no water in the container

No cow dung, which is used for the fire, and no water in the container means the person in the countryside has not collected either one. This can be used to describe a lazy person.

#242 —frequently used

Гаднаа гяланцаг,
Дотроо паланцаг

Паланцаг гэдэгтэй зан араншингийн баазаахгүй муу талыг адилтгаж байгаа юм. Гаднаас нь харахад сайхан харагддаг боловч, дотор сэтгэл нь муу хүнийг энэ үгээр илэрхийлнэ.

Outside glitters
Inside ignorance

Often ignorance is equated with having a bad character. It is believed that knowledge can change a person's character from bad to good. This can be used to refer to people who look good on the outside but their characters are not good.

#243 —rarely used

Гаднах нь гэртээ ороогүй
Гэртэх нь гэдсэндээ ороогүй

Эхний мөр нь эд зүйлээ гадаа хөсөр хаяж тоолгүй орхихыг хэлж байна. Хоёр дахь мөр нь гэрт нь хүнс байсан ч түүнийгээ боловсруулахаас залхуураад идэж чадахгүй байгаа байдлыг хэлж байна. Зарим хүн энэ үгээр залхуу, лазан хүмүүсийг хэлдэг бол зарим нь хэт нарийн бөгөөд шуналтайн улмаас өөрөөсөө хүртэл юмаа харамладаг хүнийг хэлдэг.

Things outside do not come inside
Things inside do not come into the stomach

Line 1 describes people who do not take care of their things and leave them outside where they become ruined. Line 2 explains that even though there is food inside, these people do not eat because they are too lazy to prepare it. Some people might use it to refer to a lazy person. Others might use it when referring to misers. They have enough, but do not eat.

#244 —rarely used

Гадны гай
Дотрын тотгор

External trouble
Internal hindrance

Эхний мөр нь гадны хүчин зүйлийн улмаас ямар нэг гай зовлон нүүрлэхийг хэлж байгаа бол хоёр дахь мөр нь ойр тойрон дахь асуудлыг хэлж байна. Энэ нь аливаа гадны нөлөөнөөс болж улс орон, нийгмийн бүлэг эсвэл гэр бүлийн дотор асуудал гарахыг өгүүлсэн утгатай юм.

The first line can refer to an enemy who comes from another place. The second refers to difficulties within a particular place. It can be used in reference to a problem within the country, community or family that has been caused by someone from outside the area.

#245 —rarely used

Газар газрын заншил
Гүзээ гүзээний булан

Customs of different places
Corners of different stomachs

Хоол боловсруулах эрхтэн систем нь олон хэсгээс бүрддэг ч хоолыг боловсруулахын төлөө нэгдэн, нийлж ажилладаг билээ. Үүний нэгэн адил амьдарч буй газрынхаа зан заншлыг хүндэтгэх хэрэгтэйг сануулахын тулд энэ үгийг хэлдэг.

Even though there are many corners in the digestive system, it is one and they all work together to digest the food. This can be used as a reminder that we should honor the customs where we are living.

#246 —regularly used

Газар үндсээр баян
Тэнгэр одоор баян
Далай усаар баян

The earth is rich with roots
Sky is rich with stars
Ocean is rich with water

Энэ нь хэлц, зүйр цэцэн үгийн аль нь ч биш, ардын уламжлалт үг юм.

This is a saying, not a proverb. They are Mongolian traditional words.

#247 —regularly used

Газар хатуу
Тэнгэр хол

Ground is hard
Sky is far

Хэн нэгэн хүн туйлын хүнд асуудалтай тулгараад түүнийгээ шийдвэрлэх гарц олохгүй байгаа нөхцөл байдлыг энэ үгээр илэрхийлнэ. Тэр хүн доошоо харвал хатуу газар, дээшээ харавч тэнгэрт хүрэх боломжгүй байгаагаар зүйрлүүлэн хэлжээ. Энэ нь #364-н хураангуй хэлбэр юм.

This can be used as a commentary on life when people are facing hard times and they see no way out. When they look down, the ground is hard, and when they look up, the sky is far away. This is a shortened form of #364.

#248 —often used

Газрын гаваар орсон юм шиг
Гадаад далайд живсэн юм шиг

Like gone into a deep fissure
Like drowned in a faraway ocean

Энэхүү үгийг удаан хугацааны турш сураггүй байгаа хүний талаар ярихдаа хэрэглэнэ.

This can be used to refer to a person who has not made contact for a long time.

#249 —often used

Гай газар доороос
Гахай модон дотроос

Trouble from under the ground
Pigs from the forest

Гай газар доороос
Галзуу салхин доороос

Trouble from under the ground
Crazy from under the wind

Газар доороос гай гарч ирнэ гэдэг нь гай зовлон гэнэт дайрахыг хэлж байна. Бодон гахай нь гэнэт модон дундаас гарч ирэн хүн уруу дайрч болзошгүй бөгөөд аюултай амьтан юм. Хөдөө нутагт зэрлэг гахай багагүй асуудал тарьдаг байна. Хоёр дахь үгийн хоёр дахь мөр нь галзуу өвчтэй мэт бөгөөд санаанд багтамгүй жигтэй ааш авир гаргаж мэдэхээр хүнийг хэлж байна. Аливааг хийж бүтээхийг зорьсон хүнд асуудал хэзээ ч, юунаас ч болж тулгарч болно гэсэн утгыг илэрхийлж байна.

Trouble from under the ground means that it came out of nowhere. Line 2 in the first one refers to wild pigs. They are dangerous. Sometimes in the countryside they suddenly appear, causing problems. Line 2 in the second one refers to a crazy person who can have erratic behavior at any time. This can be used when a problem or an unexpected obstacle suddenly appears when we are trying to accomplish something.

#250 —occasionally used

Гай ирвэл хүнд
Гавъяа ирвэл өөрт

Trouble is for others
Praise is for me

Энэ нь буруу үргэлж бусдад нялзааж, зөвийг үргэлж өөртөө наахыг хичээдэг хүмүүсийг илэрхийлэх үг юм.

This can be used to describe people who attribute problems to others and only good things to themselves.

#251 —often used

Гай хэлж ирдэггүй
Хийсч ирдэг

Trouble does not come with notice
Comes blowing

Ямар нэг муу зүйл ямар ч сануулга анхааруулгагүйгээр тохиолдохыг хэлнэ.

This can be used to refer to when bad things come suddenly without any warning.

#252 —occasionally used

Гайтай айлд лам омогтой
Гамшигтай жилд нохой омогтой

The *lama* is arrogant when the family is in trouble
The dog is arrogant when there is a disastrous year

Аливаа гэр бүлд ямар нэг асуудал тулгарахад лам тэр гэр бүлийн хувьд хамгийн чухал хүн болж хувирна. Хүмүүс сайн сайхан явахдаа биш, харин ямар нэг бэрхшээлтэй тулгарах бүртээ ламд хандах нь элбэг байдаг. Ингээд ач тусаа өгөхгүй байсан ч лам буруудагүй. Үүний адил гамшиг тохиолдсон жил үхсэн малын сэгээр цадталаа хооллосон нохой омогтой байх нь аргагүй юм. Зан авир муутай хүнийг энэхүү үгээр хэлэх нь бий.

Dogs scavange for food. When there is a disaster, there is an abundance of dead animals. The *lama* is most important when a family is having problems. People give the *lama* an offering and then he tells them what to do. People come more often when they have problems than when their lives are going well. But if the outcome is not good, he does not apologize for being wrong. This might be used for someone who has a bad attitude.

Mongolian Proverbs

#253 —*occasionally used*

Галаас зугтаж
Усанд унах

Нэг асуудлаас зугтаж яваад илүү том асуудалд унах гэсэн утгатай. Эсвэл тухайн асуудлыг шийдэхдээ муу шийдвэр гаргасныхаа улмаас илүү том асуудалд унасан хүмүүсийг хэлнэ.

Runs away from the fire
Falls into the water

This can be used when people run away from a problem and then get themselves into a bigger mess or, if their solution to the first problem is not good and the end result is worse than when they started.

#254 —*regularly used*

Галзуурахад
Ганц хуруу дутуу

Нэг хуруу гэдэг нь тухайн зүйлд тун ойрхон байгааг илэрхийлж байгаа бөгөөд төд удалгүй тэр цэгтээ хүрнэ гэсэн утга. Хэт их асуудлаас болж тэвчээр алдан сэтгэлийн хямралд ороход тун ойрхон ирсэн хүмүүсийг энэ үгээр хэлдэг.

One finger short
Of being crazy

One finger short means that this person is very close to breaking. It is only a short tme until that happens. This can be used to describe people who have almost reached their breaking point because they have too many problems.

#255 —*occasionally used*

Галуу дуугарвал ган болдог
Хэрээ дуугарвал боохой ирдэг

Хөдөөний хүмүүс хэрээ дуугарахаар чоно ирдэг гэлцдэг. Үүний нэгэн адилаар хавар галуу чанга дуугаар ганганаж байвал тухайн хаврын дараа гантай зун болохын шинж гэцгээдэг байна.

If goose honks, a drought happens
If crow caws, a wolf comes

It is believed in the countryside that if a crow caws, a wolf is coming. In the same way, it is believed that if a goose is making a lot of noise in the spring, the following summer will be very hot.

#256 —*occasionally used*

Галуу явбал дуутай
Хүн явбал нэртэй

Галуу хаа явсан газраа анзаарагдахаар чанга чанга дуугарч явдаг. Үүний нэгэн адилаар хүмүүс бид хаана ч юу ч хийж явсан нэр усаараа бусдад танигдан, магтуулж, эсвэл шүүмжлүүлдэг билээ. Энэ үгийг хийсэн сайн эсвэл муу үйлийнхээ үр дүнг амсаж буй хүнийг хэлэхдээ хэрэглэдэг. Мөн хүүхдүүдэд нэр төрөө хичээж явахын чухлыг зааж сургахад ч хэрэглэгддэг.

If a goose, goes with its honking
If a man, goes with his name

It is understood that everywhere a goose goes it honks and we recognize it. In the same way, every where we go, our name goes with us and we are recognized and judged by that name. This can be used in reference to a person who is experiencing the consequences of a good or bad reputation. It can also be used to teach children that their name (reputation) is important.

Mongolian Proverbs

#257 —*regularly used*

Галууг дууриаж
Хэрээ хөлөө хөлдөөх

Black crow imitated the goose
Froze his legs

Галууг хэрээ дууриаж
Хөлөө хөлдөөх

Black crow imitated the goose into the water
Froze his legs

Энэ нь аливаа хүн хэн нэгнийг, эсвэл ямар нэг юмыг дагаж байгаа бол болгоомжтой байх хэрэгтэй гэсэн утга. Заримдаа үзэгдэх дүр нь сайхан байвч хүнийг муу уруу дагуулах тохиолдол бий.

These might be used as advice to someone to be careful about what or who they are following. Sometimes what looks good may take them in a bad directions.

#258 —*rarely used*

Галы нь түлж
Морий (нь) унуулах

Make the fire
Let him ride a horse

Энэ нь хүн бүр өөр өөрийн үүрэгт ажилд хариуцлагатай хандахыг сургасан утгатай үг. Эхнэр хүн гэртээ гал түлж, гэрийн ажилд санаа тавих ёстой бол эр хүн гадагш явж ажлаа хийх хэрэгтэй.

This relates to the responsibilities in the home. The wife needs to take care of the home (tend the fire inside the *ger*) and the husband needs to go outside and work.

#259 —*often used*

Галын дөл өөдөө
Голын ус уруугаа

Fire's flame goes upward
Stream of river goes downward

Энэ нь аливаа ажил үйлс өөдрөг бүтэмжтэй байхыг хүсч, ерөөсөн утгатай үг. мөн зарим хүн хэн нэгний гэр шатаж буйг хараад үүнийг хэлдэг.

These are wishing words for someone to have success in order that good things will develop. Some might use it when someone's home has burned down.

#260 —*occasionally used*

Ган болоход булгийн ус сайн нь мэдэгдэх
Гай болоход нөхрийн сайн нь танигдах

When there is drought, you will find out the spring is good
When there are hard times, you will know the friend is good

Хөдөө нутагт булаг бол хүн малын ундны усны эх үүсвэр билээ. Ган болох үед тухайн булгийн хэр сайн болох, бороо орох хүртэл ширгэлгүй тэсч чадах эсэх нь харагдана. Үүний нэгэн адил, бидэнд гай зовлон учирч, тусламж хэрэгтэй болсон үед найз нөхдийн маань чанар танигддаг. Хэрэв жинхэнэ найз биш бол биднийг хаяад явна. Энэ нь хүмүүн бид амьдралын бэрхшээл дунд найз нөхдөдөө тусалж, дэмжиж явах хэрэгтэй гэсэн санаа.

In the countryside the spring is the source of water. When there is a drought, they discover if the spring is good and able to sustain them until it rains again. In the same way, we learn how good our friends are when we have problems and need help. Those who are not our friends will abandon us when we have difficulties. This can be used as a reminder that we need to be supportive and encouraging of our friends when life is hard.

#261 —often used
Ган хийх нохойгүй
Газар тамгалах малгүй

No watchdog to bark
No animal hoof marks on the ground

Энэ нь туйлын ядуу айлыг дүрслэн хэлсэн үг.

This is a description of a very poor family.

#262 —occasionally used
Ган, төмөр боловч
Галын аяыг дагана

Even steel and iron
Follow the fire

Энэ үг нь ган төмөр ч гэсэн уярдагийн нэгэн адилаар ямар ч хатуу ширүүн ааш авиртай хүн өөрчлөгдөж /зөөлөрч/ болно гэдгийг сануулж буй юм.

Just as steel and iron can melt, this proverb might be used as a reminder that even the person with a very hard character can change or is a reference to a person who had a hard character but is changing.

#263 —rarely used
Ганга мөрөн боловч
Газрын аяыг дагана

Even large river
Follows path of the ground

Аливаа гол мөрөн өөрийн голдирлоор урсахаас биш, хаа сайгүй урсдаггүй билээ. Үүний нэгэн адил хүмүүс бид өөрсдийн амьдарч буй газрын дүрэм журам, ёс зүйг сахиж байх ёстой гэсэн утга.

A river does not go just anywhere. It follows the contours of the land. In the same way, people need to follow the rules of where they are living.

#264 —frequently used
Ганган хүнд
Гархи нэмэр

For a fashionable person
Bolt is an addition

Энэ үгээр ганган гэж хэлүүлэхийн тулд хачин жигтэй зүйлээр гоёж гооддог хүүхнүүдийг илэрхийлнэ. Мөн гадаад үзэмжнээсээ өөр юунд ч анхаардаггүй хөнгөмсөг хүүхнүүдийг ч хэлдэг. Биедээ хэт олон ээмэг гархины нүхтэй хүнийг хэлэх нь ч бий.

Some people use this to describe a woman who uses strange things to adorn herself so we call her fashionable. Others use it to describe a superficial woman who is only concerned with her appearance. Others might use it to refer to someone who has too many body piercings.

#265 —regularly used
Ганган хүний үхэл
Хавар намар (хоёрт)

A fashionable woman dies
In spring or fall

Энэ нь цаг агаарын байдлыг харгалзалгүй хувцасны зөвхөн гоё сайхныг нь бодож хувцасладаг хүүхнүүд өвчлөмтгий байх агаад заримдаа үүнээсээ болж үхэх тохиолдол ч байдгийг хэлж байна.

This can be used to refer to a woman who is so concerned about fashion that she does not wear clothes appropriate for the weather and therefore can become sick and even die.

#266 —often used

Ганц дээлт барилдаач
Ганц морьт уралдаанч

Зарим хүмүүс үргэлж өмсөж зүүдэг, эсвэл эдэлж хэрэглэдэг зүйлээ харуулан, үүнээс өөр юу ч байхгүй хэмээн хэлж, хошигнодог. Бусдын нүдэнд үргэлж тэр хувцастайгаа харагдана гэдэг нь үнэндээ тэр хүн тухайн хувцандаа туйлын дуртай байна гэсэн үг. Зарим хүн энэ үгээр цайны ганц дээлтэй байж түүнийгээ уржэсвэл халтар болгохоос эмээдэггүй маанагдуу хүнийг хэлдэг. Харин зарим нь энэ үгийг ямар ч шаардлагагүй зүйлийг байнга олон дахин хийдэг хүнийг хэлэхдээ хэрэглэдэг. Эсвэл үнэхээр ганц дээл, эсвэл ганц морьтой учраас байнга барилдаж, эсвэл уралдаж, түрүүлэхийг, улмаар шагналаараа шинэ дээл, шинэ морь авахыг зорьдог хүмүүсийг хэлнэ.

Person with one *deel* likes to wrestle
Person with one horse likes to race

Sometimes people like to talk about themselves joking that they only have one item of something because that is what people see all the time. But in reality people see it all the time because it is the person's favorite. Some people use it to refer to someone who is not careful or thoughtful in the sense that even though they only have one of something, they foolishly risk damaging it. Others use it when they see someone who is doing the same thing all the time even when there is no need. Others use it to refer to a person who only has one *deel* or one horse so they are always competing in order to get a prize so they can have more *deels* or more horses.

#267 —frequently used

Ганц хүн айл болдоггүй
Ганц мод гал болдоггүй

Ганц мод гал болдоггүй
Ганц хүн айл болдоггүй

Уламжлалт ойлголтоор ганц бие хүн ямар ч бүлгийн, гэр бүлийн гишүүн биш учраас хүн гэхэд хэцүү юм гэсэн утга. Гэвч энэ үзэл бодол орчин үед өөрчлөгдөж байгаа. Энэ үгийг хүмүүс хоорондын хамтын ажиллагаа, харилцан тус дэм хичнээн чухал болохыг сануулах зорилгоор хэрэглэж болно.

One person cannot become a family
One wood cannot become a fire

One piece of wood does not make a fire
One person does not make a family

It has been traditional to see single people as not really people because they are not part of a group. But this attitude is changing. This might be used in a situation where you want to remind people of the importance of working together and helping each other.

#268 —often used

Ганцаараа байхад биеэ шинж
Олуулаа байхад үгээ шинж

Ганцаараа явахдаа сэтгэлээ шинж
Олны дотор үгээ бэхэл

Хүн ганцаараа байхдаа өөрийнхөө талаар бодож, цаашдын төлөвлөгөө, мөрөөдлөө боловсруулж болно. Өөрийгөө улам сайжруулахын тулд хэрхэх хэрэгтэйгээ бодож болно. Гэвч бусадтай хамт байх үедээ хүн өөрийн үг хэлийг цэнэж байх хэрэгтэй. Энэ үгээр бусадтай

When you are alone, pay attention to yourself
When you are with many people, pay attention to your words

When you go alone, check your heart
When you are with others, control your words

When we are alone we can use this time to look at ourselves, our dreams and the path we are on. We can think about what we need to do to improve our characters.

хамт байхдаа өөрийнхөө тухай л бодол болоод, бусдын ярьж хэлж байгааг ч анхаарахгүй байгаа хүний тухай ярихдаа хэрэглэдэг. #689-г үз.

But when we are with others we need to concentrate on what we say. These might be said to people who are focused on themselves when with others and not paying attention to their words. See #689.

#269 —frequently used
Ганцаараа идсэн гахай таргалдаггүй
Олуулаа идсэн оготно турдаггүй

Ганцаараа идээд таргалахгүй гэдэг нь гахай хичнээн идсэн ч цаддаггүй болохыг хэлж байна. Олуулаа идээд турахгүй гэдэг нь үргэлж олзыг олуулаа хуваадаг оготно бүгд цаддаг болохыг хэлж байна. Энэхүү үг нь гахай шиг шуналтай бус, оготно шиг нийтэч байхыг уриалж байгаа юм. Хүмүүс үүнийг хэрэв найз нь амттай зүйл идэж байхыг хараад түүнээс нь хүртэхийг хүссэн үедээ хэлэх нь бий.

A pig who ate by himself did not get fat
Many mice ate together and did not lose weight

To eat and not get fat here means that no matter how much the pig eats, he still wants more. To not lose weight means that the mice shared and everyone had enough. The proverb says, do not be greedy like the pig, but share like the mice. People might say this if they come across a friend eating something that looks good indicating that they would like some also.

#270 —often used
Ганцаас газар дүүрнэ
Дуслаас далай дүүрнэ

Энэ үг нь аливаа том зүйл жижиг зүйлээс л эхэлдэг гэдгийг сануулсан утгатай.

From one thing the earth is filled
From a drop the ocean is filled

This can be used as a reminder that big things start with small things.

#271 —often used
Ганцаас газар дүүрнэ
Чимхээс атга дүүрнэ

Энэ үг нь аливаа том зүйл жижиг зүйлээс л эхэлдэг гэдгийг сануулсан утгатай.

Land will fill from one
Handful will start from a pinch

This can be used as a reminder that big things start with small things.

#272 —often used
Ганцаас газар дүүрч
Хоёроос хороо дүүрнэ

Ганц гэдэг нь ургамлын үрийг хэлж байгаа бөгөөд үрээс ургамал урган, газар дүүрнэ. Хоёр гэдэг нь эрэгчин эмэгчин малыг хэлж байгаа бөгөөд тэд үржиж, мал сүрэг хороог дүүргэнэ. Энэ үг нь аливаа том зүйл жижиг зүйлээс л эхэлдэг гэдгийг сануулсан утгатай.

From one the land will be full
From two the yard will be full

In line 1 land means land for planting and the one refers to a seed. In line 2 yard means a fenced-in area for livestock and the two refers to the male and female. It can be used as a reminder that big things start with small things.

#273   —regularly used

Гар бариад бугуй барих
Ганзага бариад цулбуур авах

Holds the hand then holds the forearm
Holds the saddlebag strap and then takes the lead rope

Ихэвчлэн эхний мөр нь хэрэглэгддэг. Гар барьж уулзсан хүн яваандаа нөгөө хүнээсээ илүү их зүйлийг хүсэхийг хэлж байна. Хоёр дахь мөр нь эхэндээ ганзаганд л хүрч байсан хүн сүүлдээ мориных нь цулбуурыг шүүрэх буюу морийг нь авахыг оролдоно гэсэн утгатай. Энэ нь үргэлж илүү харж, шунадаг хүнийг хэлдэг үг юм. Мөн энэ үгээр эхэндээ бусдын тус дэмийг авч байгаад аажмаар тэднийг ашиглахыг оролддог хүмүүсийг ч хэлнэ. Хүн байгаа зүйлдээ сэтгэл хангалуун байж, илүүд шунахгүй байх хэрэгтэй.

The first line, which is often used by itself, refers to when you shake another person's hand when meeting and then later you want something from them. In the second line the person starts by just holding the saddlebag strap and then later wants the lead rope meaning he would like the horse as well. This can be used to refer to people who still want more even after receiving a gift. It can also refer to people who have been shown kindness, but later try to take advantage of those who helped them. We should be happy with what we have been given rather than always wanting more.

#274   —often used

Гар нийлбэл
Ганзага нийлнэ

If working together
Saddlebag straps will come together

Энэхүү үгийн эхний мөрөөр спортын багийн гишүүд хамтдаа сайн ажиллаж байгааг хэлнэ. Хоёр дахь мөр нь ганзагаа сайн холбож бэхэлсэн бол ачааг тээхэд асуудал гарахгүй болохыг хэлж байна. Зорилго нэгтэй хоёр хүний тухай өгүүлж байна. Энэ нь хүмүүсийн хамтын ажиллагааг хөхиүлэн дэмжсэн утгатай үг юм

The first line is a common expression in sports to indicate that teammates work well together. The second line says that when the straps are tied the load will be carried properly. It is about two people with one goal. It can be used to encourage people to work together.

#275   —frequently used

Гар хөдөлбөл
Ам тосдоно (хөдөлнө)

If hands move
Mouth will be oily (move)

Хүн ажиллаж л байвал хоол хүнс тасрахгүй.

If you work, you will eat.

#276   —frequently used

Гараа сайн бол
Бариа сайн

If the start is good
The finish will be good

Аливаа ажлыг эхлэхийн өмнө шаардагдах бэлтгэлийг сайтар хангасан байх хэрэгтэй гэсэн санаа. Бэлтгэл сайтайгаар, ажлаа эрч хүчтэй эхэлвэл үр дүн нь ч сайн байна. Мөн сэтгэлийн хаттай байхыг сургасан утгатай.

This can be used as a reminder that when we are starting a project we need to have good preparation so the result will be what we want. It can also be used as an encouragement for perseverance.

#277   —*occasionally used*

Гараар аваад
Хөлөөр хаях

Зарим хүн энэ үгээр хэн нэгнээс бэлэг аваад түүнийгээ хаячихдаг хүнийг хэлдэг. Мөн зарим нь хүнээс зээлж авсан эд зүйлээ эвдэлдэг хүмүүсийг хэлдэг бол зарим хүн энэ үгээр зээлж авсан зүйлээ эзэн нь нэхэхээс нааш буцааж өгдөггүй хүнийг хэлдэг байна.

Take by the hand
Throw it by the leg

Some people use this when referring to a person who receives a gift and then throws it away. Other people use it for someone who borrows something and then it breaks or for someone who only returns what was borrowed when the lender asks.

#278   —*occasionally used*

Гараараа нэг хүнийг дийлэх
Толгойгоороо мянган хүнийг дийлэх

Аливаа мэдлэг ухаан гэдэг хэзээд биеийн хар хүчнээс хол илүү гэдгийг сануулсан үг.

You beat one person with one hand
You beat a thousand people with your head

This can be used as a reminder that knowledge is more powerful than physical strength.

#279   —*occasionally used*

Гарвал ганзагатай
Орвол олзтой

Энэ үгийг зарим хүмүүс холын замд гарахдаа бэлтгэл сайтай байх ёстой гэсэн утгаар ойлгож, хэрэглэдэг. Ганзагатай гарвал олсон буюу худалдаж авсан зүйлээ аваад ирэх боломжтой гэсэн үг. Зарим хүн энэ үгээр өөрийн зорилгодоо ухаалгаар хүрдэг хүмүүсийг илэрхийлдэг.

If you go out with saddlebag straps
You come in with spoils

Some people use this as a reminder to be prepared when we go out. By bringing straps we can carry back home what we find or buy. Other people use it to refer to people who are clever at achieving their goals.

#280   —*frequently used*

Гарыг нь ганзаганд
Хөлийг нь дөрөөнд хүргэх

Энэ үгээр хүүхдүүд өсч том болоод бие даан амьдрах чадвартай болсныг хэлнэ.

The arms reach the saddle straps
The legs reach the stirrups

This can be used to refer to children who are now grown and can take care of themselves.

#281   —*occasionally used*

Гахайн хоншоор газар эвдэнэ
Хүний хоншоор хэрэг тарина

Гахай идэх юм хайн газар сэндийлж явдаг шиг хов жив ярьдаг хүн бусдад гай тарьдаг.

The snout of the pig destroys the ground
The mouth of the person makes trouble

Just as a pig tears up the ground looking for food, a person who gossips makes trouble for others.

#282 —occasionally used

Гашуунаар бүү тэтгэ
Амттанаар бүү цатга
Өнгөнд бүү автуул

Do not provide sour food
Do not fill with desserts
Do not cause colors to influence

Энэ нь эцэг эхчүүдэд зөвлөгөө өгсөн сургаалын шинжтэй үг. Гашуунаар тэтгэнэ гэдэг нь архи дарс уулгана гэсэн үг. Хэн нэгэнд архи дарс уулгана гэдэг Монголчуудын хувьд тухайн хүний талаар огт санаа тавихгүй байгаагийн илрэл гэж үздэг. Учир нь уусан хүн согтоно. Хүүхдээ өдөр бүр амттан, чихрээр цатгах хэрэггүй. Өнгө гялгар, үнэ өндөр хувцас өмсгөх хэрэггүй. Ингэвэл тэднийг шуналтай, хөнгөн хийсвэр болгох аюултай. Эцэг эхчүүд хүүхдээ хэт эрхлүүлэх нь бий. Зарим хүн энэ үгийг бусдыг зөвхөн өмссөн зүүхнээр нь шинжлэг хүмүүст хамаатуулж хэрэглэдэг байна.

This is used as advice for parents. Giving sour food means giving alcohol. Giving alcohol in Mongolia does not show care because normally when people drink alcohol, they get drunk. Do not fill your children every day with cookies and candy. Do not buy children too many fancy or expensive clothes (colors). This might cause them to become superficial or greedy. Too often parents want to spoil their children. Some people use the third line to refer to someone who judges other people only by what they are wearing.

#283 —occasionally used

Гоёход
Голионы сүүл нэмэр

Fashionable person
Uses a cicada tail as an addition

Энэ үгээр чамин ганган гэж хэлүүлэхийн тулд хачин этгээд зүйлээр биеэ чимдэг хүүхнүүдийг хэлдэг. Мөн гадаад үзэмжээсээ өөр юунд ч анхаардаггүй хөнгөмсөг хүүхнүүдийг ч хэлдэг.

This person uses strange things to adorn herself so we call her fashionable. This can also be used to describe a superficial woman who is only concerned with her appearance.

#284 —occasionally used

Гол голын горим ондоо
Голох хүний журам ондоо

The rules of the rivers are different
Rejecting man's rule is different

Голын эрэг дагуу амьдардаг хүмүүс, говьд амьдардаг хүмүүсийн ёс заншил, дүрэм журам хоорондоо ялгаатай байх нь мэдээж хэрэг. Энэ үгээр тухайн амьдарч буй орчиндоо зохицож чадахгүй, дүрэм журмыг нь сахихгүй байгаа хүнийг мөн түүний дэргэд байх хэцүүг хэлж болно.

People who live along a river have different rules from people who live in the desert. This can be used to refer to a person who does not like to follow rules and is therefore difficult to live around.

#285 —occasionally used

Гол тасартал
Горьдлого тасрахгүй

Until end of life
Hope will not end

Хүн амьд байгаа цагт тэд өөрсдөд нь аль эсвэл хүүхдүүдэд нь ямагт горьдлого найдвар бий гэсэн утга.

This can be used as a reminder that as long as people are alive there is hope for them or their children.

Mongolian Proverbs

#286 —*frequently used*

Голсон юм голд орох
Шилсэн юм шилд <u>хазах</u> (гарах)

Rejected thing comes back useful
Chosen thing will <u>bite</u> (go out) the back of neck

Зарим хүмүүс энэ үгийг бэлэг сэлтний талаар яриxдаа хэрэглэдэг. Эхний мөрөнд хэн нэг хүн өөр хүнээс бэлэг авахаас татгалзчихаад дараа нь тэр зүйлийг нь авсан бол хэрэгтэй байж хэмээн харамсах явдлыг хэлж байна. Хүний сэтгэлийг ойшоодоггүй, өөрөөсөө түлхдэг хүмүүсийг энэ үгээр хэлэх нь бий. Мөн ямар нэг хуучин зүйлийг хэрэг болгон шинэ зүйлээр сольсон боловч тэр шинэ зүйл нь шаардлага хангахгүй тохиолдолд эргээд хуучин зүйлээ ашиглахаас өөр аргагүйд хүрнэ. Энэ тохиолдолд бидний голж нуруугаа харуулсан хуучин зүйл маань ар шилэн дээр хазах буюу эргээд хэрэг болно гэсэн үг. Заримдаа үнэхээр шилдэг сайн гэж бодсон зүйлс зөвхөн асуудал хүндрэл болох тохиолдол ч бий.

Some people use this when referring to gifts. For the first line, a person was offered a gift and rejected it. Later the person realizes that it should have been accepted because now it is needed. These people might use it when referring to someone who rejects what has been offered or does not look appreciative of a gift. For others it relates to when something old is replaced by something that looks more desirable, but later the new thing is causing problems. To go out the back of the neck means to reject because we turn away from what we do not like and it is the back of our neck that sees it. Sometimes the things we think are best for us only turn out to be problems.

#287 —*regularly used*

Гон бие
Гозон толгой

Single person
Lonely head

Ганц бие хүн үргэлж ганцаарддаг гэсэн ойлголт бий бөгөөд түүнийг ийнхүү дүрсэлжээ.

It is assumed that a single person will be lonely so this is a description of a single person.

#288 —*occasionally used*

Гохгүй бол загас бүү барь
Гөлөмгүй бол морь бүү уна

If there is no hook, no fish are caught
If there are no saddlebag straps, no horses are ridden

Гөлөм нь моринд ачаа ганзагалж явахад хэрэгтэй. Аливаа зүйлийг хийх зайлшгүй шаардлагатай байвч, хийж буй хүн нь түүнд тохирох хэмжээний мэдлэг чадваргүй бол тухайн ажил амжилтанд хүрэхгүй. Хүн хийх гэж байгаа л бол ямар ч зүйлд өөрийгөө сайтар бэлдсэн байх хэрэгтэй гэсэн санаа.

Saddlesbag straps are needed to carry things. This can be used if a project needs to be done but the person does not have the knowledge, skill or tools to be successful. It reminds us that we need to be prepared before we start.

#289 —*frequently used*

Гүймхай байж голомхой

Even though asking and getting, rejecting

Энэ үг нь бусдаас үргэлж тусламж гуйдаг өчүүхэн хүмүүс бусдын тусыг авчихаад түүндээ сэтгэл ханалгүй түүнээсээ илүү зүйлийг хүсч буйг илэрхийлсэн үг. Бусдын тусыг үнэлж талархдаггүй хүмүүсийг энэ үгээр хэлнэ.

This describes people who had very little, asked for help or something else and received it, but then rejected what was given and wanted something else. This might be used when refering to people who do not appreciate what they have been given.

#290 —regularly used
Гуймхай мөртлөө голомхой
Хэлгий мөртлөө хэрүүлч

Гуйлгачин мөртлөө голомтгой
Хэлгий мөртөө хэрүүлч

Энэхүү үгийн эхний мөр нь өөрөө юу ч үгүй байж бусдын өгсөн зүйлийг голж шилдэг хүмүүсийг хэлж байна. Хоёр дахь мөр нь ойлгомжтой тод ярьж ч чадахгүй хирнээ бусдыг үргэлж муулж, шүүмжилж байдаг хүмүүсийг хэлж байна. Тэд уур уцаартай, хүнийг далдуур муулахдаа сайн. Тэд үргэлж уурлаж байдаг учир тэдний тэнэг яриаг сонсоод инээд хүрсэн ч инээж болохгүй. Энэ үгээр иймэрхүү хүмүүсийг хэлнэ. Мөн өөрт нь өгсөн юуг ч үл үнэлэх хүмүүсийг хэлнэ.

Dislikes, even though begging
Argumentative, even if unable to speak

Dislikes, even if a beggar
Quarrelsome, even if unable to speak

This person criticizes what they are given even though they have nothing. The second line in both describes people who criticize and blame others all the time even though they cannot speak well. They are quarrelsome and speak badly behind another's back. You might want to laugh at their poor speech but cannot because of their anger. Some people use this for this kind of person. Others use it for people who do not appreciate what they have been given.

#291 —frequently used
Гуйна гэдэг гутамшиг
Гуйлгана гэдэг гайхамшиг

Бусдаас юм гуйна гэдэг бол өөрийнхөө арчаагүй байдлыг ил гаргаж буй хэрэг гэж үздэг ба нөгөөтэйгүүр хэн нэг хүн өөр хүнээс юм гуйна гэдэг нь гуйлгаж буй хүний хувьд том хүндлэл болдог байна. Учир нь тэр хүнд бусдад байхгүй ямар нэг зүйл байгаа, эсвэл тэр хүн бусдын чадахгүй ямар нэг зүйлийг чадаж байна гэсэн үг. Энэ нь бусдаар гуйлгах дуртай дарга даамлуудын үг гэж хэлж болно. Мөн нүүрээ түлэн байж ямар нэг хэрэгтэй зүйлээ бусдаас гуйсан боловч авч чадаагүй хүн энэ үгийг хэлэх нь бий.

Begging from others is a disgrace
Being begged is wonderful

Begging is considered shameful because it shows that a person cannot provide for himself. On the other hand, it is a compliment to have someone come to you because of what you have or have learned. It is commonly used in the workplace by bosses who want their workers to beg for their help. It might also be used by people who do not get what they have asked for to indicate that they were ashamed to even have asked.

#292 —occasionally used
Гунан нас хүрээгүй хониор уул тахидаггүй
Гучин нас хүрээгүй хүнээр төр бариулдаггүй

Дээр үед доод тал нь гурван нас хүрсэн хониор уул усаа тахидаг байжээ. Удирдагчдын хувьд гэвэл Чингис Хааны үед удирдагч, манлайлагчид залуус байсан боловч өнөөгийн хүмүүс нас тогтсон, туршлага хуримтлуулсан хүнээр удирдуулахыг илүүд үзэх болжээ.

You do not offer a sacrifice to the mountain with a sheep that has not reached three
You do not have the government ruled by a person who has not reached thirty

In earlier times for their sacrifices, people were supposed to offer sheep that were three years old. Even though in the times of Genghis Khan leaders were young, today people do not like it when leaders are young. They want experienced seasoned leaders.

#293 —occasionally used
Гур алсан газар
Гурав дахин эргэлдэх

Гур /эрэгчин буга/ алсан газарт өөр гур ирж заавал эргэлддэг гэлцдэг. Энэ нь анчдад зөвлөгөө өгсөн утгатайгаас гадна хэн нэг хүн нэг газраас их ашиг олсон бол тэндээс дахин ашиг олохыг үгүйсгэх аргагүй гэсэн утгыг ч агуулна.

Place where male deer was killed
Return three times

It is understood that if a male deer was killed in a particular area, other deer will come to that same area. It can be used as advice for hunters. Also if people receive benefit somewhere, it can be used as advice to go to that same place.

#294 —occasionally used
Гурван үгийн (үгний) утга (учир) мэдэхгүй
Гурвалжин нөхөөсний зүйдэл танихгүй (мэдэхгүй)

Энэ нь мэдлэг нимгэн хүмүүсийг хэлсэн үг. Тэд хувцсаа ч нөхөж өмсөж мэддэггүй. Тэд мэдлэг дутуугаас хүний үгийг буруу ташаа ойлгодог, сонсдог ч үгүй бөгөөд яриагаа ихэвчлэн уур уцаараар дуусгадаг.

Does not know meaning of three words
Does not recognize (know) a three triangle patch that has been sown on

This can be used to describe people who do not know very much. They are even unable to repair their clothes because they do not know how. They do not have knowledge so they misunderstand and often do not listen and end up angry.

#295 —often used
Гурилын хулгайч
Гуяндаа цагаантай

Гурил хулгай хийсэн хүн
Гуян дээрээ цагаантай

Энд тэндээ ямар нэг цагаан болголгүйгээр гурилыг зөөх нь тун хэцүү. Хулгай хийхэд ямагт ямар нэг нотлох баримт үлддэг тул хулгайч эцэстээ заавал баригдана гэдгийг анхааруулан хэлдэг үг.

One who steals flour
White mark on thigh

A person who steals flour
Has a mark on his thigh

Because flour is so fine, it is difficult to move it without getting some of it on yourself. These might be used to remind someone that stealing will eventually be found out because there will be obvious indications.

#296 —occasionally used
Гуталдаа хавчигдсан хөл хөөрхий
Эхнэртээ хавчигдсан эр хөөрхий

Хөлөндөө багадсан гутал өмсөөд байвал хөл ядарч, өвдөх нь ойлгомжтой. Үүний нэгэн адил эхнэртээ дарамтлуулбал эр хүнд бас хэцүү. Энэ үгээр эхнэр нь үргэлж үглэж яншдаг, гэртээ ч чөлөөтэй байж чаддаггүй хөөрхийлөлтэй эрийг илэрхийлнэ.

The leg that is pressed by the boot is poor
The man who is pressed by his wife is poor

The leg being pressed by the boot means the boot is too small and therefore painful to wear. In the same way it is difficult for a husband when his wife pressures him. This can be used to refer to a husband who is always being nagged by his wife and does not feel free at home.

#297 —regularly used

Гууль нь гарч
Зэс нь цухуйх

Монголчуудын хувьд үнэ хямд металлуудын тоонд юун түрүүнд зэс болон гууль орно. Дээр үед гал тогооны хэрэгслүүдийг ихэвчлэн гуулиар хийдэг байжээ. Чинээлэг айлууд бол мөнгөн сав суулга хэрэглэдэг байж. Харин мөнгөн сав суулга хэрэглэх боломжгүй хүмүүс зэс болон гуулин сав суулгаа нимгэн мөнгөөр бүрдэг байсан. Удаан хугацаанд хэрэглэсний эцэст мөнгөн бүрээс элэгдэж, жинхэнэ эх бие нь буюу гууль, зэс нь харагдаж эхэлнэ. Энэхүү үгийг хэн нэг хүн алдаа гаргасан, эсвэл уурлаж уцаарласан үедээ жинхэнэ чанараа ил гаргахад хэрэглэнэ. Тийм байдалд орох хүртлээ тухайн хүн өөрийн мөн чанарыг нууж байсан гэсэн үг. Ер нь бол хэзээ нэгэн цагт бүх хүний мөн чанар танигдах болно гэсэн утгыг илэрхийлж байна.

Brass is revealed
Copper appeared

For Mongols, the two lower value metals are brass and copper. Old kitchen utensils were made out of brass. A wealthy family can afford to have utensils made out of silver. Those who cannot afford that have their brass or copper utensils covered with a thin layer of silver. Over time, with use, the thin layer wears off and the true value is revealed. This can be used to refer to people who show who they really are when they get angry or make a mistake. Up to that point they have been able to hide their character. This proverb says that one day their true character will be seen.

#298 —occasionally used

Гүжир үг
Гүнзгий уснаас хэцүү

Хүнийг гүжирдэх нь маш ноцтой, хор нөлөөтэйг сануулсан үг.

A slanderous word
More difficult than deep water

This can be used as a reminder that slanderous words bring a lot of harm.

#299 —occasionally used

Гүжирт үнэнгүй
Гурамсанд шулуунгүй

Гурамсан гэсэн нь гурван салаа олсон утсаар томсон олс бөгөөд тиймээс хэзээ ч шулуун хэлбэрт ордоггүй. Үүний нэгэн адил гүжир үг хэзээ ч үнэн байх боломжгүй гэсэн утга.

Slander has no truth
Leather rope is not straight

The leather rope in line 2 refers to a three-stranded braided rope which can never be completely straight. Only a single strand can be straight. Just like the braid with 3 strands is always twisted, slander can never be truthful.

#300 —occasionally used

Гүзээнд наалдсан дэлүү
Гөлмөнд наалдсан хавчуурга

Монголчууд эртнээс нааш таван хошуу малын гэдэс дотрыг хоол хүнсэндээ хэрэглэж ирсэн заншилтай. Гэвч Монголчууд дэлүүг иддэггүй. Энэ нь элгэнд наалдсан байрлалтай байдаг эрхтэн бөгөөд үүнийг заавал салгаж авдаг байна.

Spleen sticks to stomach
Clip sticks to the saddle cloth

Mongolians traditionally eat the internal organs of their livestock: horses, goats, sheep, cows, camels. But they do not eat the spleen. It normally sticks to the stomach and has to be separated. People attach small clips onto the leather saddle cloth.

Эмээлийн гөлмөнд жижиг хавчуургууд хавчуулагдан явах нь элбэг ч, тэр хавчуурга нь үнэндээ ямар ч хэрэггүй зүйл юм. Энэ үг нь өөрсдийгөө байгаагаасаа илүү чухал байр суурьтайд тооцож, тийм мэтээр аягладаг хүмүүст хамаатай. Тэд юу ч хийлгүйгээр, элдвийн зүйлээр гангарч бусдаас илүү харагдахыг оролддог. Мөн тэд ихэвчлэн долигонуур зантай, бялдууч хүмүүс байна. Заримдаа худал үг хэлж бялдуучлах нь ч бий.

This proverb can be used to refer to people who attach themselves to those whom they consider bigger or more important. They think by doing this they will be more important. They want to be more than they are without doing the work. They flatter the ones they consider more important. Normally their flattery is exaggerated and sometimes not even true.

#301 —regularly used

Гүйх нохойд
Гүйхгүй нохой <u>саад</u> (садаа)

A dog that is not running brings trouble
To a dog that is running

Хөдөөгийн ноход ихэвчлэн сул, үүгээр түүгээр хоол хайж явдаг. Энэ үгээр өөрөө юу ч хийхгүйн дээр бусдын ажилд садаа болж байдаг хүмүүсийг хэлнэ.

In the countryside dogs normally run loose and are always searching for food. This proverb can be used to refer to someone who does nothing, but stands in the way of others when they try to accomplish a task.

#302 —occasionally used

Гүү унаагүй баян
Гүзээ идээгүй ноён

Rich person never rides a mare
Master never eats stomach

Гүү бол эрчүүдийн эрхэмлэдэг унаа хөсөг биш. Эхний мөр нь амьдралд нь гачигдах зүйл байхгүй, мөн аргагүй байдалд орж үзээгүй баян хүн уналгандаа гүү хэрэглэж үзээгүйг хэлж байна. Гүзээ нь бас л тэр болгон идээд байхаар зүйл биш бөгөөд хоёр дахь мөр нь идэх уухаар ер гачигдаж байгаагүй учраас хэзээ ч гүзээ идэж үзээгүй баян хүнийг хэлж байна.

The mare is not a man's first choice for the horse to ride. This man is so wealthy he has never had to ride a mare and therefore never had the experience of lacking anything or being poor. The stomach is not a highly valued part of an animal to eat. This can be used to refer to people who are wealthy and do not live like ordinary people.

#303 —occasionally used

Гүүгээ барьж
Лүүгээ ханзлах

Catch your mare
Rip open your container

Айраг исгэх гэж байгаа бол лүүгээ ханзлахаасаа өмнө эхлээд гүүгээ барих хэрэгтэй гэсэн утга. Хэрвээ лүүгээ ханзалчихаад байхад гүүгээ бариагүй бол түүнийгээ дүүргэх айраг исгэж чадахгүйд хүрнэ. Энэ үг нь аливаа зүйлийг хийхдээ сайн бэлтгэлтэй, шат дараалалтай хийх хэрэгтэй болохыг сануулж байна.

Since it is the mare that is being caught, the container is the leather bag used for *airak* (fermented mare's milk). In order to make it you have to catch the mare, but since the container is broken there will be nothing to put the milk into. This can be used as a reminder to plan before you start a project.

#304 —occasionally used

**Гүүтэй айлын
Гүзээтэй хүү**

Адуун сүрэгтэй айл (гүү нь унагална) идэх уухаар элбэг дэлбэг байж, тэдний хүү тарган цатгалан байх нь мэдээж билээ. Зарим хүн хэн нэгнийг буюу өөрийгөө баян айлын хүүхэд шүү гэж хошигнон хэлэхдээ энэ үгийг хэрэглэдэг.

**Family with a mare
Has son with big belly**

Mares will produce offspring. Therefore when a family has mares, their herds will grow and the family will eat well. The son will look well-fed. Some might use it when referring to rich people or jokingly referring to themselves as wealthy people.

#305 —regularly used

**Гэдэс нь цадавч
Санаа нь цадахгүй**

Энэ нь хэрэгтэй зүйлээ хангалттай авч чадсан боловч сэтгэл нь ханадаггүй, хэт шуналтай хүмүүсийг хэлсэн утгатай үг. Зарим хүн үүнийг хэн нэгэн чанартай хоол иддэггүй. харин сайн хоол олдоход цадсан атлаа дахин дахин идэж байгаа хүнд хандан хэлдэг байна.

**Even if the stomach is full
The mind is not full**

These people are so greedy that even when they have gotten enough of something, their minds keep telling them that they need more. Some might use it when referring to people who do not eat well. But when they do get good food they eat non-stop.

#306 —often used

**Гэдэс хоосон
Мөр нүцгэн**

Энэ нь алдаг оног хоолтой, хувцас хунараар тааруу амьдарч явaa хүмүүсийг хэлсэн үг бөгөөд тарчигхан амьдарч байгаа хэн нэгнээс амьдрал ямар байна даа хэмээн асуусан үед хариулт болгон хэлэгдэх нь бий.

**The stomach is empty
The shoulder is bare**

The shoulder is bare refers to not having clothes. This can be used by people who do not have enough to live on and have been asked how they are doing.

#307 —frequently used

**Гэдэс цатгалан
Мөр бүтэн**

Энэ нь идэх хоолтой, өмсөх хувцастай, дутагдах гачигдах зүйлгүй амьдарч байна гэсэн утга бөгөөд хэвийн амьдарч буй хэн нэгнээс амьдрал хэр байна даа хэмээн асуусан үед хариулт болон хэлэгдэх нь бий.

**The stomach full
The whole shoulder**

The whole shoulder refers to having clothes. This can be used by people who have enough to live on and have been asked how they are doing.

#308 —occasionally used

Гэлэнгээс гэрийн эзэн
Гэцлээс чавганц

Гэлэн болон гэцэл нь лам нарын зэрэг дэвүүд юм. Дээр үед лам нар эмчийн үүргийг давхар гүйцэтгэдэг байжээ. Гэвч зарим тохиолдолд зовлон үзсэн гэрийн чавганц эмчлэх анагаах тал дээр тэднээс илүү байх тохиолдол байдаг байжээ. Өнөө үед дан номын мэдлэгтэй хүнээс амьдралын туршлага хуримтлуулсан мэдлэгтэй хүн илүү гэсэн утгатай.

Head of the house is better than a *geling*
An old woman is better than a *getsel*

Geling and *getsel* are ranks of *lamas*. In old times, monks served as doctors. But in some situations an old woman had better knowledge. This might be used today to express our preference for someone's services who has acquired them through experience rather than just book learning.

#309 —frequently used

Гэм биш зан
Гэнэт биш хуучин

Санамсаргүй буруу зүйл хийсэн хүнийг энэ үгээр хэлэх нь бий. Тэр тусмаа тэрхүү муу зүйл нь зүгээр нэг тохиолдлын чанартай биш, тэр хүн угаас муу зан чанартайн улмаас гарч ирж байгаа үйлдэл гэсэн утга. Тухайн хүн тэр үйлдлийг санамсаргүй бөгөөд гэнэт хийсэн байсан ч, тэр нь өөрийнх нь муу зуршлаас үүдэлтэй гэдгийг хэлэхдээ энэ үгийг хэрэглэх нь бий.

Not sin but habit
Not sudden but old

This can be used when referring to someone who has unexpectedly done something wrong. That person's mistake was not just an isolated event but the result of the person's bad character. Even though what was done was sudden and unexpected, the person saying the proverb is acknowledging that the other's bad character has actually been visible for a long time.

#310 —regularly used

Гэм нь өмнөө (урдаа)
Гэмшил нь хойноо

Энэ нь ямар нэг буруу зүйл хийснийхээ дараа тэр үйлдэлдээ харамсаж буй хүнийг хэлсэн үг. Хүн аливаа зүйлийг хийхээсээ урьд, дараа нь харамсахгүйн тулд сайтар бодож байхыг сургасан утгыг илэрхийлдэг. Мөн хэн нэгэн ямар нэг муу зүйл хийж байгааг хөндлөнгөөс харсан хүн дараа нь тухайн хүн өөрөө тэр үйлдэлдээ харамсана гэдгийг мэдэж байх тохиолдолд ч энэ үг хэрэглэгдэнэ.

The sin is before (in front)
Regret is after

This can be used in reference to people who have made a mistake and then later regret their actions. It can also be used to caution someone to think before they act or when people do something really bad and the observer knows that later they will regret their actions.

#311 —often used

Гэм хийвэл
Зэм <u>хүлээнэ</u> (хүлээх)

Хэрвээ чи алдаа гаргасан бол хэн нэгнээс зэмлэл хүлээхэд бэлэн байх ёстой гэсэн утга.

If you sin
Rebuke will come

If you make a mistake, you need to be prepared to be rebuked by someone.

#312 —often used

Гэм хийсэн гэдэс биш
Гэнэт олдсон хоол (эрдэнэ) биш

Ходоод гэдэс маань бидэнд ямар ч гэм хийдэггүй учир бид хэт яаран идэж ходоод, хоолой зэрэг эд эрхтнээ өвтгөх нь зохисгүй юм. Мөн хоол хүнс амар хялбар олддоггүй учир түүнийг хурдан идэх хэрэггүй. Зарим хүн энэ үгийг хоолоо удаан тайван ид гэсэн сануулга болгож хэрэглэдэг бол зарим нь шударга бус аргаар хурдан хугацаанд эд баялагтай болж буй хүмүүсийг энэ үгээр хэлдэг. Богино хугацаанд баяжиж хөлжих нь хоолоо хурдан хурдан идэхтэй адил дараа нь ямар нэг хор уршиг учруулна.

Stomach did not sin
Food (treasure) was not suddenly found

We should eat slowly in order not to hurt our stomach because it did not do anything wrong to harm us. Also the food was not quickly found so do not eat quickly. Some people use this to caution people to eat slowly. Other people use it to refer to gaining wealth quickly and dishonestly. Gaining wealth dishonestly will bring problems just like eating too fast does.

#313 —occasionally used

Гэм хэнд байна
Зэмийг түүнд өг

Энэ үгийг хэргээ хүлээхгүй байгаа этгээдийн буруутайг нь мэдэж байгаа гэрчид тэрхүү этгээдийн буруг хүлээлгэх хэрэгтэй хэмээн ятгаж буй тохиолдолд хэрэглэж болно. Энэ нь хичнээн найз нөхөр ч бай, гэм хийсэн хүнийг өмгөөлж болохгүй гэсэн утгыг сануулж байна. Мөн хэн нэгэн хүн өөр нэг хүний буруутайг өөрөөр нь хэлүүлэх гэж оролдох үед нөгөө буруутай хүн нь яагаад ингээд байгааг нь асуух юм бол хариулт болгон энэ үгийг хэлж болно. Найз нөхөд мэдээж бие биедээ тусалж дэмжиж явах хэрэгтэй ч гэсэн гэм хийсэн нэгнийгээ шударгаар шүүмжилж байх нь цаашдын харилцаанд тустай. Ерөнхийдөө энэ үгээр буруутай хүнд буруг нь хүлээлгэх хэрэгтэй гэдгийг хэлдэг.

Who has sin
Give reproach

This can be used when referring to a situation where you are speaking to people who know that others have done something wrong but are not acknowledging their guilt. This is to remind the people you are speaking to that they should confront their friend's sin. Or, it can be used if you are trying to confront others about their sin and they want to know why you are confronting them. Friends are supposed to always be supportive and not critical. As a result, people are reluctant to confront their friends regarding wrong behavior for fear it will damage the relationship. As a result, it is most often used when people are encouraging others to confront someone else.

#314 —regularly used

Гэмт хүн гэлбэлзэнэ
Дайрт морь далбилзана

Эмээл нь суларсан морин дээр мордсон хүн хэвийн явж чадахгүй нь тодорхой билээ. Үүний нэгэн адил ямар нэг буруу зүйл хийсэн хүн бусад хүмүүст баригдахаасаа үргэлж айж түгшин явдаг. Тэд тайван байж чадахгүй, харваас ямар нэг асуудалтай байгаа нь мэдэгдэхүйц байдаг.

The guilty one will worry
The saddle-sore horse will sway

It is understood that when a horse is sore from a saddle, it will act in a way that is clear to the observer that there is a problem. In the same way, guilty people are always worrying about when people will learn of their mistakes. They do not show peace to others so their visible agitation makes it clear that something is wrong.

#315 —often used
Гэнэт баяжих гэмтэй
Гэдрэг унах өвчинтэй

Suddenly rich, will have sin
Suddenly fall on your back, will have pain

Гэнэт унасан хүн өвдөх нь мэдээж юм. Эхний мөр нь буруу замаар богино хугацаанд баяжихыг хэлж байна. Энэ үгийг буруу замаар баяжихаар зэхэж буй хэн нэгэнд анхааруулга болгон хэрэглэх нь бий.

It is understood that if people unexpectedly fall, they will have pain. The first line refers to gaining wealth dishonestly. This can be used as a caution to be careful if someone is getting ready to try to get rich in a wrong way.

#316 —often used
Гэнэт (идвэл) (цадах) гэдсэнд цөвтэй
Гэнэт баяжвал насанд цөвтэй

(If a person eats) (If a person gets full) too quickly, stomach will have sickness
It a person gets rich too quickly, life will have sickness

Хэт хурдан идэх нь ходоод гэдсэнд муу нөлөөтэй билээ. Үүний нэгэн адил, буруу замаар гэнэт баяжих нь муу үр дүн дагуулах бөгөөд түүнийгээ тэр хүмүүс хожим нь амсах болно. Хоёр дахь мөр нь Буддын шашны сургаалаас гаралтай болох нь илт байна. Энэ үгийг буруу замаар баяжихаар зэхэж буй хэн нэгэнд анхааруулга болгон хэрэглэх нь бий.

It is understood, if people eat too quickly, they will have stomach problems. In the same way, if people quickly earn money dishonestly, they will get the consequences in the next life. The last two words in the Mongolian translation are clearly Buddhist words. This can be used as a caution to be careful if someone is getting ready to try to get rich in a wrong way.

#317 —often used
Гэр бүтэн (дулаан)
Гэдэс цатгалан

Home is <u>full</u> (warm)
Stomach is full

Хэн нэгэн амьдрал ямар байна даа хэмээн асуухад, хэвийн гэж хариулахдаа энэ үгийг хэрэглэж болно.

If people are asked how they are doing and they are fine, they might quote this proverb.

#318 —occasionally used
Гэргүй хүний гэдэс их
Гэзэггүй хүний толгой том

Person without a home has a big stomach
Person without a pigtail has a big head

Зарим хүмүүс нэг дэх мөрийг нь гэр оронгүй хүмүүс дараа дахин хэзээ хоолтой золгохоо мэдэхгүй учир, хоол олдсон дээр нь маш их иддэг гэсэн утгаар тайлбарладаг бол зарим нь энэ мөрийг бодит байдал дээр юу ч үгүй атлаа идэж баршгүй их хоол хүнстэй юм шиг л идэж уудаг хүмүүсийг хэлж байна гэж үздэг. Хоёр дахь мөрний хувьд, дээр үед ухаантай бөгөөд мэдлэгтэй хүмүүс ихэвчлэн гэзэг тавьдаг байж. Тиймээс "гэзэггүй хүн" гэдэг нь залхуу хүмүүсийг хэлсэн

Some people believe line 1 refers to people who are homeless and eat a lot when given food because they do not know when they will get their next meal. Others believe it refers to people who eat a lot as though they have a lot, but in reality they have nothing. For the second line, a long time ago, people who were very smart and clever typically had long hair with a braid or pigtail. A "person without a pigtail" is an idiomatic phrase for someone who is lazy. Because of this second line, we know this proverb

нийлмэл үг юм. Эндээс энэхүү үгийн хоёр дахь мөр нь өөрсдийгөө ухаантай хэмээн итгэсэн хүмүүсийг хэлж байна гэж үзэж болно. Үнэндээ тэд тэнэг хүмүүс боловч өөрсдийгөө ухаантай гэж бодож байгаа учраас "том толгойтой" хэмээн хэлэгдэж байна. Өөрийгөө хэт дөвийлгөн үнэлдэг, хэрээ мэддэггүй хүмүүсийг энэ үгээр илэрхийлж болно.

is referring to people who think they are smart, so we say they have a big head. But in reality, they are not. This might be used when referring to people who have a false high opinion of themselves.

#319 —*rarely used*

Гэрийн арыг гоёно
Бэрийн өврийг гоёно

The back of the *ger* is made nice
The front of the bride is made nice

Хүмүүс гэрт ороод хамгийн түрүүнд хоймор тус газрын ханыг хардаг учраас хүмүүс ихэвчлэн тэр хэсгийн хананы үзэмжинд гойд анхааран, бусад хэсэгт нь нэг их санаа тавьдаггүй тал бий. Хоёр дахь мөрний хувьд, шинэхэн бэр өөрийн гадаад үзэмж, бусад хүмүүст харагдах байдалдаа ихээхэн санаа зовж байдгийг хэлж байна. Энэ үг нь ерөнхийдөө дотоод гоо сайхан, хүн чанараас илүүтэйгээр гадаад үзэмжиндээ хэт анхаардаг хүмүүсийг хэлж байна.

It is common for people to take very good care of the inside wall at the back of their *ger*, because that is what people see when they first walk in. But, the rest of the *ger* may not be very good. The second line refers to a bride who is more concerned with her outward appearance than with her character. This can be used to refer to people who are more concerned with outward appearance than with character.

#320 —*occasionally used*

Гэрийн нохой галзуурвал
Хээрийн боохойноос хэцүү

If family's dog becomes rabid
It is more difficult than a steppe wolf

Хэрэв хөдөө нутгийн айлын хоньч нохой галзуурвал хээрийн чононоос илүү аюул учруулж мэднэ. Энэ үг нь гэр бүлийн нөлөө бүхий гишүүн гэнэт хачин ааш авир гаргах, эсвэл бусадтайгаа харьцахаа болих зэрэг тохиолдолд хэрэглэгдэж болно.

In the countryside, if a family's watch dog develops rabies, it will be more dangerous than a wolf. It can be used if a strong character person in the family behaves erratically or has no communication with the family. There will be problems.

#321 —*occasionally used*

Гэрийн хэлхээ тооно
Гэдэсний хэлхээ хоол
Төрийн хэлхээ хууль
Төрлийн хэлхээ нагац

The *ger*'s connection is the *ton*
The stomach's connection is food
The government's connection is law
The relative's connection is mother's relatives

Тооно бол Монгол гэрийн бүх унийг холбон бэхэлж байдаг чухал хэсэг юм. Үүний нэгэн адил хоол хүнс бол ходоод, цаашлаад бие махбодийг тэтгэж байдаг амин чухал эрхтэн. Мөн сайн сайхан төр улс, нийгмийн цогцлоохын тулд хууль ёс хэрэгтэй нь гарцаагүй.

The *ton* is the frame at the top of the *ger* that holds the *ger* together and is therefore essential. Food is needed for the stomach. For the well-being of a society there needs to be laws. For Mongolian people the mother's brother is special. This can be

Сүүлийн мөрний хувьд, Монголчуудын хувьд ээжийн төрлийн хүмүүс ихээхэн ач холбогдолтой байдаг. Энэ үг нь аливаа зүйлд зайлшгүй мөрдөх хэрэгтэй дүрэм журам байдаг бөгөөд түүнийг мөрдөж байж сайн сайханд хүрнэ гэдгийг сануулсан утгатай.

used to remind someone of the importance of following rules in order to have a good society.

#322 —*occasionally used*
Гэрт цочсон нохой
Гадаа гарч хонь үргээх

The dog who is afraid in the *ger*
Scares the animals outside

Хөдөөгийн айлууд хоточ нохойгоо гэртээ оруулдаггүй, ороод ирвэл чанга дуугаар хашгиран хөөж гаргадаг. Чанга дуунаас цочин давхийсэн нохой гарч гүйхдээ хашаа хороон дахь хамаг хонийг үргээж орхино. Энэ үг нь ямар нэг шинэ нөхцөл байдалд буруу үг хэлж асуудал үүсгэдэг хүмүүсийг хэлж байна. Буруу үг хэлснээр дээрх нохойн адил бусдыг айлгаж, асуудал үүсгэх болно.

In the countryside, dogs are normally not allowed inside the *ger*. If it should come inside, owners will chase it out with a loud scream. The frightened dog races out and then frightens any sheep inside the family's *khaasha* (fenced-in area). This might be used to refer to someone who uses the wrong words in a new situation outside the home. Like this dog, they scare others with their words and create problems.

#323 —*occasionally used*
Гэртээ гэгээгүй
Гэдсэндээ чацархайгүй

No light in the *ger*
No intestinal fat in the stomach

Энэхүү үгээр гэртээ юу ч хийдэггүй туйлын залхуу хүнийг илэрхийлнэ. Эхний мөр нь галаа манадаг хүн байхгүйг, хоёр дахь мөр нь хоол хүнс бэлддэг хүн байхгүйг илэрхийлж байна. Чацархай нь арга ядсан хүний хоол юм.

This can be used to refer to lazy people who do nothing at home. The first line means no one is keeping the fire going and the second one means no one is fixing anything to eat. Intestinal meat is one of the least desired foods. Not having any means the person doesn't even have that to eat.

#324 —*often used*
Гэрээ мартсан Гэсэр
Малаа мартсан мануухай

Gesser who forgot home
Scarecrow who forgot animals

Гэсэр нь Монголын нэгэн эртний уран зохиолын гол дүр бөгөөд тэрээр дайнд мордсоноосоо хойш гэртээ нэг ч удаа харилгүй хэтэрхий удсан, бас өөр зүйлд хэт төвлөрсөн зэргээсээ болж төрөлх гэрээ мартдаг. Мануухайн ажил бол амьтан үргээх байтал мануухай өөр зүйлийг бодсоноор үүргээ мартан ажил цалгардуулах болно. Энэ үгийг хөдөөгийн иргэд өөрсдийн юу ч хийдэггүй залхуу хүүхдүүдийг зэмлэхдээ хэрэглэх нь бий. Хүүхдүүд нь хийх ёстой зүйлдээ анхаарлаа хандуулдаггүй гэсэн

Geser is a character from early Mongolian literature. He was a hero in a war a long time ago and was away from home so long he forgot his home because he was paying attention to something else. The scarecrow's mind is not on his job and as a result he does not think about animals. These words may be used by parents in the countryside for children who are doing nothing. They are not focused on what they should be. It can also be used of children who do not let their parents know where they are playing or for one who has left home and

утга. Мөн энд тэнд эцэг эхээсээ нууцаар тоглодог хүүхдүүд юм уу, гэрээсээ гарч яваад хэнтэй ч холбоо барилгүй удаж буй хүнийг энэ үгээр илэрхийлэх нь бий. Ихэвчлэн тоглосоор байгаад оройтож ирсэн хүүхдэдээ эцэг эх нь "Чи чинь гэрээ мартсан Гэсэр үү?" гэж хэлдэг байна.

does not stay in touch. Normally parents ask their children, "Are you *Gesser* who forgot your home?" when they do not come home to sleep.

#325 —*often used*

Гээндээ ч бий
Гоондоо ч бий

I had a mistake
You had a mistake

Энэ үгний хоёр мөрний эхний үг нь дангаараа бол утга үл илэрхийлэх учраас Англи хэл уруу шууд хөрвүүлэх боломжгүй юм. Тиймээс шууд хадмалаар орчуулалгүй, цаагуураа хэлж буй өнгө аясыг нь өөр үгээр илэрхийлж орчуулсан болно. Энэ нь хоёр хүний хооронд үүссэн ямар нэг маргаан удаан үргэлжилсний эцэст уг асуудалд хоёулаа буруутай гэдгээ олж мэдэх гэсэн утгатай.

The words cannot be translated into English because the first words of each line have no meaning by themselves. Therefore the translation is the idea behind the proverb rather than a literal translation. This might be used in a situation where two people are quarreling, but they are not placing blame on each other. They recognize that they both made a mistake.

#326 —*occasionally used*

Гялгар бүхэн алт биш
Гэлэн бүхэн багш биш

Every shiny thing is not gold
Every monk is not a teacher

Бүх лам бүгд сайн багш байх боломжгүй нь ойлгомжтой. Үүний нэгэн адил гаднаасаа сайхан харагддаг хүн бүр дотоод хүн нь бас сайн байна гэсэн үг биш юм.

It is understood that not all monks are good teachers. In the same way, not all people who look nice on the outside have good characters.

#327 —*occasionally used*

Даага эхдээ ялдам
Дархан дөшиндөө ялдам

The colt shows kindness to his mother
The craftsman shows kindness to his tools

Даага мэдээж эх гүүндээ сайн хандана. Үүний нэгэн адил дархан хүн өөрийнх нь чухал хэрэгсэл болох дөш болон бусад багаж хэрэгсэлдээ арвич хямгач хандана. Энэ үг нь аливаа хүн өөрийн эд зүйлдээ ариг гамтай хандаж байх хэрэгтэй болохыг сануулж байна.

The colt shows kindness because the mother cares for him. The craftsman shows kindness to his tools because they take care of him. This can be used as a reminder that we should care for our things.

Mongolian Proverbs

#328 —*regularly used*

Дааганаас унаж үхдэггүй
Даравгараас болж үхдэг

Does not die from falling off a colt
Dies because of his big mouth

Даага буюу хоёр настай адуунаас унасан ч үхэхгүй нь тодорхой. Харин өөрийн амнаас гаргасан үгнээсээ болж өөртөө үхлийн аюул даллаж болзошгүй байдаг. Энэ үг нь хүмүүст ярьж хэлж буй үгээ сайтар хянаж байхыг сануулсан утгатай. Учир нь бодолгүй хэлсэн үг бусдад юм уу өөрт нь эргээд гай учруулж болзошгүй билээ.

It is not possible to die from falling off a two-year-old colt. Instead these people die as a result of what they have said. This can be used as a reminder to people to think before they speak because words can come back on the speaker or harm another.

#329 —*occasionally used*

Дааганд хөнгөн
Даалимбанд арвин

A light load for the colt
Abundant cloth

Даагыг ер нь наймаас доош настай хүүхэд л унадаг. Том хүний дээлэнд дөрвөн метр орчим материал орох бөгөөд энэ нь хүүхдийн дээлэнд ихэднэ. Хөдөөгийн айлд хэн нэгний даагыг наймаас дээш настай хүүхдэдээ унуулах хүсэлтэй бол эзнээс нь асуух хэрэгтэй. Тийм тохиолдолд дааганы эзэн зөвшөөрч буйн илрэл болгож энэхүү үгийг хэлж болно. Хүүхэд тань наймаас дээш настай боловч дааганд хүнддэхээргүй биз дээ гэсэн утга. Зарим хүн намхан биетэй хүнийг хараад өхөөрдөхдөө үүнийг хэрэглэдэг.

Only children approximately under the age of eight should be riding a colt (two-year-old horse). Adults normally use about 4 meters of material to make a *deel*, but this is too much for a child. This might be used in the countryside when the owner is asked if it is okay for a child to ride his colt because the child is more than eight years old. The owner would answer with this proverb meaning, the child may be more than eight, but he is small enough not to harm the foal. Some might use it when admiring people who are short.

#330 —*often used*

Даарахад нус
Яарахад шээс

When you are cold, you have snot
When you are in a hurry, you have to pee

Энэ үгний хоёр мөр нь хоёулаа амьдрал дээр байдаг зүйлсийг илэрхийлж байна. Энэ үгийг гомдоллогч хүнд, аль эсвэл амьдралын хатуу хүтүүг үзээд гайхаж санааширсан хүнд хандан хэлж болно. Бас яарч буй үед хэн нэгэн, эсвэл ямар нэг зүйл саад болоод байвал үүнийг хэлэх нь ч бий.

Both lines are about the normal consequences of life. It might be said to people who are complaining or surprised by the ups and downs of life. Or, it might be said about the person or event that is slowing me down when I am in a hurry.

#331 —*frequently used*

Даахгүй нохой
Булуу цуглуулах (хураах)

Dog who cannot chew
Collects bones

Энэ нь өөрөө мэрж барахааргүй их яс цуглуулж, хураасан нохойг хэлж байна. Энэ үг нь ямар ч хэрэгцээгүй зүйлсийг их хэмжээгээр цуглуулдаг хүмүүст хамаатай.

This dog is unable to chew all the bones he has collected. This can be used for people who keep too many things they no longer use.

#332   —often used

Давааны цаана
Даваа буй

Уул даваа давах нь хэцүү. Энэ үг хүмүүст ямар нэг хэцүү зүйлийн ард гарсан ч асуудал үүгээр дуусахгүй, бэрхшээл дахин тулгарах болно гэдгийг сануулсан утгатай.

After a mountain pass
There is another pass

Going up and over a mountain pass is hard work. This might be used to remind us that even though one problem has been solved, another one will usually appear.

#333   —often used

Даварсаар даварсаар
Да ламын ширээнд

Энэ нь дээшээ ахин ахисаар цагаасаа эрт том тушаалд хүрч буй ламыг хэлж байна. Энэ үгээр хичнээн ихийг хүлээж авсан ч ханаж цадахаа мэддэггүй хүмүүсийг дүрсэлдэг. Тэд үргэлж илүү ихэд санаархавч ихэнхдээ өөрсдөд нь тэр чинээний чадал, чадвар байдаггүй ажээ.

By going too far, by going too far
Until the table of *Da Lama*

The second line refers to a young *lama* who works his way up and gets to the high table, but he is not yet ready. This can be used to refer to people who never have enough no matter how much is given to them. These people are always trying to get more or advance higher, even though they may not be able to handle what they achieve.

#334   —regularly used

Даварсаар даварсаар
Дагвын орон дээр

Дагва бол элбэг тохиолддог эрэгтэй хүний нэр. Монгол гэрийн зай багтаамжнаас шалтгаалж нэг гэрт хамгийн олон гэхэд хоёр юм уу, гурван ор л багтдаг бөгөөд ихэвчлэн эцэг эхчүүд, хөгшчүүд тэр орон дээр унтана. Харин зочид болон хүүхдүүд газар унтдаг байна. Тиймээс, зочны хувьд хэн нэгний орон дээр очно гэдэг бол хэтэрхий даварч байгаа хэрэг юм. Энэ үгээр ёс журамгүй бөгөөд үргэлж аливаа зүйлийн хэм хэмжээг хэтрүүлж байдаг хүнийг хэлнэ.

By going too far, by going too far
On *Dagva's* bed

Dagva is just a common man's name. Because of the limited space in a *ger*, there are only 2 or 3 beds. The beds are normally for the parents or elderly. Guests or children sleep on the floor. Getting into somebody's bed is going too far. This can be used for someone who is insolent and oversteps boundaries.

#335   —frequently used

Давахгүй гэсэн даваагаар гурав давна
Уулзахгүй гэсэн хүнтэй гурав уулзана

Энэ үг нь хэрэв хэн нэгэн хүн хэцүү бэрх асуудлыг даван туулах гэж байгаа бол цөхрөлтгүй хичээх хэрэгтэй гэсэн утгыг илэрхийлж байна. Бид цагаа тулвал чадахгүй гэсэн зүйлээ ч чадах болно хэмээн урам өгсөн утгыг агуулна. Зарим хүн тааралдах дургүй хүнтэйгээ таара-

You said you will not go over a high mountain, but you will go over it three times
You said you will not meet with a person, but you will meet with him three times

It can be used in a situation where a person who needs to overcome difficulties just needs to keep on trying. It is for encourage-

хаар үүнийг хэрэглэдэг. Харин зарим хүн хүсээгүй байхад хүнд зүйл учрахад энэ үгийг хэрэглэдэг.

ment to remind us that we can do things we thought we could not do. Some might use it when referring to people they do not like to meet. Others might use it when referring to bad things that happen to us even though we do not want them to occur.

#336 —often used

Давс шорвог ч
Идээний амтанд тустай
Үнэн үг хатуу ч
Хэтийн явдалд тустай

Even though salt is bitter
It adds flavor to food
Even though true words are harsh
They are good for the future

Давс өөрөө гашуун ч хоолонд амт оруулдаг. Үүний нэгэн адилаар үнэн шударга үг тухайн нөхцөл байдлаас шалтгаалан таагүй сонсогдох үе байдаг ч, цагийг нь олж хэлбэл нөхцөл байдлыг дээрдүүлдэг.

Salt does not taste good by itself, but it adds flavor to food. In the same way, true words can sound harsh by themselves, but when spoken at the right time, they can improve a situation.

#337 —often used

Дайнаасаа
Дажин нь

War is better
Than internal strife

Дайн самуун ямар хор уршигтай болохыг хүмүүс бэлхнээ мэдэх билээ. Гэвч дотоод зөрчил тэмцэл нь дайнаас ч илүү хор хөнөөлтэй байж мэднэ. Энэ нь дотоод зөрчил хурцадмал байдалд хүрсэн үед асуудлыг эв зүйгээр шийдэх хэрэгтэй гэсэн сануулга юм.

People understand how devastating a war can be. This can be used as a commentary on a situation where internal strife is present to remind people that what is happening can be more destructive than war.

#338 —often used

Дайны хажуугаар дажин
Боохойн хажуугаар хэрээ

Besides the war, pillage
Besides the wolf, a crow

Дайн самууны хор уршиг хэмжээлшгүй гэдэг нь нэгэнт тодорхой билээ. Харин дайны хажуугаар дээрэм тонуул явагдвал байдал бүр дордоно. Чоно бол хонин сүргийн хамгийн заналт дайсан бөгөөд социализмын үед олон чоно агнасан малчин шагнал хүртдэг байв. Чоно хонины хотонд орохдоо нэгийг барьж иддэггүй, олон хонь уруу үсчин сэглэж орхидог аж. Харин хэрээ бол сэг зулгаадаг шувуу бөгөөд хоёр дахь мөрөнд хэрээг нэмж оруулснаар нөхцөл байдал улам дордохыг илэрхийлж байна.

The destruction of war is bad enough, but when the enemy pillages the country as well it is even worse. The wolf is the most numerous and dangerous enemy of sheep. During the communist times, the shepherd who killed the most wolves received an award. When the wolf attacks the sheep, it does not kill only one and eat it, but instead it goes after many and leaves them severely injured or dead. The crow will scavange on a dead animal, so by adding a crow to the line, it means that a situation that was bad has now gotten worse.

#339 —frequently used

Дайран дээр нь
Давс нэмэх

On wound
Add salt

Шархандаа давс хүргэвэл улам илүү хорсож өвдөх нь тодорхой. Энэ нь нэгэнт үүсээд байгаа хэцүү нөхцөл байдлыг хэн нэгний үг эсвэл үйлдэл нь улам дордуулахыг хэлж байна.

Adding salt will make the wound more painful. This can be used when someone says something or something happens that makes a bad situation worse.

#340 —occasionally used

Дайсны дэргэд амрагаа бүү магт
Амрагийн дэргэд дайснаа бүү нуу

When you are close to your enemy do not boast about your lover
When you are close to your lover do not hide your enemy

Амрагийнхаа тухай ярина гэдэг бол хувийнхаа амьдралыг бусдад дэлгэж байна гэсэн үг. Амрагтаа дайсныхаа талаар ярина гэдэг нь гэр бүлийнхнээсээ аливаа асуудлыг үл нууна гэсэн үг. Монголчуудын дунд найз нөхдөдөө хувийн асуудлаа ярих тохиолдол байх боловч энэ үгний эхний мөрний өгүүлэх утга санаа Монголчуудын ухааны угт оршин байдаг учир тийм тохиолдолд яриаг нь сонсож буй этгээд нэг их зөвлөж зааварлах гээд байдаггүй. Гэр бүлийн дотор үүссэн асуудал нь гэр бүлийнхээ хүрээнд үлдэж, тэр хүрээн дотроо л шийдэгдэх ёстой гэж үздэг. Гэвч хоёр дахь мөрний утга санаа амьдрал дээр тийм ч их хэрэгждэггүй байна. Эхнэр нөхрүүд хоёр биеэсээ юм нуужявах нь элбэг тохиолддог үзэгдэл бөгөөд ихэвчлэн эхнэр нь хамгийн сайн эмэгтэй найздаа, нөхөр нь хамгийн сайн эрэгтэй найздаа бүх зүйлээ ярьдаг байна. Энэ хүмүүсийн хооронд нууц гэж байхгүй.

To boast about your lover means to speak about private matters outside the home. To not hide your enemy means to not keep secrets from your husband or wife. Even though Mongolians will share with their friends about problems in their homes, there is almost no counseling profession because of the mindset behind the first line. Problems in the home are to stay there and be solved there. The second line is typically not followed. It is very common for husbands and wives to keep secrets from their spouses. Typically a wife's best friend is her closest female friend and a man's best friend is his closest male friend. It is with these people that there are normally no secrets.

#341 —occasionally used

Дайтаагүй байхад баатар олон
Дархлаагүй байхад мужаан олон

When there is no war there are many heroes
When there is no woodwork there are many carpenters

Дайн болоогүй байхад өөрийн эр чадлаар бардамнаж, онгирох хүн олон байна. Учир нь тэд үнэн хэрэг дээрээ тийм эсэхээ батлан харуулах шаардлагагүй гэдгээ мэдэж байгаа. Үүний нэгэн адил, мужааны ажил байхгүй үед би ч сайн мужаан, чи ч мундаг мужаан хэмээн сайрхах нөхөд олон. Энэ нь ерөнхийдөө жинхэнэ чадлаа харуулж шалгуулах зүйл

When there isn't a war, people can brag about how brave they would be, knowing that they will not have to prove it. In the same way, when there is no woodwork to be done, people can brag about how skilled they are, knowing that they will not have to prove it. This can be used for people who

гарахгүй гэдгийг мэдсэний үндсэн дээр биеэ магтдаг хүмүүсийг хэлж байна.

brag about what they can do when there is no opportunity to test their claims.

#342 —occasionally used

Дал мөлжвөл
Нагац хоосордог

If you gnaw shoulder blade
Mother's relatives will become poor

Дал мөлжинө гэдэг нь хэнтэй ч хуваалгүй ганцаараа идэх гэсэн санааг илэрхийлж байна. Монголчуудын дунд далыг (уламжлалт баяр болох цагаан сараар ширээн дээр тавьдаг зоог) ганцаараа идсэн хүний төрөл төрөгсөд хоосордог гэсэн яриа байдаг. Энэхүү үг нь ерөнхийдөө хүн хоол хүнсээ бусадтайгаа хуваалж байх хэрэгтэй гэсэн утгатай юм. Мөн нөгөөтэйгүүр хамт хоол иднэ гэдэг нь тухайн хүмүүстэй нэг бүлэг болж байна гэсэн үг бөгөөд, эндээс хүмүүс эв нэгдэлтэй байх хэрэгтэй гэсэн утга ч цухалзаж байна.

To gnaw means to eat alone and not share. There is a Mongolian superstition that if a person eats sheep's back (the traditional meat served on *Tsagaan Tsar*) alone, his relatives will be poor. This might be used to encourage people to share food. Also, when you eat with others, you are a part of a group. In this sense it might be used to encourage unity.

#343 —often used

Далай амар бол
Загас амар
Нуур амар бол
Нугас амар

If the ocean is calm
Fish are calm
If the lake is calm
Duck is calm

Энэ үг нь ердөө амьдралын талаар хэлсэн үг юм. Даян дэлхий энх тайван байснаар бид сайхан амьдрах боломжтой болдог билээ.

This can be used as a commentary on life. If life is peaceful we can all live well and have nice lives.

#344 —often used

Далай усаар ханадаггүй
Мэргэд номоор ханадаггүй

There is not enough water for the ocean
There are not enough books for a wise man

Далайд цутган нийлэх ус хязгааргүй мэт үргэлжлэвч, далай халин бялхдаггүйн адил, номтой мэргэн хүн хичнээн ихийг сурч мэдсэн ч, түүндээ сэтгэл ханадаггүй гэсэн утга. Хүмүүсийг сурч боловсроход нь сэтгэлийн дэм, урам өгөх зорилготой үг.

Just as the amount of water that can flow into the ocean seems unlimited, the amount of knowledge that can flow into the wise person seems unlimited. It can be used to encourage someone to continue learning.

#345 —regularly used

Далайг бүү янд
Эрийг бүү бас

Do not measure the sea
Do not look down on a man

Далайн усны хэмжээг яг нарийн хэмжиж тогтоох нь боломжгүй зүйл билээ. Үүний нэгэн адил, бид өөрөөсөө бусад

It is understood that it is impossible to accurately measure the amount of water in the sea. In the same way, we cannot ac-

хүнийг бүрэн дүүрэн мэддэггүй. Хүн ядуу, сул дорой харагдавч, үнэн хэрэг дээрээ тийм биш байж ч болно. Тиймээс ямар ч хүнийг басч болохгүй. Энэ үгийг бусдыг басамжлан доромжилж буй хүнд хэлж болно.

curately measure another person. They may look weak or poor, but in reality they may not be. So, we should not judge them. This can be used when someone is looking down on another person.

#346 —*frequently used*
Далайд дусал нэмэр

Тоо томшгүй олон дусал нийлж их далайг бүрдүүлж байдаг билээ. Үүний нэгэн адил хүн бүрийн өчүүхэн төдий ч гэсэн хувь нэмэр аливаа агуу том зүйлийг бүтээхэд тус дэм болдог. Энэ үг нь өөрийн хийж буй зүйлээ тийм ч чухалд тооцохгүй байгаа хүмүүсийг урамшуулах зорилготой.

One drop helps the ocean

Just as every drop helps the ocean get bigger, our contribution to a large project is important even if our part is small. This might be used to encourage people who feel what they are doing is unimportant.

#347 —*regularly used*
Далайд усч
Дайнд баатар

Заримдаа энэ үгийн хоёр мөр байр нь солигдож хэлэгдэх нь бий. Эдгээр мөрүүд тодорхой нөхцөлд ямар нэг зүйлд сайн байхыг илэрхийлж байна. Энэ нь хүмүүсийг өөрийн сул талаа үргэлж бодоод байлгүй, ямар ч нөхцөлд өөрийн хүчирхэг, давуу талаа санаж байх хэрэгтэй хэмээн урамшуулсан утгатай. Ингэснээрээ тухайн хүн ямар ч байдалд орсон сэтгэлээр унахгүй байж болно.

In the sea, a swimmer
In a war, a hero

Sometimes these lines are said in reverse order. Both lines are about being good at something in a particular area. This might be said to encourage people not to focus on their weaknesses, but to always remember their strengths. By doing this, they should not get discouraged when trying to do something that is not one of their strengths.

#348 —*often used*
Далайлт нь их ч
Буулт нь зөөлөн

Энэ үг нь нэг их сүртэй юм болох гэж байгаа мэт харагдавч, үнэн хэрэг дээрээ шалтай зүйл болохгүй өнгөрөхийг хэлж байна. Хэн нэгэн хүн өөр хүнийг сүрдүүлэн, булайг чинь дэлгэнэ гэх зэргээр айлгаж байгаад үнэн хэрэг дээрээ зүгээр өнгөрөх тохиолдолд энэ үгийг хэрэглэх нь бий.

The stroke looks big
Hit is soft

This says that what will happen looks like it will be difficult, but when it actually happens it is not. This can be used when someone threatens another or says that he will report him, but in the end does nothing.

#349 —regularly used
Далайсан газар далд орж
Далласан газар ил гарч бай

Зарим эцэг эхчүүд энэ үгээр хүүхдүүддээ аюул ослоос зайлсхийх талаар сургах тохиолдол бий. Жишээлбэл ямар нэгэн аюул заналхийлсэн үед хүүхдэдээ далд орж нуугдахыг зөвлөж, харин хэн нэгэн гараад ир хэмээн дуудах үед буюу аюулгүй болсон үед ил гарч ирэхийг хэлж байна. Зарим хүн хүнд дурласан залуу хүн татгалзсан хариу авсан бол энэ үгээр тэр залуу хүнийг хэлэх нь бий. Дараа нь гуйлгаж буй хүн нь хэзээ нэгэн цагт тэр хүнийг дуудахад дурлалдаа шатсан нөгөөх нь гараад л ирнэ. Бүтэлгүй дурласан хүн энэ үгийг би үргэлж чамайг гэсээр байх болно гэсэн утгаар харилцагчдаа хэлж болно. Заримдаа дээд тушаалын хүний зан авирын өөрчлөлттэй холбон энэ үгийг хэрэглэнэ. Тухайлбал, доод албан тушаалын хүн нь даргынхаа уурлах тоолонд болгоомжлон холдож, сайхан аашлангуут нь эргээд ойртох жишээтэй. Зарим хүн урд нь тусалж байсан хүнээсээ дахин тусламж гуйхад энэ үгийг хэрэглэдэг.

When you are threatened, cover yourself
When you are waved, come out

Some people use this as advice from parents to children on being safe. When they are threatened they should cover themselves or hide and when it is safe (someone waves to them to come forward) they can come out. Other people use it when a young person falls in love, but is rejected. Later the rejector calls and wants the one who fell in love to come back. The rejected lover would say this indicating that he or she will return. Other people use it in a work situation where the mood of the boss vacillates. When the boss is unhappy, the worker stays away and only comes near when the boss' mood is good. Some might use it when speaking to people who helped previously to ask them to help again.

#350 —frequently used
Далыг далуулаа

Монголчуудын дунд далыг (уламжлалт баяр болох цагаан сараар ширээн дээр тавьдаг зоог) ганцаараа идсэн хүний төрөл төрөгсөд хоосордог гэсэн яриа байдаг. Энэ үг нь ерөнхийдөө хүн хоол хүнсээ бусадтайгаа хуваах байх хэрэгтэй гэсэн утгатай юм. Мөн нөгөөтэйгүүр хамт хоол иднэ гэдэг нь тухайн хүмүүстэй нэг бүлэг болж байна гэсэн үг бөгөөд, эндээс хүмүүс эв нэгдэлтэй байх хэрэгтэй гэсэн утга ч цухалзаж байна.

Share the shoulder blade with seventy people

There is a Mongolian superstition that if a person eats sheep's back (the traditional meat served on *Tsagaan Tsar*) alone, his relatives will be poor. This might be used to encourage people to share food. Also, when you eat with others, you are a part of a group. This might be used to encourage unity.

#351 —often used
Дамар нь дуугарвал
Хонх нь таг
Хонх нь дуугарвал
Дамар нь таг
Хоёул дуугарвал
Лам нь таг

If the *damar* makes a noise
The bell is silent
If the bell makes noise
The *damar* is silent
If both make noise
The *lama* is silent

Дамар гэдэг нь лам нарын хэрэглэдэг

The *damar* is a hand drum used by *lamas*.

жижиг хэмжээтэй бөмбөр юм. Лам нар мөн хонх хэрэглэдэг. Дамар, хонх, лам гурав зэрэг дуугарах ёстой. Ямар нэг юм хийх гэтэл хэн нэг нь ирээгүй юм уу, эсвэл ямар нэг юм дутсанаас болж хийх гэж байсан зүйл нь бүтэлгүйтсэн үед тухайн зүйлийг хийх гэж байсан бүлэг хүмүүсийн хэн нэг нь үүнийг хэлдэг. Зарим хүн үүнийг хоёр хүн байсан ч аль аль нь юу ч хэлэхгүй байх үед хэрэглэдэг. #1160-г үз.

The bell is also used by *lamas*. The *damar*, bell and *lama* should all be heard at the same time. This can be said when you are trying to do something and one thing or one person is missing, so the project cannot be done. A person in the group will say this. Other people use it when two people get together, but both are quiet. See #1160.

#352 —*occasionally used*

Дамын үг далан худалтай
Зуурын үг зуун худалтай

Эхний мөр нь нутаг нугын хов живний талаар, хоёр дэхь мөр нь алс холын хов живний талаар өгүүлж байна. Энэ нь хүмүүст хов жив ярих, эсвэл хов жив сонсож болохгүйг анхааруулсан үг юм.

There are seventy lies in words from others
There are a hundred lies in words from the countryside

The first line refers to gossip within the local area. The second line refers to gossip from far away. This can be used to warn someone not to gossip or to listen to gossip.

#353 —*frequently used*

Даравч дардайна
Булавч бултайна

Энэ нь бид өөрсдийн муу зан араншин, зан чанарыг хичнээн их нуухыг оролдсон ч яваандаа хүн бүхэнд мэдэгддэг гэдгийг сануулж байна. Зарим хүн муу зүйл хийж байгаа хүнийг хараад баригдах болно гэдгийг нь сануулж энэ үгийг хэрэглэдэг.

It puffs up even though you put it down
It comes out even though you cover it

This is a reminder that behavior or character flaws we try to hide will eventually become known no matter how hard we try. Some might use it when referring to people who have done wrong, warning that their bad behavior will be found out.

#354 —*regularly used*

Дарин дээр
Давс үрэх (асгах)

Дарин дээр давс нэмэхэд улам их дуу чимээ гаргана. Зарим хүн энэ үгийг хэн нэгэн уурталь хүнтэй харилцаж байх нөхцөлд хамааруулан хэрэглэнэ. Хэн нэгнийг уурласны нь хариуд уурлавал нөхцөл байдал улам л дордоно. Ялангуяа эцэг эхчүүд болон дотно найз нөхдийн хоорондын маргаанд энэ нь хамаатай. Харин зарим хүн энэ үгээр жижиг зүйлээс эхэлсэн маргаан яван явсаар их хэрүүл болохыг хэлдэг.

On gun powder
Add (pour) salt

Adding salt will make it noisier. Some people use this in a situation where they are dealing with an angry person. If they return the other's anger with anger, the situation will only get worse. This is especially used for relationships with parents or close friends. Other people use it in reference to a situation where a problem started small, but now it is big.

#355 —often used

Даруулгагүй өссөн хүүхэд
Хазааргүй морь адил

Child raised without discipline
Like a horse without a bridle

Хүүхдийн зан ааш, төлөвшлийн тал дээр анхааруулсан утгатай үг. Хазааргүй морийг удирдан залах боломжгүй нь тодорхой билээ. Үүнтэй адил даруулга, сахилга батгүй өссөн хүүхэд хэт дураараа, үгэнд ордоггүй хүн болно.

This can be used as a commentary on the behavior of a child. It is recognized that a horse without a bridle cannot be controlled. In the same way, children who have not been disciplined are unruly.

#356 —regularly used

Дархан хүн
Бурхан ухаантай

A jeweler
Has the wisdom of a god

Дархан хүн алт мөнгөн шүтээн их бүтээдэг. Монголчууд дарханы ур чадварыг үнэхээр бишрич, дархан хүнийг ердийн хүнээс илүү ухаантайд тооцдог. Бидний мэддэгээс илүү ихийг мэддэг хүнээс бид бүх талаараа суралцах ёстой. Ямар ч хүнд нөхцөл байдалд гарах арга зам бий хэмээн хэн нэгнийг урамшуулахад хэрэглэж болно. Бид тэрхүү арга замыг мэддэг хүнийг дагах хэрэгтэй.

This jeweler makes gold and silver idols used for worship. Mongolians have a lot of admiration for people with these skills. They are considered smarter than the average person. We need to learn from people who know more than we do in all areas. This can be used as encouragement to someone that there is a way out of a difficult situation. All we need is the right way from one who knows.

#357 —frequently used

Дассан газрын
Даавуу зөөлөн

The place you know
Sheets are soft

Үүнийг бидний амьдардаг тав тухтай орчин, хийж дассан зүйлсийн талаар өгүүлэхдээ ашигладаг.

This can be used as a commentary on our lives in that we are most comfortable with the places and things we know.

#358 —occasionally used

Дахан доор эр
Даахин доор хүлэг

Man under a fur coat
Horse under hair

Энд гарч буй дах гэдэг үг нь дээлэн дээр давхарлаж өмсдөг гадуур хувцсыг хэлж байгаа юм. Малчид цасан шуургатай, идэр есийн хүйтэнд хонь малаа хариулж байхдаа дах өмсдөг. Хоёр дахь мөр нь даахинд баригдсан даага удалгүй хүлэг морь болон өсдөг тухай хэлж байна. Даахь ихтэй даага инээдтэй харагддаг шиг, насанд хүрсэн хүнд дах нөмөрсөн хүү ч инээдтэй харагдана. Гэвч энэ хоёрын аль аль нь удалгүй өсөж том болно. Биэр жижиг хүүг хараад удахгүй өсөж том болно гэдгийг хэлэхийн тулд энэ зүйр үгийг хэрэглэдэг.

The fur coat here is clothing that is worn outside a *deel*. It has been made from animal skin. People wear it in extreme cold weather, like in a snow storm when tending their cattle. The second line refers to a young horse that will someday grow big and have lots of hair. Just as a young horse would look ridiculous with the amount of hair a full-grown horse has, a little boy would look silly in a big, heavy fur coat. But in both cases, they will eventually grow up. It might be used when referring to a small boy who may look small now, but eventually will grow up.

#359 —*frequently used*
Долоо хэмжиж
Нэг огтол

Ямар нэг юм хийх гэж байгаа бол сайн бэлтгэсний дараа эхлэхээсээ өмнө сайтар тунгаах хэрэгтэйг сануулах үед энэ үгийг хэрэглэдэг. Нэгэнт хийж эх-лүүлсэн зүйлдээ анхааралтай хандаж, няхуур хийх хэрэгтэй.

Measure seven times
Cut once

This can be used as a reminder that when you want to do something you should think carefully for a while before starting in order to be properly prepared. Once the work has started, you should be careful and attentive to what you are doing.

#360 —*occasionally used*
Долоон булчирхай
Найман найлзуурхайгаа

Долоон булчирхай нь хүний биед, най-ман найлзуурхай нь амьтны биед байдаг зүйл. Хүний биеийн доторхыг харахын тулд нээх хэрэгтэй болно. Хүнд өөрийн бүх нууцыг дэлгэж, нууж хаалгүй ярих-даа энэ үгийг хэрэглэж болно.

Seven glands
Eight *nailzoorhaigaa*

The seven glands refer to things inside the human body and the eight *nailzoorhaigaa* refer to things inside an animal's body. The body needs to be opened up in order to see them. This might be used to tell people to open up to others so there are no secrets.

#361 —*occasionally used*
Доль үзсэн догь толгой
Хал үзсэн хашир толгой

Зовлон их амссан хүн амьдралын арвин туршлагатай болдгийг хүн бүр мэддэг. Энэ хоёр мөр хоёулаа хүний худал үг, заль мэхэнд хууртдаггүй хүний талаар өгүүлж байна. Тэд амьдралын үндсэн зүйлсэд сайтар суралцсан учир заль мэ-хийг хэрхэн давж гарахаа сайн мэддэг.

The one with an experienced head saw hardship
The one with a worldly-wise head suffered hardship

It is understood that a person who has experienced a lot has seen a lot of suffering. Both lines refer to people who are not deceived by lies or flattery. They have learned the basics of life and know how to handle adversity.

#362 —*occasionally used*
Доод хүнд мэдэлгүй
Доголон моринд жороогүй

Доголон морь жороолж чаддаггүй. Үүн-тэй адил ядуу хүнд ямар нэг шийдвэр гаргах эрх мэдэл байдаггүй. Ядуу хүн юм уу эсвэл ядуу гэр бүл санхүүгийн бэрхшээлийн улмаас ямар нэг сонголт хийх боломжгүй байдгийг илэрхийлэ-хийн тулд энэ үгийг хэрэглэж болно.

A low person does not have authority
A limp horse does not amble

It is understood that a limp horse does amble. In the same way, a poor person has no authority to decide anything. It may be used when referring to a poor person or family who are unable to make choices because they do not have the means.

#363 —regularly used
Дороо суурьтай
Дотроо бодолтой

Иймэрхүү хүмүүс сайтар бэлтгэхийн тулд үргэлж холыг хардаг. Ухаалаг, дотроо бодолтой хүнийг илэрхийлэхийн тулд, эсвэл хэн нэг хүн төлөвлөгөө гаргаад хүрч ирэхэд нь урамшуулахын тулд хэрэглэж болно. Тэднийг сайтар тунгаан бодуулахын тулд урамшуулах хэрэгтэй.

Be well-founded under
Be thoughtful inside

These people always look ahead in order to prepare properly. This might be used to describe someone who is wise and thoughtful or to encourage people who have come to us with a plan and we need to encourage them to think first.

#364 —frequently used
Доошоо газар хатуу
Дээшээ тэнгэр хол

Хүнд хэцүү цагт энэ үгийг их хэрэглэдэг. Хүнийг доошоо харахад хатуу газар л харагддаг. Хүн дээш харвал тэртээ хол байгаа тэнгэр л харагдана. Хүнд бэрх цагийг хүн туулж байхдаа өөрт нь туслах хүн огт байхгүй мэт санагдах тэр үед энэ үгийг хэлдэг. #247-г үз.

Downward, the ground is hard
Upward, the sky is far

This can be used in a difficult situation. When the person looks down, all that is seen is hard ground. When the person looks up, all that is seen is sky that is far away. This can be said when someone is in a difficult situation and there seems to be no where to go for help. See #247.

#365 —often used
Дөргүй бух
Дөрөөгүй янгирцаг шиг

Хэрвээ бух дөргүй бол малчин хүн түүнийг хүсээгүй газар уруу нь хүчлэн явуулах боломжгүй юм. Мөн дөрөөгүй эмээл дээр мордсон хүн морийг хүсээгүй газраар нь явуулахад бэрх байх болно. Дөргүй бухаар зөрүүд хүнийг зүйрлүүлдэг. Ямар нэг юмыг яаж хийхээ мэддэггүй ч өөрийнхөө бодсон буруу аргаар хийх гэж зөрүүдлэн зүтгэдэг хүнийг дүрслэхийн тулд энэ үгийг ашигладаг. Мөн хүмүүст удирдагч заавал хэрэгтэй байдгийг сануулах үүднээс ч хэлж болно. Эхний мөрийг ихэвчлэн тусад нь хэрэглэдэг.

Like a bull without a nose peg
Like a saddle without stirrups

It is understood that without a nose peg, a herder has a very difficult time trying to force his bull to go where it does not want to go. Also a rider with a saddle, but without stirrups, has a very difficult time trying to get his horse to go where it does not want to go. The word for nose peg can also mean rigid. This proverb can be used to describe stubborn people who do not know how to do something, but insist on using their non-standard method anyway. Or, it can be used to remind people of the importance of having leaders. The first line of this proverb is often used alone.

#366 —occasionally used
Дөрөө урт ч
Газарт хүрэхгүй

Хүний хүсэл мөрөөдөл өөрийнх нь чадвараас хэт хальсан үед энэ үгийг хэрэглэдэг.

Even though the stirrup is long
It does not touch the ground

This can be used when people have desires that are beyond their ability to reach.

#367 —occasionally used

Дөрөө хэдий урт ч газарт хүрэхгүй
Дүү хэдий сайн ч ахад хүрэхгүй

Энэ үг хэдийгээр дүү нар ах нараасаа илүү сайн явлаа ч ахын байр суурь илүү чухал тул түүний үгийг сонсож, хүндлэх хэрэгтэйг сануулж байна.

Even if the stirrups are long, they never touch the ground
Even if younger brother is good, he cannot be as good as his older brother

This can be used as a reminder to younger siblings that no matter how good they are, the oldest brother is still the most important and the one they should listen to and respect.

#368 —often used

Дөтийг харж
Дөрөв хонох

Хүн явах ёстой замаараа явалгүй, дөт зам сонгосон ч тэр нь илүү тойруу зам байх тохиолдолд энэ үгийг ашигладаг. Мөн ямар нэг ажлыг хийхдээ хэт их яарснаас болж хялбар аргыг сонгосон хэдий ч анхныхаасаа илүү удаан хийдэг яаруу хүнийг дүрслэхдээ ашигладаг.

You will have four nights
Taking a shortcut

This proverb says that the shortcut taken to get to a destination turned out to take much longer than if the person had stayed on the original path. This can be used to describe someone who has hurried too much in his work and has cut corners and now the project will take longer than if he had done it properly the first time.

#369 —often used

Дөч хүрсэн эр
Дөрөөвч дарсан ат

Тэмээг дөрвөн нас хүрэхэд нь нас бие гүйцсэн гэж тооцдог. Тэмээ нэгэнт том биетэй, хүчтэй болсон тул биеийнх нь хэмжээнээс шалтгаалан дөрөөвчийг чанга уядаг байна. Үүний нэгэн адил 40 хүрсэн эр хүнийг туршлага суусан, жинхэнэ эр хүн гэж үздэг. 40 хүрсэн хүнийг жинхэнэ эр хүн боллоо, мөн 40 хүрээгүй хүнийг арай болоогүй байна гэж хэлэхдээ энэ зүйр үгийг ашигладаг.

A man reached forty years
A four-year old camel pressed saddle tie

It is understood that when a camel is 4 years old it is considered mature. It is big and strong and the saddle tie is tight because of the camel's size. In the same way, a man is considered experienced and mature when he has reached forty years old. This can be used when referring to a man who is now mature or to one who is not yet forty and therefore not fully mature.

#370 —often used

Дөч хүрээд дөнгөж амс
Тавь хүрээд тавьж уу
Жар хүрээд жаргаж уу

Хэзээнээс эхэлж архи уух болохыг энэ үгээр хэлдэг. Гэхдээ энэ зөвлөгөөг хүмүүс дагадаггүй. Хүмүүс архи уухдаа хэтрүүлж, согттолоо уух нь элбэг.

Just taste when you reach forty
Just sip when you reach fifty
Just drink for pleasure when you reach sixty

This can be used as advice on when to start drinking alcohol. This advice does not seem to be followed. It is common that when people drink alcohol, they drink until they are drunk.

#371 —often used

Дундуур дундуур гэсээр
Долоо нэмүүлэх (долоон дундуур)

Энэ үг нь үлгэр домгоос гаралтай. Нэгэн бадарчин тэнүүчилж яваад айлд оржээ. Гэрийн эзэгтэй түүнд хоол хийж өгөхдөө маш их цагаан зүйл хийхийг тэр харжээ. Тэрээр давс хийчихлээ хэмээн бодож. Хоол болсны дараа гэрийн эзэгтэйг аягалах гэтэл тэр хоолыг их гашуун гэж бодсон бадарчин дундуур хийгээрэй гэж гэнэ. Ингээд хоолноос амсаж үзтэл үнэхээр амттай байсан тул дахиад нэмүүлжээ. Гэвч эхлээд дундуур гэж нэрэлхсэндээ хэлж, харин идэхийг хүссэндээ дахин дахин дундуур хийлгэжээ. Зочин ирээд их хоол идэх үед энэ үгийг хэрэглэж болдог. Нэрэлхүү зантай зочин айлд очоод энэ үгийг хэрэглэж хоол их амттай байсан тул их идлээ гэж хэлдэг байна.

Saying half half
Served seven times

This comes from a folktale. A wandering *lama* stopped at a home and a woman who cooked for him used many white things in cooking, and he thought it was salt. When the food was ready, she tried to serve him, but he only wanted a little because he thought it would be salty. However when he tasted it, it was so good he asked for more. Since he had only asked for a little the first time, he could only ask for a little each time. This can be used when a visitor comes and eats too much. Being shy, the visitor then responds with this proverb to explain that he ate so much because the food was so good.

#372 —often used

Дундуураа дүүргэж
Дутуугаа гүйцээх

Хүмүүс энэ үгийг ямар нэг юмаар дутагдсан учраас найз нөхрөөсөө хуваалцахыг хүссэн үедээ хэлдэг. Мөн ямар нэг ажил эхлүүлсэн хүнийг ажлаа дуустал нь хийх хэрэгтэйг сануулахын тулд бас ашигладаг. Зарим хүн үүнийг амьдрал хэцүү ч гэсэн хичээсээр байгаа хүнд хандан хэлдэг.

Fill up the half
Complete what is lacking

Some people use this for people who are missing something that is needed, and they want a friend to share with them. Other people use it to remind others that once a project is started, they need to stay with it until it is finished. Others might use it to encourage people whose lives are difficult to continue to try.

#373 —often used

Дур биеэ голохгүй (голдоггүй)
Дунд чөмөг сүүжээ голохгүй (голдоггүй)

Дунд чөмөг сүүж хоёр холбоотой байдаг шиг бидний бие ба хүсэл холбоотой байдаг. Хүн болгонд өөр өөрийн гэсэн онцгой чанар бий. Өөрийгөө таньж ухаараагүй хүнийг энэ үгээр илэрхийлдэг. Тийм хүн юу ч хийж чадахгүй атлаа хийх гэж үргэлж оролдож байдаг. Хүсч буй зүйлээ хийх нь түүнд хамгийн чухал байдаг ажээ.

Desire <u>will not</u> (does not) reject the body
The femur <u>will not</u> (does not) reject the ilium

Just as the femur is connected to the bone marrow, our bodies are connected to our desires. Each person has his own tastes. This might be used in reference to someone who does not really know himself. He even likes to try to do the things he cannot do. What is important is what he wants to do.

#374 —frequently used

Дураараа дургиж
Дунд чөмгөөрөө жиргэх

Сайн мууг ялгалгүй хүссэн зүйлээ хийдэг хүмүүсийг энэ үгээр илэрхийлдэг. Тийм хүмүүс өөрсдийгөө хорьж дийлдэггүй. Хэрэв ямар нэг санаа төрвөл шууд л хийдэг. Тэд маш олон юмаар оролддог боловч алийг нь ч бүрэн гүйцэд хийж чаддаггүй. Эхний мөрийг нь их хэрэглэдэг.

Have your own way
Break your own thigh bone

This can be used of people who do whatever they want whether it is good or bad. They do not exercise self-control. If an idea comes into their minds, they just do it. They go in many different directions but never get anything done. This first line is most often cited by itself.

#375 —occasionally used

Дуранд зовлонгүй
Дурданд ширүүнгүй

Хоёрдугаар мөрөнд гарч буй дурдан нь нарийн энтэй торгомсог бөс юм. Торго, дурданд ямар ч хатуу ширүүн зүйл байдаггүйтэй адил чин хүсэл эрмэлзлийг зогсоох ямар ч зүйл байдаггүй. Хэрвээ бид ямар нэг юмыг дурандаа хөтлөгдөн хийвэл ямар ч зовлон бэрхшээл байдаггүй. Гэвч хэрэв бидний хийх дургүй зүйлийг хийлгэх гэж хүчилбэл бид маш олон шалтгаан тоочдог. Хүмүүс өөрсдийнхөө хийх дуртай зүйлээ хийж байхад нь, эсвэл хийх ёстой зүйлээ хийлгүйгээр өч төчнөөн учир шалтгаан тоочих үед нь энэ зүйр үгийг ашигладаг.

Desire does not have suffering
Crepe does not have coarseness

In the second line, it is understood that crepe is always smooth and never coarse. Just as there are no rough spots on silk, strong desire has no rough places that will stop it. If we like doing something, we will have no suffering doing it. But if we are asked to do something that we do not want to do, we will have many excuses. This might be used when referring to people who are doing something they really love to do or to people who have a lot of excuses for not doing what they need to do.

#376 —frequently used

Дургүй бол хүчгүй (Дургүйд хүчгүй)

Хийхийг хүсдэггүй ажлаа хийж байгаа хүнд ямар ч сонирхол (хүч) байдаггүй. Гэвч нэгэнт хийх хэрэгтэй учраас л хийдэг. Ийм үед энэ зүйр үгийг ашигладаг.

When you do not like, there is no strength

This can be used in reference to work that I do not want to do and therefore have no enthusiasm (strength) for, but it needs to be done anyway.

#377 —often used

Дургүй ламд
Дарж байж сахил хүртээх

Лам хүнийг хүчилж буй дүр зургийг илэрхийлж байна. Хүмүүсийн огт хүсэл сонирхолгүй хэдий ч хийх ёстой тул хийхээс аргагүй нөхцөл байдлыг энэ үгээр хэлдэг. Мөн хийлгэх гэж буй хүнд нь ашигтай тул ямар нэг юмыг хүчээр хийлгэх тохиолдолд энэ үгийг хэрэглэдэг.

If a *lama* does not want to take a vow
He will be coerced

This refers to a situation where a *lama* who does not want to do something is made to do it anyway. This can be used in a situation when people do not want to do something, but they must. It might also be used when a person is forced to do something he does not want to do because the result will be good for the ones forcing him.

Mongolian Proverbs

#378 —*frequently used*

Дуслыг хураавал далай
Дуулсныг хураавал эрдэм

Далайн усанд дусал ус нэмэр болдогтой адил хүний жаахан ч гэсэн сурсан зүйл түүнд мэдлэг болдог. Ухаалаг хүмүүс өөрсдийнхөө эргэн тойронд болж буй бүхнээс суралцсаар байдаг. Хүмүүсийг бага багаар ч болов суралцаж, өчүүхэн жаахан мөнгө байсан ч хадгалбал хожмын өдөр маш их мэдлэгтэй, эсвэл маш мөнгөтэй болно гэж урамшуулахын тулд энэ зүйр үгийг ашигладаг. Эхний мөрийг одоо хэрэггүй боловч хэрэв цуглуулж хуримтлуулсаар байвал ирээдүйд асар их хэрэгтэй зөвлөхдөө хэрэглэж болно. Хоёр дахь мөр нь сурсан зүйлээ мартаж болохгүйг анхааруулахдаа тусад нь хэрэглэж болно.

Ocean comes from collecting drops
Knowledge comes from collecting what you learn

Just as the ocean grows from every drop that is added, a person's knowledge grows from everything that is learned. Wise people learn from everything that happens around them. It can be used to encourage people to study or to save money in that even if they only learn or save a small amount each day, it will eventually add up. The first line can be used as advice for the importance of saving things that may not be needed now, but if they have to be replaced in the future, they will cost more. The second line can be used separately to encourage a person to not forget what has already been learned.

#379 —*regularly used*

Дуугарвал дуу нэг
Дугтарвал хүч нэг

Адил санаатай хүмүүс нэгэн зэрэг дуугардаг. Энд эвлэлдэн нэгдсэн хүмүүсийн тухай өгүүлж байна. Хүмүүсийг нэгдмэл байхыг хөхиүлэн дэмжиж, нэгдмэл бус байх нь ямар сул талтай болохыг анхааруулахын тулд энэ зүйр үгийг хэрэглэж болно.

They have one voice for shouting
They have one power for pulling

People in agreement shout together. This speaks of people who are united. This can be used to encourage people to stay united or to warn people there is weakness in disunity.

#380 —*regularly used*

Дуугүй хүний
Доодох нойтон

Өмдөө санаандгүйгээр норгочихоод бусдад мэдэгдэхгүйн тулд дуугүй чимээгүй сууж байгаа хүний талаар энд өгүүлжээ. Энэ зүйр үгийг ямар ч буруугүй мэт чимээгүй сууж байгаа хүн ч буруутай байж болохыг ажигласан үедээ хэрэглэдэг.

A quiet person
Is wet underneath

This speaks of people who are sitting quietly because they accidently wet their pants and do not want anyone to know. This can be used when people look innocent and quiet, but the observer thinks they may have schemes going through their minds.

#381 —*regularly used*

Дуудах нэрийг эцэг эх өгдөг
Дуурсах нэрийг өөрөө олдог

Амжилт бүтээл гаргаасай хэмээн урамшуулахдаа үүнийг хэрэглэдэг. Хэдийгээр эцэг эх маань бидэнд нэр заядаг ч, хэн болох вэ гэдгээ бид өөрсдөө шийддэг.

Parents will give a name for you
You will decide to make it famous

It can be used to encourage someone to be successful. Even though we get our names from our parents, we will decide who we will be.

#382 —regularly used

Дуутай тэнгэр хургүй
Цуутай хүүхэн хуримгүй

Монголд тэнгэр их дуугарсан үед бороо ордоггүй. Уг нь бороо орох мэт боловч үнэндээ бороо ордоггүй. Хоёр дахь мөрөнд гарч байгаа цуутай эмэгтэй бол үзэсгэлэнтэй, чадварлаг эмэгтэйг илэрхийлнэ. Залуу эрчүүд хамгийн түрүүнд түүнийг сонгох нь ойлгомжтой боловч амьдрал дээр тийм байдаггүй. Залуучууд түүнээс татгалзах хариу авахаас айн түүнтэй үерхэхээр ч зоригдоггүй. Өсвөр насны охидод багш сурган хүмүүжүүлэгч нар болон бусад хүмүүс ихэвчлэн царайлаг охидоос илүү даруу, дундаж охид эхлээд хуримаа хийдэг гэж зөвлөдөг. Дуу шуу ихтэй байсан ч бороо ордоггүйтэй нэгэн адил хөөрхөн эмэгтэйчүүд эхлээд гэрлэнэ гэж боддог ч тийм байдаггүй. Царай зүс сайтай, олон ажил амжуулдаг боловч өнөөг хүртэл хүн зүрхэлж гуйгаагүй тул ганц бие амьдарч байгаа бүсгүйчүүдэд энэ үгийг хэлдэг.

**The thundering sky has no rain
The well-known young woman does not get a wedding**

Typically in Mongolia, when there is thunder, it does not rain. What sounds like it should produce rain, does not. The well-known young woman in the second line is pretty and capable. She appears to be the first one the young men will want to marry, but this is not the case. Fearing rejection and shame, they are not brave enough to even try. It's common for teachers and others to tell teenage girls that it is not the outgoing or the popular girls who get married first, but the quiet, averge looking girls. Just as thunder sounds like it should produce rain, but does not, a pretty woman who looks like she should be asked to marry, is not. This might be used in reference to a woman who is pretty and doing many things, but remains single because no one she likes asks her to marry.

#383 —occasionally used

Дүлийдээ найдаж унгараг

Дүлий хүмүүс унгасан ч өөрсдийнхөө дууг сонсдогүй учир бусдыг ч бас сонсоогүй гэж боддог. Хэдийгээр хүмүүс ямар нэг юм хийчихээд би хийгээгүй гэж мэлзсэн ч бусад хүмүүс аль хэдийн тэдний буруутайг нотлочихсон үед энэ үгийг хэрэглэж болно.

If you trust your deafness there is a fart

This describes people who pass gas, but because they are deaf they cannot hear it and they assume others also cannot hear. This might be used when referring to people who deny responsibility for what they have done even though it is clear to others that they are guilty.

#384 —occasionally used

Дүнз мод ч гэсэн
Дүнтэй дантай
Дүлий хүн ч гэсэн
Аан-тай уун-тай

Хүмүүс модыг нууцаар хулгайлавч ачиж буулгах үед чимээ гардаг. Хүмүүсийн шивнээ яриаг дүлий хүн хүртэл сонсохыг хичээдэг. Хүний далдалж нуусан бүх юм илэрч, шивнэж ярьсан бүх зүйл сонстоно гэдгийг илэрхийлэхдээ үүнийг ашигладаг. Юм ярьж байхад сонсоогүй хүн "Аан? Юу гэнэ ээ?" гэх үед ч бас энэ зүйр үгийг ашиглаж болно.

**Even large logs
Make noise
Even a deaf person
Tries to hear**

Even though people try to take wood secretly, when unloading logs, there is noise. When people whisper, even the deaf try to hear. Some people use this as a reminder that everything will be revealed and every whisper heard. Other people use it when someone who does not hear well asks, "Huh? What?"

Mongolian Proverbs

#385 —occasionally used
Дүү сайн ч
Ахад хүрэхгүй

Хэдийгээр дүү нь ахаасаа илүү сайн, хүчирхэг, чухал хүн ч байсан гэсэн ахаасаа илүү дээгүүр гардаггүй гэдгийг сануулахын тулд ашигладаг.

Even though the younger brother is good
He cannot reach his older brother

This can be used as a reminder that even if the little brother is good and strong and important, he is not above his eldest brother.

#386 —frequently used
Дэм дэмэндээ
Дээс эрчиндээ

Эрчилсэн дээс эрчлээгүй дээснээс илүү бат бөх байх нь ойлгомжтой. Үүний нэгэн адил бие биедээ тусалбал бүлэг хүмүүс хүчтэй байж чадна. Бүлгийн хүмүүс бие биедээ туслахгүй байгаа тохиолдолд тэднийг хөдөлгөхийн тулд энэ үгийг ашигладаг.

Support builds each other
Twisting rope builds strength

It is understood that a twisted rope is stronger when it has not been twisted. In the same way, a group of people is stronger if they work together and help each other. It might be used in a situation where people in a group are not helping each other.

#387 —often used
Дэмий суухаар
Тэмээ хариул

Залхуу хүнийг юу ч хийлгүй дэмий сууж байхаар ямар нэг зүйл хийх хэрэгтэй гэсэн зөвлөгөө өгөхдөө энэ зүйр үгийг хэрэглэдэг.

Sitting and doing nothing
Better to herd camels

This might be used as advice for a lazy person to stop just sitting and doing nothing and to start doing something.

#388 —occasionally used
Дээгүүр зантай
Доогуур гүйдэлтэй

Зарим хүн энэ үгээр бардам хүмүүсийг дүрсэлдэг. Бардам хүмүүс хэт бардам зангаасаа болж ажил голдог. Тийм учраас ядуу амьдардаг. Өөрсдийнхөө даргыг бусдад үргэлж муугаар ярьдаг хүмүүсийг илэрхийлэхдээ ч энэ үгийг ашиглах нь бий.

A haughty person
A low running person

Some people use this to describe proud people. These people will reject work because they consider it beneath them so they live poorly because they are too proud. Other people use it in referring to people who snitch to their bosses on others.

#389 —often used
Дээд уруулд хүргэшгүй
Дэргэдэх хүнд өгөмгүй (юм)

Эхний мөрөнд гарч буй үг нь хоол үнэхээр амттай учир дээд урууландаа ч хүргэлгүй идэж, мөн бусадтай хуваалцахыг хүсэхгүй байгаа илэрхийлдэг. Зарим үлгэр домогт хоол ундны амтыг илэр-

Unreachable to the upper lip
Cannot give to the next person

The first line means that the food is so good you eat it even before it can touch your upper lip and you do not want to share. It is a literary expression often used in folktales to describe how delicious the food is. This can

хийлэхдээ ингэж хэлсэн байдаг. Зөвхөн өөрөө л идэхийг хүсмээр амттаныг дүрсэлж хэлсэн үг. Гэхдээ энэ нь хувиа хичээсэн хүнийг илэрхийлдэг үг биш юм.

be used to describe very delicious things that you wish you could keep all to yourself. This is not describing a selfish person.

#390 —regularly used

Дээд хүн суудлаа олохгүй бол
Доод хүн гүйдлээ олохгүй

Дээдэс нь суудлаа олохгүй бол
Доодос нь гүйдлээ олохгүй

Засгийн газрын гишүүд өөрсдийн хувийн ашиг сонирхлыг хэт өндөрт тавьсны улмаас маргааныг шийдвэрлэж, тодорхой зөвшилцөлд хүрч чадахгүй байгаа улс төрийн амьдралыг дүгнэж хэлэхдээ энэ зүйр үгийг ашиглаж болдог. Үүний улмаас дор буй албан тушаалтнууд нь юу ч хийх боломжгүй байдаг. Дээрээс тушаал ирээгүй бол доор ямар ч тушаал байхгүй гэсэн үг. Засгийн газрын удирдагч нар хамтран ажиллах хэрэгтэй.

If the authorities are not settled down
People in the society cannot settle down

If higher officials cannot find their places
Those under their authority will not find what to do

This might be used as a commentary on political life when government members are having arguments and cannot come to a consensus on what to do because they are more concerned with what benefits them individually. As a result those below them cannot get anything done. No order at the top means no order at the bottom. Government leaders need to work together.

#391 —occasionally used

Дээлд нэг заам байдаг
Гэрт нэг тэргүүн байдаг

Дээл бол Монголчуудын үндэсний хувцас. Дээлэнд ганцхан заам байдагтай адил гэр бүлд аав хэмээх нэг л тэргүүн байдаг. Хүүхдүүд нь аавынхаа үгэнд орохгүй байвал тэдэнд зааж сургамжлах үүднээс энэхүү зүйр үгийг хэлдэг. Мөн дээлийн энгэр заамыг ёс горимоор нь өмсдөггүй хүмүүст ч бас энэ үгийг хэлж болдог.

A *deel* has one lapel
A family has one head

A *deel* is a traditional Mongolian garment worn by men and women. The lapel is the part of the *deel* that overlaps and buttons down the front. Just as a *deel* has only one lapel to hold it together, a family has only one head, the father. This might be used when children do not respect their father and try to teach him. It might also be used reproachfully of people who do not button up their *deel* properly.

#392 —occasionally used

Дээлийг давхарлавал даарахгүй
Дээсийг эрчилбэл тасрахгүй

Өвөл цагт олон хувцас давхарлаж өмсвөл даардаггүйтэй адил олон дээсийг нэг болгсн эрчилбэл тийм ч амар тасрахгүй. Аливаа юмыг хийхдээ зөв хийж буй эсэхийг бодож үзэх хэрэгтэйг сануулахдаа энэ зүйр үгийг хэрэглэдэг.

If you put more layers on a *deel*, you are not cold
If you put more twine on a rope, it cannot be cut

It is understood that if you add more layers to your clothing in the winter, you will not get cold and if you braid a rope tightly with more twine, it will be stronger. This can be used as a caution to think about what we are doing so it will be done right.

Mongolian Proverbs

#393 —occasionally used

Дээлийн таарсан нь
Үгний цөөн нь дээр

A *deel* that fits is better
Few words are better

Монгол үндэсний хувцас дээл хэмжээ нь таарсан байвал хамгийн зохимжтой харагдана. Үүний нэгэн адил хүн олон үг урсгалгүй, цөөн хэдэн үгээр ярих нь зохимжтой.

It is understood that it is best when our *deel* (traditional Mongolian garment) fits properly. In the same way, it is best when people use the fewest words needed and do not talk too much.

#394 —often used

Дээлийн шинэ нь
Нөхрийн хуучин нь

A new one is better for a *deel*
An old one is better for a friend

Дээлийн шинэ нь дээр
Хүний хуучин нь дээр

A new *deel* is better
An old person is better

Дээлийн шинэ нь сайн
Хүний хуучин нь дээр

A new *deel* is good
An old person is better

Дээл бол Монголчуудын үндэсний хувцас. Мэдээж хэрэг хуучин дээл өмссөнөөс шинэ дээл өмсвөл илүү сайхан харагдана. Нөгөө талаас харвал хүмүүс удаан нөхөрлөсөн хүмүүстээ илүү их итгэдэг. Урт удаан хугацааны нөхөрлөлийн үр дүн, ашгийн талаар ярихдаа энэ үгийг хэрэглэж болдог.

A *deel* is a traditional Mongolian garment worn by men and women. It is understood that we will look better in a new *deel* than in an old one. On the other hand, we trust most the person we have been friends with the longest. These can be used when speaking about the value of long-term friendships.

#395 —occasionally used

Дээлээ шинэд нь
Нэрээ цэвэрт нь хайрла

Take care of your *deel* when it is new
Take care of your name while it is clean

Хүмүүс дээлээ шинэ байгаа дээр нь хайрлаж, гамтай өмсдөг. Үүний нэгэн адил хүмүүс өөрсдийнхөө сайн нэрийг хадгалж үлдэхийн тулд анхаарал болгоомжтой байж, буруу зүйлээс зайлсхийж явах хэрэгтэй гэдгийг сануулахын тулд энэ зүйр үгийг хэрэглэдэг.

It is understood that people always take good care of a new *deel*. In the same way, this can be used to remind people to be careful and avoid doing something that will cause them to lose their good name.

#396 —occasionally used

Дээрээ дэмтэй ахтай
Доороо домтой дүүтэй хүн

Person has a helpful older brother
Person has a younger sibling
    knowledgeable about folk medicine

Хэрэв ах нь дүү нартаа тустай бол дүү нар нь мэдлэг чадвар хуримтлуулах боломжтой. Тэрхүү мэдлэг чадварын жишээ нь ардын уламжлалт эмчилгээ. Ах хүний үүрэг хариуцлагыг сануулж, эрдэм мэдлэгтэй хүмүүст ахынхаа ачаар ийм мэдлэгтэй болсон юм шүү гэдгийг

If an older brother is helpful to his younger siblings, he will help them get knowledge and skills. Being knowledgeable about folk medicine is an example of what might be learned. This might be used to remind an older brother of his responsibilities or

ойлгуулахын тулд үүнийг хэрэглэж болно.

to comment on people whose knowledge came because they have a good older brother.

#397 —*occasionally used*
Дээсэн дөрөөтэй
Ноосон ногттой

A stirrup of rope
A nose peg of wool

Энэ үгийн хоёр мөр хоёулаа хэрэггүй зүйлийг илэрхийлж байна. Дөрөөг металлаар, ногтыг арьсаар хийх ёстой байдаг. Энэ үгээр итгэл даахгүй хүнийг хэлэх нь бий. Эсвэл хэн нэг хүн хүнд асуудалтай тулгараад түүнийгээ шийдэх гарц олохгүй байвал энэ үгийг хэлэх тохиолдол ч бий.

Both of these are examples of useless items. A stirrup must be made out of metal and a nose peg must be made out of leather. This might be used to refer to people who cannot be trusted. Or, people might say it when they have a very complex problem and cannot seem to find a useful solution.

#398 —*frequently used*
Ёс ёмбогор
Төр төмбөгөр

Customs are customs
Governments are governments

Энэ үг нь ёс заншил, төр улс хоёулаа хүчирхэг бөгөөд эрх мэдэлтэй байдаг тул аль алиныг нь дагах хэрэгтэй гэсэн санаа юм.

This might be used as a reminder that government and customs have power and privilege. Both need to be followed.

#399 —*occasionally used*
Ёс ёсондоо
Ёл ууландаа

The custom suits the custom
The golden eagle is on its mountain

Эхний мөр нь бидний ёс заншил бидэндээ зөв гэсэн утгатай. Ёл үргэлж уулын оройд амьдардагтай адил бид өөрсдийн ёс заншлаа дагаж мөрдөх хэрэгтэйг сануулсан зүйр үг юм.

The first line means that our customs are right for us. And just as the golden eagle is always on the mountain, it can be used as a reminder that customs and rules should be followed.

#400 —*occasionally used*
Ёс мэдэхгүй
Ёрог танихгүй

Does not know the customs
Does not know linen

Ёрог буюу хөвөн даавууг танихгүй байна гэдэг нь ёс заншлаа мэдэхгүй хүнтэй адил гэжээ. Энэ нь аливаа хүн өөрийн улс орны ёс заншлыг сайн мэдэж, чанд мөрдөх ёстой гэсэн утгатай зүйр үг юм.

To not recognize linen is as unthinkable as not knowing the customs. It can be used as a reminder that we should know and follow our customs.

Mongolian Proverbs

#401 —*regularly used*

Ёс мэдэхгүй хүнд
Ёр халдахгүй

The person who does not know the customs
Does not have trouble

Энэ зүйр үг нь мухар сүсэгтэй холбоотой ёс заншлын тухай өгүүлжээ. Мухар сүсэгтэй хүмүүст алив асуудал үүсдэг. Уламжлалт мухар сүсгийг мэдэлгүй асуудалд орсон хүмүүс энэ үгийг хэлдэг. Зарим хүмүүс ёс заншил мэддэггүй хүмүүст хандан үүнийг хэлдэг.

This proverb refers to customs that relate to superstitions. It seems that only those who care about the superstitions have problems. It can be used when someone has problems after following traditional superstition. Others might use it when referring to people who do not follow customs.

#402 —*regularly used*

Жавартай тэнгэрийн хаяа улаан
Жаргалтай эхнэрийн хацар улаан
Жалгатай газрын сухай улаан

The skyline with cold air is red
The happy wife's cheeks are red
The tamarisks in the ravine are red

Энэ бол зүйр цэцэн үг биш, хэлц юм. Үзэсгэлэнтэй, улаан өнгөтэй гурван зүйлийг илэрхийлэн хэлсэн байна.

This is a saying, not a proverb. It speaks about three things that are beautifully red.

#403 —*often used*

Жар хүрч ухаан ороод
Жаран нэгтэй үхдэг

Sense comes when people reach sixty
Then they die at sixty-one

Хүмүүсийг жаран нас хүрээд урьд өмнө хийсэн бүх зүйлээ ойлгож ухаардаг гэж ярьдаг. Тэгээд дараа нь тэд нас барна. Аливаа хүнийг хүүхэд шиг аашлах үед энэ зүйр үгийг хэлж болно. Амьдрал богино учир өсч том болж, ухаан ороосой гэсэндээ энэ зүйр үгийг хэрэглэдэг. Зарим хүн үүнийг амьдралдаа ухаарал авсан боловч хэт оройтсон хүний тухай ярихдаа хэрэглэдэг.

It is believed that when people finally reach sixty years old that they can then finally understand everything they did during their lives. And then they die. This might be said if a man is acting like a child. The goal is to get him to grow up because life is short. Others might use it when referring to people who understand about their lives, but it is too late to correct their mistakes.

#404 —*regularly used*

Жаран чавганц уралдвал нэг нь
түрүүлдэг

If 60 old women race, one will win

Энэ зүйр үгэнд эмээ нар уралдсан ч нэг нь түрүүлдэг тухай өгүүлжээ. Аливаа хүнийг хийж байгаа зүйлдээ тууштай байхыг сануулж, урам өгөхдөө энэ зүйр үгийг хэрэглэж болдог.

This says that even in a race among old women, there will be a winner. This might be used to encourage someone to persevere in what they are doing.

#405 —regularly used
Жаргал даахгүй
Зовлон даана

Cannot bear happiness
Can bear suffering

Амьдрал тэгш сайхан байх үед үргэлж гомдоллох юм олчихдог хирнээ, бэрх-шээлтэй тулгарахдаа гомдоллодоггүй тийм хүнийг дүрсэлжээ. Тэд зовлон бэрхшээлийн дунд сэтгэл дүүрэн байж чаддаг ажээ. Ийм хүмүүст энэ үгийг хэлдэг.

This describes people who find something to complain about even when life is good, but do not complain when life is difficult. They seem to be happier when they are having troubles. It can be used when referring to people like that.

#406 —regularly used
Жаргалтай байвч орондоо бүү дуул
Зовлонтой байвч орондоо бүү уйл

Even if you are happy, do not sing in bed
Even if you are suffering, do not cry in bed

Энэ хоёр мөр нь хоёулаа мухар сүсэгтэй холбоотой бөгөөд хэрэв үүнчлэн үйлд-вэл муу ёр гэж үздэг. Эцэг эхчүүд хүүх-дүүддээ орондоо дуулж, эсвэл уйлж болохгүй гэж захидаг ч яагаад гэдгийг нь хэлж өгдөггүй.

Both lines relate to superstitious beliefs that if you do them you will have bad luck. Parents usually tell their children not to sing or to cry in bed, but do not explain why.

#407 —occasionally used
Жаргалтай хүн
Зовлон ойлгохгүй

The happy person
Does not understand suffering

Энд зовлон амсаж үзээгүй, үргэлж аз жаргалтай байсан хүн зовж зүдэрч буй хүний зовлонг ойлгодоггүй, тэднийг өрөвддөггүй тухай өгүүлж байна. Үү-нийг зовж байгаа атлаа зовлонгийнхоо талаар жаргалтай хүнд хуваалцдаггүй хүмүүс, мөн бусад хүмүүсийг зовлон-гийнхоо талаар хуваалцахад нь ойл-гохгүй, бас тэднийг өрөвдөхгүй байгаа хүмүүст хандан хэлдэг.

This says that the person who is happy and does not experience suffering, cannot have compassion on people who are suffering. This can be used when referring to people whose lives are good either to explain why you are not sharing your difficulties with them or when referring to people who do not seem to have much compassion when others tell them about their problems.

#408 —occasionally used
Жаргалын дараа зовлон
Зовлонгийн дараа жаргал

After happiness there is suffering
After suffering there is happiness

Энэ бол амьдралын бодит байдалд тул-гуурласан дүгнэлт юм. Аз жаргал мөн-хөд үргэлжилдэггүйн нэгэн адил зовлон ч мөнхөд байдаггүй. Хүний амьдрал жаргалаас зовлон уруу, эсвэл зовлонгоос жаргал уруу шилжсэн тохиолдлын аль алинд нь ашигладаг.

This is a commentary on life. Happiness does not last forever and fortunately neither does suffering. It might be used when referring to a situation where people's lives have changed from good to bad or from bad to good.

#409 —regularly used

Жаргалын удаан нь дээр
Зовлонгийн түргэн нь дээр

Энэ үг нь амьдралд тулгуурласан дүгнэлт юм. Зовлон хурдан дуусч, жаргал удаан үргэлжлээсэй гэж бид хүсдэг. Сурч боловсрохыг дэндүү хэцүү гэж боддог хүмүүст энэ үгийг хэлж болно. Одоохондоо суралцах нь үнэхээр хэцүү байж болох ч суралцсаныхаа үр дүнг хараад тийм ч удаан суралцаагүй болохоо мэддэг.

Happy times are better long
Suffering times are better short

This is a commentary on life. It is better to have happiness last a long time and suffering a short time. It might be said to people who think studying is too hard. It is a reminder that it may seem hard now, but in the end you will see results and realize that it was not so long.

#410 —regularly used

Жаргах цагт нөхөр олон
Зовох цагт дайсан олон

Хүнийг аз жаргалтай сайхан амьдрах үед нь олон хүн тойрон хүрээлдэг. Гэвч амьдрал нь уруудан дорийтох үед хүмүүс зайгаа барьж эхэлдэг. Зовлон бэрхшээлээс нь болоод хүмүүс дөлөх болсон тохиолдолд үүнийг хэрэглэж болно.

In happy times there are many friends
In suffering times there are many enemies

When people have good lives, others want to be around them. But when lives are bad, often people avoid the one who is suffering. It might be used when referring to a situation where people are avoiding someone whose life is difficult.

#411 —often used

Жаргах цагт сэрэмж хэрэгтэй
Зовох цагт хатуужил хэрэгтэй

Аз жаргалтай цаг мөч мөнхөд үргэлжилдэггүй учир ийм үе дуусахад бэлэн байх хэрэгтэй хэмээн хүмүүст анхааруулж байна. Зовлон бэрхшээлтэй байхдаа хатуужилтай байх хэрэгтэй. Учир нь зовлон ч гэсэн мөнхөд үргэлжлэхгүй. Аз жаргалтай, эсвэл зовлон туулж байгаа хүмүүсийн аль алинд нь энэ үгийг хэлж болно.

Caution is needed during happy times
Endurance is needed during suffering times

Because good times do not last forever, this reminds people to be ready for when the good times end. For difficult times, perseverance is needed because they also will not last forever. It can be used when referring to people who are either enjoying a good life or suffering under problems.

#412 —regularly used

Жор мэдэхгүй (үзээгүй) ламаас
Зовлон үзсэн чавганц дээр

Хүмүүс асуудлаа шийдвэрлүүлэхийн тулд лам дээр очдог. Асуудлыг шийдвэрлэж чаддаггүй лам бол ихэвчлэн залуу лам нар байдаг. Мэдээж лам бүхэн оновчтой зөвлөгөө өгөх чадвартай байдаггүй. Зовж шаналж буй хүнд зовлон үзээгүй хүн дээр очсоноос зовлон бэрхшээлийг туулан гарсан хүн дээр очихыг зөвлөхдөө энэ зүйр үгийг ашиглаж болно.

An old woman who has suffered is better
Than a *lama* who does not know the remedy

People go to *lamas* in order to learn how to solve their problems. A *lama* who does not know the remedy is typically a young man. Unfortunately not all *lamas* are able to give good advice. This can be used when someone is having difficulties and you are recommending that they learn from those who have overcome difficulties rather than from someone who has not suffered.

#413 —regularly used
За гэвэл ёогүй

Монголчууд хэн нэг хүн тусламж хүсвэл эелдэг байхын тулд "За" гэж хэлдэг. Учир нь "Үгүй" гэж хэлэх нь эелдэг бус хандлага бөгөөд тусламж хүссэн хүн тэднийг муугаар бодох вий гэж болгоомжилдог. Ялангуяа гадаад хүмүүстэй харилцах харилцаанд энэ байдал илэрхий харагддаг. "За" гэж хэлж буй нь тухайн хүний хэлснийг хийж, мөн хэлснийг нь хүлээн зөвшөөрч буй хэрэг биш юм. Дараа нь хэлснийг хийгээгүй, эсвэл хүлээн зөвшөөрөөгүйг нь мэдээд яагаад тэгсний нь асуувал хүмүүс энэ зүйр үгийг хэлдэг. Зарим хүн үргэлжид хүмүүст туслахыг хүсч байдаг хүнийг энэ үгээр илэрхийлдэг. Заримдаа ажил хэрэгт хамтрахаар зөвшилцөх үед ч энэ үгийг хэлдэг. Өөрсдийнхөө амласан амлалтыг онцлохын тулд энэ зүйр үгийг ашигладаг.

It is a person's custom to say yes

To be polite, Mongolians usually say yes when asked to do something, because it would be impolite to say no and the other person may think less of them. This is particularly common when interacting with foreigners. Saying yes does not mean the person will do it or agrees with what has been said. Later when questioned why they did not do something or did not really agree with something that was said, they will respond with this proverb. Some people use it to describe a person who is always willing to help. Other people use it when business people agree to do something together. This proverb would be said to emphasize the promise.

#414 —occasionally used
За гэвэл ёогүй нь эрийн ёс
Зайл гэхэд босохгүй нь хэдрийн ёс

Зөрүүд, хэдэр, хэрүүл уруул хийдэг хүмүүс энэ зан чанараасаа салж чадалгүй, тэдний хий гэж хэлснийг хийдэггүй. Сайн хүмүүс хэлсэн үгэндээ эзэн болох хэрэгтэй. Ямар нэг юмыг за хэмээн хүлээн авсан хүмүүст энэ үгийг хэлж болно. Ер нь юу ч болж байсан тэдгээр хүмүүс үгүй гэж хэлдэггүй.

It is a man's custom to say yes, not no
It is a stubborn person's habit to not stand up when told to go away

Just as stubborn, cranky or quarrelsome people stay with their character and do not do what they are told, good people must keep their word. This might be used for people who have said yes to do something. No matter what happens they will not later say no.

#415 —occasionally used
Завхай хүн ханьгүй
Залхуу хүн хоолгүй

Мөнгө олж хоол унд залгуулах гэж хичээж зүтгэдэггүй залхуу хүнтэй адил завхай хүмүүс өөрсдийнхөө биеийг захирч, гэр бүл болох гэж хичээдэггүй тухай өгүүлжээ. Үүнийг завхай зайдан ганц бие хүмүүст хэлж болох юм.

An immoral person does not have spouse
A lazy person does not have food

Just as lazy people will not make the effort to earn money so they can eat, immoral people do not want to make the effort to control themselves so they can have a spouse. This might be used when referring to someone who is immoral and alone.

#416   —occasionally used

Загасны мах завсартай
Үхрийн мах үетэй

Загасны махыг амархан буталж болдог ч үхрийн махыг тэгж болдоггүй. Энэ нь юм бүхний цаана учир шалтгаан буйг харуулж байна. Аливаа юм ямар ч учир шалтгаангүйгээр тохиолдсон мэт санагдах үед үүнийг хэлж болно. Эсвэл хүнд загасны мах идэхийг зөвлөж хэлэхдээ хэрэглэдэг. Учир нь үхрийн махнаас илүү загасны мах идвэл амархан цаддаг.

There are cracks in fish meat
There are joints in beef

Fish easily breaks into pieces but beef does not. It means there is a reason behind everything. This proverb might be said when something happened and there does not seem to be any reason. Or, it might be used to encourage someone to eat fish because you can get full from fish easier than beef.

#417   —frequently used

Загасчны морь усгүй

Энэ загасчин устай хамгийн ойр байдаг атлаа морио огт усалдаггүй ажээ. Хүн өөрийнхөө эргэн тойронд байгаа боломж, ивээл ерөөлүүдийг ашиглаж чадахгүй байвал энэ зүйр үгийг хэлнэ.

The fisherman's horse has no water

This fisherman is always around water, but he never gives any to his horse. This can be used for people who do not use the possibilities and blessings that are around them.

#418   —frequently used

Загатнасан газар маажих

Яг зөв цагт, зөв юм хийж байгаа хүмүүст энэ үгийг хэлдэг.

Scratching the itchy place

This can be used in a situation where someone is doing what needs to be done at the moment.

#419   —often used

Зажлалгүй залгих ходоодонд муу
Бодолгүй хэлэх үйлсэд муу

Зажлахгүйгээр залгих нь ходоодонд муу нь ойлгомжтой. Үүний нэгэн адил бодлогогүй хэлсэн үг асуудал үүсгэдэг. Үр дагаварыг нь бодож үзэлгүйгээр ямар нэг юм яаран хэлчихдэг хүмүүст энэ зүйр үгээр сануулга өгч болно.

Swallowing without chewing is harmful for the stomach
Saying without thinking is harmful for actions

It is understood that swallowing without chewing is harmful. In the same way, speaking without thinking will create problems. This might be used for someone who speaks before they think about the consequences.

#420   —often used

Залгиж идвэл хор болно
Зажилж идвэл хоол болно

Ямар нэгэн зүйлийг хэт хурдан идэх хэрэггүй хэмээн анхааруулахдаа энэ үгийг хэлж болно.

Gulping causes harm
Chewing makes food

This might be used to caution someone to not eat too fast.

Mongolian Proverbs

#421 —*occasionally used*

Залж ирсэн бурхан шиг
Засч чимсэн балин шиг

Like an invited god
Like a decorated *balin*

Балинг гурилаар зуурч хийдэг бөгөөд гурван төрөл байдаг. Нэгийг нь идэж болно. Нөгөөг нь лам тахил болгон шатаадаг. Гурав дахийг нь Буддагийн өмнөх тахилын ширээн дээр тавьдаг. Энэ зүйр үгээр бусдын ажиллахыг хараад өдөржин зүгээр суудаг хүмүүсийг хэлдэг.

Balins are formed out of dough and there are three types. One can be eaten. One is burned by the *lama* as a sacrifice and one is put on the altar in front of Buddha. This might be used to refer to someone who just sits around all day and does nothing, sometimes only watching while others work.

#422 —*occasionally used*

Залуу хүн алддаг
Зандан мод муруйдаг

A young person makes mistakes
A sandal tree gets bent

Зандан мод тахир ургадаг нь байгалийн жам ажээ. Үүнтэй нэгэн адил залуус насны багаас болж амархан алддаг. Өсвөр залуу, нас биед хүрээгүйн улмаас алдаа хийсэн залуусыг хэлдэг.

It is understood that a sandal tree by its nature is not straight. In the same way, because they are young, young people make mistakes. This might be used in reference to young people who make mistakes that are consistent with youth and immaturity.

#423 —*occasionally used*

Залуу хүн идэрхэг
Залуу нохой шүдэрхэг

A young man is very strong
A young dog has strong teeth

Залуу нохойн шүд хурц байдаг шиг залуу хүн эрч хүч, тамир тэнхээ ихтэй байдаг. Залуу хүнд өөрийнхөө хүч тэнхээг зөв зүйлд зарцуулаарай гэж анхааруулан үүнийг хэлж болно. Залуу хүн залхуурах ёсгүй.

Just as a dog's teeth are strong when they are young, a young man should have energy and strength. This can be used to remind a young man that because of his age he should use his energies in good ways. He should not be lazy.

#424 —*occasionally used*

Залуу хүн омгорхог
Зааны соёо идэрхэг

A young man is hot-tempered
An elephant's tusks are strong

Зааны соёо бат бөх гэдэг нь ойлгомжтой. Үүний нэгэн адил залуу хүний омог тэдний эсрэг хандсан үг, доромжлолд маш мэдрэмтгий байдаг. Үүнийг өөрийн хүч тэнхээгээ сайн зүйлд биш, харин хэрүүл уруулд илүүтэй ашиглаж байгаа залууст хэлдэг.

It is understood that an elephant's tusks are strong. In the same way, a young man's pride is sensitive to any perceived insult. It might be used in reference to a young man who argues a lot rather than using his strength in good ways.

#425 —occasionally used

Залуу хүнд нас сайхан
Хөгшин хүнд хувцас сайхан

For a young person age is nice
For an old person clothes are nice

Залуу хүн цаашид урт удаан наслах тул тэдэнд нөөц боломж их байдаг. Хөгшин хүн нэгэнт залуу насаа үдсэн тул тэдэнд нэг их нөөц боломж байдаггүй. Харин тэдний хувцас тэднийг сайхан харагдуулдаг. Залуучуудад урт удаан зам хүлээж байгаа гэдгийг сануулж, өөрсдийнхөө хүч тамирыг сайн зүйлд ашиглаж, залуу насаа ямар ч зорилгогүй бүү өнгөрөөгөөсэй гэсэндээ тэдэнд энэ зүйр үгийг хэлдэг.

Young people have a lot of potential because there are many years ahead of them. Old people do not have very much potential because their best years are behind them. Clothes will make them look nice. This might be used to warn young people that they have many years in front of them and they should use their strength in good ways and not to waste their youth without any goals.

#426 —regularly used

Залуу хүний замын хүзүү урт
Залхуу хүний үгийн үзүүр урт

A young person's way is long
A lazy person's words take a long time to be said

Нэг дэх мөрөнд залуу хүний өмнө урт зам бий тул олон зүйлийг амжуулж болох бөгөөд залхуурах хэрэггүйг сануулжээ. Хоёр дахь мөрөнд залхуу хүн олон шалтаг тооциж, яагаад хийж чадахгүй байгаагаа тайлбарладаг тухай өгүүлжээ. Залхуу хүнийг дүрслэхдээ үүнийг хэрэглэж болно.

Line 1 means that young people can do many things because they have many years ahead of them and therefore should be active. Line 2 means the lazy person speaks a lot about excuses and explaining why he cannot work. This might be used to describe a lazy person.

#427 —occasionally used

Залуу хүнийг ичээснээс
Зандан модыг хугалсан нь дээр

Better to break sandalwood than
To shame a young man

Зандан мод нь Хятадад ургадаг маш хатуу мод ажээ. Өсвөр насны хүүхдүүдтэй харилцахдаа болгоомжтой байхыг томчуудад анхааруулахын тулд үүнийг хэлдэг. Бусдын өмнө өсвөр насны хүүхдүүдийг ичээх хэрэггүй.

Sandalwood is a very hard wood from China. This might be used to warn adults to be careful when speaking with teenagers. They should not shame young people in front of others.

#428 —occasionally used

Залхуу хүн
Завагтаа хүрдэггүй

Lazy person
Cannot touch his food on the plate

Залхуу хүн
Завагтай махандаа хүрэхгүй

The lazy person
Cannot reach his meat on the plate

Гараа сунгаад тавагтай хоолоо ч авчихдаггүй залхуу хүмүүсийг илэрхийлэхдээ энэ зүйр үгийг хэрэглэдэг.

These might be used to describe people who are so lazy they do not even make the effort to put their hand out to touch their food.

#429 —*often used*

Залхуу хүнд
Маргааш олон

Өөрийнхөө ажлыг үргэлжид хойш тавьж байдаг залхуу хүнийг дүрслэхдээ энэ зүйр үгийг ашиглаж болдог.

For a lazy person
There are many tomorrows

This might be used to describe a lazy person who is always putting off his work until another time.

#430 —*regularly used*

Залхуугийн гадаа түлшгүй (аргалгүй) (түлээгүй)
Залгидгийн гэрт хоолгүй

Залхуу хүн гал түлэх түлээгүй байдаг бол ховдог хүн байгаа бүхнээ идэж дуусгадаг. Залхуу хүний гэрт очиж байр байдлыг нь харсны дараа энэ үгийг хэлж болно.

There is no fuel on the outside of lazy man's home
There is no food in the home of a glutton

The lazy man does not chop wood for his fire and the glutton eats everything he has. It might be used when referring to the home of a lazy person because of what has been seen.

#431 —*occasionally used*

Замаар явбал моринд амар
Зангаар явбал биенд амар

Зангаараа явбал биед амар
Замаараа явбал моринд амар

Бартаагүй замаар явбал моринд амар болохыг хүн бүр мэддэг. Үүнтэй адил хүмүүс өөрсдийнхөө чаддаггүй зүйлийг хийх гэж оролдсоноос хамгийн сайн чаддаг зүйлээ авъяас бэлгийнхээ дагуу хийх нь амар байдаг. Өөрсдийнхөө авъяас бэлэгт тохирохгүй ямар нэгэн зүйл хийх гэж оролдсоноосоо болж урам нь хугарсан хүмүүст энэ үгийг хэлбэл зохимжтой. Зарим хүмүүс хэн нэгэн баяжсан ч хүмүүстэй зөв харьцаж сураагүй хүнд хандан үүнийг хэрэглэдэг.

It is helpful for a horse if you go on the road
It is helpful for the body if you go with your habits

It is helpful for the body if you go with your habits
It is helpful for a horse if you go on the road

It is understood that it is easier for a horse to walk on a smooth road. In the same way, it is easier for people if they do the things that suit their talents rather than trying to do things they know they do not have the skill for. These might be used when referring to people who are getting frustrated trying to do something that does not suit their talents. Others might use it when referring to people who become rich but do not change how they treat other people.

#432 —*often used*

Замын хүзүү урт
Зааны хүзүү богино

Заан хэдий том биетэй ч түүнд түүний богино хүзүү нь ихэвчлэн саад болдог. Нөгөө талаар зам үргэлж урт байдаг учир маш их олон боломж бололцоо байдаг. Урт замын хүзүүн дээр ирээд, шинэ зүйл сурах гэж буй хүмүүст урам

A road has a long neck
An elephant has a short neck

The elephant may be big, but his short neck limits him. On the other hand a road is long and therefore has many possibilities. This can be used as an encouragement for people to follow a path and learn new things. Others might use it when referring

зориг өгөхийн тулд энэ зүйр үгийг хэрэглэж болно. Зарим хүн хэн нэгэн хүн хаа нэг тийшээ явах болоод, хэзээ нэгэн цагт, хаа нэгэн газар уулзах болно гэж хэлэхдээ үүнийг хэрэглэдэг.

to people who will separate but may see each other again in the future.

#433 —regularly used
Зан сайтай айлд зочин (олон)
Замаг сайтай усанд загас (олон)

Замаг ихтэй усанд загас олон байх нь зүйн хэрэг. Үүний нэгэн адил зан сайт айлд зочин олон ирдэг. Хэрэв айлд их олон хүн ирдэг бол энэ нь тухайн айлын эзэд зан сайтайг харуулж байгаа юм. Айлчин гийчин тасардаггүй айлын тухай ярихдаа энэ зүйр үгийг хэрэглэж болно.

There are (many) guests in a nice family
There are (many) fish in water with weeds

It is understood that fish will be in good water that has weeds. In the same way, guests will come to visit a nice family. If many people come to a family, it is a sign that the parents have good characters. This might be used in referring to a family who has many visitors.

#434 —frequently used
Зан сайтай айлд хүн бүхэн цуглана
Замаг сайтай нууранд шувуу бүхэн цуглана

Зан сайт айлд хүн болгон цугладаг
Замаг сайт усанд загас болгон цугладаг

Замаг ихтэй усанд загас олон байх нь зүйн хэрэг. Үүнтэй адилаар зан сайтай айлд зочин олон цугладаг. Хэрэв айлд их олон хүн ирдэг бол энэ нь тухайн айлын эзэд нь зан сайтайг харуулж байгаа юм. Зочид их ирдэг айлын хүмүүст энэ зүйр үгийг хэрэглэж болно.

If the household is nice everyone wants to visit
If the lake has good weeds every bird is there

Everybody assembles in a nice family
Every fish assembles in water with weeds

It is understood that fish will be in water with weeds. In the same way, guests will come to visit a nice family. If many people come to a family, it is a sign that the parents have good characters. These might be used in referring to a family who has many visitors.

#435 —occasionally used
Зандан мод залгаагүй
Залуу хөгшин ялгаагүй

Зандан модонд ямар ч залгаа байдаггүй ажээ. Модны бүх хэсэг адилхан харагддаг байна. Нэг гэр бүлийн хөгшин, залуу хүмүүсийн зан чанар нэг их өөр харагддаггүй. Үүнийг алдаа хийсэн залуу хүнийг шүүмжилж буй хөгшин хүмүүст, эсвэл алдаа гаргасан ахмад хүнийг зэмлэж буй залуу хүний аль алинд нь хэлж болно. Залуу, хөгшин гэж ялгалгүй адилхан алдаа гаргадаг. Тэдний хэн нь ч төгс төгөлдөр биш.

The sandalwood tree has no joints
The young and old have no differences

Sandalwood appears to be relatively straight. The different parts look the same. In one family we often cannot see much difference in the character of the young and the old. This might be said when young people make a mistake and are criticized by an older person because of their youth or when older people make a mistake and are criticized by a young person because of their age. Young and old both make mistakes. Neither is perfect.

#436 —occasionally used

Захивал захиа хүнд
Цохивол чулуу хүнд

Монголд гэрт эсвэл ажил дээр хүргэж өгдөг шуудангийн үйлчилгээ байдаггүй. Хэн нэгэнд юм уу, эсвэл аль нэг хотод захиа хүргэнэ гэдэг бол том үүрэг хариуцлага байдаг. Шуудан хүргэгч зөв газар хүргэж өгөх ёстой. Чулуу бат бөх хатуу байдаг учир чулууг цохиж бутлах хэцүү. Ямар нэг захиаг хүнд эсвэл хотод хүргэж өгөх үүрэг авсан хүнд энэ зүйр үгийг хэлдэг.

If you entrust a letter it is difficult
If you hit a stone it is difficult

In Mongolia the postal service does not provide home or business delivery. Carrying a letter or package for someone to another city is a big responsibility because the carrier will be responsible for getting it to the right place. A stone is hard and it is difficult to break it by hitting it. This might be said by someone who has been asked to carry a letter or package to another city.

#437 —occasionally used

Зовлоготой газар нохой цуглана
Зовлонтой газар лам цуглана

Үүнийг өөрсдийнхөө зовлон бэрхшээлийг арилгуулахаар ирсэн хүнд туслахаасаа илүү мөнгийг нь авахыг хүсэгч лам нарт зориулан хэлдэг байж. Золбин ноход үргэлж хоол унд эрж байдгийн адил лам нар ч үргэлж мөнгө олохын тулд зовж зүдэрч байгаа хүмүүсийг хайдаг гэсэн утгатай. #440-г үз.

If there is carrion, dogs are gathered
If there are troubles, *lamas* are gathered

This was used in times when *lamas* were more interested in getting money from people for praying to relieve their difficulties than really helping. As a result, just as dogs are always looking for food, these *lamas* were always looking for suffering in order to earn more money. See #440.

#438 —frequently used

Зовлонгийн түргэн нь
Жаргалын удаан нь дээр

Хүний амьдралын туршлагад үндэслэсэн дүгнэлт юм. Зовлон шаналал хурдан дуусч, жаргал цэнгэл удаан үргэлжлэх нь хэн бүхний хүсэл юм. Зарим хүн ажлаа хурдан дуусгах гээд шаргуу ажиллаж байгаа хүнийг хараад энэ үгийг хэлдэг.

Speed is better for suffering
Slowness is better for happiness

This can be used as a commentary on life. It is better for suffering to finish quickly and for happiness to last a long time. Some might use it to encourage others who have hard work to try to finish faster.

#439 —often used

Зовлонд бүү гунь
Жаргалд бүү ташуур

Хоёр дахь мөрийг өмнө нь зовж байсан боловч одоо аз жаргалтай амьдарч, түүгээрээ сайрхаж байгаа хүмүүст хэлдэг. Мөн хүнийг зовлонд унасан үед нь тэвчээртэй байж, бууж өгөлгүй, урам зоригтой байхад уриалж хэлж болно. Яагаад Учир нь зовлон мөнх үргэлжилдэггүй.

Do not be troubled by suffering
Do not take happiness for granted

The second line can be used for someone who was not well off but is now having good times and they have started taking it for granted. Or, it can be used to remind people to be patient and not give up when they have suffering, because at some point it will end.

#440 —occasionally used
Зовлонтой газар лам
Зовлоготой газар нохой

Үүнийг өөрсдийнхөө зовлон бэрхшээлийг арилгуулахаар ирсэн хүнд туслахаасаа илүү тэднээс мөнгийг нь авахыг хүсдэг лам нарт зориулан хэлдэг байж. Золбин ноход үргэлж хоол унд эрж байдгийн адил лам нар ч үргэлж мөнгө олохын тулд зовж зүдэрч байгаа хүмүүсийг хайдаг гэсэн утгатай. #437-г үз.

Where there is a place of suffering there is a *lama*
Where there are dead animals there is a dog

This was used in times when *lamas* were more interested in getting money from people for praying to relieve their difficulties than really helping. As a result, just as dogs are always looking for food, these *lamas* were always looking for suffering in order to earn more money. See #437.

#441 —frequently used
Зовох цагт нөхрийн чанар танигдана

Жинхэнэ найз нөхөд хүнд хэцүү үед ч тусалж дэмждэгийг сануулсан үед энэ зүйр үгийг хэрэглэж болно. Мөн хүнд хэцүү үедээ найз нөхдийнхөө жинхэнэ мөн чанарыг хэрхэн таньж болохыг зааж өгөх зорилгоор хэрэглэж болно.

In the suffering times a friend's qualities will be known

This can be used as a reminder that true friends will be supportive when we have times of trouble. It can also be used as a commentary on how we will see our friend's true character when we have a time of suffering.

#442 —often used
Зовох цагт хатуужилтай сэтгэл
Жаргах цагт халамжтай сэтгэл

Зовж байгаа бол тэвчээртэй байх хэрэгтэй. Учир нь удалгүй нөхцөл байдал сайжрах болно. Хэрвээ аз жаргалтай амьдарч байгаа бол бусдыг халамжлах хэрэгтэй. Энэ үгийг бусдад туслах хэрэгтэйг сануулан хэлж болно.

In times of suffering you need a persistent heart
In times of happiness you need a caring heart

When I am suffering, I need to be patient because in time my situation will improve. When I am happy, I need to care for others. This might be used as a reminder that we should care for others.

#443 —regularly used
Зодохын муу чимхэх
Ярихын муу шивнэх

Хүмүүсийг чимхэх нь хамгийн муухайгаар шийтгэх аргад тооцогддог. Хэрэв эцэг эх нь хүүхдүүддээ чимхэж байгааг харвал харсан хүн тэр аав ээжид нэг дэх мөрийг нь хэлдэг. Нэг дэх мөр хоёр дахь мөрөнд байгаа шивнэх гэдэг үгийг илүү тодотгож байна. Монголчуудын хувьд шивнэх нь зохимжгүй яриа гэж тооцогддог. Үүнийг хов жив ярих, эсвэл шивнэж ярихын эсрэг анхааруулга болгон хэрэглэж болно.

The worst type of hitting is pinching
The worst type of speaking is whispering

Pinching someone is considered a harsh form of punishment. For some it is a way of punishing their children, but if others see them the observers might scold the parents with the first line. Line 1 emphasizes the harshness of whispering in line 2. In Mongolia it is considered rude to whisper. This can be used as a caution to not gossip or whisper.

#444 —often used

Зориг байвал хэрэг бүтнэ
Зүтгэл байвал жаргал ирнэ

If you are bold, work will be finished
If you are persistent, happiness will come

Хэрэв та үргэлжлүүлэн хичээсээр байвал таны ажил дуусах болно хэмээн урамшуулж энэ зүйр үгийг хэрэглэдэг. Мөн хэрэв таны амьдрал зовлонтой байхад тэвчээртэй байвал яваандаа аз жаргалыг олох болно. Хүн нөхцөл байдал нь амаргүй байсан ч хичээнгүйлэн зүтгэсээр байх хэрэгтэй.

This can be used as an encouragement that if you keep working hard, you will finish the work. Also if you persevere when life is difficult you will eventually succeed. A person needs to keep on trying even when the circumstances are difficult.

#445 —often used

Зөв нь буруудаж
Зөөлөн нь хатуудах

The right becomes wrong
The soft will be hard

Зарим хүн эхний мөрийг өөрийнхөө зөв гэж бодсон зүйлээ хийж байхад бусад хүмүүс буруу зүйл хийлээ гэж хэлэх үед энэ үгийг хэлдэг гэж ойлгодог. Харин хоёр дахь мөр бол та хэн нэгэн хүнд зөөлөн хандлаа гэж бодож байтал нөгөө хүн өөрийг чинь их хатуу хандлаа гэж бодох үед хэлэх үг юм. Бусад хүмүүс өөрийнх нь үг ба үйлдлийг хатуу харгис гэж бодох үед тийм хандлагаар хэлээгүй бас үйлдээгүй гэдгээ харуулахын тулд энэ үгийг хэрэглэдэг. Энэ нь бие биеэ буруу ойлгосон үед хэлдэг үг юм. Зарим хүн хоёр өөр нөхцөл байдалд энэ үгийг хэрэглэдэг. Эхнийх нь, буруу зүйл хийчихсэн, эсвэл зөв зүйлийг хийхээс татгалзсан хүмүүст энэ үгийг хэлж болно. Эсвэл өмнө нь буруу зүйл хийж байсан боловч, харин одоо сайн зүйл хийж байгаагаа өөрийнхөө нэр алдрын төлөө ашиглаж байгаа хүмүүст ч хэлдэг.

Some people understand the first line as referring to when you did what you believed was the right thing, but someone else thinks what you did was wrong. The second line means you thought you were being soft with someone, but that person thinks you were too hard. These people might use this when another person thinks their actions were wrong or their words too harsh and that was not what they intended. It says there has been a misunderstanding. Other people use it in two other situations. It might be used when referring to people who have made wrong choices or are running away from the right thing to do. Or, it might be used when referring to people who were not well off but are now doing well and are taking their new life for granted.

#446 —often used

Зөвд мянган эзэн
Буруд нэг эзэн

There are thousands of owners for something done right
There is one owner for something done wrong

Аливаа нэг үйл хэрэг амжилттай болж өндөрлөсний дараа нэр алдар хүртэхийг хүсэгчид тун олон. Харин буруугаар эргэсэн зүйлийн хариуцлагыг үүрэхээс хүн бүр зайлсхийдэг. Дээрх хоёр тохиолдлын аль алинд энэ зүйр үгийг хэрэглэж болно.

When something has been finished successfully, everyone wants to take credit. When something has been done wrong, no one wants to accept responsibility. It can be used in either situation.

#447 —occasionally used

Зөвлөвөл бүтнэ
Ховловол гутна

If consulted, it will be done
If slandered, it will be spoiled

Ямарваа нэг төсөл дээр ажиллаж байгаа хүмүүс хамтдаа зөвлөж хийхийн ашиг тусыг энэ үгээр илэрхийлж болно. Хэрэв хүмүүс зөвлөлдөж, хамтдаа хийвэл ажил нь амжилттай байна. Нөгөө талаар хүмүүс маргалдаж, бие биеэ шүүмжилж эхэлбэл эвлэлдэн ажиллах боломж бараг үгүй болж, ажил нь бүтэлгүйтнэ. Бусдад үргэлж хов жив хүргэж байдаг хүнд энэ үгээр сануулга өгч болно.

This might be used when people are working on a project to remind them of the value of deliberating together. If people deliberate and work together, they can be successful. On the other hand, if people argue and criticize each other, there will be little chance of reconciliation and the work will be spoiled. It might also be used when referring to a person who is always snitching on others.

#448 —occasionally used

Зөвшвөл үг
Зүйвэл хувцас

If you consult you will have a word
If you sew pieces you will have clothes

Даавууны өөдсийг зүйж оёвол хувцас хийж болно. Хэрэв та зөв үгээр зөвлөвөл сайн үр дүн гарна гэдгийг илэрхийлэхийн тулд энэ зүйр үгийг хэрэглэж болно. Хэн нэгэнд зөвлөгөө өгч байхдаа сайтар тунгаасны үндсэн дээр зөв үг хэлэх хэрэгтэй хэмээн урамшуулахдаа хэрэглэж болно. Бусад хүмүүстэй зөвлөвөл мэргэн ухааныг олж авдаг гэсэн утгаар ч гэсэн зарим хүмүүс хэрэглэдэг.

It is understood that if you sew pieces of cloth, you will have clothes. Some people use this as advice that if you give advice with the right words, you will have a good outcome. They might use this to encourage people to think about and use the right words when giving advice. Other people use it as advice that wisdom comes from consulting with others.

#449 —often used

Зөөж буухад зүлэг сайхан
Зөвлөж ярихад аав сайхан

Moving to a meadow is good
Consulting a father is good

Гэр орноо сайхан зүлэгтэй газар нүүлгэж буулгасан малчны мал сүрэг шим тэжээл сайтай газарт идэшлэнэ. Аавтайгаа зөвлөж ярина гэдэг нь малчин хүнд зүлэг өвс ногоо сайтай газар хэрэгтэйн адил маш их үр дүнтэй байдаг. Энэ үгийг аавынхаа зөвлөгөөг анхааралтай сонсохын ашиг тусыг ойлгуулахын тулд хэрэглэдэг.

Moving to a meadow refers to herdsmen moving their *gers* and therefore livestock to where there is good grass. Consulting our fathers is just as beneficial for us as a meadow with grass is for a herdsman. It might be used to teach the importance of listening to a father's advice.

#450 —regularly used

Зөөлөн нь хатуугаа иддэг
Зөв нь буруугаа дийлдэг

The soft eats the hard
Right defeats the wrong

Эхний мөр нь уурласан хүний өөдөөс тайван хариулбал нөгөө хүний уур намжина гэсэн утгатай. Хоёр дахь мөрөнд

Line 1 says that a peaceful response to anger will calm down the other person. Line 2 says that by doing this a person will achieve

хүн дээрхтэй адил үйлдвэл сайн үр дүнд хүрнэ гэдгийг өгүүлжээ. Мөн бусад хүмүүсийг дээрэлхдэг, бусдаас илүү зөрүүд хүмүүст энэ үгийг зөвлөгөө болгож хэлэх нь бий. Тэднийг хүч, хатуу зан байдал ялах арга байхгүй.

a good outcome. This might be used as advice for people who are at odds with others who are stronger or more stubborn. They will not overcome them with strength or hardness.

#451 —*occasionally used*

Зөөлөн үгэнд хүн бөхийнө
Зүлэг газар морь хөрвөөнө

Зөөлөн өвстэй газарт адуу тааваараа бэлчинэ. Үүний нэгэн адил зөөлөн үг уурласан хүний уур хилэнг намжаана. Нөгөө талынх нь хүн уурласан, эсвэл бухимдсан үед зөөлөн үг хэлэх хэрэгтэйг зөвлөж хэлэхдээ энэ зүйр үгийг ашигладаг.

A person will bow for soft words
A horse will roll around in soft grass

It is understood that soft grass has a soothing effect on horses. In the same way, soft words will calm down an angry man. This might be used when advising a person to use soft words in a situation where the other person is angry or agitated.

#452 —*occasionally used*

Зөрүүд хүнд зөв буруугүй

Бусдын өмнө зөв, буруу хийж байгаа эсэхээ мэдэхийг ч хүсдэггүй зөрүүд, гөжүүд хүнийг дүрслэхдээ энэ үгийг хэрэглэдэг.

A stubborn man may do right or wrong

This can be used to describe a stubborn or obstinate person who does not care whether what he is doing is right or wrong in the eyes of others.

#453 —*occasionally used*

Зуд болбол хуц, уханд
Зовлон болбол лам, ноёнд

Хуц ухныг намар хээлтүүлдэг учир энэ хэсэг хугацаанд хүч тамир нь доройтдог. Тийм учраас хэрэв өвөл зуд болбол хуц ухна хамгийн түрүүнд үхдэг. Дээр үед хэрэв энгийн ард иргэд зовлон бэрхшээлд унавал асуудлаа шийдвэрлүүлэхийн тулд ноёд эсвэл лам дээр очдог байжээ. Өнөө үеийн хүмүүс асуудалд орвол ямар нэг шашны аргаар шийдвэрлэхийг хүсдэг. Харин амьдрал нь сайн сайхан байвал шашин хөөдөггүй. Хүмүүс асуудалд орж, тэдэнд тусламж хэрэгтэй болсон үед энэ үгийг хэрэглэж болно. Хоёр дахь мөрийг дангаар нь их хэрэглэдэг.

If there is a big snow fall, for the ram and billy goat
If there is suffering, for *lamas* and lords

These animals mate in the fall and then for a while are not as strong. For this reason, in a severe winter storm, the male goats and sheep are usually the first to die. In earlier times, when there was a lot of suffering, the people would bring all their problems to the *lamas* and the lords in order to get help. Today when people have problems, they pursue spiritual practices for remedies. When their lives are good, they do not. This might be used when people are having a lot of problems and need help. The second line is often used by itself.

#454 —occasionally used
Зуд нэг жилийнх
Журам мянган жилийнх

Хүнд зовлон бэрхшээл тохиовол үүний нөлөө харьцангуй хурдан үгүй болдог. Нөгөө талаар ямар нэг дүрэм журам, ёс заншил нэлээд удаан оршин тогтнодог. Аливаа дүрэм журам, ёс заншил удаан үргэлжилдэг шиг үнэнч, шударга байдал ч удаан үргэлжилнэ гэдгийг зааж сургахын тулд энэ зүйр үгийг хэрэглэдэг.

Big snow fall for one year
Order lasts for a thousand years

The effect of a disaster that strikes someone will usually last a relatively short time. On the other hand, the effect of following rules and customs will last a long time. This might be used to teach that like the long lasting effect of following rules and customs, the effect of loyalty or faithfulness will last a long time.

#455 —occasionally used
Зуйрган хүн үнээ бардаг
Зусаг ямаа сүүгээ бардаг

Зарим хүн энэ зүйр үгийг зусаг ямааг залуу гэж хэлэхийн тулд хэрэглэдэг гэж ойлгодог. Залуу ямаа эрч хүчтэй тул энд тэнд дүүлсээр байдаг. Тиймээс зусаг ямаа сүүгээ бардаг аж. Үүнтэй нэгэн адил зуйрган хүн өөрсдийнхөө нэр төрийг барж дуусдаг ажээ. Зарим хүн анх ишиглэсэн зусаг ямааг өөрийнхөө үүргийг мэддэггүйтэй холбон энэ зүйр үгийг тайлбарладаг. Өөрийнхөө үүргийг мэддэггүй ямаа ишгээ хөхүүлэхгүй бол сүү нь татардаг байна.

A person who flatters loses his name
A three-year old goat loses her milk

Some people believe this refers to the fact that three-year old goats are young. They are energetic and jump around a lot. Because of their behavior their milk often leaks out. In the same way, because of their behavior, people who flatter lose their good names. Other people believe that this refers to the fact that it is when goats are three years old that they begin having babies, but they do not yet know their duties. When they do not allow their babies to suckle they stop producing milk.

#456 —occasionally used
Зул бөхөхөө дөхөхөөр гэрэл ордог

Зул бөхөхөөсөө өмнө бадамладаг

Монголчуудын хэрэглэдэг зул бөхөхөө дөхөхөөр улам гэрэлтэй болдог байна. Үүнтэй адил бидний хийж буй ямар нэг ажил эхлээд хийж байхад нэг их амжилттай мэт харагдахгүй байсан ч дуусахаа дөхөөд ирэхээр үр дүн нь мэдрэгдэж эхэлдэг. Урам зориг нь хугарсан, эсвэл хөгширч байгаа боловч үр дүнтэй сайн ажиллаж, сурлцахыг эрмэлзэж байгаа хүмүүсийг урамшуулахын тулд хэрэглэж болно.

The oil lamp gets brighter before it burns out

Bad things gain strength before the end

A Mongolian candle becomes brighter as it reaches the end. In the same way when we are coming close to the end of a project we can see that even though it looked like it was not going well earlier, we can now see that it was good work. It can be used when people are discouraged or when someone is getting older but still does good work or is still trying to learn.

#457 —occasionally used

Зусарч хүн зулгаа <u>бардаг</u> (барна)
Зуудаг нохой <u>соёогоо</u> (шүдээ) <u>бардаг</u> (барна)

A flatterer will use himself up
A biting dog will wear down his teeth

Зуудаг нохой өөрийнхөө мөн чанараас болж эцэстээ шүдгүй болдог. Зусарч хүмүүс өөрийнхөө хүссэнийг авахын тулд хэлэх хэрэгтэй гэж бодсон үг бүрээ хэлдэг. Үүнээсээ болоод тэд өөрсдийн нэр хүндээ алддаг. Зусарч хүмүүст эцсийн үр дүн нь сайнгүй байх болно гэдгийг анхааруулахын тулд энэ зүйр үгийг хэрэглэж болно.

The biting dog likes to bite but eventually ruins his teeth by his behavior. Flatterers are people who say whatever they need to say in order to get what they want. Because of this they will lose their good names. This might be used as a warning to people who flatter that they will have have a bad outcome.

#458 —frequently used

Зуу сонсохоор
Нэг үзсэн нь дээр

It is better to see once
Than to hear one hundred times

Энэ бол сонссоноос харах нь илүү дээр гэдгийг сануулж буй үг юм. Цуу ярианаас бодит байдал нь дээр.

This is a reminder that seeing is more important than hearing. Reality is better than a rumor.

#459 —regularly used

Зуун задгай
Жаран хагархай

A hundred uncovered
Sixty broken

Эхний мөрөнд нэг хүн зуун боодол задалсан тухай өгүүлжээ. Харин хоёр дахь мөрөнд задалсан зүйлээрээ юу ч хийгээгүй тухай хэлжээ. Олон юмыг эхлүүлдэг боловч хэзээ ч аль нэгийг нь дуусгаж байгаагүй хүмүүсийг энэ үгээр дүрсэлдэг. Эхний мөрийг дуусгах хэрэгтэй ажил их байгааг илэрхийлэхийн тулд дангаар нь хэрэглэж болно. Жишээ нь: Цагаан Сар болоход хүмүүс гэрийн дотор ба гадна талын аль алиныг нь цэвэрлэдэг. Энэ үед хүмүүс "Ажил ч зуун задгай байна даа" гэж хэлдэг. Энэ нь цэвэрлэх юм маш их байгаа боловч юу ч цэвэрлэж эхлээгүй байгаагаа илэрхийлсэн үг юм.

The first line says that this person opened a hundred packages. The second line says he did nothing with them. This might be used to refer to a person who starts many things, but never finishes anything. The first line can be used separately to indicate work that needs to be done. For example, part of celebrating *Tsagaan Sar* is to clean the home inside and out. If people say, "Work is a hundred things to do," it means they have not started any of the cleaning yet and there is a lot that needs to be done.

#460 —frequently used

Зуун <u>лантай</u> (төгрөгтэй) явсанаас
Зуун нөхөртэй явсан нь дээр

It is better to have a hundred friends
Than to have one hundred *lan*

Лан гэдэг нь 38 грамм жинтэй алт, мөнгөтэй тэнцэхүйц эртний мөнгө юм. Энэ үгийг найз нөхдийн үнэ цэнийг илэрхийлэхдээ хэрэглэж болно.

Lan is an old form of money equal to about 38 grams of silver or gold. This might be used as a commentary on the value of friends.

Mongolian Proverbs

#461 —often used

Зуун хүний зүс үзэхээр
Нэг хүний нэр тогтоо

It is better to memorize one person's name than
To know a hundred faces

Хүний нэрийг мэднэ гэдэг нь тухайн хүнтэй танилцана гэсэн утгатай. Зарим нэг зүйлд өнгөц ханддаг хүмүүст энэ үгийг хэлж болно. Тэд илүү гүн гүнзгий суралцах хэрэгтэй. Мөн хүүхдүүдэд бие биеэ сайн таньж мэдэх хэрэгтэйг заахын тулд энэ зүйр үгийг хэрэглэж болно.

Knowing a name means knowing the person. This might be said to people who only want to learn superficially. They need to go deeper. This might be used when teaching children about getting to know others.

#462 —regularly used

Зуун ямаанд
Жаран ухна

For one hundred female goats
Sixty billy goats

Удирдагч болох хүсэлтэй эрчүүдийг илэрхийлж байна. Зуун хүний жар нь удирдагч болох гэж хичээж байгааг энэ зүйр үгэнд хэлжээ. Хэсэг бүлэг хүмүүсийн хэн нэг нь бидэнд хэтэрхий олон дарга хэрэггүй гэдгийг хэлэхийн тулд үүнийг хэлж болно. Зарим үед хэр хэмжээнээсээ хэтэрч буй хүнийг дүрслэхдээ хэрэглэж болох юм. Жишээ нь: Хэт олон хувцас худалдан авч байгаа хүн, эсвэл ажил нь өчүүхэн бага байхад хэтэрхий олон ажилтантай босс гэх мэт. Мөн бусдын хэрэгт хошуу дүрэгч хүмүүст ч гэсэн энэ үгийг хэлж болно.

Typically it is men who want to be the leaders. In this proverb 60 men are each trying to be the leader over 100 others. Some people might use this in a group indicating that we do not need too many bosses. Other people might use it to describe a person who goes overboard, for example, buying too many clothes or a relative or a boss saying they need more workers or help than they really need. It might also be used to refer to people who put their noses into other people's business.

#463 —regularly used

Зүгээр суухаар зүлгэж суу
Дэмий суухаар тэмээ хариул

Polish something rather than do nothing
Herd camels rather than do nothing

Энэ хоёр мөрийг тус тусад нь хэрэглэж болдог. Хүмүүст зүгээр залхуурч суухын оронд завгүй байх хэрэгтэйг анхааруулжээ.

Both of these can be used separately. They can be used to warn people to stay busy and not be lazy.

#464 —often used

Зүй орох зайгүй
Зүйдэл орох завсаргүй

No place to enter a needle
No space to put a patch

Эхний мөр зүү орох зайгүй дотно нөхөрлөдөг найз нөхдийн тухай өгүүлжээ. Хоёр дахь мөрөнд тэдний харилцаа төгс учир ямар нэг зүйл нэмэх шаардлагагүйг анхааруулжээ. Үргэлж сайн харилцаатай байдаг найзуудыг дүрслэхдээ энэ зүйр үгийг хэрэглэдэг.

Line 1 means that these two friends are so close you cannot even put a needle between them. Line 2 means that their relationship is so perfect there is no need to add anything. This might be used when referring to friends who have a very good relationship.

#465 —*occasionally used*

Зүйр үг зүрхэнд
Зүс бороо үүлэнд

Монгол хэлэнд зүрх гэдэг үг зүрх болон сэтгэлийг хамтад нь илтгэдэг. Зүрх гэдэг бол хүний зан чанарыг багтаах газар юм. Хүмүүс зүрх сэтгэлдээ нууцаа чандлан хадгалдаг. Тэдний гаргаж буй авир ихэвчлэн бодитой үнэн байдаггүй. Сайн хүн үү, муу хүн үү гэдгийг зүрх сэтгэлийг нь харж байж мэддэг. "Зүйр үг зүрхэнд" гэсэн нь Монголчуудын зүйр цэцэн үгийг мэдээд тэдний зөвлөгөөг дагах хэрэгтэй гэсэн санаа юм. Зүсэр бороо газар шороонд ээлтэй сайн байдаг шиг зүйр цэцэн үг хүний зан чанарын төлөвшилд их хэрэгтэй.

Proverbs in the heart
Soft rain in the clouds

The one Mongolian word for heart means heart and soul. The heart is the place of a person's character. People hide secrets in their hearts. What they show on the outside is not always who they really are. It is the condition of the heart that determines if a person is good or bad. So "proverbs in the heart" means to know Mongolian proverbs and follow their advice. Just as soft rain is helpful for the land, proverbs are helpful for a person's character.

#466 —*occasionally used*

Зүйргүй үг байдаггүй
Зүйдэлгүй дээл байдаггүй

Монголчууд зөвлөгөө өгөхдөө ихэвчлэн зүйр цэцэн үг ашигладаг. Хэлэх гэж буй үгээ ямар нэг зүйлтэй зүйрлүүлж, тухайн нөхцөл байдлыг тайлбарладаг. Үүнийг зүйр цэцэн үгийн ашиг тусыг илэрхийлэхийн тулд хэрэглэж болох юм.

There is no word without comparison
There is no *deel* without stitches

Mongolians normally use proverbs when giving advice. All words have comparisons with other words that can be used to explain a situation. This might be used when teaching about the usefulness of proverbs.

#467 —*occasionally used*

Зүс үзээж
Нэр бүү асуу

Бусдын гаднах төрхийг нь ажигладаг боловч тэднийг яг ямар хүн болохыг нь мэддэггүй хүмүүсийг дүрслэхийн тулд энэ үгийг хэлдэг.

Seeing face
Does not ask the name

This might be used to describe people who only look at the outside of other people and do not really get to know the others.

#468 —*occasionally used*

Зүсээ мэдэхгүй толио муулах
Зүрхээ мэдэхгүй ханиа муулах

Нэг дэх мөр өөрсдийгөө царайлаг гэж боддог боловч толинд харахдаа өөрсдийнхөө жинхэнэ төрхийг хараад хүлээн зөвшөөрч чаддаггүй, толинд бүх буруугийг тохдог хүмүүсийн талаар өгүүлж байна. Харин хоёр дахь мөрөнд өөрөө алдаа гаргасан хирнээ бүх буруугийг эхнэр, эсвэл нөхөртөө тохогч хүний талаар

Complain about a mirror when you do not know the reality of your face
Complain about a spouse while you do not know own heart

Line 1 speaks about people who think their faces are nice, but when they look in the mirror they see a bad face and blame the mirror because they do not believe their faces look that bad. Line 2 speaks of a person who complains about the mistakes

хэлж байна. Бусдын талаар гомдол гаргахаасаа өмнө эхлээд өөрийнхөө амьдралыг харах хэрэгтэйг анхааруулжээ. Өөрийнхөө алдааг хүлээн зөвшөөрөхгүй атлаа бусдын алдааг ихэвчлэн олж хардаг хүмүүст энэ үгийг хэлдэг.

of his or her spouse when in reality it is the complainer who has made the mistake. This says look at your own life first before you complain about another. This might be used when referring to people who only see the mistakes of their spouse and not their own.

#469 —occasionally used
Зүү хаашаа бол
Утас тийшээ

Wherever the needle goes
The thread follows

Хүмүүс хүссэн хэлбэр хэмжээгээрээ оёдог. Энэ бол аливаа дүрэм журам, ёс заншил, эсвэл хүмүүсийн зөвлөгөөг дагаж, дээд тушаалтанд дуулгавартай байх хэрэгтэйг зөвлөсөн үг юм.

It is understood that you start sewing where you want the stitches to be. It can be used to advise people to follow the rules and customs or as advice for people to be obedient to their bosses.

#470 —occasionally used
Зүүгээр чичсэн шарх хортой
Зөөлнөөр чичсэн үг хортой

It is poisonous for a wound to be poked with a needle
It is poisonous for a person to be poked by soft words

Хэрэв зүүнд хатгуулбал маш их өвдөхөөс гадна, зүүний хор ордог. Үүнийг бусдыг шүүмжилж, урам зоригийг нь мохоодог хүмүүст хэлдэг. Хоёр дахь мөр нь аливаа тааруу зан чанартай хүнд үнэнийг нь хэлэлгүй сайхан үг хэлж хуураад байвал яваандаа улам муу зантай болдгийг өгүүлжээ. Хүний урмыг хугалсан үг хэлэхгүй байх, эсвэл найзынхаа алдаа дутагдлыг шударгаар хэлж сурах хэрэгтэйг зөвлөхдөө энэ зүйр үгийг хэрэглэж болно.

If a wound is poked with a needle it will be painful and might get infected. This is a metaphor for telling others critical or discouraging words. For line 2 people whose characters are not good will become worse if they are only told nice things and not the truth. This might be used when advising someone to not say discouraging words to someone or to be honest with a friend about problems.

#471 —often used
Зүүдээ ярих гээд
Хулгайгаа ярих

Speaking about dreams
Telling about stealing

Хүн өөрийнхөө зүүдийг ярих гээд бодит амьдрал дээр өөрт нь тохиолдсон зүйлийг ярих үед энэ үгийг хэлдэг.

This can be used when referring to a person who speaks about what he dreamed, when in reality he speaks about what he did.

#472 —frequently used
Зүүн чихээр орж
Баруун чихээр гарах

Goes in the left ear
Goes out the right ear

Ямар нэг зүйлийг сонссон боловч үл ойшоосны улмаас тухайн мэдээллийг ой тойндоо урт хугацаанд хадгалалгүй мартдаг хүмүүст энэ үгийг хэлдэг.

This can be used when referring to people who hear what is said, but then ignore it as though the information did not stay in their heads long enough to be remembered.

#473 —occasionally used
Зэмлэх үгийн ил нь дээр
Магтах үгийн далд нь дээр

Rebuking words are better to be open
Praising words are better to be secret

Хэн нэгнийг зэмлэхдээ тэдэнд ойлгомжтой, тодорхойгоор нүүрэн дээр нь зэмлэх хэрэгтэй. Өөр хүнд тэдний талаар хов зөөх хэрэггүй. Нөгөө талаар Монголчууд хүнийг нүүрэн дээр нь магтах хэрэггүй, учир нь магтуулсан хүн биеэ тооно гэж үздэг. Эцэг эх хүүхдүүддээ, эсвэл удирдагч нарыг магтах зүйл байвч хэлдэггүй. Тэднийг бардам зантай болохоос сэрэмжилдэг. Бусдыг учир зүггүй магтаж, эсвэл буруу зүйл хийсэн хүнийг огт зэмлэхгүй байгаа үед энэ үгийг хэрэглэх хэрэгтэй.

When rebuking someone your words should be clear and understandable to the person and not gossip to others. On the other hand, Mongolians believe words of praise should not be said or people will think they can do no wrong. Parents say this to children or to leaders. Just think praise, don't say it. They might become proud. This might also be used when people are getting ready to praise others or when they are not rebuking someone when they should.

#474 —occasionally used
Зээлүүлсэн
Гээсэн хоёр адил

It is the same to lend money and lose money

Найз нөхдөөсөө мөнгө зээлэх нь Монголчуудад элбэг тохиолддог зүйл юм. Гэвч 1990-ээд оны эхээр хүмүүст ажил олдохгүй үнэхээр хэцүү байсан тул өрөө төлөхгүй байх явдал газар авч байв. Хэрэв мөнгөө буцааж авах хэрэгтэй бол зээлүүлэх хэрэггүйг анхааруулахдаа ингэж хэлдэг.

In Mongolia it is very common for people to want to borrow money from their friends. But since the early 1990's it has been harder to find work, so not paying a debt is more common than it should be. This might be used to warn people to not lend money if they will need it paid back.

#475 —occasionally used
Зээрээр мал хийдэггүй
Зээгээр хүү хийдэггүй

A gazelle cannot be livestock
A grandson cannot be my son

Энэ хоёр мөр хоёулаа ямар ч боломжгүй зүйлийн талаар өгүүлж байна. Огт боломжгүй зүйлийг хийх гэж оролдож буй хүнд зөвлөгөө болгож энэ үгийг хэлж болох юм.

Both of these lines refer to impossibilities. It might be used as advice for someone who is trying to do something that is impossible.

#476 —occasionally used
Ид гэхээр амсах
Ор гэхээр шагайх

Just taste after being asked to eat
Just peek in after being asked to come in

Монголчуудын ёс заншлаар, айлд орохдоо хоол өгвөл идэж, гэртээ уривал гэрт нь орж хэсэг хугацаанд суух ёстой. Айл гэртээ орохыг урьж байхад, эсвэл хоол өгөхөд эелдэг хандан хүлээж авч ороогүй, эсвэл идээгүй хүнд энэ үгийг хэлдэг.

The Mongolian custom is that when food is offered you should eat and when coming to someone's home you should go in and visit for a while. This can be used to describe people who have not been polite when offered food or when invited to come inside a home.

Mongolian Proverbs

#477 —occasionally used

Идсэн ч чоно
Идээгүй ч чоно

Even if the wolf eats
Even if the wolf does not eat

Чоно мал барьж идсэн ч бай идээгүй ч бай чоно хэвээрээ л байдаг. Өнгөрсөнд ямар нэг буруу зүйл хийсэн хүнийг энэ үгээр илэрхийлдэг. Тэрээр дахиад буруу зүйл хийсэн ч бай, үгүй ч бай хүмүүс түүнийг буруутгасаар байдаг.

Whether the wolf eats or not, he is still a wolf. This can be used in reference to a person who has done something bad in the past. Whether he does it again or not, people will still accuse him.

#478 —rarely used

Идсэн чоно хонгилд
Идээгүй чоно хоморгонд

The wolf in the cave has eaten
Wolf caught by hunters did not eat

Мал барьж идсэн чоно агуйд нуугдах учир анчин түүнийг олж харж чадахгүй. Тиймээс тэр аюулгүй өнгөрдөг. Харин юу ч идээгүй чоно идэх зүйл хайж гадуур явж байгаад анчингийн дуран хараанд өртдөг. Хүн ямар нэг буруу зүйл хийвэл эргэн тойронд нь байгаа хүмүүс түүнийг ямар нэг зүйл хийжээ гэж сэжиглэгдэг. Гэмт хүн шиг харагдаж байгаа хүнийг хараад түүнийг ямар нэг буруу зүйл хийжээ гэж сэжиглэх үед энэ зүйр үгийг хэрэглэж болно.

The wolf who ate in the cave cannot be seen by the hunters, so he is safe. The wolf who has not eaten is out looking for food and therefore can be seen and caught by hunters. It is believed that when people do something wrong the people around them will suspect that they have done something. This might be used when referring to someone you think is guilty of doing something wrong because he looks guilty.

#479 —often used

Идсэн эрүү <u>хувхайрч</u> (хувхайрна)
Идүүлсэн бут <u>ургадаг</u> (ургана)
(ногоордог) (ногоорно)

The chin that has eaten turns (will turn) deathly pale
Bush that was eaten <u>grows</u> (will grow) (becomes green) (will be green) again

Монголчууд малын махыг идэхдээ ясыг нь гартал сайтар мөлждөг учир яс л үлддэг. Яснаас мах ургах боломж мэдээж байхгүй. Харин нөгөөтэйгүүр малын идсэн өвс ногоо дахиад л ургана. Хэн нэгэн хүн өөр хүнийг буруутгах үед нөгөө буруутгуулсан хүн хэзээ нэг өдөр гэм зэмгүй нь мэдэгдэх болно гэсэн утгаар хэлдэг. Түүний нэр хүнд удахгүй өсөх болно. Бусдын юмыг ашиглан буруу арга замаар баяжиж буй хүмүүст анхааруулах маягаар энэ үгийг бас хэрэглэж болно. Тэд өөрсдийнхөө нэр хүндийг алдах зүйл хийж байна гэсэн үг. Мөн хэн нэгнийг гомдоох үг хэлсэн хүмүүст энэ үгийг хэлэх нь ч бий. Тэд цаг нь болохоор үхнэ.

When Mongolians eat meat, they eat every piece until there is only white bone left. The meat of course does not grow back. On the other hand, after an animal grazes, the plants will grow again. Some people might use this when someone has accused another of doing something wrong. The one who was accused will say this meaning that later they will discover he was wrongly accused. His good name will rise up. Other people might use it to caution people about becoming rich in a wrong way that hurts others. They risk losing their good name. And other people might use it when someone has used hurtful words. Those people will eventually die.

#480 — *occasionally used*
Идэх нь гахай
Явах нь могой

Энэ зүйр үг маш их иддэг боловч могой шиг удаан хөдөлгөөнтэй хүнийг дүрслэн харуулдаг.

Eating like a pig
Traveling like a snake

This might be used to describe a person who eats a lot, but moves slowly like a snake.

#481 — *occasionally used*
Идэх нь өмнөө
Хийх нь хойноо

Ажил хийхээсээ өмнө идэж уудаг, эсвэл ажлаа үргэлж хойш тавьж, идэж уухаа үргэлж урьтал болгодог хүмүүст энэ зүйр үгийг зөвлөгөө болгож хэлдэг.

Eats before
Does later

This might be used to advise someone to eat before working or when referring to someone who is always ready to eat but puts off work until later.

#482 — *often used*
Идэхдээ эр бар
Хийхдээ хашин бух

Ховдог, залхуу хүнийг энэ зүйр цэцэн үгээр дүрсэлж болно.

Eats like a male tiger
Does like a lazy bull

This might be used to describe a lazy person who likes to eat.

#483 — *occasionally used*
Идэхэд бүү яар
Авахад бүү саар

Хэт хурдан идэх нь ходоодонд халтай нь ойлгомжтой. Хэн нэгэн хүн танд ямар нэг зүйл өгвөл бүү хойрго бай гэдгийг хоёр дахь мөрөнд өгүүлжээ. Хүн залхууран суусаар хожим нь өөр хүнд өгснийг нь мэддэг. Мөн хүний өгсөн юмыг хүлээж авч сурах хэрэгтэйг зөвлөсөн үг юм.

Do not rush to eat
Do not be slow receiving

It is understood that eating too fast is harmful for the stomach. The second line refers to not being slow when someone offers you something. The lazy person waits and discovers it has been given to another. This might be used to advise people to accept what has been offered to them.

#484 — *frequently used*
Идээ эзнээ танихгүй
Ирэг сүүлээ танихгүй

Хонь нэгэнт сүүлээ харахгүй тул өөрийнхөө сүүлийг танихгүй. Бэлэг ч гэсэн өгсөн эзнээ танихгүй. Учир нь бэлэгний эзэн бэлгээ өгчихөөд яваад өгдөг. Хэн нэгэн хүн саванд бэлэг хийж өгвөл савыг буцаахдаа бэлэгнээс нь үлдээх хэрэгтэйг хүмүүст сануулж энэ зүйр үгийг хэлдэг. Мөн савыг нь хоосон буцаахгүйн тулд саванд нь ямар нэг өөр юм хийж өгдөг. Энэ зүйр үг нь байгаа зүйлээ бусадтай хуваалцах хэрэгтэйг сануулдаг.

The treat does not recognize its giver
The ram does not recognize its tail

It is understood that the ram does not know its tail because he cannot see it. A gift does not know its giver because it has been given away and so can no longer see the person. This can be used to remind people that when they are given something in a container, they should offer some of it back to the giver. Also they should return the container with something in it. Additionally, it is a reminder to share what we have.

#485 —often used
Идээний дээд архи
Эдийн дээд хадаг

Идээний дээдийг архи, хүндэтгэлийн дээдийг хадаг гэж Монголчууд үздэг. Энэ нь үндэсний өв уламжлалын үнэ цэнийг илэрхийлж байна.

The highest treat is vodka
The highest thing is blue silk

Vodka is considered the most valuable treat and the highest honor is to receive blue silk. This describes traditional values.

#486 —occasionally used
Илжиг ачуулах дуртай
Эргүү магтуулах дуртай

Монголчууд илжгийг хамгийн мунхаг амьтанд тооцдог. Илжгэнд хичнээн ч ачаа ачсан хэзээ ч гомдоллодоггүй. Үүний нэгэн адил тэнэг хүнийг магтвал хэдийгээр түүнд муугаар нөлөөлсөн ч магтаалд дурладаг. Үүнийг үргэлж магтуулж, хүндэтгэл хүлээж байх дуртай хүмүүст хандаж хэлж болно.

A donkey likes to be loaded
A fool likes to be praised

Mongolians consider donkeys to be the dumbest animal. They do not complain when more is added to their load. In the same way, the fool likes it when praise is piled on him, even if it is harmful. This might be used when referring to someone who likes to receive a lot of praise.

#487 —often used
Илжиг модон хударгандаа (дуртай)

Монголчууд илжгийг хамгийн мунхаг амьтанд тооцдог. Илжгээр хүссэн зүйлээ хийлгэх үнэхээр бэрх. Илжиг байнга ташуурдуулдаг. Эзнийхээ хүссэнийг ташуурдуулж байж хийдэг тул ташуурт дуртай гэж ярьдаг. Үүний нэгэн адил хүүхдүүдэд сахилгажуулалт хэрэгтэй. Тэдний хүсээгүй зүйлийг нь хийлгэхийн тулд хүчлэх үе ч гардаг. Ямар нэг юмыг хийх хэрэггүй гэдгийг мэдсээр атлаа хийж, асуудалд ордог хүмүүст зөвлөхдөө энэ үгийг хэрэглэж болох юм. Мөн бусдыг сонсолгүй өөрийнхөөрөө хичээнгүйлэн ажилладаг, эсвэл хэн нэгний эрх мэдэл доор байдаг хүмүүст хэлж болох юм. Мөн арайхийн амь зуун амьдарч байгаа атлаа үүнийгээ өөрсдийнхөө хувь заяа гэж боддог хүмүүст энэ зүйр үгийг хэлж болно.
Заримдаа өөрийн арга замаа өөрчлөхийг хүсэхгүй байгаа зөрүүд хүнийг ч энэ үгээр хэлдэг. Тэд үргэлж өөрийнх нь арга л зөв хэмээн боддог.

A donkey likes its wooden cruper

Mongolians consider the donkey to be the most stupid animal of all. It is hard to get a donkey to do what it does not want to do. They need to be hit with a stick, so it is said they must like to be hit because they continue to do things that require that their owners hit them. In the same way, young children need discipline and sometimes need to be forced to do what they do not want to do. Some people might use this when they want to advise people not to do something but they do it anyway and then have problems. Other people might use it to refer to people who work hard or who live under others' authority but they do not listen. Other people might use it when referring to people who just barely live and it is their only way to live. Other people use it to refer to people who are stubborn and don't want to change their ways. They always think their method is the best.

#488 —often used

Илжиг таргалбал
Эзнээ өшиглөнө

If donkey gains weight it will kick the owner

Монголчууд илжгийг хамгийн мунхаг амьтанд тооцдог. Хэдийгээр илжгийг сайн арчилсан ч ач хариулж мэддэггүй. Бусдын хайр халамжийг хариулж мэддэггүй хүмүүсийг энэ зүйр үгээр хэлдэг. Жишээ нь: Залуу тамирчин олон улсын тэмцээнд оролцжээ. Гэвч тэр сайн амжилт үзүүлж чадсангүй. Түүнээс ярилцлага авсан сурвалжлагчид тэрээр "Хэрэв манай багш намайг сайн дасгалжуулсан бол би арай илүү сайн өрсөлдөх байсан юм" гэж хариулжээ. Дасгалжуулагч нь хэдийгээр сайн дасгалжуулаагүй байж болох ч олон улсын тэмцээнд оролцох хэмжээнд хүргэнэ гэдэг бол талархууштай хэрэг. Тэгвэл энэ зүйр цэцэн үгийг тэр залуу тамирчинд хэлж болно. Эцэг эхээ хүндэлдэггүй хүүхдүүдэд, эсвэл ажилд авсан ажил олгогчоо хүндэлдэггүй ажилчинд энэ үгийг хэлж болно.

Mongolians consider the donkey to be the most stupid animal of all. Even if the donkey is treated nicely it is not appreciative of that treatment. Some people might use this to describe a person who is not appreciative of others' kindness. An example is a young sportsman who participated in an international competition. He did not do well. When he was interviewed he said, "If my teacher had been better at training me I would have done better." Maybe he did not do well but it was thanks to the teacher that he became good enough to even qualify to participate in the competition. This proverb could be said about the young sportsman. Other people might use it about children who do not respect their parents or employees who do not respect their employers.

#489 —often used

Илжиг шиг зөрүүд
Зараа шиг хэрүүлч

Stubborn like a donkey
Quarrelsome like a hedgehog

Монголчууд илжгийг хамгийн мунхаг амьтанд тооцдог. Илжиг бас их зөрүүд амьтан. Зараа ч мөн нөхөрсөг бус гэдгийг хүн бүхэн мэднэ. Энэ зүйр цэцэн үгээр зөрүүд, нөхөрсөг бус хүнийг дүрсэлдэг.

Mongolians consider the donkey to be the most stupid animal of all. It is also known to be very stubborn. The hedgehog is known for not being friendly. This might be used to describe an unpleasant stubborn person.

#490 —frequently used

Илжигний чихэнд
Ус хийсэн ч сэгсэрнэ
Алт хийсэн ч сэгсэрнэ

Pouring water into a donkey's ear
He will shake it out
Pouring gold, he will shake it out

Монголчууд илжгийг хамгийн мунхаг амьтанд тооцдог. Монголчуудын үнэ цэнэ багатай гэж боддог усыг илжигний чихэнд цутгавал илжиг сэгсэрч орхино. Мөн маш их үнэ цэнэтэй алт хийсэн ч илжиг үнэ цэнийг нь мэдэхгүйн улмаас сэгсэрч орхино. Энэ зүйр үгээр тэнэг хүнийг дүрсэлдэг. Тэнэг хүнд хичнээн сайн зөвлөгөө өгсөн ч үнэ цэнийг нь ухаарч ойлгохгүй учир зөвлөгөөг сонсож, дагадаггүй.

Mongolians consider the donkey to be the most stupid animal of all. If water, which Mongolians see as being of little value, is poured into a donkey's ear it will shake it out because it is irritating. And because the donkey cannot recognize value, it would shake out gold also, even though it is valuable. This can be used to refer to a foolish person. He will not listen to and follow good advice because he does not recognize the value in it.

#491 —frequently used

Илүү харж
Билүү долоох

Өөрт өгөгдсөнөөс илүү ихийг үргэлж хүсч, шунаж байдаг шунаг хүнийг энэ үгээр дүрсэлдэг. Хэдийгээр та түүнд бүх зүйлээ өгсөн ч танд үлдсэн билүү чулууг хүртэл долоож үзэхийг тэд хүсдэг.

Looks at more
Will lick a whetstone

This might be used to describe greedy people who always want more no matter how much they are given. And if everything is gone, they will even want to taste the stone you have.

#492 —frequently used

Инээсэн бүхэн нөхөр биш
Уурласан бүхэн дайсан биш

Соёлын үүднээс харвал сайн нөхөр үргэлж тусалж дэмжиж байдаг. Хэрэв найзынхаа ямар нэг юмыг засах гэж оролдвол түүнийг цаашид найз гэж үздэггүй. Ийм тохиолдол элбэг байдаг. Хэдийгээр гашуун ч гэсэн үнэнийг хэлж, зөвийг зааж өгөх найз хэрэгтэй болохыг сануулахдаа энэ зүйр үгийг ашиглаж болно. Жинхэнэ найз нөхөд алдаа дутагдлыг илчилж, үнэнийг хэлдэг. Энэ зүйр үг нь найз нөхөддөө үнэнийг хэлэх хэрэгтэйг зөвлөсөн үг боловч хүмүүс ихэвчлэн үүнийг дагадаггүй. Дагадаггүйн нэг шалтгаан бол тэдний хоорондох харилцаанд ямар нэг сэв суухаас айх айдас юм. Үнэнийг хэлэхийн оронд хүмүүс юу ч хэлэлгүй өнгөрөх нь их бий.

Everyone who smiles is not a friend
Everyone who is angry is not an enemy

Culturally the good friend is always supportive. It is common that if a friend receives correction from a friend, he will no longer consider this person a friend. This can be used when people need to correct a good friend with the truth, even though it may hurt. Good friends should be willing to be truthful about our shortcomings. People use this to advise other people how they should tell truthful words to their friends, but it is rarely followed. One of the worst fears is that my actions will cause a break in my relationship with my friend. Rather than risking that break, people say nothing.

#493 —often used

Инээсэн хүн гэмтэй
Ирсэн хүн учиртай

Хэрэв хүн ганцаараа инээвэл түүнийг ямар нэг буруу зүйл хийжээ гэж ойлгодог. Хэрэв хэн нэг хүн ирвэл хүмүүс яагаад ирсэнийг асуух хэрэгтэй, учир нь ямар нэг учир шалтгааны улмаас ирсэн хэрэг гэдгийг хоёр дахь мөр өгүүлж байна. Хүмүүс асуух нь эелдэг бус хэрэг гэж үздэг учраас ихэвчлэн асуудаггүй. Харин ирсэн хүн цаг нь болохоор яагаад ирсэн тухайгаа тайлбарладаг. Энэ нь ямар нэг учир шалтгаангүйгээр инээж байгаа хүнийг хараад хэлдэг үг юм.

A person laughs because of guilt
A person comes for a reason

It is believed that if a man is laughing alone, he is probably guilty of something. In line 2 it is understood that when someone comes, some people will ask why because there is always a reason. Others will not ask why because they believe it is not polite. The visitor will explain the reason when they are ready. This might be used when we see a person who is smiling for no apparent reason.

#494 —*frequently used*
<u>Инээхийг</u> (Инээснийг) асуу
<u>Уйлахыг</u> (Уйлсныг) бүү асуу

Инээж байгаа хүнээс яагаад инээж байгааг нь асуух хэрэгтэй. Учир нь тэр тантай сайхан зүйлийг хуваалцана. Харин уйлж байгаа хүн танд өөрийнхөө асуудлыг л ярина. Хэрэв хүн уйлж байвал тэдний дэргэд байж, ярьж эхэлтэл нь хүлээх хэрэгтэй. Ямар нэг юм ярихаас нь өмнө юу ч бүү асуу.

Ask the laughing person
Do not ask the crying person

When a person is laughing, ask why because that person will have a good conversation with you. The crying person will only tell you his problems. If people are crying, just touch and sit and wait until they speak. Do not ask before they speak.

#495 —*frequently used*
Иргэн баян бол
Улс баян

Энэ бол бодит үнэнийг өгүүлсэн илэрхийлэл юм. #498-г үз.

If the citizens are rich
The country is rich

This is considered a statement of what is true. See #498.

#496 —*frequently used*
Ирсэн гийчин буцдаг
Орсон бороо арилдаг

Бороо орж байгаа бол хэсэг хугацааны дараа зогсдог. Үүний нэгэн адил ирсэн зочин буцдаг. Зочин ирээд буцсаны дараа энэ үгийг хэлж болно. Зочныг үдэж өгөхдөө гэрийн эзэн зочинд, эсвэл зочин гэрийн эзэнд хэлж болно.

The guest who came goes back
The rain that came goes away

It is understood that after a while, rain will stop. In the same way, in time visitors will leave. It might be used when a guest comes and later leaves. The guest might say it to the host or the host to the guest when the guest is leaving.

#497 —*frequently used*
Ирсэн замаараа
Сурсан дуугаа дуулж буцах

Өөрийнхөө хэрэглэж сурсан мэддэг арга зам, эсвэл өөрт таатай байдаг зүйлээ эргэн хийж эхлэхийг хүсч буй үедээ энэ зүйр үгийг хэрэглэдэг. Зарим хүн энэ үгийг аялалын зорилго нь биелээгүй тохиолдолд хэрэглэдэг.

Return the way you came
Singing the song you learned

This can be used when you want to return to the way things used to be, the things you know and with which you are comfortable. Some might say it if the purpose of their trip was not accomplished.

#498 —*often used*
Ирэг тарган бол хот баян
Иргэн баян бол улс баян

Хэрвээ ирэг тарган бол энэ нь өвс ногоо сайтай байгаа тул хонь мал өсч, хүмүүс ч хоол унд сайтай байхыг илэрхийлж байна. Үүнийг үнэнийг өгүүлсэн илэрхийлэл гэж үздэг. #495-г үз.

If rams are fat, a city is rich
If the citizens are rich, the country is rich

If the rams are fat, it means the grass is good and the flock will multiply and the people are eating well. This is considered a statement of what is true. See #495.

#499 —regularly used
Их барьсан ч өмхий
Бага барьсан ч өмхий

When you hold it a lot it stinks
When you hold it a little it still stinks

Энэ зүйр үг хэрэв бид ямар нэг буруу зүйл хийсэн бол их ч бай бага ч бай буруу л байдгийг харуулсан. Ганцхан удаа буруу зүйл хийсэн учраас их буруу зүйл хийгээгүй гэж хэлж болохгүй. Ямар нэг буруу зүйлийг ганцхан удаа хийсэн ч энэ нь олон удаа хийснээс ялгаагүй. Нэг их буруу зүйл хийгээгүй мэт санагдах ч буруу зүйлийг бүү хийгээрэй хэмээн анхааруулж, тэдэнд зааж сургахдаа зарим хүмүүс энэ зүйр үгийг хэрэглэдэг.

This states that when we have done something wrong either a little or a lot, it is still wrong. People cannot say that they did not really do something bad because they did it only once. Doing something wrong even once is too many times. Some people might use this when they want to teach someone not to do something bad even though it does not look like very much.

#500 —frequently used
Их мөрөн дөлгөөн
Эрдэмтэй хүн даруу

A large sea is calm
A knowledgeable person is humble

Их мөрөн дөлгөөн
Их (Эрдэмт) хүн даруу

A large sea is calm
A great (knowledgeable) man is humble

Үнэхээр мэдлэгтэй, эсвэл агуу хүмүүс даруу байдаг учир сайрхаж бардамнадаггүй. Монголчууд ийм хүмүүсээр их бахархдаг. Их эрдэм мэдлэгтэй атлаа даруу хүмүүсийг ийнхүү илэрхийлдэг.

A really knowledgeable or great man is humble and does not brag. Mongolian people are proud of people with this character. These might be used when referring to a knowledgeable or great person who is humble.

#501 —often used
Их нь ичиж
Бага нь уйлах

The big are ashamed
The little cry

Хүүхдүүд нь муу муухай зан авир гаргахад эцэг эх нь ичдэг. Дараа нь хүүхдүүд шийтгэл амсаад уйлдаг. Эцэг эх нь хүүхдүүдээ зөв зан араншинтай байхгүй бол шийтгэнэ гэдгийг анхааруулахдаа энэ зүйр үгийг хэрэглэдэг.

Adults are ashamed when their children misbehave. Children then cry because they are disciplined. This might be used by parents warning their children to behave properly or they will be punished.

#502 —often used
Их савны ёроол
Хоосонгүй

The bottom of the big container is not supposed to be empty

Хүний мэдлэгийн талаар өгүүлэхдээ энэ үгийг ихэвчлэн хэрэглэдэг. Янз бүрийн сэдвээр өргөн мэдлэгтэй хүмүүсээс ямар нэг асуулт асуувал тэд хариулах чадвартай байдаг. Хэрэв тэрээр хариулж чадахгүй байвал асуулт асуусан хүн энэ зүйр үгийг "Та миний асуусан зүйлийн талаар бага ч гэсэн мэдэж л байх ёстой доо" гэсэн утгаар хэрэглэдэг.

This is normally used in reference to a person's knowledge. People who have a wide knowledge in a variety of subjects are supposed to be able to share some amount of information if they are asked a question. If their response is that they have nothing to answer, the questioner might say this proverb meaning, "You should know at least a little bit about what I asked."

#503 —frequently used

Их санасан газар
Есөн шөнө хоосон (хононо)

Нэг дэх мөр бол хүний ихэд хүсэж бодож буй зүйлийн тухай өгүүлж, харин хоёр дахь мөрөнд есөн шөнө юм идээгүй гэсэн утга гарч байна. Ямар нэг юмыг үнэхээр их найдан хүлээж байсан боловч ямар ч үр дүн гараагүй болохыг илэрхийлэхдээ энэ зүйр үгийг хэрэглэдэг. Жишээ нь: Цагаан сараар хүмүүс хөдөө байгаа ах дүү нартаа очиж золгодог. Хэрэв очиж буй айл нь мал сүрэг арвин бол зочлон очиж буй хүмүүс нь ганц нэг хонь өгөх байх хэмээн боддог. Гэтэл юу ч өгөхгүй бол зочилж очсон хүмүүс хүсэн найдаж байсан зүйлээ авч чадаагүйн учир хоосон мэт сэтгэгдэл төрж есөн шөнө хоосон гэж илэрхийлдэг.

A place thought about a lot
Nine nights were (will be) empty

Line 1 refers to something a person thinks a lot about. Line 2 means not eating for nine days. This might be used to describe a situation where we have anticipated a good outcome, only to be disappointed. For example, for *Tsagaan Sar* people often go to visit relatives in the countryside. If they have a lot of animals, the visiting family members might assume and anticipate that they will be given a sheep. When that does not happen, those who had expectations might say this meaning that to not receive what they had been looking forward to creates an emptiness that is like not having food for nine days.

#504 —often used

Их чулууг бага чулуугаар хөдөлгөх

Хэрэв хэн нэг хүн том төсөл хэрэгжүүлж байвал багаас эхлэх хэрэгтэйг зөвлөхдөө энэ зүйр үгийг ашиглаж болно. Мөн өчүүхэн бага хөрөнгө оруулалт хийгээд маш их ашиг олох боломжтой үед ч үүнийг хэрэглэж болно.

Move big stone by moving little stones

It might be used if people have a large project and you want to advise them to start with small steps. Or, it might be used when someone is able to make a large profit with only a small investment.

#505 —occasionally used

Ихийг санахаар
Багыг чармай

Ямар нэг юмыг хийх юмсан гэж мөрөөдөж суухын оронд хийж эхлэх хэрэгтэйг сануулан урамшуулахын тулд энэ зүйр үгийг хэрэглэж болно.

Instead of dreaming big
Make a small effort

This can be used to encourage someone not to just dream about doing something, but to start doing it.

#506 —regularly used

Ичих нүүрэндээ
Илэг наасан
Айх нүүрэндээ
Арьс наасан

Хэрэв хүн айвал дээлийнхээ ханцуйгаар нүүрээ тагладаг. Хүн ичих, айх үедээ сэтгэл хөдлөлөө янз бүрээр илэрхийлдэг. Эхний мөрийг байнга хэрэглэдэг. Ямар ч ичих яздалгүйгээр олны өмнө ямар нэг буруу зүйл хийж байгаа хү-

Shame on your face
Suede is stuck
Fear on your face
Leather is stuck

When we are afraid we pull our *deel* sleeve up over our face. Whether we are embarrassed or afraid, we show our emotions. The first line is the one most used. It is to describe somebody who is doing something bad out in the open with no shame at all.

нийг энэ үгээр дүрсэлдэг. Гурав, дөрөв дэх мөрийг хүмүүст хүндэтгэлтэй ханддаггүй хүмүүсийн тухай ярихдаа хэрэглэдэг.

Lines 3 and 4 may also be used as a metaphor for people who do not show proper respect towards others.

#507 —*frequently used*
Ишиг эврээ ургахаар
Эхийгээ мөргөх

Өсөж том болоод эхийгээ эврээрээ мөргөдөг ишигтэй хүүхдийг зүйрлүүлжээ. Өсөж том болсон хойноо эцэг эхтэйгээ маргалддаг хүүхдүүдийг энэ зүйр үгээр дүрсэлдэг. Тэд хүчирхэг болоод хамгийн ойр дотнын хүмүүсээ гомдоодог. Мөн оюутан ба багш, ажилчин ба даргын харилцааг ч энэ үгээр дүрсэлж болно.

The kid hits his mother
When his horns are grown

The kid refers to a baby goat, who when grown might hurt its mother with its horns. This can be used to describe children who when they grow up start to argue with their parents. They harm the people closest to them when they get strong. This might also apply to students and their teachers, or employees and their employers.

#508 —*regularly used*
Лам олдохгүй (бол)
Буцахдаа залъя гэгчээр

Хөдөө нутагт хүнд хэцүү цагт дуудах лам олдохгүй бол тэдэнд тусалж чадах настай хүмүүсийг урьж залах тухай өгүүлжээ. Мэргэшсэн хүн олдохгүй бол тус болж мэдэх өөр хүмүүст хандах хэрэгтэйг зөвлөхдөө хэрэглэж болно.

(If) *lama* is not found
Return home and invite another

This refers to a time when it was difficult for peple to find a *lama* in the countryside to help them with their problems, so people would ask an old man or woman to come to them. This might be used when a professional person is not available, to advise someone to ask another person who can help.

#509 —*occasionally used*
Магад үхэхээ мэдэвч
Маргааш үхэхээ мэдэхгүй

Бид мөнхөд амьдрахгүйг бидэнд сануулж байна. Бид хэзээ нэг цагт үхнэ гэдгээ мэддэг ч яг хэзээ гэдгээ мэддэггүй.

You might know you will die
You don't know if you will die tomorrow

This can be used as a reminder that we will not live forever. We know we will die, but we do not know when.

#510 —*occasionally used*
Магтвал тэнгэрт тулгах
Муулбал газарт оруулах

Хүнийг магтвал тэд биеэ тоодог, харин шүүмжилбэл урам зориг нь мохдог гэж Монголчууд итгэдэг. Аливаа хүнийг хэр их магтаж, эсвэл хэр их шүүмжилснийг илтгэхийн тулд энэ зүйр үгийн мөрүүдийг тус тусад нь хэрэглэдэг.

If you say nice things about people they will reach the sky
If you say bad things about people they will go to the ground

Mongolians believe that if people are praised they will become proud and if they are criticized they will become depressed. The two lines are typically used separately to express the extent to which the person has been praised or criticized.

#511 —occasionally used

Магтлаа гэж (гээд) бүү баяс
Муулаа гэж (гээд) бүү гунь

Магтуулсан, эсвэл зэмллүүлсэн хүнд энэ үгийг зөвлөгөө маягаар хэлдэг. Хэн нэг нь таныг магтвал өөрийгөө төгс болчихлоо хэмээн бүү бод. Хэн нэг нь таныг муучилбал өөрийгөө муу хүн гэж бүү бод.

Do not be happy because of praise
Do not be sad because of gossip

This can be used as advice for someone who is either being praised or criticised a lot. When someone praises you, do not think you are perfect. When someone says bad words about you, do not think you are totally bad.

#512 —regularly used

Магтсан хүүхэн хуримдаа (унгах)
Бахадсан бөх амандаа

Нэг дэх мөрийг дангаар нь байнга ярианд хэрэглэдэг. Хоёр дахь мөр нь ам бардам хүнийг илэрхийлж байна. Бүхний анхаарлын төвд байгаа хэрнээ бусдын өмнө алдаа гаргасан хүнд энэ үгийг хэлдэг. Бидний хэтрүүлэн магтдаг хүмүүс заримдаа бидний найдлагыг хөсөрдүүлж алдаа гаргадаг.

A complimented bride at her wedding (has gas)
A proud wrestler loses because of his choice

Line 1 by itself is the most popular. Line 2 refers to a wrestler who brags. This can be used for a person at the center of attention who then makes a mistake that others see. People we overly adore do have their shortcomings and therefore fail to meet our expectations at times.

#513 —occasionally used

Мал гэвэл манасхийх
Мах гэхээр өндөсхийх

Мал гэхээр манас гэх
Мах гэхээр ухасхийх

Мал гэхээр яс нь хавтайх
Мах гэхээр магнай нь тэнийх

Мах гэхээр ухасхийх
Мал гэхээр манасхийх

Дөрөв дэх хувилбар нь эхний хоёр хувилбараас мөрний дараалаар өөр байна. Харин гурав дахь хувилбарт гарч буй яс хавтайх гэдэг нь хойш сууж, юу ч хийхгүй залхуурч байгааг илэрхийлжээ. Магнай тэнийх гэдэг нь тухайн хүний баяртай байгааг илтгэж байгаа юм. Эдгээр зүйр үг нь залхуу хүнийг дүрсэлж байна. Тэд гадаа гарч мал сүргээ хариулж, ажил хийхийг хүсэхгүй атлаа хоол ундны цаг болоход баярлаж, идэвхтэй нь аргагүй хөдөлдөг байна.

Gets upset hearing about the herd
Gets up hearing about the meat

Reels when hearing about the herd
Enthusiastic when hearing about meat

The bone gets flat after hearing about the herd
The forehead stretches after hearing about meat

When meat is mentioned, jumps up
When livestock is mentioned, faints

The fourth variant is a reversal of the two lines. In the third variant, the bone getting flat means the person pulls back and crouches down not wanting to do something. The forehead stretching means the person is happy. These proverbs describe lazy people. They do not want to work (go out and take care of the animals), but they are very active and happy when it is time to eat.

Mongolian Proverbs

#514 —occasionally used

Мал таргаараа
Хүн хувцсаараа

Малыг таргаар нь шинжиж болно. Хүнийг хувцаслалтаар нь мэддэг. Өөрийнхөө гадаад үзэмжид анхаардаггүй хүнд энэ үгийг хэлж болно.

An animal by its fat
A person by his clothes

An animal is known by its fat. A person is known by what he wears. It can be said to someone who seems to disregard his appearance.

#515 —regularly used

Мал тэжээвэл
Хошуу (ам) тосолдог (тосдоно)
Хүн тэжээвэл
Хүч нэмдэг (нэмнэ)

Хэрэв малаа сайн өсгөвөл идэх хоолтойгоо байна. Тостой ам гэдэг нь тэр хүн цатгалан байгааг илэрхийлж байна. Хонины мах их өөх тостой байдаг. Хэрэв хүн хүүхдүүддээ анхаарал тавьж өсгөвөл тэд өсөж том болоод эцэг эхээ хөгширөхөд нь асарч тойлдог. Мал сүргээ сайтар хариулж, тарга тэвээрэг сайн авахуулах хэрэгтэй болохыг ойлгуулахын тулд нэг, хоёр дахь мөрийг, хүүхдүүдээ сайн асраарай гэсэндээ гурав, дөрөв дэх мөрийг хэрэглэж болно. Хэн нэгэн хүн хүний мөс чанаргүй хүнд тус хүргэсэн ч эргээд ямар ч нэмэргүй байвал гурав дахь мөрийг тусад нь салгаж хэлэх үе байдаг.

If you feed your herds,
Your mouth becomes (will be) oily
If you feed a person,
He becomes (will become) strong

If you care for your animals you will have meat to eat. An oily mouth means a person is eating well. Sheep meat is oily. If you care for your children and feed them, they will grow up and help you when you are old. It might be used when encouraging someone to work and take care of their animals (lines 1 & 2) or when encouraging people to take good care of their children (lines 3 & 4). Sometimes Line 3 is used separately to refer to when you helped a bad person who then did not treat you well.

#516 —frequently used

Мал хөлөөрөө
Хүн хэлээрээ

Мал хөлөөрөө явж хоолоо олж иддэг. Харин хүмүүс үг хэлээр харилцдаг. Хэрэв бусадтай харилцах харилцаан дээр асуудал гарсан бол энэ зүйр үгийг хэрэглэж болно. Энэ нь хэрэв бид хоорондоо сайтар ярилцвал асуудлыг шийдвэрлэж болно гэсэн утгатай.

An animal by its feet
A person by his speech

An animal uses its feet to find food and to survive. People use verbal communication to relate to others. It might be used when we are having a communication problem with others. It means if we will talk with each other we can have resolution.

#517 —occasionally used

Мал эзнээ дууриах
Малгай толгой дууриах

Мал сүрэг эзнийхээ ааш араншинг дагадаг шиг малгай ч гэсэн тухайн хүний толгойны хэлбэрээр хэвд ордог. Ажилчдынх нь зан чанар эзнийхээ, хүүхдүүд нь

An animal imitates its owner
A hat imitates its head

Just as animals will follow the character of their owners and a hat takes the form of the head on which it is put, we can see the character of a boss in his workers or the

эцэг эхийнхээ зан чанарыг дуурайдаг болохыг бид мэднэ. Ажилчид болон хүүхдүүдийнх нь зан чанар захирал ба эцэг эхийнхээ зан чанарыг хэрхэн дуурайсныг хараад энэ зүйр үгийг хэлж болно.

character of parents in their children. This might be used when commenting on the character of workers or children and how they can also be seen in the workers' boss or in the children's parents.

#518 —*regularly used*

Малгай тавибал манайх
Маргааш болбол хүнийх

If a hat is placed, my home
If tomorrow comes, will go to someone else's home

Ямар ч урилга заллагагүйгээр ирээд шөнийг өнгөрөөж буй зочны талаар өгүүлжээ. Харин ирсэн зочин дахин хонох болбол гэр оронд нь тусалж, төлбөр төлөх юм уу, эсвэл өөр айлд хонох хэрэгтэй. Зарим хүн цагийг дэмий бүү үр гэж сануулахдаа үүнийг хэрэглэдэг.

This can be used to refer to a guest who unexpectedly comes and stays the night. To stay the second night he needs to help around the home or pay or go to someone else's home. Some might use it to warn people to not waste time.

#519 —*occasionally used*

Малд махан нүдтэй
Хоолонд хоёр нүдтэй

People have an eye to watch their animals
People have two eyes for food

Энд залхуу хүмүүсийг дүрсэлжээ. Тэд мал хуйгаа хариулах өчүүхэн ч сонирхолгүй. Харин хоолонд сонирхолтой байдгийг хэлжээ.

This describes lazy people. They have little interest in working (watching over the animals), but they have a lot of interest in food.

#520 —*occasionally used*

Манцуйтай байхдаа манайх боловч
Магнаг эдлэхээрээ хүнийх болдог

When in a baby blanket, ours
When wearing a *magnag*, becomes other's

Магнаг гэдэг бол дээл хийхэд зориулсан онцгой сайн чанарын торго юм. Бага байхдаа үрчлүүлж, өсгүүлсэн хүүхдийн тухай энд өгүүлж байна. Өсч торниод баяжиж, магнаг өмсөөд ирэхээрээ өсгөсөн аав ээждээ юугаар ч туслахгүй байгаа тохиолдолд хэлдэг. Мөн охин нь гэрлээд нөхрөө дагаж өөр аймаг уруу шилжин суурьшихад энэ зүйр үгийг бас хэлдэг.

Magnag is a special silk of good quality for a *deel*. This describes people who were adopted as babies and were helped as they grew up. Then as adults they became rich (wore a *magnag*), but did nothing for the parents who raised them. Or, it might be used to refer to a daughter who got married and moved with her new husband to another province.

#521 —*often used*

Маньд хамаагүй
Хаданд чимээгүй

It does not concern me
It does not echo along the cliff

Хад чулуу ч сураг чимээ сонсохгүй хэмээн хоёр дахь мөрөнд нь өгүүлжээ. Эргэн тойронд болж байгаа үйл явдал ч юм уу, хүний хэлж буй үг надад хамаагүй гэж бодсон үедээ энэ зүйр үгийг хэрэглэдэг.

Line 2 means that even the rocks do not hear the noise. This might be said when you are not interested in what is happening around you or what is being said.

#522 —frequently used
Маргаашийн өөхнөөс
Өнөөдрийн уушиг дээр

Уушиг бол үнэндээ мах биш. Гэвч бид өөр идэх юм байхгүй бол маргааш өөхтэй мах иднэ гэж хүлээлгүйгээр идэх л хэрэгтэй. Бид байхгүй зүйлийг мөрөөдөж сууснаас байгаа зүйлээ ашиглах нь зүйтэй. Өгсөн хоолыг голж шилэх үед энэ зүйр үгийг хэрэглэж болно. Зарим хүмүүс хаана, юу ярьж байгаадаа анхааралтай байхыг сануулахдаа үүнийг хэрэглэдэг.

Lungs for today is better than
Fat for tomorrow

Lungs are not really meat, but if it is all we have then we need to eat and not wait for meat with fat We need to use what we have and not only dream about what might be. This might be used when people are picky about what is offered for a meal. Some people might use it to warn people to be careful what they are saying and how they are saying it.

#523 —regularly used
Мартсанаас
Мал мэнд үү?

Эрт үед ихэнх хүмүүс хөдөө амьдарч, мал малладаг байжээ. Мал сүрэг нь эсэн мэнд байгаа эсэхээс тухайн гэр бүлийн ирээдүй тодорхой болдог. Айлын мал сүргийн мэндийг асуух нь мэндлэх хүндлэх ёсны нэгэн чухал хэсэг байсан учир заавал асуудаг байжээ. Хүмүүстэй зүй ёсоор мэндэлж, гэр бүл, мал сүрэг, аж амьдралынх нь талаар асуудаггүй хүмүүсийг энэ зүйр үгээр дүрсэлдэг. Мөн ямар нэг чухал юмыг хэлэх гээд мартсан, эсвэл ямар нэг юм асуух гээд мартсан бол ингэж хэлдэг. Энэ үгийг хэлсний дараа чухал зүйлээ хэлж, эсвэл асуух гэснээ асуудаг.

From the things not remembered
Are the livestock well?

In earlier times, most people lived in the countryside and raised animals. The health of the animals was an indication of the future for the family. To ask about a family's livestock was an important part of a greeting and needed to be asked. It might be used to describe people who do not greet others properly and ask about their family, animals or life. Or, it might be used when we forget to say something important or when we ask a question. We would say this proverb about the thing we forgot to say or ask.

#524 —occasionally used
Махан хэл алдана
Маажгий гутал хальтирна

Муу гутлаасаа болоод бид бүдэрч унадаг шиг хэл амаа захираагүйгээс болоод бид үргэлж асуудалд орооцолддог. Үг хэлээ захирч болгоомжтой байхыг анхааруулж энэ зүйр үгийг хэрэглэдэг.

Fleshly tongue will lose
Rickety boots will slip

Just as bad boots will cause us to fall, not controlling the words that come out of our mouths will cause us problems. This might be used as a caution that we should be careful with our words.

#525 —rarely used
Махны хаан нүд
Ясны хаан шүд

Монголчууд махнаас хэзээ ч татгалздаггүй. Мах ихтэй сайхан хоол идэхийнхээ өмнө ингэж хэлж болох юм.

Eye is king of meat
Teeth are king of the bone

When Mongols see meat they never say no. It might be said when they are about to have good meat.

#526 —regularly used

Махны шарх эдгэдэг
Үгийн шарх эдгэдэггүй

Энэ зүйр үгэнд махан биеийн шарх ба хүний хэлсэн үгнээс болж үүссэн шарх хоёрыг харьцуулжээ. Хүний үгнээс авдаг шарх нь илүү аюултай байдаг ажээ. Хэлэх үгэндээ болгоомжтой хандахыг анхааруулан энэ зүйр үгийг хэрэглэж болно. Эсвэл бусдын үгэнд гомдсон хүмүүсийн тухайд ярихдаа энэ үгийг хэлж болно.

The wound of the body gets healed
The wound from words does not heal

This proverb compares the severity of physical wounds with wounds that come from the words of another. The harm that comes from words is much greater. This might be used as a caution for people to be careful of what they say. Or, it might be used when referring to someone who has been harmed by the words of another.

#527 —often used

Могой алахад
Мод (Модны) нэмэргүй

Могойг алахад яг тохирсон зэвсэг хэрэгтэй. Хэрэгтэй үед хэрхэн туслахаа мэдэхгүй байгаа учир туслах тухай яриад л байдаг хүнд үүнийг хэлдэг.

To kill a snake
Wood is not helpful

In order to kill a snake you have to use the right weapon. This might be used to refer to people who want to help but do not know how so they just speak.

#528 —occasionally used

Могой гурав тасравч гүрвэлийн чинээ

Могой хичнээн жижигхэн байсан ч аюултай. Үүнийг хүн ба амьтны аль алинд нь хэрэглэж болно. Учир нь тэд өөрсдийн мөн чанарыг хадгалсан хэвээр байдаг.

Even if a snake is divided three times
Its size is the same as a desert lizard

A snake is dangerous no matter how small it is. It might be used when referring to people or animals. They keep their character whether they are big or small.

#529 —occasionally used

Могой мод орооно
Муу үг бие орооно

Могой мод ороодог. Үүний нэгэн адил муу үг хүмүүсийг ороож, эцэст нь тэднийг өөрсдийг нь үгүй хийдэг. Энэ зүйр үгийг бузар муу үг хэлбэл өөрсдөдөө эргээд гай авчирна гэдгийг анхааруулан хэлдэг.

Snake curls around tree
Bad word curls around body

It is understood that a snake will curl around a tree. In the same way, when we use bad words they will curl around us and eventually choke us. It might be used to warn people that bad words will get them in trouble.

#530 —occasionally used

Могой мөрөө танихгүй
Хүн биеэ мэдэхгүй

Могой үргэлж урагш харан мөлхөх тул өөрийнхөө мөрийг хардаггүй. Хоёр дахь мөр нь өөрсдийнхөө талаар буруу

The snake does not recognize his track
The person does not know himself

It is understood that a snake does not see its trail because it is looking forward. Line 2 describes people who have an inaccurate

ойлголттой явдаг хүмүүсийг дүрсэлдэг. Өөрсдийгөө сайн мэддэггүй хүмүүст энэ үгийг хэлж болох юм.

view of themselves. This can be used to refer to people who do not see themselves clearly.

#531 —frequently used

Могойн эрээн гаднаа
Хүний эрээн дотроо

Энд гарч байгаа эрээн гэдэг үг нь хортой гэсэн утгыг илэрхийлж байна. Бид могойтой тааралдвал болгоомжтой байх хэрэгтэй. Бид могой ямар амьтан болохыг сайн мэднэ. Нөгөө талаар бид хүний "эрээн"-ийг гаднаас нь хараад мэдэх боломжгүй. Гаднаа сайхан харагдаж байгаа ч дотроо хорон муу санаатай хүмүүсийг дүрслэхийн тулд энэ зүйр үгийг хэрэглэж болно.

Snake is variegated outside
Man is variegated is inside

Here variegated is a metaphor for malicious. We are cautious when we see a snake because we can recognize it and we know its nature. On the other hand, we cannot see a person's character from the outside. This might be used to describe people who look good on the outside, but have bad character inside.

#532 —occasionally used

Модны муу жодоо
Махны муу зовлого

Жодоог галд хийвэл сайн асдаггүй. Турж үхсэн малын махыг иддэггүй. Муу мод юм уу, эсвэл муу мах хараад энэ зүйр үгийг хэлж болно.

The worst wood is fir
The worst meat is from an emaciated animal

Fir wood does not make good firewood. Meat from emaciated animals should not be eaten. This might be said when we see bad wood or bad meat.

#533 —occasionally used

Модоор цохиход мах өвдөнө
Үгээр цохиход яс өвдөнө

Хоёр дахь мөрөнд гарч буй өвчин зөвхөн өнгөн талынх биш гэдгийг харуулж байна. Үгээр ирдэг өвчин хүний дотоод зүрх сэтгэлийг өвтгөдөг тул махан биеийн өвчнөөс илүү хорон байдаг аж. Хэлж буй үгээ анзаарахыг сануулж энэ үгийг хэлж болно. Эсвэл хэн нэг нь хүний үгэнд шархлах үед ч энэ зүйр үгийг хэрэглэж болно.

When hit with wood, the flesh will hurt
When hit with words, the bone will hurt

Line 2 means the hurt will go deeper than just the surface. Words can be more hurtful than physical harm because they hurt us inside. This might be used to warn people about the words they use. Or, to refer to a situation where someone has been deeply hurt by another's words.

#534 —frequently used

Монгол хүн
Амны бэлгээр

Монголчууд үхлийн тухай, муу явдлыг болох гэж буй мэтээр жишээлэн яривал тэр нь бодит амьдрал дээр биелдэг гэж итгэдэг. Тиймээс ирээдүйн тухай

Mongolian person
Speaks with good omen

Mongols believe that if you speak about death as a hypothetical situation or even just as an example that it will become a real possibility. Therefore only speak about

бэлгэтэй зүйлийг л ярих хэрэгтэй гэдэг. Хэрэв бүтэлгүй зүйлийн тухай жишээ татан яривал таньдаг хүнээ биш, огт байхгүй хүнийг жишээ болгон авах нь зохино. Ямар үг хэрэглэж болох, ямар үг хэрэглэж болохгүйг зөвлөхдөө энэ зүйр үгийг ашиглаж болно.

good omens or good possibilities for the future. If speaking about something that is not good, for example, use an imaginary name and not someone who is known. This might be used to advise someone on the words to use or not to use.

#535 —*occasionally used*

Монгол хүн морио магтана
Мужаан хүн хөрөөгөө магтана

Хүмүүс хамгийн чухал хэрэгтэй зүйлээ магтдаг. Энэ зүйр үг бол Монголчууд морио хэр их хайрладаг болохын илэрхийлэл юм. Хүн өөрт хамгийн хэрэгтэй зүйлээ магтахдаа энэ үгийг хэлдэг.

The Mongolian will praise his horse
The carpenter will praise his saw

People praise what is most important and useful. This might be used when referring to how much Mongols love their horses, or when people are praising something that is useful to them.

#536 —*occasionally used*

Монгол хүү малын хүчинд
Монгол гэр үдээрийн хүчинд

Гэр бол Монголчуудын хөдөө нутагт хэрэглэдэг үндэсний орон сууц юм. Гэрийн ханыг үдээрээр үдэж холбодог. Мэдээж малгүй бол идэх хоолгүй гэсэн үг. Үүнийг сайтар ойлгож хэлж, хэрэгжүүлдэг хүн ховор байдаг.

Mongolian boy depends on herds
Mongolian *ger* depends on leather strap

The *ger* is the traditional structure of a Mongolian home in the countryside. The strap goes around the wooden lattice structure of the *ger*. Without animals the boy has no meat to eat. This is not said so much as it is understood.

#537 —*often used*

Мордохын хазгай
Явахын яйжгий

Хөдөө, морьд маш ухаантай бөгөөд өөр дээр нь мордож байгаа хүний морь унаж чаддаг хүн эсэхийг хүртэл анддаггүй гэдэг. Морьд унаж чаддаггүй хүнийг мордоход нь л зөрүүдэлж эхэлдэг гэнэ. Тэгэхээр та эхнээсээ л буруу мордох юм бол унаж явахад хэцүү байх болно гэсэн үг. Хэрэв хэн нэгэн хүн мордохоосоо авахуулаад л буруу байх, эсвэл анх алхаж гишгэхдээ л алдаа гаргавал цааших зам нь асуудалтай байх нь ойлгомжтой. Энэхүү үгийг аливааг хэн нэгний ухаалаг зөвлөгөө, сайн санаа, төлөвлөгөөг сонсолгүйгээр явж, алдаа гаргасан үед хэрэглэдэг байна.

Mounting askew
Walking wobbly

In the countryside, herdsmen say that some clever horses know by the way a person gets on, whether or not the person is a skilled rider. They will become stubborn when they know they have an unskilled rider. The difficult ride came as a result of a bad start (when the unskilled rider got on the horse). Whether a person is not sitting correctly on the horse or he is walking wobbly, it is obvious that there is a problem. This can be used when observing or listening to what is happening and recognizing that there has been no consultation and those involved do not have a good idea or plan.

#538 —frequently used

Мориы сайныг унан мэдэх
Хүний сайныг ханилан (байж) мэдэх

Морийг унаж байж л сайн морь уу, тааруухан морь уу гэдгийг таньж мэдэх нь ойлгомжтой. Үүний нэгэн адил бид хүнд хэцүү, аз жаргалтай үедээ ч хүмүүстэй харилцаж байж, тэдний зан чанарыг нь таньж мэддэг. Дотно нөхөрлөснөөр хүний зан чанар илэрхий харагдах үед энэ зүйр үгийг хэрэглэж болно.

Whether or not a horse is good will be known when it is ridden
Whether or not a person is good will be known through relationship

It is understood that it is not until a horse is ridden that it is known whether the horse is good or bad. In the same way, it is only in our relationships with people during good times and difficult times that we learn their character. This might be used when referring to a situation where a person's character has become apparent in his relationship with us.

#539 —rarely used

Морьгүй хүн мохоо
Хоньгүй хүн ховдог

Морьгүйгээр хүмүүс уудам талыг туулж, өндөр уулыг давж чадахгүй. Малгүй бол хүн идэх юмгүй байна. Зарим хүн хоёр дахь мөрийг нь хонь худалдан авч маллах хэрэгтэйгээ мэддэг боловч хэтэрхий шуналтай харамч учир мөнгө зарцуулахыг хүсдэггүй хүн гэж ойлгодог. Хөрөнгө чинээ цуглуулах атлаа түүнийгээ ашигладаггүй хүнийг ийнхүү дүрсэлж болно. Харин зарим хүн хоёр дахь мөрийг ховдог хүн байгаагаа хамж идээд идэх юмгүй хоцрохтой адилтган тайлбарладаг. Ийнхүү тайлбарлаж, ховдог хүнийг энэ үгээр илэрхийлж болно.

A person without a horse is dull
A person without sheep is greedy (gluttonous)

Without a horse, people cannot go across the wide steppe and high mountains. Without animals, a person cannot eat. Some people understand the second line as referring to a man who needs to buy sheep and care for them but because he is greedy he does not want to spend money. They might use this to describe a miser. Other people understand the second line as referring to a person who eats everything he has and so has nothing. They might use this to describe a glutton.

#540 —regularly used

Морьтны хишиг явганд
Молорын хишиг түмэнд

Морийг молор хэмээн бэлгэдэж хэлдэг. Эхний мөр нь морьтой хүн ан хийж, олз омгоо морьгүй олон хүнд хуваалцдаг тухай өгүүлжээ. Өнөөдөр энэ үгийг баялаг ихтэй хүн түүнийгээ бусадтай хуваалцаж байгаагаар илэрхийлж болно. Хэн нэгэн хүн бидэнтэй юмаа хуваалцвал, эсвэл ямар нэг сайхан зүйл тохиолдоход энэ үгийг хэрэглэдэг. Зарим хүн хэн нэгэнд хань болж айлд очоод санаандгүй бэлэг авбал энэ үгийг хэлдэг.

Horse rider's favor is given to the one who is walking
Topaz's favor is given to the folk

Topaz is a symbolic name for a horse. The first line means the one with a horse is able to hunt and he will share what he catches with the one who does not have a horse. Today it refers to the one with more resources and can therefore share with others. It might be said when someone helps us or when something good happens to us. Some might use it when referring to people who join others for a trip and receive an unexpected gift.

#541 —regularly used

Мөнгө цагаан
Нүд улаан

Заримдаа хүмүүсийн уур хилэн бадрахад үүнийг улаан нүдтэй хүнээр дүрсэлдэг. Жишээ нь: Нүд нь улаанаар эргэлдэх. Энэ үгээр харамч нарийн хүмүүсийг дүрсэлж болно. Тэд мөнгөний төлөө юу ч хийхээс буцдаггүй.

Money is white
Eyes are red

Sometimes when people are very intense with negative emotions we describe them as red eyed. Their eyes were rolling with redness. This might be used to describe very stingy people. They are willing to do anything for money.

#542 —rarely used

Мөнгөний муу эзэндээ
Хүүхний муу төрхөмдөө

Ийм эмэгтэй ухаалаг бишийн дээр ааш муутай байх ажээ. Түүнийг асуудал гаргахад нөхөр нь эцэг эхийнх нь гэр уруу буцаадаг. Нэг дэх мөрөнд гарч буй муу мөнгө гэдэг нь шударга бусаар олсон мөнгө юм. Муу эхнэртэй хүн муу аргаар мөнгө олсон хүнтэй адил зовдог. Эхнэрийнх нь мууг хараад, эсвэл хэн нэг нь шударга бусаар мөнгө олж байгааг хараад үүнийг хэрэглэж болно.

Bad money to its owner
Bad woman sent back to her parents

This bad woman is not wise, has bad manners and a bad character. She will have problems because her husband will send her back to her parents. Bad in line 1 relates to money that has been gained dishonestly. Like the bad wife, this person will have problems. This might be used when referring to a bad wife or to someone who got money dishonestly.

#543 —occasionally used

Мөнгөөр аваад
Өнгөөр хаях

Өнгөөр хаях гэдэг нь хувцаснуудаа хаях гэсэн утгатай. Сэтгэл хөөрлөөр ямар нэг хувцас худалдаж авчихаад дараа нь сонирхол нь буурангуут хаячихдаг хүмүүст энэ үгийг хэлдэг.

Buy with money
Throw color away

To throw color away means to get rid of clothes. This can be used for someone who buys clothes on an impulse and then later is not interested in them.

#544 —often used

Мөр бүтнээс
Нэр бүтэн нь дээр

Бүтэн нэртэй байна гэдэг нь сайн нэртэй буюу нэр төртэй байна гэсэн үг юм. Бүтэн мөртэй байна гэдэг нь сайн хувцас хунартай байна гэсэн үг. Өөрсдийнх нь хувцас хунар нэр хүндээс нь илүү чухал гэж боддог хүмүүст энэ зүйр үгийг зөвлөгөө болгон хэлж болно.

It is better to have full name
Than to have a full shoulder

To have a full name means to have a good reputation. To have a full shoulder means to be well-dressed. It might be used to advise people who act like their clothes are more important than their reputation.

#545 —occasionally used
Мөрийтэй тоглоомоор баяжих
Мөнхийн ус олох хоёр адил

Энэ хоёр мөр хоёулаа хэзээ ч бүтэхгүй зүйлийн талаар өгүүлж байна. Мөрийтэй тоглоом тоглоод хүн хэзээ ч баяждаггүй. Мөнхийн амьдрал өгдөг мөнхийн ус ч гэж байдаггүй. Хэзээ ч бүтэхгүй зүйлийг илэрхийлэхдээ энэ зүйр үгийг хэрэглэж болно.

Getting rich by gambling
Finding eternal water are the same

Both these lines refer to events that will never happen. People do not get rich through gambling and there is no spring of water that gives eternal life. This can be used to refer to something that will never happen.

#546 —frequently used
Мөрөөдөхөд
Мөнгө төлөхгүй

Хүмүүсийг ирээдүйн амьдралынхаа талаар мөрөөдлөө хуваалцахад нь үүнийг хэлдэг. Бид ямар ч мөнгө төлөггүй учир хүссэн бүх зүйлээ мөрөөдөж болно.

When dreaming
There is no fee

This might be used when people are sharing their dreams about future possibilities. We can dream all we want because it does not cost anything.

#547 —occasionally used
Мөчир бүтэн модгүй
Элэг бүтэн хүнгүй

Өнчин хүүхдүүд эцэг эхгүй байдаг учир хэцүү бэрхийг туулдаг. Бид өнчин хүүхдэд анхаарал тавих хэрэгтэй. Учир нь бид бүгдээрээ элэг бүтэн биш шүү дээ. Өнчин хүүхдэд энэ үгийг хэлж болно. Ихэнх Монгол гэр бүл үр хүүхдээ ямар нэг байдлаар алдсан байдаг. Гэр бүлийнхээ аль нэг гишүүнээ алдсан талаар ярьсан хүн Монголын бусад гэр бүлүүд ч надтай адил гэсэн санаагаар энэ зүйр үгийг хэлдэг.

A tree without all the branches
A person without all blood relatives

Orphaned children do not have parents and therefore will have difficult lives. We need to care for orphans because like them none of us have all our family members. This might be used to refer to an orphan. Most families in Mongolia have had a child die. This might be used by a person who has just spoken about the death of a family member indicating that it is the same in all Mongolian families.

#548 —often used
Мунхагийн ухаан
Үдээс хойш

Мунхагийн санах нь хойноо

Мунхаг хүмүүс бодолгүйгээр үйлддэг. Юу ч бодолгүйгээр ямар нэг юм хэлээд, эсвэл үйлдсэнийхээ дараа харамсдаг хүмүүст хандан зарим хүн энэ зүйр үгийг хэлж болох юм. Зарим хүн мартамхай хүнд хандан энэ үгийг хэлдэг.

A fool's mind
Comes in the afternoon

A fool remembers things afterward

Foolish people act before they think. Some might use this when people speak or act before they think and then later regret their actions. Others might use it for a person who is forgetful.

#549 —occasionally used

Муруй боловч зам дөт
Муу боловч эм дөт

Зарим хүн нэг дэх мөрийг зам богино мэт харагдаж байгаа боловч тахир учир туулах ёстойгоосоо илүү урт хугацаа зарцуулах тухай өгүүлж байна гэж ойлгодог. Эм хурдан эдгээдэг боловч муухай амттай байдаг. Ямар нэг ажлыг хурдан дуусгах гээд хамгийн амархан арга замыг сонгосон ч дараа нь илүү их цаг зарцуулах хэрэг гардаг болохыг хэлэх үед энэ үгийг хэрэглэдэг. Зарим хүн нэг дэх мөрийг тахир харагдаж байгаа боловч богино замыг илэрхийлдэг гэж үздэг. Тэд хэн нэг яарсан, хамгийн дөт замаар явахыг хүссэн хүнд энэ үгийг хэлдэг. Зарим хүн нэгэнт эм гэдэг үг эмэгтэй гэдэг үгийн үндэс учир энэ үгийг хэн нэг хүн ухаалаг зөвлөгөө өгдөг эмэгтэй хүнийг сонсохыг хүсэхгүй байх үед хэлж болно гэж боддог.

Even though the road is curvy, it is a shortcut
Even though the medicine tastes bad, it is quick

Some people understand line 1 to be referring to a road that looks like a shorter way, but it is windy so it takes longer than staying on the original road. Medicine goes down quickly, but it tastes bad. This might be used when people want to get a project done fast, but the way they choose, even though it looks easier, will cause more work later. Other people understand line 1 to be referring to a road that looks windy, but is a shorter way. These people would use it when someone is in a hurry and wants to use the most direct route. For others, since the Mongolian word for medicine is the root word for "female", it might be used when someone does not want to listen to a woman, even though she is able to give good advice.

#550 —occasionally used

Муу боловч ижийтэй сайхан
Муруй боловч замтай сайхан

Муруй тахир замтай байх нь огт замгүй байснаас хавьгүй дээр. Үүний нэгэн адилаар эх хүн царай муутай, бас муу хүн байж болно. Гэсэн хэдий ч ээж нь амьд байна гэдэг бол сайхан хэрэг. Ээжийнхээ талаар гомдоллодог, эсвэл ээждээ сэтгэл хангалуун бус явдаг хүмүүст зориулан энэ үгийг хэлж болдог.

It is nice to have a mother even if she is bad
It is nice to have a road even if it is windy

It is understood that even a windy road is better than having no road. In the same way, even though a mother may not be good or is ugly, it is still good to have your mother alive. It might be used when people are complaining about their mother or are not satisfied with a less than perfect mother.

#551 —occasionally used

Муу дархны нүүрс их
Муу мужааны багаж их

Ур муу дарханд нүүрс байх хэдий ч материал хайлуулах галаа ч түлж чаддаггүй. Мужаан хүн олон багажтай байлаа гээд бүгдийг нь хэрэглэдэг гэсэн үг биш ээ. Маш олон багаж хэрэгсэлтэй боловч хэрхэн ашиглахаа мэддэггүй, тиймээс ч юм хийх гэж өчнөөн олон цаг болдог хүнийг энэ үгээр илэрхийлдэг. Тийм хүмүүс хийж зүйлээ муу хийчихээд багаж хэрэгслээ муучилдаг.

The unskilled smith has a lot of coal
The unskilled carpenter has a lot of tools

An unskilled smith has a lot of coal because he never builds a fire to heat the materials he works with because he is not able to do anything. Just because a carpenter has a lot of tools, does not mean he ever uses them. This might be used in reference to a person who has a lot of tools but does not know how to use them and therefore takes a long time to do anything. When it turns out bad he blames his tools.

Mongolian Proverbs

#552 —occasionally used

Муу дуугарснаас
Сайн дуугүй дээр

It is better to be quiet than to make a bad sound

Муу дуугарснаас гэдэг нь утгагүй зүйл ярьснаас гэсэн утгатай. Ярих дуртай хэдий ч огт хэрэггүй зүйл ярьдаг хүмүүст хандаж энэ зүйр үгийг хэлдэг.

To make a bad sound means to speak useless words. This can be used in reference to people who like to talk a lot but their words are not useful.

#553 —often used

Муу л бол
Зүүн хойд хар гэр (Захын хар овоохой)

If it is bad
Black *ger* in the northeast corner (Black hut in the corner)

Хар өнгийг муу өнгө гэдэг. Монгол гэрийн хаалга үргэлж урд зүг уруу харсан байдаг. Тиймээс баруун зүгийг илэрхийлбэл зөв, зүүн зүгийг илэрхийлсэн үгийг буруу гэж үздэг. Тэгэхээр баруун тал гэдэг бол зүүн талаас илүү сайн. Гэрийн зүүн талд ихэвчлэн илүү гэр буюу жижиг гэр байдаг. Хэн ч тэнд амьдардаггүй учир тэр гэрийг муучилдаг. Хэрэв гэр бүлд нь асуудал гарахад үргэлж нэг хүнийг муулдаг бол тэр муулуулсан хүн өөрийгөө ингэж хэлдэг. Мөн болж буй муу бүхнийг өөртэйгөө холбож өөрийгөө голдог хүнд энэ үгийг хэлдэг.

Black is considered a bad color. The front door of a *ger* always faces south. Directions are given based on a person standing in the doorway of a *ger* looking ouside. That is why the word for right is also the word for west and the word for left is also the word for east. The right side is considered important but the left is not. There is typically a storage *ger* or shed on the left side. No one lives there so it is the "scapegoat." If a family has a problem they always blame one person, that person would say this meaning that he is always their scapegoat. Or, it might be used when referring to someone who always blames anything bad that happens anywhere but on himself.

#554 —occasionally used

Муу мах шороонд дуртай
Шаазгай дайранд дуртай

Bad meat likes the ground
The magpie likes a crisis

Нэг дэх мөр нь газарт унасан махны тухай өгүүлж байна. Муудсан мах байсан учраас газарт хаяжээ. Ямар нэг юм болоход шаазгай шагширдаг. Тиймээс ямар нэг зөрчилдөөн, асуудалд шаазгайг дуртай гэж ярьдаг. Нэг дэх мөрийг хэн нэгэн хүн махаа унагачихаад харамсах үед хэлдэг. Хоёр дахь мөрийг хэн нэгэн хүн ямар нэг хов жив, муу зүйлийн талаар сонсохыг хүсэн тэмүүлэх үед хэлдэг.

Line 1 refers to meat that has fallen on the floor. It fell on the ground because it was bad to start with. Magpies makes a lot of noise when something happens, so it is said they must like it when there is a crisis. Line 1 might be used when someone feels uncomfortable after dropping meat on the floor. Line 2 might be used in reference to someone who is trying to look into and find out about gossip and other bad things.

Mongolian Proverbs

#555 —*regularly used*

Муу муудаа жанжин
Муна гадсандаа жанжин

Муу нь муудаа дээрэлхүү
Муна гадсандаа дээрэлхүү

Муу нь муудаа эрэлхүү
Муна гадсандаа эрэлхүү

Муныг гадастай ижил материалаар хийдэг боловч муна гадаснаас хэмжээгээр том, илүү чухал үүрэгтэй. Үүнийг өөрөөсөө сул дорой нэгнийг дээрэлхдэг хүнд хэлдэг. Муу хүн өөр шигээ муу нэгнийг дээрэлхвэл өөрийгөө сайн хүн гэж боддог. Энэ зүйр үгийг ямар ч нөхцөлд адилхан асуудалтай хоёр хүний нэг нь өөрийгөө нөгөөгөөсөө дээр гэж үзэж байгаа тохиолдолд хэрэглэдэг. Бусдыг дорд үзэж өөрийгөө өргөмжилдөг хүмүүсийг энэ үгээр дүрсэлдэг.

A bad person will be a general for the bad one
A mallet will be a general for the peg

A bad person is bossy to a bad person
A mallet is bossy to a post

A bad person is conceited to another bad person
A mallet is conceited to a peg

A mallet is the same material as the peg, but because it is bigger it is more important. These might be used to refer to someone who treats badly those who are weaker than he is. When one bad person is bullying another bad person, it is because he thinks he is better than those he is bullying. It can apply to any situation where two people have the same problem, but one thinks he is better than the other. This describes a person who humiliates others and is haughty.

#556 —*occasionally used*

Муу нохой мал уруу хуцдаг
Муу эр эмээ дарладаг

Бодит үнэнийг дүрсэлжээ.

A bad dog barks at the livestock
A bad man oppresses his wife

This describes true things.

#557 —*regularly used*

Муу нохойн гэдсэнд
Шар тос зохихгүй

Шар тос бол Монголчуудын үндэсний идээ зоог мөн. Зарим хүн шар тос нохойн гэдсэнд зохино гэж боддог ч нохой муу учир тийм байдаггүй гэж үздэг. Хэн нэг ядуу хүнд туслах үед тэр ядуу хүн өгсөн мөнгийг нь буруугаар ашиглаж, өгсөн зүйлийг зүй зохистой хэрэглээгүй үед энэ зүйр үгийг хэрэглэж болдог. Дээр үед ноёд ядууст мал тараaж өгдөг байжээ. Гэвч тэд хэрхэн маллахаа мэдэхгүйн улмаас өвлийн зуданд малаа үхүүлдэг байв. Зарим хүн үүнийг дээр үед зөвхөн баячууд л шар тос иддэг байсантай холбон тайлбарладаг. Баячууд шар тос идвэл таргалдаг байхад харин ядуусын гэдэс өвддөг байна. Баячууд ядууст тарга тэвээрэг муу малаа өгдөг

In a bad dog's stomach
Yellow oil does not agree

Prepared yellow oil or milk fat is a traditional Mongolian dish. Some people believe this means that yellow oil should be nice to this dog's stomach, but because the dog is bad, it isn't. They might use it when people help people who are poor but they misuse the money or do not take care of what they have been given. In earlier times lords gave animals to poor people but the people did not know how to take care of animals so when winter came the animals died. Other people believe this is referring to the fact that in earlier times only the rich ate yellow oil. They would get fat from it but if the poor ate it they would get diarrhea. They believe that the rich gave away only the poor, weak or sick animals. For these

байсан гэж тэд боддог. Эдгээр хүмүүс энэ зүйр үгийг боломжийг ашиглаж чадалгүй өнгөрөөсөн хүмүүст зориулж, мөн тэдэнд тусламж дэмжлэг хэрэгтэй гэсэн санаагаар хэрэглэдэг. Зарим хүн сайн хоол идээд гэдсэнд нь зохиогүй бол энэ үгийг хэрэглэдэг. #643-г үз.

people the proverb is about people who lose good chances and pass opportunities but others continue to help and support them. Some might use it when someone has received good food but the person's stomach did not like it. See #643.

#558 —*frequently used*
Муу нуухаар
Сайн илчил

It is better to confess well
Than to hide poorly

Өөрсдийн үүрэг хариуцлагыг үгүйсгэхийн оронд буруугаа хүлээж, уучлал гуйх хэрэгтэйг илэрхийлж үүнийг хэлдэг.

This can be used in a situation where people need to acknowledge their guilt and apologize rather than denying responsibility.

#559 —*regularly used*
Муу нэрийг хусавч арилахгүй
Сайн нэрийг хүсэвч олдохгүй

A bad name is indelible even if you scrape it
A good name is inaccessible even though you want it

Хүн нэгэнт муу нэрийг олсон бол үүнээсээ салах боломжгүй. Тэд алдар нэрээ олж авахыг хүссэн ч энэ нь санаснаар болохгүй. Буруу зүйл хийж байгаа хүмүүсийг засаж залруулах, эсвэл анхааруулахдаа энэ зүйр үгийг ашигладаг. Хэрэв хүн нэр хүндээ алдвал муу нэр тэднийг хаа ч явсан дагалдлаг. #797, #829-г үз.

Once people earn a bad name, it is impossible to lose it. And even though they want to have their good name back, they cannot retrieve it. This can be used to correct people or to warn them about doing bad things. Once they get a bad name it will follow them everywhere. See #797 and #829.

#560 —*frequently used*
Муу нэртэй
Луу данстай

One with a bad name
Dragon account book

Муу зүйлийг (хулгай хийх, худал хэлэх, гэмт хэрэг гэх мэт) олон жил хийсэн хүнийг илэрхийлж байна. Луу урт байдаг шиг муу нэр удаан хугацаанд салдаггүй. Одоо буруу зүйл хийхээ зогсоосон ч үргэлж урьд нь хийсэн зүйлээр нь буруутгах үед энэ үгийг хэрэглэдэг. Бид аливаа хүнийг ийм маягаар буруутгахад тухайн хүн өөрийнхөө буруугүйг, яагаад байнга буруутгаад байдаг юм бэ гэсэн утгаар хэрэглэдэг.

This refers to a person with a long history of bad behavior such as cheating, lying, criminal acts, etc. Also, just as a dragon is long, a bad name will stay with a person for a long time. It might also be used when we constantly blame people because of their past even though there isn't any evidence in the current situation. They would say this proverb indicating that they are not to blame and why are people always blaming them.

#561 —regularly used

Муу нэртэй амьд явахаар
Сайн нэртэй үхсэн нь дээр

Сайн нэр хүндийн үнэ цэнийг сануулах утгаар хэрэглэж болно. Зарим хүн хэн нэгэн хүн бусдад ивээл болохын оронд асуудал болж байхыг хараад энэ үгийг хэлдэг.

It is better to die with a good name
Than to live with a bad name

This might be used to remind someone of the value of a good name. Others might use it when referring to people who are a problem instead of a blessing.

#562 —often used

Муу санаа биеэ отно
Муйхар явдал биеэ хорлоно

Хэрэв бид муу санаалж, буруу хандлагатай байвал гарцаагүй асуудалд ордог тухай энэ зүйр үг хэлсэн гэж зарим хүн ойлгодог. Зарим хүн муу санаа үргэлж биднийг хүлээж байдаг гэсэн санаа хэмээн тайлбарладаг. Эхлээд бусдад хохирол учруулна, эргээд эздэдээ хохирол учруулна. Муу санаатай хүнд анхааруулга болох үүднээс үүнийг хэрэглэж болно.

The bad idea ambushes us
The unwise act poisons us

Some people understand this to be referring to the idea that there will always be troubles if we have bad ideas and wrong motives. Others understand it to be referring to the idea that there are always bad ideas waiting for us to think about. They will harm others and in the end even us. This might be used as a warning for someone who has bad ideas.

#563 —often used

Муу санааны үзүүрт цус
Сайн санааны үзүүрт тос

Цус гэдэг нь муу үр дүн, харин тос гэдэг нь сайн үр дүн юм. Муу санаатай хүнд анхааруулга болох үүднээс энэ үгийг хэрэглэж болно.

There is blood at the end of an evil idea
There is oil at the end of a good idea

Blood means a bad result and oil means a good result. This can be used to caution someone to stop thinking about a bad idea.

#564 —regularly used

Муу үг модон улаатай
Сайн үг саад олонтой

A bad word is relayed through trees
A good word has many hindrances

Муу үг модон улаатай
Сайн үг салхин чимээтэй

Ой мод түймэрт хурдан шатдаг шиг муу үг ч хурдан тархдаг. Ямар нэг муу мэдээ хурдан тархсан нөхцөлд эсвэл сайн үг сонсохыг хүсээгүй хүнд энэ зүйр үгийг хэлж болно.

A bad word is relayed through trees
Good words are heard with the wind

Just as a fire moves quickly through the trees, bad words move quickly. These might be used to refer to a situation where bad news has spread quickly or, when rebuking someone who may not want to hear what is being said (good words).

#565 —occasionally used

Муу үзсэнээс
Сайн сонссон дээр

Хүний үгийг сонсохгүй атлаа өөрсдөө ямар нэг юм хийж чадна, ойлгохгүй байсан ч ойлгоно гэж боддог хүмүүсийг илэрхийлэхэд хэрэглэж болно. Мөн өдөржин юу ч уншаад ойлгохгүй байгаа хүнийг илэрхийлж болох юм. Түүний хувьд өөрийнх нь ойлгохгүй байгаа юмыг ойлгодог хүнийг сонсох нь илүү дээр юм.

Better to hear clearly
Than to see poorly

This might be used to refer to people who do not listen and think they can do something or understand something when they cannot. Or, this might be said of a person who has been reading all day but does not understand. It would be better for him to listen for a while to one who does understand.

#566 —occasionally used

Муу хүн архинд чангарна
Олсон дээс усанд чангарна

Архинд орсон Монгол эрэгтэйчүүд хэрцгий, зөрүүд, уурай, үргэлж гомдоллодог болох нь нийтлэг асуудал. Олс дээс ч усанд норохоороо чангардаг. Архи уусны дараа их өөрчлөгддөг хүмүүсийг дүрслэхийн тулд энэ зүйр үгийг хэрэглэж болно.

A bad person becomes braver from alcohol
A rope tightens in water

It is common for Mongolian men who drink to become violent, rude, angry and complain. It is as natural as a rope tightening when it gets wet. This might be used to describe people who have become more intense after drinking.

#567 —frequently used

Муу хүн идсэн уусанаа
Сайн хүн явсан үзсэнээ

Муу хүн идэж уусан тухайгаа л ярьдаг. Харин сайн хүн сурсан зүйлээ ярьдаг. Хүүхдүүд эсвэл хүмүүс идсэн хоолныхоо тухай сайрхан ярих үед тэдэнд энэ үгийг хэлдэг.

The bad person tells about what he ate and drank
The good person tells about where he went and what he saw

The bad person only speaks about food and drink. The good person speaks about learning. This can be said when children or people are bragging about the good things they have eaten.

#568 —often used

Муу хүн сонжооч
Мухар үхэр сэжээч

Үргэлж бусдыг шүүмжилж, өөрийгөө бусдаас дээр хэмээн бодож явдаг хүмүүсийг энэ үгээр илэрхийлдэг. Гэвч энэ бол хуурамч бардамнал юм. Тэр өөрийгөө сайн гэж хэлж ярьж, үйлддэг ч тийм байдаггүй. Тэрээр яг толгойгоороо сэждэг ямар ч аюул учруулж чаддаггүй эвэргүй бухтай адил байдаг.

A bad person finds fault
A bull with no horns tosses its head

This can be used in reference to a person who is always judging others and considers himself better than everyone else. But this is false pride. He speaks and acts like he is better, but he is not. He is like the bull without horns who acts like he is dangerous but is not.

#569 —occasionally used

Муу хүн хүн дайрна
Муу хүлэг чулуу дайрна

A bad person will attack another
A bad horse will stumble over a stone

Нүх сүв, хад чулуу гэх мэт саадыг сайн морь тойрч гарч чаддаг. Гэвч муу морь бол саадыг давах ухаан байдаггүй. Морь байгалиас заяаснаараа л байдаг. Үүний нэгэн адил муу хүн ч төрөлх зангаа тавилгүй, бусдыг үгээрээ гоочлон муучилдаг. Тиймээс энэ үг бол муу хүн өөрийнхөө зан чанарыг харуулж байгааг илэрхийлж байгаа юм.

It is understood that a good horse will go around obstacles like a ditch or a big stone. But a bad horse is not smart enough to avoid the obstacles. It acts in accordance with its nature. In the same way, a bad person acts in accordance with his nature and humiliates and insults others with words. This might be used to refer to a bad person displaying his bad qualities.

#570 —occasionally used

Муу хүн хэлэмтгий
Мухар хутга хэрчимтгий

The bad person judges
The dull knife cuts

Бид хутганы мохоо эсэхийг ямар нэг юм хэрчиж үзээд мэддэг. Хүн ямарваа нэг зүйл хэлээгүй байхад нь бид тэр хүний муу зан чанарыг нь таньж мэдэж чаддаггүй. Ярьж байгаа нь тухайн хүнийг ямар тэнэг болохыг батлах үед энэ зүйр үгийг хэлдэг.

We do not know if a knife is dull until we try to cut something. Often we do not know how bad a person's character is until he speaks. This might be used when referring to a bad person whose talking shows how foolish he is.

#571 —occasionally used

Муу хүн хэрүүлч
Мухар үхэр мөргөгч

A bad person is argumentative
A bull with no horns butts

Үргэлж хэрүүл уруул өдөж байдаг муу зан чанартай хүнийг дүрслэхдээ хэрэглэж болно.

This might be descriptive of a bad person as one who always likes to argue.

#572 —often used

Муу хүн чөлөөнөөр
Чоно бороонсор

A bad person waits for the opportunity
A wolf during the rain

Бороо орж байхад малчид мал сүргээ сайн харж чаддаггүй. Энэ үед чоно мал сүрэг уруу дайрдагтай адил муу хүн анаж байгаад боломж гармагц муу үйлээ хийдэг байна. Тэд гадаа салхилж буй хүмүүсийн гэр эзгүй байгааг далимдуулан гэр орныг нь тонодог. Хүмүүст өөрийнхөө юманд анхаарахыг сануулж энэ үгийг хэлдэг.

Just as the wolf likes to attack the herd while it is raining because the herders cannot see well, the bad person looks to do something illegal whenever there is the possibility. They look for opportunities when people are not at home or not paying attention because they are outside. This might be used to warn people to be on their guard.

#573 —occasionally used

Муу хүн яхир
Муу мод тахир

A bad person is peevish
A bad tree is crooked

Муу мод тэгш ургадаггүйг бид мэднэ. Яхир гэдэг үгийг ихэвчлэн хөгшин хүмүүсийн тухай яриахад хэрэглэдэг. Энэ үг бусдын хийсний огт үнэлдэггүй хатуу яхир байхыг илэрхийлдэг. Учир нь зарим тохиолдолд тэд тухайн сэдвийн талаар сайн мэддэг, дадлага туршлагатай байдаг. Тийммээс тэд бусдад маш өндөр шаардлага тавьдаг. Мөн энэ зүйр үгийг "Түүнээс өөр хэн ч хийж чадахгүй" гэсэн эерэг утгаар ч хэрэглэж болдог. Мэдээж хэрэг тэр хүн хэзээ ч бусадтай хамтран ажиллаж чаддаггүй гэсэн сөрөг утгаар ч хэрэглэдэг.

It is understood that a bad tree is unable to make itself stand straight. The word for peevish is commonly used with the word for an old man. The two words together refer to an elderly man who never approves of anything done by other people. Sometimes it is because these men are excellent in their field of knowledge. They therefore have high expectations of other people. It might also be used as a positive reference when the words are followed by, "But there's nobody who can do it as well as he can." But it can also be used as a negative reference, meaning that this man does not get along with anybody.

#574 —often used

Муу хүнд үг бүү дуулга
Мухар (сохор) үхэрт худаг бүү үзүүл

Do not tell a word to a bad person
Do not show a well to a cow without horns (who is blind)

Мухар үхэр худаг уруу өнгийхдөө тээглэх ямар ч эвэргүйн улмаас ус уухаар тонгойх үедээ худагт унадаг байна. Мухар үхэрт худаг харуулна гэдэг бол цаг үрэхийн нэмэр юм. Учир нь үхэр худгийг бүр сүйдлэнэ. Үүний нэгэн адил муу хүнд үг хэлбэл улам бүр хурцалж, өөрийг чинь хүртэл гэмтээж магадгүй. Муу хүнд ямар нэг юм хэлэх хэрэггүй хэмээн анхааруулахдаа энэ зүйр үгийг хэрэглэдэг.

A cow without horns has nothing to brace itself when it leans forward to drink and it will fall in. Showing it the well is a waste of time because it will only bring it harm. In the same way, our bad words might encourage this person to do more bad things and possibly even harm us. This can be used to caution someone about saying anything to a bad person.

#575 —often used

Муу хүний
заяа завагт

A bad person
Will have an empty fate

Муу зан чанартай хүмүүст сайн сайхан ирээдүй байдаггүйг энэ зүйр үгээр илэрхийлжээ. Мөн хэрэв та хүмүүс ямар нэг зүйлийг буруу хийж байгааг хараад зөвлөгөө тусламж өгсөн ч тэд хүлээж авахгүй байх үед тэд бүтэлгүйтнэ гэдгийг зөгнөж ийнхүү хэлдэг. Хэн нэгэнд гэнэтийн аз тохиоход бусад хүмүүс үүнийг нь хүндлэхгүй байгаа тохиолдолд хэлдэг.

This might be said when referring to people with bad character, they will not have a good future. Or, you might say it if you see people doing something wrong so you offer help but they do not listen and you know they will have problems. Or, if people are suddenly lucky and are not respected, they will say this.

#576 —regularly used

Муу хүний дуу их

Монголчууд чанга дуугаар ярихад дургүй байдаг. Тэд чанга ярихыг үл ойшоож, бардамналын шинж тэмдэг гэж үздэг. Ихээхэн чимээ шуугиан тарьдаг хэрнээ ямар ч үр ашигтай зүйл бүтээдэггүй хүмүүст энэ зүйр үгийг хэлдэг.

A bad person speaks loudly

Mongolians do not like when people speak loudly. They perceive loud as indicative of arrogance and pride. It might be used in reference to a person who speaks a lot (makes noise) but contributes nothing.

#577 —occasionally used

Муу хүнийг аргаар
Мухар үхрийг дөрөөгөөр (дөрөөр)

Шарыг дөрөөр дөрлөөд хөтлөн явдаг. Хэрэв бид муу зан чанартай хүнтэй таарвал тэр хүнийг хэрхэн засах талаар төлөвлөгөө гаргах хэрэгтэй. Муу хүнийг засаж залруулах нөхцөл байдлыг зарим хүмүүс энэ үгээр дүрсэлдэг. Мөн зарим хүн бусдын бурууг үргэлж чичилж байдаг хүмүүсийн талаар ярихдаа энэ үгийг хэрэглэдэг.

Guide a bad person by a method
Guide a hornless cow with a nose ring

It is understood that a nose ring is needed to guide an ox. In the same way, when we are dealing with bad character people we need a plan on how to accomplish the task. Some people might use this in a situation where they need to guide a bad person. Other people might use it when referring to people who are always finding fault with others.

#578 —frequently used

Муу хүнийг зар
Зарсан хойноо өр

Хэрэв хэн нэг залхуу, эсвэл чадваргүй хүнээр туслуулж ямар нэг юм хийгээд, тэр хүн буруу хийснээс болж өөрөө дахин хийх болвол энэ үгийг хэлдэг. Өр гэсэн нь дахин хийх ажлаа илэрхийлж байна.

From a bad person ask for help
After help debt

This can be used when you let a lazy or incompetent person help with something but they do not do it right so you have to redo it. The debt refers to the work that has to be redone.

#579 —occasionally used

Муу ч бол зам
Мухар ч бол нүх

Хамгийн сайн нь биш ч, байгаа зүйлдээ сэтгэл хангалуун байх хэрэгтэйг энд өгүүлжээ. Хүмүүс Монголын авто замын талаар гомдоллож байвал, эсвэл өөрт нь зөвлөгөө өгөх чадвартай ч бай эмэгтэй хүнийг сонсох хүсэлгүй хүн байвал тэр хүнд үүнийг хэлж болно.

Even though the road is bad, it is still a road
Even though the ditch is a dead-end, it is still a ditch

This says we need to be appreciative for what we have, even if it is not the best. It might be used when someone is complaining about roads in Mongolia, or when someone does not want to listen to a woman, even though she is able to give good advice.

Mongolian Proverbs

#580 —often used

Муу эр гэрийн мухарт
Мухар хожуул уулын мухарт

The bad man stays in the corner of the ger
The tree stump at the mountain's end

Ийм хүн гэртээ суугаад юу ч хийдэггүй. Уулын мухарт байгаа хожуул ямар ч ашиггүй байдаг. Эрт дээр үеэс Монгол эрчүүд дайн тулаанд оролцон эх орноо хамгаалж, гэртээ байхдаа мал сүргээ хариулдаг. Энэ зүйр үгийг өөрөө гэртээ байж, эхнэр хүүхдүүдээрээ ажил хийлгэдэг хүмүүст хэлж болно.

This man just sits at home and does nothing. The tree stump at the end of the mountain is useless. Traditionally, a man's job was to go out to wars to defend his country and herd the livestock when at home. This might be used when referring to men who prefer to stay at home and send their wives to work.

#581 —often used

Муу эр дайнд хөөрөх
Мунхаг хүн магтаалд хөөрөх

A bad man gets excited about war
A foolish person gets excited about praise

Нэг дэх мөр нь бусад хүмүүс асуудалд орж байгааг хараад баярладаг хүний тухай өгүүлжээ. Энэхүү зүйр үг магтуулах дуртай мунхаг, бусдын асуудлыг хараад баярладаг муу хүнийг дүрсэлжээ.

Line 1 means this person is happy watching others have problems. This describes the fool who loves to be praised and the bad person who likes watching others have problems.

#582 —often used

Муу эр дайнд хөөрөх
Хужир давс наранд хөөрөх

Bad man is impressed with a war
Soda and salt rise up in the sun

Энд хөөрөх гэсэн нь хатах гэсэн утгыг илэрхийлж байна. Нарны илчинд бүх зүйл хатдагийг хүн бүр мэднэ. Дайн бол бахархах зүйл биш гэдгийг мэддэггүй аливаа юманд амархан итгэдэг хүнийг илэрхийлэхдээ энэ үгийг зарим хүн хэрэглэдэг. Мөн дайн дажин болох үеэр бусдын юмнаас ашиг олох гэсэн хүмүүсийг ч бас хэлэх үе байдаг. Бусад хүмүүсийн асуудлыг хараад хөөрөн онгирдог хүмүүсийг ч илэрхийлж болно.

To rise up means to dry. Everybody knows that these things dry out in the sun. They act the way they are supposed to. Some people might use this to refer to the gullible person who doesn't know that war is not something to be impressed with. Other people might use it when referring to people who would try to gain others' belongings in the chaos of war. And other people might use it for a boastful or smug person or someone who likes to watch others having problems.

#583 —occasionally used

Муу эр, мод чулуу
Сайн эр, саадаг нум

A bad man, a stick and a stone
A good man, quivered bow and arrows

Бие биеэ үгээр дайрах нь эцэстээ ихэвчлэн зодоон цохионоор төгсдөг. Үг хэлээ ололцолгүй дайрдаг хүнийг ийнхүү хэлдэг. Мөн даалгагдсан ажлыг хийх чадваргүй хүнийг ч ингэж хэлж болно. Буруу багажаар аливааг хийх гэж

Fighting normally results because of verbal insults. This person fights first rather than talking. Or it might be used to describe someone who is not skillful doing a given task. He uses the wrong tools. Some might use it when referring to a bad man

оролддог хүнийг хэлж болно. Зарим хүн муу хүн юу ч үгүй сайн хүн юм бүхэнтэй байхыг хараад үүнийг хэлдэг.

who has nothing and a good man who has everything.

#584 —occasionally used

Муу эрд
Халдага дараа

Хэрэгцээтэй байгаа зүйлээ гуйж авах атлаа гомдоллож, уурлаж, илүү их ачаа өглөө гэж унтууцдаг увайгүй зантай хүмүүсийг илэрхийлэхдээ энэ зүйр үгийг ашиглаж болдог. Ямар ч хариуцлага үүрэх чадваргүй хүмүүсийг дүрслэхдээ ч хэрэглэж болно.

To a bad man
His genitals are heavy

Some people might use this to describe people with a bad character who ask for more than they need and then complain and are angry because their load is so heavy. Other people might use it to describe men who are irresponsible.

#585 —often used

Муу эрэхээр
Сайн сурагла

Ямар ч зорилгогүй ямар нэг зүйл хайсаар байдаг хүнд зөвлөгөө өгөх журмаар хэрэглэж болно. Асууж сураглаж байснаас ажлаа сайн хийсэн нь тэдэнд дээр.

Seeking is bad
Asking is better

This might be used as advice for people who aimlessly look for something. It would be better if they did a better job asking for help.

#586 —frequently used

Муу явахаар
Сайн үхсэн нь дээр

Хүний хийж байгаа муу үйлийг хараад эцэг эх нь юм уу, найз нөхөд нь ингэж хэлдэг. Сайн зан чанартай байхын чухлыг онцолж байна.

It is better to die in a good way than to live in a bad way

This might be said by parents or friends who worry about the bad things this person always does. It stresses the importance of having good character.

#587 —often used

Муу явахад нөхөр хол
Сайн явахад садан ойр

Жинхэнэ найз гэж боддог хүмүүс заримдаа бидэнд зовлон бэрхшээл тохиолдоход орхиод алга болдог. Бидний амьдрал сайн сайхан байхад садан төрлийнхөн ойр байхыг хичээдэг. Харин амьдрал хэцүүдвэл тэд холддог. Садан төрөл ба найз нөхдийн ойр дотно байдал ба холдож хөндийрөхийг илэрхийлэхийн тулд хэрэглэж болно.

When you have bad times your friends are far away
When you have good times your relatives are close by

Sometimes we have people we thought were our friends, but when we have difficulties we realize that they are not true friends. Sometimes when life is good our relatives want to be near us. But when life is bad, they want to be far away. This might be used when referring to the closeness or distance of friends or relatives.

#588 —frequently used

Мууг дагавал могойн хор
Сайныг дагавал сарны гэрэл

Муутай нөхөрлөвөл могойн хорлол
Сайнтай нөхөрлөвөл сарны гэрэл

Муу хүнийг дагах, эсвэл тэдэнтэй нөхөрлөвөл сүйрэл ирнэ. Харин сайн хүнийг дагаж, тэдэнтэй нөхөрлөвөл сайн сайхан явдаг. Муу хүмүүсээс хол байхыг зөвлөхдөө энэ зүйр үгийг хэрэглэж болох юм. #827, #828-г үз.

If you follow a bad person, snake's poison
If you follow a good person, moonlight

If you befriend a bad person, snake's poison
If you befriend a good person, moonlight

Following or befriending a bad person will bring harm, but following or befriending a good person will bring good. These might be used as advice to stay away from bad people. See #827 and #828.

#589 —occasionally used

Муугий нь дуудаж
Гуугий нь малтана

Муугий нь дуудна гэдэг бол хэн нэгнийг шүүмжлэхдээ тухайн хүний хувийн амьдрал уруу хэт гүнзгий орно гэсэн үг. Аливаа хүний муу зан чанарын талаар үргэлж ярьж явдаг хүнийг дүрслэхдээ энэ зүйр үгийг хэрэглэдэг. Хэрэв хоёр хүн маргалдаж байгааг гуравдагч хүн сонсож байтал тэр хоёрын нэг нь нөгөөгийнхөө сул талыг дахин дахин чичлээд байвал гуравдагч хүн тэр чичилсэн хүнд хандаж энэ үгийг хэлдэг.

Call someone bad
Dig a ditch

To dig a ditch means the person who is criticizing others is going deep into the other's personal history. This might be used in reference to someone who always likes to speak about another person's bad qualities. If two people are arguing and a third person overhears one of them constantly pointing out the other's bad traits, the third person would quote this proverb to that person.

#590 —occasionally used

Муугийн балаг олонд
Могойн цус тэнгэрт

Могойг маш аюултай амьтан гэж үздэг. Хоёр дахь мөрөнд могойны цус хүртэл олон хүнийг хордуулж болох тухай өгүүлжээ. Муу зан араншинтай хүмүүсээс хол байх хэрэгтэйг анхааруулахдаа энэ үгийг ашигладаг.

Trouble from a bad person reaches to many
Snake's blood reaches to the sky

Snakes are considered very dangerous. Line 2 means that even their blood can hurt many. In the same way, one bad person can affect many. This might be used as a warning to stay away from bad character people.

#591 —frequently used

Муугийн ёс биш
Монголын ёс

Монголын хачирхалтай санагдах ёс заншлыг энэ үгээр илэрхийлдэг. Монголд ардчилал эхлэх үед ардчилагчид "Сайн уу гэж асуувал сайн биш байсан ч сайн гэж хэлээрэй" гэсэн утгаар энэ зүйр үгийг дууны үг болгон ашигласан

It is not a bad custom
It is the custom of Mongolians

This can be used in reference to any Mongolian custom that seems strange. When democracy started the democrats used this proverb in their songs meaning, "When asked if you are well, say well even if not." The idea of the song was that even though

байдаг. Энэ дууны утга бол хэдийгээр бид маш хүнд нөхцөл байдалд амьдарч байгаа ч сайн гэж хэлэх нь бидний ёс заншил гэдгийг өгүүлдэг.

we say we are fine, we are living in very difficult situations, but it is our custom to say we are okay.

#592 —often used

Мууд муу нэмэр
Муухайд улцан нэмэр

Bad adds to bad
Weeping adds to ugly

Зан авир муутай хүнийг дүрслэхдээ энэ үгийг хэрэглэж болно. Тэдний оролцсон бүхэн тааруухан болж, заримдаа бүр муу байдаг. Дээрээс нь нэмээд нөхцөл байдал ч тиймэрхүү байвал ингэж хэлдэг.

This might be used to describe people with bad characters. Whatever they are involved with it is normally bad and they make it worse. Or, it might be used to indicate that a bad situation was made worse.

#593 —frequently used

Мэддэгт мэргэн цоохор
Мэддэггүйд эрээн цоохор

If you know, wise scribbles
If you do not know, motley scribbles

Энэ зүйр үг оньсоготой адил. Ном унших тухай өгүүлжээ. Уншиж чаддаг хүнд ном бол мэргэн ухааны бичээс юм. Харин уншиж чаддаггүй хүнд бол ямар ч утгагүй сараачсан зүйлтэй адилхан. Хэн нэгнийг сурахыг урамшуулж, уншсан зүйлээ ойлгодог байх үүднээс энэ зүйр үгийг хэрэглэж болно. Зарим хүн урьд нь хэзээ ч харж байгаагүй зүйлийг хараад энэ үгийг хэлдэг.

This is like a riddle. It speaks about reading books. For the person who knows how to read, books have scribbles of wisdom. For the illiterate, they have meaningless scribbles. This might be used to encourage someone to learn, so what is read will be understood. Some might use it referring to when we face something we have never seen before.

#594 —occasionally used

Мэдэж авбал эрдэм
Мэнд явбал жаргал

If learned, knowledge
If healthy, happiness

Хүүхдүүдэд зөвлөгөө маягаар үүнийг хэлж болно. Мэдлэгтэй, эрүүл энх байх нь сайн хэрэг.

This might be used as advice for children. Having knowledge and good health are good things.

#595 —frequently used

Мэдэхгүй гэдэг
Мянган үгний таглаа

Saying, "Do not know", stops a thousand words

Хэрэв зочид ирээд, асуулт асуувал "мэдэхгүй" гэж хэлээрэй гэж хүүхдүүддээ эцэг эх нь хэлдэг. Учир нь хувийн асуудлаа тэдэнд мэдэгдэхээс татгалздаг. Хэн нэгэнтэй харилцан ярих гэтэл "мэдэхгүй" гэж олон удаа хэлбэл энэ үгийг хэлдэг.

When guests come and ask questions, children are often told to say, "I do not know," in order to avoid relating information that is private. It can be used when trying to have a conversation with people and they say "I do not know" a lot.

Mongolian Proverbs

#596 —*frequently used*

Мэл гайхаж
Цэл хөхрөх

To be amazed
To be baffled

Биднийг гайхшруулж, алмайруулсан зүйл тохиолдоход энэ үгийг хэрэглэдэг.

This might be used when something happens that surprises or amazes you.

#597 —*occasionally used*

Мэргэдийг хорсговол эрдэм гарах
Мунхгийг хорсговол балаг гарах

Knowledge comes from angering a wise man
Folly comes from angering a foolish man

Хэн нэг тэнэг хүнээс болж муу зүйл тохиолдвол ингэж хэлдэг. Ухаалаг хүн алдааны учир шалтгааныг тооциж сайн үг хэрэглэдэг. Ичгэвтэр байсан ч олон зүйл сурч үлддэг. Нөгөө талаар тэнэг хүн мунхаг балмад үг хэлж аашилдаг. Эндээс хүн юу ч сурдаггүй.

It can be used when there is a bad event because someone has been foolish. A wise man will give only good words that will explain the cause of the mistake. I will be shamed, but I will learn. On the other hand, a fool will respond cruelly, brutally and wildly. In that case I will learn nothing.

#598 —*often used*

Мэсийн шарх эдгэрнэ
Үгийн шарх эдгэрэхгүй

Wounds caused by knives will heal
Wounds caused by words will not heal

Хэрэглэж байгаа үгээ бодож үзэхийг анхааруулж байна. Дахин хэзээ ч эргээн сэргээж болохгүйгээр харилцааг нураадаг зүйл бол муу үг юм.

This might be used as a caution for us to think about the words we use. Harmful words can break relationships that will never be the same again.

#599 —*occasionally used*

Мэхний их үнэгэнд
Мэндийн их бялдуучид

The fox has a lot of tricks
The flatterer has a lot of greetings

Ухаанаараа хүссэн бүхнээ авч чаддаг амьтан бол үнэг гэж үздэг. Үүний нэгэн адил бялдууч хүн бусдаас ямар нэг хүссэн зүйлээ салгахын тулд магтаалын үгийг ихээр урсгадаг. Иймэрхүү санаархлаар урсгаж байгаа бялдууч хүний яриаг сонссоны дараа энэ үгийг хэлж болно.

It is understood that a fox is very clever which he uses to get what he wants. In the same way, the flatterer has many words of praise for people he wants to get something from. This might be used when you hear a flatterer whom you know has ulterior motives.

#600 —*often used*

Мэхт мэхэндээ
Мэргэн номондоо

Tricky in his tricks
Wise in his books

Эхний мөрийг ихэвчлэн дангаар нь хэрэглэдэг. Хүмүүсийг мэхлэх гэж оролдоод, өөрсдөө мэхэндээ унадаг этгээдийг илэрхийлж байна. Дараагийнх нь мөр хүн уншсан зүйлдээ чадуулдаг

The first line is normally used by itself. It refers to people who try to trick others, but get tricked themselves. The second line means people can be fooled by what they read. This might be used when referring to

тухай бичжээ. Бие биеэсээ дээгүүр гарах гэж чармайдаг хоёр хүнд хандан энэ үгийг хэлж болох юм.

two people who are trying to get the better of each other.

#601 —*frequently used*
Мянга сонсохоор нэг үз

Хүмүүс аялалаар яваад харьж ирэхдээ юу үзэж юу сурснаа ярьдаг. Яваад юу ч суралгүй ирэгч нь тэнэг хүнтэй адил. Аль нэг нутаг орны талаар уншдаг боловч боломж гарган очиж үздэггүй хүмүүсийг энэ зүйр үгээр илэрхийлж болно. Мөн шинэ юм сурахаар хичээж байгаа хүмүүст ч хэлж болно. Мөн зөвхөн ярихаас цааш хийдэггүй хүмүүст хэлдэг. Зарим хүн хэн нэгэнтэй ярьж суухаар очоод үз гэж хэлэхдээ энэ үгийг хэрэглэдэг.

Instead of listening a thousand times you should see it once

When people travel, they should return home and tell and explain to people what they saw and learned. The one who goes but does not learn is a fool. This might be said when referring to someone who reads about other places but does not take the opportunity to see those places. It can also be used when someone is trying to learn something new. If they just talk about it but never do it they are fools. Others might use it to tell people to go and see what they are talking about rather than only speaking.

#602 —*frequently used*
**Мянган удаа сонсохоор
Нэг удаа үз**

Монголчуудын хувьд харах нь сонсохоосоо илүү чухал болохыг харуулж байна. Хэн нэг хүн хриалцагч этгээдээ ямар нэг зүйлийн талаар ятгаж байх үед үүнийг хэлж болно. Сонсоц буй хүн "Би чиний яриад байгаан хармаар байна" гэсэн утгаар хэлдэг.

**It is better to see one time
Than to hear a thousand times**

This emphasizes that for Mongolians, seeing is more important than just hearing. It might be used when someone is trying to convince another about something. The listener might say this meaning, "I want to see what you are talking about."

#603 —*regularly used*
**Мянган хүний зүс үзэхээр
Нэг хүний нэр тогтоо**

Олон хүнийг нүүр царайгаар нь таньдаг байснаас нэг хүнтэй илүү дотно танилцсан нь дээр гэдгийг энд өгүүлжээ. Энэхүү үг цээжлэх нь ямар чухал болохыг онцолсон адилтгал юм. Зөвхөн хараад үлдэх биш харин суралцаж, тогтоохыг зөвлөх маягаар хэлж болно.

**Memorizing one person's name
Rather than seeing thousands of faces**

It is understood that it is more important to get to know one person really well than to only know many on the surface. This is a metaphor for the importance of memorizing. It might be used as advice to study and remember and not to just look.

#604 —*regularly used*
**Наашаа харж инээж
Цаашаа харж уйлах**

Хүнд хэцүү нөхцөлд амьдарч байгаа хүмүүсийг дүрсэлсэн үг юм. Тэд бусад-

**Laughing looking at me
Crying looking away**

This might be used in reference to people who are having difficulties. When they are

тай уулзахдаа инээж хөхөрдөг боловч, эргээд явахдаа уйлдаг. Хүмүүс маш их асуудалтай байсан ч хүмүүст сайн сайхан байгаа мэт харагдахыг хичээдэг. Зарим хүн өөрийхөө дуртай зүйлээ өгмөөргүй байвч хүнд өгч байгаа үедээ энэ үгийг хэрэглэдэг.

facing you, they are laughing, but when they are turned away they are crying. People show a nice face, even when they are having problems. Some might use it when referring to people who have given away their favorite things even though they would like to keep them.

#605 —occasionally used
Нагацын дэргэд
Дал барьдаггүй

When a maternal uncle or aunt is near
Do not hold the shoulder blade

Ээжийн талын хамаатан садныг чухал хүмүүст тооцдог. Нагац эгч юм уу, ах нь хамт хооллож байх үед чанасан хонины дал ясанд хамгийн түрүүнд тэд хүрэх ёсон бий. Тэднээс өөр хүн хүрэх нь тэднийг үл хүндэтгэсэн хэрэг мөн. Хамаатан садныхаа хүмүүсийг зүй зохистой хүндэлж, найрсаг байх хэрэгтэйг зааж сургахын тулд энэ зүйр үгийг хэрэглэж болно.

The mother's side of a family is considered more important than the father's. If a maternal aunt or uncle is present, they should be the first to touch, hold or cut the shoulder of the sheep that will be eaten. For someone else to do it would be disrespectful. This might be used to teach about showing proper respect and hospitality to relatives.

#606 —frequently used
Найр ахаасаа
Наадам дүүгээсээ

Feast from the elders
***Naadam* from the youngsters**

Наадам бол эрийн гурван наадам буюу Монгол үндэстний баяр наадмын өдөр юм. Хурдан морины уралдаан, хүчит бөхийн барилдаан, сур харваа гэсэн гурван төрөлтэй байдаг. Том цолтой бөхчүүд бага цолтой бөхчүүдээ амлан барилддаг.

Naadam is the traditional celebration of the "Three Manly Sports," horse racing, wrestling and archery. The wrestlers with the highest titles usually choose younger opponents.

#607 —often used
Найр тэргүүнтэй
Наадам түрүүтэй

The feast has a leader
***Naadam* has a winner**

Хэрэв найр наадам тэргүүнтэй бол тэр хүн ерөөлийн үг хэлж, дуугаар эхлүүлдэг. Хэрэв тэргүүн байхгүй бол хүмүүс хэт их ууж олон асуудал гарган ямар ч дэг журамгүй болно гэсэн үг. Наадамд хэн нэг нь түрүүлдэгтэй адил найр наадамд хүртэл тэргүүн хэрэгтэй. Мөн баг бүр удирдагчтай байх нь зүйн хэрэг. Баг бүрт удирдагч хэрэгтэйг сануулах үүднээс энэ үгийг хэлж болно.

If a feast has a leader, he will say good words and lead the singing. If there is no leader, people will drink too much and have problems. There will be no order. Just as *Naadam* always has a winner, and every feast needs a leader, so every group needs a leader. This might be used as a reminder that every group needs a leader.

Mongolian Proverbs

#608 —*occasionally used*
Найрын богино нь сайн
Насны урт нь сайн

Урт удаан наслах нь сайхан хэрэг. Харин найрын тухайд бол ямар нэг асуудал гаргахгүйн тулд эртхэн дуусгасан нь дээр байдаг. Өдөр бүр найр наадам хийх нь зохимжгүй. Өдөр бүр наргиж цэнгэдэг хүнд энэ үгийг хэлж болох юм.

Short is better for the feast
Long is better for age

It is understood that it is better to live a long time. But it is better to celebrate only for a short time in order to stay out of trouble. It is not good to have a feast every day. You might say this to someone who is partying and drinking every day.

#609 —*regularly used*
Найрын гурван дуутай
Наадмын гурван даваатай

Найр наадмын үед хүнд гурван удаа айраг барьдаг. Аягатай айраг авсан хүн айрагнаас амсаад дуу дуулдаг. Хоёр дахь мөрөнд наадамд гурав давж чаддаг хүний тухай өгүүлжээ. Энэ тухай хүнийг хамгийн сайн ч биш, бас муу ч биш гэдгийг харуулдаг. Аливаа юмыг хамгийн сайн ч биш, бас тийм муу ч биш хийдэг хүнийг энэ үгээр дүрсэлдэг. Мөн сайхан эр хүнийг ийнхүү дүрсэлж болдог. Тэр бол сайхан дуу хоолойтой, наадамд гурав давж чаддаг жинхэнэ эр хүн. Зарим хүн олон төрлийн авъяас чадвартай хүнийг хараад энэ үгийг хэлдэг.

Has three songs for feasting
Has three rounds for *Naadam*

At parties you are offered *airag* (fermented mare's milk) three times. Each time you take a sip and then sing a song. The second line means this person won only three rounds at *Naadam* in the wrestling competition. This means he is not the best wrestler, but he is not the worst either. This might be used to describe a mediocre person who is not the best at what he does, but not the worst either. Or, this might be used to describe a nice man. He can sing and he can stay in the wrestling competition for at least three rounds. Some might use it to refer to people who are gifted in many ways.

#610 —*often used*
Найрын цэгцтэй нь дээр
Настны намбатай нь дээр

Настай хүмүүс насандаа тохирсон намбатай байх нь зүйтэй. Хэрэв найр наадам тэргүүнтэй бол тэр хүн ерөөлийн үг хэлж, дуугаар эхэлдэг. Хэрэв тэргүүн байхгүй бол хүмүүс хэт их уулж олон асуудал гаргадаг. Ямар ч эмх цэгц, дэс дараа байхгүй гэсэн үг. Ямар нэг найр наадам тэргүүнгүй, эсвэл хөгшчүүл нас намбандаа зохицохгүй зүйл хийх үед энэ үгийг хэлдэг.

Feasting is better when orderly
Old people are better when dignified

It is understood that old people need to act their age. If a feast has a leader, he will say good words and lead the singing. If there is no leader, people will drink too much and have problems. There will be no order. This might be used when a celebration does not have a leader or when old people do not act in the proper way.

#611 —*occasionally used*
Намаржин наргивал
Өвөлжин өрвийнө

Монголчууд ихэвчлэн долоон сард болдог эрийн гурван (Хурдан морины уралдаан, хүчит бөхийн барилдаан, сур харваа) наадмын дараагаар үргэлжлүү-

If feasting all autumn
Will not do well all winter

Often people start celebrating with *Naadam* (the traditional celebration of the "Three Manly Sports," horse racing, wrestling and archery), which is in July,

лэн олон өдөр сараар наргиж цэнгэ-дэг. Наадмын дараа намар гэж хүмүүс хэлдэг. Намрын улиралд малчид хадлан тэжээлээ авч, өвлийн бэлтгэлдээ ордог. Хэрэв тэд хэт их наргиж цэнгэвэл ажил нь амжихгүй. Хахир хүйтэн өвөл мал сүрэг нь тавлаг байхгүй. Наадмын дараа наргиж цэнгэсээр, ажлаа амжуулахгүй байгаа хүмүүст энэ үгийг хэлж болох юм.

and then they continue for many weeks. It is common to say that autumn begins after *Naadam*. In the summer and autumn, herders must cut grass for food for the animals in winter. If they celebrate too much, their work will not get done. And when winter comes their animals will not do well. This might be said to someone who is continuing to celebrate too much after *Naadam* and not getting his work done.

#612 —*occasionally used*
Намартаа тарgalaагүй мал
Өвөлдөө эцэнхий
Насандаа сураагүй хүн
Өтөлдөө харанхуй

The animal that did not get fat in autumn
Will be lean in winter
The person who did not learn in his time
Will be ignorant in old age

Өвөл болохоос өмнө тарга тэвээрэг сайн аваагүй мал өвлийг өнөтэй давна гэдэг үнэхээр бүтэхгүй хэрэг. Мал авах ёстой тарга тэвээргээ аваагүйтэй адил ийм хүмүүс залуу насандаа сурах бүх боломжоо ашиглаагүйн улмаас өтөл насандаа их зовдог.

It is understood that the animal that does not gain enough weight before winter will struggle to survive in winter. Like the animal that does not gain weight when it could have, these people did not take advantage of learning opportunies when they were young and therefore will struggle in later life.

#613 —*occasionally used*
Намрын муу нь бороотой
Хаврын муу нь салхитай

Bad autumn with rain
Bad spring with wind

Хавар их салхилбал маш хэцүү байдаг. Мөн намар их бороо орвол ургац хураахад хүндрэлтэй болдог. Энэ бол цаг агаарын талаарх хэлц юм.

Too much wind in the spring makes life difficult and too much rain in autumn makes a problem for harvesting. These are sayings about the weather.

#614 —*occasionally used*
Намрын цагт шилд бууж
Өвлийн цагт өтөгт бууж
Хаврын цагт хаалт барьж
Зуны цагт зүлгэнд буу

In fall move to the mountain crest
In winter move to the dung
In spring take cover
In summer move to the meadow

Улирал бүр малаа хаана байлгах ёстойг малчинд зөвлөсөн зөвлөгөө юм. Шилийн өвс хэвээрээ байдаг учир намар шилд буух хэрэгтэй. Хэрвээ малчин малаа дулаан байлгая гэвэл хүйтэн хөрсөөс салгаж өтөгт өвөлжүүлэх хэрэгтэй. Хаврын улиралд салхи болон цасан шуурганаас сэргийлж хаалттай хашаанд малаа хаваржаалах нь зүйтэй. Зуны улиралд уулнаас бууж голын эргийн зүлгэнд зусдаг.

This is used as advice for where a herder should take his animals each season. In the fall go to mountain crest because these are ungrazed pastures. Herders store manure to keep the animlas warm in the winter when the ground is cold. In the spring they need to be in a protected area because of the winds and possible late snow. In the summer they go to where there is grass, which is usually the lowlands.

Mongolian Proverbs

#615 —*often used*
Нар баруунаас гарч
Надаас арван ихэр хүүхэд төрөх

Үүнийг ямар ч боломжгүй болсон нөхцөл байдалд хэлдэг. Зарим хүн маш их ярьдаг боловч ажил үүргээ биелүүлдэггүй хүнийг хараад энэ үгийг хэлдэг.

Sun rising from the west
My giving birth to ten twins

This might be used to refer to impossible events. Some might use it to refer to people who talk a lot but never complete their task on time.

#616 —*occasionally used*
Нар гарахаар байгаль сэргэдэг
Ном уншихаар тархи сэргэдэг

Нар элч гэрлээрээ гийгүүлэхэд байгаль дэлхийн өнгө сэргэдэг. Үүний нэгэн адил ном уншихад хүний оюун ухаан сэргэдэг.

When the sun comes out nature is refreshed
When books are read the brain is refreshed

It is understood that nature is refreshed when the sun shines. In the same way a person's mind is refreshed when books are read.

#617 —*occasionally used*
Нар дэлхийг гийгүүлдэг
Мэдлэг хүнийг гийгүүлдэг

Мэдлэг боловсрол хичнээн чухал болохыг зөвлөн энэ зүйр үгийг хэлж болно.

The sun illuminates the world
Knowledge illuminates the person

This might be said as advice on the importance of knowledge.

#618 —*occasionally used*
Нар улайвал
Ган болохын шинж
Нохой гасалбал
Гай ирэхийн шинж

Хөдөө айлд ямар нэг амьтан ойртон ирэхэд нохой хуцдаг. Мөн цаг агаарын нөхцөл байдлыг хараад энэ үгийг хэлж болно.

If the sun goes red
It is the sign of a coming drought
If the dog yelps
It is the sign of coming trouble

In the countryside, a family's dog will bark when an animal approaches. It might be used when referring to coming weather conditions.

#619 —*occasionally used*
Нар эрт
Нас залуу

Нар эрт гэсэн нь өдөржин их олон зүйл харна гэсэн утгыг илэрхийлж байна. Ахмад настай хүмүүс залуу хүмүүсийг хараад тэдний залуу нас болон ирээдүйн урт удаан амьдралыг нь бодож энэ үгийг хэлдэг.

Early sun
Young age

Early sun means you see a lot during the day. This might be said when you see young people and as an older person you then think about how young the children are and how they will see a lot in their lives.

Mongolian Proverbs

#620 —often used

Нараа дагавал даарахгүй
Найр дагавал өлсөхгүй

If following the sun, not cold
If following the feast, not hungry

Хэрэв хүмүүс даарвал наранд гарч дулаацах хэрэгтэй. Хэрэв өлсвөл хоол ундтай газарт очих хэрэгтэй. Хүмүүсийг байгаа нөхцөл байдалдаа дасан зохицох хэрэгтэйг сануулж энэ үгийг хэлж болно. Зарим хүн хэн нэгэн хүнд амьдралдаа сайн зүйлсийг хэрэглэ хэмээн энэ үгийг хэлдэг.

If people are cold they should go out into the sun. If they are hungry, they need to find where food is being given. This might be used to advise people to adjust their situation. Some people might use it to encourage others to use the good things in their lives.

#621 —occasionally used

Наранд унтаж
Саранд бөөсөө түүх

Sleep in the sun
Collect lice in the moonlight

Бид шөнө унтаж, харин гэрэл гэгээтэй байхад бөөсөө түүх хэрэгтэй. Энэ нь аливаа юмыг зөв цагт хийх хэрэгтэйг сануулсан зүйр үг юм.

We should sleep when it is dark and try to find lice when there is enough light. This might be said as advice to do things at the right time.

#622 —occasionally used

Наранд эрээгүйг
Саранд эрэх
Намар хийгээгүйг
Өвөл хийх гэгчээр

Not found in daytime
Will look for at night
Not done in autumn
Will do in winter

Бодлогогүй, аливааг төлөвлөдөггүй залхуу хүмүүст энэ үгийг хэлдэг. Тэд үргэлж харамсдаг. Тэд ер зохион байгуулалтгүй байдаг. Тэд ажлыг байнга хойш тавьдаг.

This might be used for lazy people who do not think or plan and they procrastinate. They are not organized. They put off their work.

#623 —occasionally used

Наргүй өдөр бүрхэг
Саргүй шөнө харанхуй

A day without sun is overcast
A night without moon is dark

Харанхуй байна гэдэг нь ямар болохыг энэ үгээр дүрсэлдэг. Мэдлэг боловсролгүй хүмүүс харанхуй бүдүүлэг байдаг. Мэдлэг боловсролгүй хүмүүст энэ үгийг хэлж болох юм.

This describes what it is like when it is dark. People without knowledge are dark and overcast. It might be used to refer to people without knowledge.

#624 —occasionally used

Нарны гэрэл тусахад
Үүлгүй бол нэн сайн
Насны багад эрдэм сурахад
Залхуугүй бол нэн сайн

When the sunlight is shone
It is good if there are no clouds
When learning at a young age
It is good if not lazy

Энэхүү үг XVIII зууны үеийн яруу най-

This comes from a poem by the 18th

рагч Равжаагийн шүлгийн нэг хэсэг юм. Нарны гэрэл тусахад үүлгүй бол сайхан байдаг шиг залуу хүн залхуурахгүй бол их сайн. Залхуурал тэднийг сурахаас хойш татна. Сурч мэдэхийн чухлыг зөвлөж энэ үгийг хэлж болно.

century poet *Ravjaa*. Just as it is good that no clouds block the sunlight, it is good for young people to not be lazy. Being lazy will hinder their learning. This can be said as advice on the importance of learning.

#625 —*frequently used*
Нас залуу
Цус шингэн

Залуу хүнийг ийнхүү дүрслэн хэлдэг.

Young age
Thin blood

This might be used to describe a young person.

#626 —*occasionally used*
Настай хүн явснаа
Нялх хүүхэд үзсэнээ

Ахмад настай хүмүүс явсан газрын сонин, тохиолдсон зүйлс болон сурсан зүйлээ ярьдаг бол хүүхдүүд зөвхөн юу харснаа л ярьдаг. Залуу болон настай хүмүүсийн ялгааг энэ үгээр дүрсэлж болно.

Where the old person went
What the baby saw

Older people like to talk about where they went and what happened and what they learned, but babies only talk about what they saw. This can be used as a commentary on a difference between old and young people.

#627 —*often used*
Ниргэсэн хойно хашгирах

Бид заримдаа алдаа хийснийхээ дараа "Би чинь юу хийчихэв ээ?" гэцгээдэг. Яг энэ үед энэхүү зүйр үгийг хэлдэг.

To scream after the thunder

After making a mistake we might yell, "What did I do?" This might be used for someone who did that.

#628 —*regularly used*
Ноён урваач
Нохой шарваач

Энэ үг Монголчууд Манжийн дарлалд байх үетэй нилээд холбоотой. Тэр үеийн ноёд ард иргэдээ огт боддоггүй байжээ. Эзэн хаад, ноёд түшмэдийн үг хувирамтгай тул тэдэнд итгэж болдоггүй байв. Шарвах гэдэг монгол үг бол худал хэлэх гэсэн утгатай үг юм. Нохойны сүүл үргэлж шарван хөдөлж байдаг тул яг аль зүгт зааж байгааг нь мэдэх аргагүй байдаг. Магадгүй өнөөгийн зарим улс төрчдөд энэ үгийг хэлж болох юм.

The master is fickle
The dog is a tail wagger

This relates back to when Mongolia was ruled over by the Manchu. The leaders at that time were not considerate of the people. The words of the lords, masters and king could not be trusted because they kept changing their minds. The Mongolian word for "to wag" is used figuratively for "to lie." This is compared to a dog whose tail is always moving so you do not know in which direction it is pointing. Today this might be used when referring to some politicians.

#629 —often used

Ноён хүнд итгэж болохгүй
Нойтон модыг түлж болохгүй

You cannot believe a royal person
You cannot burn wet wood

Ноён хүнийг итгэж болохгүй
Нойтон бургасыг түлж болохгүй

A lord cannot be trusted
A wet branch cannot be burned

Энэ зүйр үг Монголчууд Манжийн дарлалд байх үетэй нилээд холбоотой. Тэр үеийн ноёд ард иргэдээ огт боддоггүй байсан. Эзэн хаад, ноёд түшмэдийн үгэнд итгэж болдоггүй байжээ. Учир нь тэд маш барьцгүй, хувирамтгай. Магадгүй өнөөгийн зарим улс төрчдийг энэ үгээр хэлж болох юм.

These proverbs relate back to when Mongolia was ruled over by the Manchu. The leaders at that time did not consider the people. The words of the lords, masters and king could not be trusted because they kept changing their direction. Today these proverbs might be used when referring to some politicians.

#630 —occasionally used

Ноён хэрэлдсэн газар заргатай
Нохой хэрэлдсэн газар улайтай

The place where lords quarreled has a lawsuit
The place where dogs quarreled has carrion

Олон нохой уралцвал тэднээс нэг нь мэдээж хүнд бэртэнэ. Үүний нэгэн адилаар баячууд ямар нэг заргаар шүүхэд очвол ядуус үргэлж хохирч үлддэг. Мөн улс төрчид болон төрийн удирдлагууд эв нэгдэлгүй, хэрэлдэж уралдах үед энэ үгийг хэлж болно.

It is understood that when a pack of dogs fight, at least one will be mortally wounded. In the same way, when rich people have arguments they go to court and usually the weaker one comes away hurt. This might be used when leaders or politicians are not united and are arguing.

#631 —often used

Ноёнтой өстэй хүн хонгогүй (нуруугүй) (толгойгүй)
Нохойтой өстэй хүн хормойгүй

A person who holds a grudge against the master, his behind (back) will hurt (head will be gone)
A person who holds a grudge against a dog, the bottom part of his *deel* will be chewed off

Ноёнтой (Ноёноор) оролдвол толгойгүй
Нохойтой (Нохойгоор) оролдвол хормойгүй

If arguing with lords, no head
If arguing with dogs, no lower part of the *deel*

Улангассан нохой дээлийн хормойг маань хүү татаж, хазаж магад. Эрт цагт ноёд хүмүүсийг шоронд хорьж, тэднийг цээрлүүлж, эсвэл алах хүртэл эрх мэдэлтэй байжээ. Дарга, захиралтайгаа маргалдах хэрэггүйг анхааруулах маягаар энэ үгийг хэлдэг.

It is understood that an angry dog might bite and tear the bottom portion of our *deel*. In earlier times, lords had the power to put people in prison to punish them and even to put them to death. These might be used as a warning for people to not argue with their bosses.

#632 —regularly used
Нойрноос морио
Чөмөгнөөс хутгаа

Нойрноос морио гэдэг нь хүн морио харахын оронд өдөржин унтсаныг илэрхийлж байна. Түүнийг сэрээд харахад морь нь алга болсон, эсвэл хулгайлагдсан байдаг. Хоёр дахь мөрөнд чөмөг ухаж идэх гэж байгаад хутгаа хугалж байгаа талаар өгүүлжээ. Тэр өөр зүйл ашиглах ёстой байсан боловч хэт залхуугаасаа, эсвэл тэнэгээсээ болж хутгаа хугалжээ. Үнэтэй чухал зүйлээ үнэ цэнэгүй юмаар сольж байгаа хүнд энэ үгийг хэлж болно. Зарим хүн унтсаар байгаад ажил амьдралаа алдаж байгаа хүнийг хараад энэ үгийг хэлдэг.

Give away your horse for sleeping
Give away your knife for marrow

To give away your horse for sleeping means the person sleeps instead of taking care of his horse. When he wakes up the horse has walked off or been stolen. In the second line he breaks his valuable knife trying to get at the marrow. He was either too lazy or too stupid because he should have used a different tool. This describes the person who trades valuable things for unimportant things. Some might use it when referring to people who sleep too much and lose their jobs.

#633 —occasionally used
Номгүй хүн таг
Хоньгүй хот пад

Хүмүүс таг болно гэдэг нь тэд боловсролгүй учир ямар нэг хариулт хэлэх, эсвэл тайлбар өгөх боломжгүйг хэлж байгаа юм. Хоньгүй гэдэг нь идэх хоолгүй гэсэн утгатай. Хэн нэг хүнд өөрийнхөө нөхцөл байдлыг, амьдралыг өөрчлөхийн тулд суралцах болон хичээнгүй ажиллахын чухлыг зааж өгөхдөө энэ үгийг хэрэглэж болох юм. Хэрэв тэр суралцаж, ажиллахгүй бол өөрийнхөө амьдралыг өөрчилж чадалгүй ядуу хэвээр үлдэх болно.

An unlearned person is empty
A city without sheep is dark

When people are said to be empty it means they are uneducated and cannot give an answer or explain anything. Not having sheep means nothing to eat. This might be used when you want to teach someone the importance of studying and working hard in order to change his condition or situation. If he does not, he will not have opportunities to improve his situation and he will be poor.

#634 —often used
Номгүй хүний цээж харанхуй
Хоньгүй айлын хот харанхуй
Хойшоо харсан нүх харанхуй

Энэ бол зүйр үг биш харин ертөнцийн гурав юм. Үл ойшоох байдлыг харанхуйгаар илэрхийлжээ. Байрлалын хувьд байшингийн ар тал болон хойшоо харсан нүхэнд нар тусдаггүй учир харанхуй байдаг.

The unlearned person's chest is dark
The fence of the family without sheep is dark
The hole seen in the north is dark

This is a saying, not a proverb. Dark is used figuratively as a sign of ignorance. Because of where Mongolia is located, the sun rarely shines on the north side of a building, so a hole in a *ger* on the north side will not have bright sunlight.

#635	—regularly used

Номонд мэргэн
Нойронд сэргэг

Wise in books
Alert while asleep

Ухаалаг, шургуу ажилладаг хүнийг ийнхүү дүрсэлж болно. Хүүхдүүдээ ийм байгаасай гэсэн эцэг эх тэдэндээ энэ зүйр үгийг хэлэх хэрэгтэй.

This might be used to describe an intelligent or hardworking person. Or, it might be used by adults when they want to wish that children will be like this in the future.

#636	—regularly used

Номхон тэмээг
Ноолоход амархан

A tame camel
Easy to pester

Тэр бүр амархан уурладаггүй хүнийг ийнхүү дүрсэлдэг. Ийм хүн номхон даруу учир тэр бүр хэл ам хийдэггүй. Тиймээс хүмүүст янз бүрээр хэлүүлээд явдаг.

This can be used to describe the person who is not easily pestered. He is meek and does not speak up for himself so it is easy to verbally abuse him.

#637	—often used

Номыг нь сурахгүй ч
Номхныг нь сур

If you cannot study books
You should learn to be gentle

Номыг нь сурахгүй ч
Номхныг нь сур

Even if knowledge is not learned
Learn gentleness

Хэрэв суралцахад бэрх байвал хялбараас нь эхэлж сурах хэрэгтэй. Өөрсдөдөө хэт өндөр шаардлага тавих хэрэггүй хүмүүст сануулахдаа хэрэглэж болох юм. Буруу зан чанартай охид, хөвгүүдэд үйл хэргээ засахыг сануулан хэлж болох юм. Хоёр дахь хувилбарт өгүүлснээр хэрвээ хүмүүс ухаант мэргэдийн мэдлэгээс суралцаж чадахгүй бол дор хаяж тэдний дөлгөөн байдлаас суралцах хэрэгтэй гэсэн утгатай. Мэдлэгтэй хүн даруу, дөлгөөн байдаг гэж үздэг.

If it is too hard to study, then learn the things that are possible. These might be used to advise people not to set too high a standard for themselves. Or, they might be said to boys or girls who misbehave to get them to act better. For the second variation, if people are unable to gain knowledge from a learned person, they should at least learn his gentleness. It is expected that knowledgeable people will be gentle and humble.

#638	—often used

Номын дуу холдож
Нохойн дуу ойртож

The book's voice is far away
The dog's voice is near

Нас барах гэж буй хүн дээр лам ирж, дэргэд нь ном уншдаг. Гэвч тухайн хүнд сонсогдохгүй. Харин тэр хүний нохой эзнээ алдаж байгаадаа харуусан ульдаг ажээ. Хүмүүс хөгширч байгаагаа илэрхийлэхийн тулд энэ зүйр үгийг хэрэглэдэг байна. Энэ нь заримдаа хүмүүс

When someone is close to death, the *lama* sits close and reads from the prayer book, but cannot be heard. The person's dog senses that it will lose its master so it whimpers. This might be used when people are speaking about how they are getting old or when someone is dying.

Mongolian Proverbs

өөрийгөө хөгшрөөд үхэх цаг нь дөхөж буй тухайгаа яриахад хэрэглэдэг. Зарим хүн ямар нэгэн төлөвлөсөн юмаа эхлэх ба дуусах үед энэ үгийг хэрэглэдэг.

Some might use it referring to the time when a plan has to be started or finished.

#639 —*occasionally used*
Нохой боловч сүүлтэй (нь) сайхан
Ноён боловч ёстой (нь) сайхан

It is nice if a dog has a tail
It is nice if a lord follows the customs

Энэ бол зүйр үг биш харин хэлц юм. Монголчууд нохойнд их ач холбогдол өгдөггүй. Дээр үед ноёд шуналаараа алдартай байсан тул хүмүүс тэдэнд дургүй байжээ. Гэхдээ муу юманд сайн тал байх ажээ. Өөрсдийнхөө өв уламжлалыг мэдэхийн чухлыг хэн нэгэнд ойлгуулахын тулд хэрэглэдэг.

This is a saying, not a proverb. Mongolian people do not think much of dogs. In the past the lords were known for their greed, so the people did not like them. But what is bad, can have something good. This might be used to remind someone of the importance of knowing their traditions.

#640 —*often used*
Нохой сүүлээ
Сүүл хонгорцгоо (зарах)

A dog tells its tail
A tail tells the fur on its rump

Нохой сүүлээ барих гэж дороо эргэлддэг. Мөн сүүлээ шарвадаг. Өрөөл бусдад өөрийнхөө хийх ёстой ажил үүргийг даалгах гэж хичээдэг хүмүүсийг дүрслэхийн тулд хэрэглэдэг.

A dog runs in circles chasing its tail and when its tail is wagging it goes back and forth from one thigh to the other. This describes someone who likes to pass responsibility or work on to others.

#641 —*regularly used*
Нохой хамартаа хүрэхээр усч
Хүн аминдаа хүрэхээр аргач

A dog swims when water reaches his nose
A person finds a way out when his life is in danger

Нохой хэдий сэлэх дургүй ч амь насанд нь аюул учирвал сэлдэг. Энэ нь хүн ямар ч гарцгүй болсон үед боломжгүй зүйлийг ч боломжтой болгож чаддаг болохыг өгүүлж байна. Цорын ганц боломж нь хэдий муу байсан ч түүнийг хамгийн сайнаар ашиглаж чадсан хүмүүсийг дүрслэхийн тулд энэ үгийг хэлдэг.

Even though a dog does not like to swim, when its life is threatened, it will swim. It means that a person can do impossible things when there seems to be no way out. It might be used when referring to a situation where people did something when the only alternative looked worse.

#642 —*regularly used*
Нохой явган
Гахай нүцгэн

A dog goes on foot
A pig goes naked

Нохой хөлөөрөө явдаг учир тэргэнд суудаггүй. Мөн гахай үс ноосгүй учир нүцгэн харагддаг. Мөнгө, хувцас хунар, гэр оронгүй, арайхийн амь зуудаг ядуу хүнийг ийнхүү дүрсэлдэг.

Dogs always walk and never ride on a cart, and a pig looks naked because it has no fur. This describes a very poor person who has no money, clothes or *ger* and is unable to do anything to sustain himself.

#643 —regularly used

(Муу) Нохойн гэдсэнд
Шар тос тогтохгүй

Шар тос бол Монголчуудын үндэсний идээ мөн. Зарим хүн шар тос нохойн гэдсэнд зохино гэж боддог ч нохой муу учир тийм байдаггүй гэж зарим нь үздэг. Хэн нэг ядуу хүнд туслах үед тэр ядуу хүн өгсөн мөнгийг нь буруугаар ашиглаж, өгсөн зүйлийг нь зүй зохистой хэрэглээгүй үед энэ зүйр үгийг хэрэглэж болдог. Эрт цагт ноёд ядууст мал тараадж өгдөг байжээ. Гэвч тэд хэрхэн маллахаа мэддэггүй учир өвлийн зуданд үхүүлж дуусдаг байв. Зарим хүн энэ үгийг дээр үед зөвхөн баячууд л шар тос иддэг байсантай холбон тайлбарладаг. Баячууд шар тос идвэл таргалдаг байхад харин ядуусын гэдэс өвдөг байна. Тэд баячууд ядууст тарга тэвээрэг муутай малаа өгдөг байсан гэж боддог. Эдгээр хүмүүс энэ зүйр үгийг өгөгдсөн сайхан боломж бололцоогоо ашиглаж чадалгүй өнгөрөөсөн хүмүүст зориулж, мөн тэднийг туслаж дэмжих хэрэгтэй гэсэн санаагаар хэлдэг. #557-г үз.

In the stomach of a (bad) dog
Yellow oil will not stay

Prepared yellow oil or milk fat is a traditional Mongolian dish. Some people believe this means that yellow oil should be nice to this dog's stomach, but because the dog is bad, it isn't. They might use it when people help people who are poor but they misuse the money or do not take care of what they have been given. In earlier times lords gave animals to poor people but the people did not know how to take care of them so when winter came the animals died. Other people believe this is referring to the fact that in earlier times only the rich ate yellow oil. They would get fat from it but if the poor ate it they would get diarrhea. They believe that the rich gave the poor weak and sick animals. For these people the proverb is about people who lose good chances and pass opportunities but others continue to help and support them. See #557.

#644 —often used

Нөхрийн мууг харахаар
Өөрийн мууг хар

Үргэлж хүмүүсийн алдааг олж харах атлаа өөрийнхөө алдааг олж хардаггүй хүмүүст зөвлөгөө маягаар энэ үгийг хэлдэг.

Instead of seeing the bad in a friend
See your bad

This might be used to advise people who clearly see the faults of others, but are blind to their own mistakes.

#645 —frequently used

Нөхрийн хэрэг бүтвэл
Өөрийн хэрэг бүтнэ

Бие биеэсээ өрсөх гэж оролдохоос илүүтэй, бие биеэ туслаж дэмжих хэрэгтэйг өгүүлж байна.

If a friend's deed is successful
Your deed will be successful

This says we should be encouraging each other rather than trying to be competitive.

#646 —often used

Нөхрийнх нь нэрээр орж
Эхнэрийнх нь нэрээр гардаг

Айлд зочлон очихдоо нөхрийнх нь нэрээр очдог. Харин зочилсон айлаасаа явахдаа эхнэрийнх нь нэрээр гардаг.

Goes into a family in its husband's name
Goes out of the family in the wife's name

When going to another's home to visit it is referred to by the husband's name. But when leaving a home it is referred to as the

Тухайн айлын гэрийн эзэгтэй ямар хүн болохыг ийнхүү илэрхийлдэг.

wife's home. This is used to speak about what kind of wife a woman is.

#647 —occasionally used

Нөхрөө харж биеэ зас
Сүүдрээ харж бүсээ зас

Хэрэв хүн сүүдрээ харвал өмссөн дээлийнх нь хормой эргэсэн эсэхийг мэднэ. Бид найз нөхдөө ажиглах дуртай байдаг. Бид найз нартайгаа адилхан болсон байдаг. Хэрэв бид найзаасаа ямар нэг муу зан чанарыг анзаарвал эхлээд өөрсдийгөө харах хэрэгтэй. Найздаа байгаа муу зан чанарын талаар ярьж байхыг хэн нэг нь сонсвол, тэр сонссон хүн ийнхүү хэлдэг.

Correct yourself when you see your friend
Fix your sash when you see your shadow

When I can see my shadow I can see that the sash around my *deel* has slipped off. We are usually like our friends so we can see ourselves in our friends. Therefore when we see flaws in our friend's character we should first look at ourselves. This might be said by another person if I am speaking about flaws in my friend when I have the same ones.

#648 —often used

Нугас идвэл
Нусгай болдог

Энэ бол зүйр үг биш харин хэлц. Малын маханд зарим нэг идэх ёсгүй хэсэг байдаг. Гэвч зарим нэг хэсгийг идэж болох боловч зарим хүн тэр хэсгийг идвэл ямар нэг юм тохиолдоно хэмээн мухар сүсэг болгосон байдаг. Жишээ нь: хэрэв та тагнай идвэл хэрүүлч болно, эрүү идвэл ээрүү болно гэх мэт. Харин энд нугас идвэл нусгай болно гэжээ. Зарим хүмүүс мах ихээр идэх гээд байгаа хүүхдэд энэ малын мах муухай, учир нь тэр өвчтэй байсан гэж анхааруулан хэлэхдээ энэ үгийг хэрэглэдэг.

If you eat the spinal cord
You will become snotty

This is a saying, not a proverb. There are certain parts of an animal people should not eat. But there are other parts that are okay to eat but people have superstitions about what will happen to you if you eat that part. For example, if you eat the tip of the tongue you will become a quarrelling person; if you eat meat in the jaw bone you will start to stutter. This one says, if you eat spinal cord you will have a stuffy nose. Some might use it when children want to eat a lot of meat meaning that the animal might be sick so the meat may not be good.

#649 —occasionally used

Нутаг нутгийн зан өөр
Нуга нугын өвс өөр

Газар газрын өвс харилцан адилгүй байдгийн адил хүмүүсийн ёс заншил газар бүрд өөр байдаг. Хаа нэг газрын ёс заншил өөрийнх нь нутгийн ёс заншлаас хэр их өөр болохыг хараад энэ зүйр үгийг хэлж болох юм.

The customs of every country are different,
The grass of every meadow is different

Just as grass is not the same everywhere, people and their customs are not the same everywhere. This might be used when people are commenting on how the customs of another culture are different from their own.

Mongolian Proverbs

#650 —occasionally used

Нуувч нуруу нь ил
Далдлавч дал нь ил

Even if it is hidden, the back shows
Even if it is covered, the shoulder blade shows

Биейийнхээ аль нэг хэсгийг далдлах гээд чадахгүй байгаа хүнийг хэлжээ. Ямарваа нэг юмыг үргэлж нууцаар хийдэг хүмүүсийг ийнхүү дүрсэлдэг. Энэ нь хэсэг хугацааны дараа бүх зүйл ил болно гэсэн утгатай.

This person tries to cover the parts of his body, but he cannot. This might be used to describe people who are always doing something secretly. It says in time, secrets will become known.

#651 —often used

Нуур амгалан (амар) бол
Нугас амгалан (амар)

If a lake is peaceful
The ducks are peaceful

Хэдийгээр гадаа гудамж талбайд эсвэл засгийн газар асуудалтай байсан ч гэрт амар амгалан байх нь илүү чухал юм. Хэрэв эцэг эх нь тайван бол хүүхдүүд нь тайван байдаг. Гадаа болж байгаа асуудлаас болоод гэр бүлийнх нь амар тайван алдагдаж байвал энэ үгийг хүмүүс хэлдэг.

Even though there may be problems outside on the street or in the government, it is important to be peaceful at home. If parents are calm, children will be calm. This may be said if people are agitated by problems outside the home and that agitation is disrupting their home life.

#652 —occasionally used

Нуур хэдий их ч
Эргээ давахгүй
Нум хэдий хүчтэй ч
Хөвчөө таслахгүй

Even if a lake is huge
The water never overflows the shore
Even if a bow is very strong
The string never breaks

Нуур болон нум өөрсдийн байх хэмжээндээ л байдаг. Энэ бол амжилт олохын тулд өөрсдийгөө болон өөрсдийнхөө хязгаарыг мэдэх хэрэгтэйг сануулсан үг юм.

Both the shore and the string limit what they are supposed to limit. This might be used to remind people that to be successful they need to know themselves and their limits.

#653 —frequently used

Нуухыг нь авах гээд
Нүдийг нь сохлох

Trying to take sleepy sand out of another's eyes
Makes someone blind

Туслах гэж хичээснээсээ болоод нөхцөл байдлыг өмнөхөөс нь илүү хүндрүүлсэн нөхцөлд энэ үгийг хэлдэг.

This might be used to refer to a situation where people made a situation worse with their efforts even though they wanted to help.

#654 —frequently used

Нүглийн нүдийг гурилаар хуурах

Deceive the eyes of sin with flour

Хэрэв хэн нэг нь хүний нүдийг гурилаар таглавал тэр хүн юу ч харахгүй учир амархан хуурч болно гэсэн утгаар зарим

Some people believe this relates to the fact that if someone puts flour in your eyes, you cannot see and can be deceived. Other

хүмүүс тайлбарладаг. Зарим хүмүүс үүнийг гурилаар балин хийж шүтээнээ аргадахын тулд тахил өргөдөг байсантай холбон тайлбарладаг. Ямар нэг юмыг чин сэтгэлээсээ бус, харин хуурамчаар хийсэн үед энэ үгийг хэрэглэдэг. Мөн муу махны чанарыг юм уу, худал үгийг дүрслэхийн тулд хэрэглэдэг.

people believe it refers to earlier times when *lamas* made *balins* out of dough and they were offered as sacrifices to appease the spirits. These people might use it when referring to people who do things without sincerity or falsely. Other people might use it to describe poor quality meat or a liar.

#655 —*frequently used*
Нүгэл нь
Нүдээрээ гарах

Sin
Will go out before one's eyes

Хүмүүсийн хийсэн буруу зүйл хэзээ нэгэн өдөр илчлэгдэнэ гэдгийг сануулахын тулд зарим хүн энэ зүйр үгийг хэрэглэдэг. Харин зарим хүн хэн нэг муу хүн хүнд байдалд ороход нь хэлдэг. Түүний мууг өмнө нь мэддэг байсан гэсэн утгаар хэлдэг байна.

Some people might use this to remind people that the wrongs they do will one day be seen by others. Other people might use it when a bad person fails. People would say this indicating that they knew his prior behavior.

#656 —*often used*
Нүд үнэнийг
Чих худлыг

Eyes are true
Ears are false

Нүд үнэнч
Чих худалч

The eyes are honest
The ears are deceitful

Харах нь сонсохоос илүү чухал гэдгийг илэрхийлэн үүнийг хэлдэг. Хүмүүс харсан зүйлдээ л итгэдэг.

These might be used to tell someone that seeing is more important than hearing. You can only believe what you see.

#657 —*frequently used*
Нүдэн балай
Чихэн дүлий

Blinded eyes
Deafened ears

Сайн ч бай муу ч бай харсан үзсэн ямар ч зүйлдээ анхаарал хандуулдаггүй хүмүүсийг дүрслэхийн тулд энэ зүйр үгийг ашигладаг. Зарим хүмүүс хэн нэгэн ямарваа юмны тухай мэдэж байгаа ч мэдээгүй дүр эсгэхэд үүнийг хэрэглэдэг.

This might be used to describe people who pay no attention to what they see or hear whether it is good or bad. Some might use it when they are pretending to not know something when in reality they do know.

#658 —*often used*
Нүдэнд орсон хог
Шүдэнд орсон мах

Dust in the eye
Meat in the teeth

Шүдний завсар орсон мах төвөгтэй байдаг тул авч хаях хэрэгтэй. Энэ хоёр мөр хоёулаа бусад дээрэлхүүлдэг хүнийг дүрсэлсэн. Энэ нь ихэвчлэн тэдний

Meat stuck in between our teeth is an irritation and needs to be removed. Both lines refer to people being treated in a very bad way. This treatment is often the

өөрсдийнх нь буруугаас болсон байдаг. Авъяас чадвартай хүмүүс Монголд залуугаасаа ажил амьдралын гараагаа сайн эхэлдэг ч хүмүүс тэднээс тусламж гуйсныхаа хариуд талархаж архи өгдөг. Яваандаа чадварлаг хүмүүс архинд ордог. Тэд гэр ороноос авахуулаад бүх юмаа зарж, эцэст нь гудамжинд гардаг. Гэр бүл нь ч найдвар тасардаг. Ялгаварлан гадуурхагдсан иймэрхүү хүмүүсийг дүрслэн үүнийг хэлж болно. Хүмүүс тэдэнтэй ойр байхыг хүсдэггүй.

result of their own wrong actions. Often in Mongolia very talented or skilled people start their careers great, but soon other people ask them for help and give them alcohol in return to thank them. Eventually the talented ones become alcoholics. They sell everything, even their homes, and start living on the street. Normally, even their families give up on them. This might be used to refer to this kind of person or to an underdog or to people who are outcasts. People do not want to have them around.

#659 —*frequently used*

Нүүр өгөхөд
Бөгс өгөх

When shown a face
Returns with the buttocks

Нүүр өгөх гэдэг нь сайхан хандах гэсэн үг. Хэн нэгэнд сайхан хандсан ч эргээд сайхан хандахгүй байвал энэ үгийг хэлдэг.

To be shown a face means to be treated nicely. This might be used to refer to people who have been treated well, but they are not nice in return.

#660 —*often used*

Нүүр улайлгаж
Чих халууцуулах (хүүхэд)

Makes our faces red
Makes our ears hot

Нэг дэх мөрөнд хүүхэд нь эцэг эхээ ичгэвтэр байдалд оруулсан тухай байна. Харин хоёр дахь мөр хүүхдүүдээ сайтар шийтгэх тухай өгүүлжээ. Эцэг эхээ ичгүүрт унагадаг сахилгагүй хүүхдийг дүрслэхийн тулд ингэж хэлдэг.

Line 1 means this child shamed his parents. Line 2 refers to the subsequent punishment by the parents. This can be used to describe undisciplined children who bring shame to their parents.

#661 —*occasionally used*

Нүүргүй олзноос
Нүдтэй гарз дээр

It is better to have a loss with the eyes
Than a profit without face

Нэр хүндээ алдан байж ямар нэг юм олж авснаас хэн нэг нь надаас хулгай хийсэн нь дээр гэсэн утга нэг дэх мөрөнд илэрхийлэгдэж байна. Өөрийнхөө нэр хүндийг сайнаар хадгалах хэрэгтэйн чухлыг энд сануулж байна.

This says it is better to have someone steal from you (line 1) than to gain something but lose your name. This might be used as a reminder of the importance of maintaining our good names.

#662 —*occasionally used*

Нүүхийн өмнө бэлчээрээ (үз)
Буухын өмнө бууриа (үз)

See the pasture before you move
See the spot for *ger* before you encamp

Мал хуйгаа туухаас өмнө очих гэж буй газраа хэр их өвстэйг эхлээд мэдэх хэрэгтэй. Мөн гэрээ нүүлгэхээсээ өмнө

It is understood that you need to see how good the pasture is before you move your livestock and you need to check the place

хаана буух гэж байгаагаа харах хэрэгтэй. Ямар нэг юм эхлэхээсээ өмнө сайтар шалгаж, бэлтгэхийн чухлыг зөвлөн ингэж хэлдэг.

you want to put your *ger* before you move it. This might be used to advise people to check things out and prepare before starting a project.

#663 —*often used*
Нэг бүдэрвэл
Долоо бүдрэх

Хэрэв нэг алдаа хийвэл долоо дахин давтагддаг гэсэн мухар сүсэгтэй холбоотой үг юм.

If stumbled once
Stumble seven times

This reflects the superstition that if you make a mistake once, it will be repeated seven times.

#664 —*occasionally used*
Нэг дуу тэнгэрт
Нөгөө дуу газарт (хадах)

Нэг дуу хоолой нь алс хол, нөгөө нь хатуу газарт хүрч байна. Хүнд нөхцөл байдалд ороод, олигтой шийдвэрт хүрч чадахгүй, уйлан орилох хүнд энэ үгийг хэлж болно.

One voice is in the sky
The other voice is in the ground

One voice is far away and the other is in the hard ground. This might be used when a person is in a difficult situation with no apparent solution or when people shout.

#665 —*occasionally used*
Нэг нутагтай
Нийлэх бэлчээртэй

Хөдөө нутгийн айл хөрш малчдын хоорондын харилцааг дүрсэлжээ.

One homeland
Grazing land that connects

This describes the relationship between neighbors in the countryside.

#666 —*frequently used*
Нэг нь нийтийн төлөө
Нийт нь нэгийн төлөө

Хамт олны харилцаа ямар байх ёстойг дүрсэлсэн үг юм.

One is for the community
The community is for the one

This describes what the relationships should be within a community.

#667 —*occasionally used*
Нэг нь хоёр болж
Нимгэн нь зузаан болно

Ямар нэг ажлыг алхам алхмаар хийсээр байвал удаан ч гэсэн хэзээ нэг өдөр дуусна гэдгийг хүмүүст сануулахын тулд хэлдэг.

One becomes two
Thin becomes thick

This might be used as a reminder for people to proceed with their projects one step at a time because then it will slowly get done.

#668 —*often used*
Нэг өдөр танилцаж
Мянган өдөр нөхөрлөнө

Богино хугацаанд анд нөхөд бололцсон хүмүүсийг дүрсэлж байна. Хам-

Met one day
Will be friends a thousand days

This describes two close friends who became good friends in a short period of

гийн сайн нөхрөө урамшуулахын тулд хэлж болно. Энэ нь найз нөхөд бие биеэ бүх амьдралаараа таньж мэдсэн гэсэн утгатай.

time. This might be used to encourage your best friend. It is like we have known each other our whole lives.

#669 —frequently used

Нэг сумаар
Хоёр туулай буудах

Нэг чармайлтаар хоёр зүйлийг амжуулахыг хэлж байна.

With one bullet
Shot two rabbits

This describes getting two things done with one effort.

#670 —frequently used

Нэг тэрэгний
Хоёр дугуй

Адилхан муу зан чанартай хоёр хүнийг дүрслэн хэлэхдээ ингэж хэлдэг. Тэд яг адилхан муу зүйлсийг үйлддэг.

Two wheels
Of one cart

This can be used to refer to two people who are similar in their bad characters. They do the same bad things.

#671 —regularly used

Нэг үхрийн эвэр доргиход (дэлсэхэд) (доргивол)
Мянган үхрийн эвэр доргино
Нэг тэмээ хорголд халтирхад
Мянган тэмээ халтирна (халтирна)

Ямар нэг үйлдэл нөгөөдөө хэрхэн нөлөөлдгийг энэ хоёр мөр өгүүлжээ. Нэг үхрийн эвэр доргивол бусдынх нь ч мөн адил доргино. Эрт үед хүмүүс тэмээгээр жин тээдэг байжээ. Бүх тэмээг хооронд нь холбон уядаг тул нэг тэмээ халтирч ойчвол бүгд ойчдог ажээ. Нэг хүний муу нэр тэр бүлэг хүмүүсийн нэрд сэв суулгаж болохыг энэ зүйр үг дүрсэлсэн байна.

When one cow's horns shake
A thousand cows' horns will shake
When one camel slips on dung
A thousand camels will slip

Both pairs of lines speak about how the actions of one affect the others. When one cow gets agitated, others will also get agitated. In old times people used camels as a means to transport goods. All the camels were tied together and if one camel slipped, he could bring the others down as well. This might be used to describe how one bad person's reputation will influence the reputation of the whole group.

#672 —frequently used

Нэг чихээрээ оруулж
Нөгөө чихээрээ гаргах

Нэг чихээр ороод
Нөгөө чихээр гарах

Хүний зөвлөгөөг сонсдог атлаа хэрэгжүүлдэггүй хүмүүст хандан, тэднийг засахын тулд хэлж болно.

Enters in his one ear
He puts it out his other ear

Goes in one ear
Goes out the other ear

These might be used to refer to or to correct the person who listens to others, but then does not follow their advice.

#673 —often used

Нэгд дурлавал жаргал
Нэмж дурлавал зовлон

If you love one, it is a joy
If you love more than one, it is trouble

Нэг хүнийг хайрлах нь хичнээн жаргалтай болохыг энд дүрсэлжээ. Нэгээс илүүд санаархвал зовлон, асуудал авчрахаас цааш хэтрэхгүй.

This describes the understanding that loving only one person is wonderful. But trying to be involved with more than one at the same time will only bring problems.

#674 —regularly used

Нэгийгээ үзэж
Нэхий дээлээ уралцах

Challenging each other
Tearing one another's fur *deel*

Нэгийгээ үзэлцэж
Нэхий дээлээ тайлалцах

Challenging each other face-to-face
Take off the fur *deel*

Эхний мөр зодолдож буй хоёр хүнийг дүрсэлжээ. Харин хоёр дахь мөр зодолдоход бэлэн байгаа хоёр хүнийг дүрсэлсэн байна. Энэ нь зодоон, эсвэл хэрүүл, эсвэл өрсөлдөөн байж болно.

The first one refers to two people who are fighting. The second one refers to two people who are getting ready to fight. The fighting may be physical, verbal or only competitiveness.

#675 —often used

Нэр нэгтийн чих нэг
Нүгэл нэгтийн там нэг

There is one ear for people who have the same name
There is one hell for people who do the same sin

Хэрэв адилхан нэртэй хүмүүсийн нэрийг дуудвал тэд хоёулаа эргэж хардаг. Нүгэл үйлдэгч хүмүүс үхсэнийхээ дараа бүгд тамд очно гэж яригддаг. Сайн мөс чанартай амьдарсан хүмүүс дараа нь гэр бүлийнхэндээ эргэж төрдөг гэж зарим хүмүүс итгэдэг. Зарим нь гэр бүлийнхэндээ бус, өөр гэр бүлд төрнө гэж ярьдаг. Заримдаа хүн нас барах гэж буй хүний биеийн хаа нэгтээ тэмдэг тавьж, тэр тэмдгийг үр хүүхдүүдээсээ эрж хайдаг. Энэ зүйр үгийг буруу зүйл хийж буй хүмүүст анхааруулах, эсвэл засаж залруулах үүднээс хэлж болно.

If people with the same name hear their name they will both turn. It is believed that all who do wrong will go to a place of eternal strife when they die. All who have been good people will come back to life in one of their descendants. Some believe you can come back into life in someone other than a descendant. Sometimes people will put a mark on a person before he or she dies and will later look for that same mark on future descendants. This might be used to correct or warn those who are doing wrong.

#676 —occasionally used

Нэр олох насны
Нэр хугарах өдрийн

Find a name for life
Break a name in one day

Нэг дэх мөрөнд бид бүх насаараа сайн нэртэй явахыг хүсдэг тухай өгүүлжээ. Сайн нэрийг ганцхан өдөр алдах боломжтой гэдгийг сануулахын тулд хэрэглэдэг.

Line 1 says we want to keep a good name for life. This might be used to remind someone that his good name can be lost in a day.

#677 —*frequently used*

Нэр (Нэрээ) хугарахаар
Яс хугар (Ясаа хугал)

Хугарсан яс эдгэрэх нь муу нэрнээс салахаас илүү амархан гэдгийг үр хүүхдүүд болон бусдад заахын тулд энэ зүйр үгийг хэлдэг.

Better to have your bone broken
Rather than your name

This might be used to teach children or to warn someone that it is easier to heal a broken bone than to get rid of a bad name.

#678 —*often used*

Нэрийн хор
Нүүрийн хир

Ямар нэг юмыг юм уу, эсвэл аливааг чанаргүй хийдэг хүмүүст хандаж хэлдэг. Тэд үүнийхээ үр дүнд сайн нэрээ алддаг.

Poison to a name
Dirt to a face

This might be said when people do something bad, not good or not good quality. The result will be a loss of their good name.

#679 —*occasionally used*

Нэрэлхүү хүн хоолгүй
Нарийн хүн нөхөргүй

Нэрэлхүү хүн нэрэлхэж суусаар байгаад хоолгүй хоцордог. Өөрт байгаа зүйлээ хуваалцахыг хүсдэггүй нарийн хүмүүс харамлаж суусаар найз нөхөдгүй болдог. Харамч хүмүүс өвчтэй байхдаа хүртэл эм авч уухаас татгалздаг. Нарийн, харамч хүнийг дүрслэхийн тулд энэхүү үгийг хэрэглэж болно.

The shy person will not have food
The stingy person will not have friends

The shy person will not eat because he is too shy to ask. The stingy person will not have friends because he is unwilling to share what he has with others. This person may even be unwilling to spend money on medicine when he is sick. This might be used when referring to a stingy person.

#680 —*regularly used*

Нэрэлхээд нэрээ идэхгүй
Хариад гэрээ идэхгүй

Гэрээ идэхгүй нь ойлгомжтой. Өөрийнхөө бардам зангаас болж гэртээ идэх хоолгүй гэж хэлэгдэхээс нэрэлхдэг хүнийг дүрсэлжээ. Хүүхдүүдэд аав ээж нь айлын гэрт очоод хамаагүй идэж болохгүй, учир нь энэ бол зохимжгүй гэж захидаг. Гэрийн эзэн дахиад ид гэж хэлэх хүртэл хүмүүс ихэвчлэн хүлээж байгаад дараа нь жаахан нэмж иддэг. Гэрийн эзэн ирсэн зочноо дахиад идэх хүсэлтэй байгааг нь анзаараад нэмж идэхийг уриалан энэ зүйр үгийг хэлдэг.

When embarrassed, you do not eat your name
When going home, you do not eat your home

It is understood that you cannot eat your *ger*. This describes a person who is too embarrassed to say that he has nothing to eat so because of his pride he does not ask for help. Children are often taught by their parents to not eat too much when they go to visit someone because it is not polite. Often times people wait until the host says to have some more, to help themselves to a little more. If the host senses that his visitors want to eat but need a little encouraging, he would say this proverb.

Mongolian Proverbs

#681 —often used

Нэрээ (Нүүрээ) барах

Бусдын итгэл хүндэтгэлийг алдсан хүнийг дүрслэхийн тулд энэ үгийг хэлж болно.

Loses his <u>name</u> (face)

It might be used to refer to a person who has lost the respect of others.

#682 —often used

Нэрээ барахаар насаа бар

Сайн нэрийг хадгалан үлдэх нь ямар чухал болохыг хүмүүст сануулахын тулд энэ зүйр үгийг хэрэглэж болно.

Exhaust your years rather than your name

This might be used to remind someone of the importance of holding onto a good name.

#683 —frequently used

Нялуунаас шулуун нь (дээр)
Нялцгайгаас <u>хатуу</u> (агшуун) (аглуун) нь (дээр)

Нэг дэх мөрөнд шулуун шударга зантай байсан нь дээр гэжээ. Хоёр дахь мөрөнд зуурсан гурилын тухай хэлжээ. Зуурсан гурил нялцгай бус, хатуу байх нь дээр байдаг. Хэрэв хэн нэг нь долигонож нялцганаад байвал, эсвэл үнэнийг шууд хэлэх гэсэн үедээ энэ зүйр үгийг хэлдэг.

Being straight is better than being overly sweet
<u>Hard</u> (solid) (firm) is better than slimy

Line 1 refers to the character trait of being honest and straight forward. Line 2 refers to dough. Dough is better not sticky. This might be said if others try to charm us with excessive flattery, or when we want to say something true directly to someone.

#684 —frequently used

Овоо босгоогүй бол
Шаазгай юунд суух вэ

Овоо босгоогүй бол
Шувуу хаанаас суух вэ?

Овоо гэдэг бол уул толгодын орой дээр чулуугаар овоолон босгосон нэг төрлийн шүтээн юм. Энэ зүйр үгний утга нь юм бүхэнд эхлэх цэг байдаг бөгөөд хэн нэгэн хүн буруу зүйл хийснээс муу үр дүнд хүрдэг. Хоёр хүн маргалдаа гэж бодоход нэг нь нөгөөгөө хэрүүлийг эхлүүлсэн гэж буруутгавал нөгөөдөх нь энэ зүйр үгийг хэлж хэрэв чи эхлээгүй бол ийм хэрүүл маргаан гарахгүй байх байсан гэж хэлдэг. Хэрэв хүн ямар нэг буруу зүйл хийгээгүй бол бусад хүмүүс ч үүнийг нь өлгөж авахгүй. Мөн ямар нэг эхлүүлсэн ажлаа сайн дуусгах хэрэгтэй гэж хүмүүсийг урамшуулахын тулд хэрэглэж болдог.

If an *ovoo* is not piled
On what will the magpie sit?

If an *ovoo* is not piled
Where would the birds sit?

An *ovoo* is a sacred cairn, usually of piled rocks. The meaning is that everything has a starting point or, if someone does something wrong, other problems will follow. Somebody might start a quarrel and later on accuse the other person for the quarrel but the other person can say either proverb meaning if you hadn't started it there wouldn't have been a quarrel in the first place. If somebody doesn't start something, bad people won't get involved and make it worse. They might also be used to encourage people to get started on a project so that it can be completed.

#685   *—occasionally used*
Овоохойгүй байж голомхой
Унаагүй байж шилэмхий

Does not even have a shack but scorns
Does not have a ride but is picky

Өөрөө юу ч үгүй байтлаа хүний өгсөн бэлгийг голж шилдэг хүмүүсийг дүрслэхийн тулд энэхүү зүйр үгийг хэлдэг. Мөн өөрийнхөө алдааг олж харалгүй дандаа бусдын алдаа зөрчлийг хараад, тэднийг чичилж байдаг хүмүүсийг илэрхийлдэг. Тэд өөрсдөд нь өгсөн зүйлд хэзээ ч сэтгэл хангалуун байдаггүй.

Some people might use this to describe people who have been offered things but criticize the gifts even though they do not have anything. Other people might use it to describe people who always find fault in others while ignoring the many faults they have. They are never satisfied with what they have been offered.

#686   *—regularly used*
Ой мод урттай, богинотой
Олон хүн сайнтай, муутай

A forest has tall and short
Many people are good and bad

Ойн мод янз бүр байдгийн нэгэн адил хэсэг бүлэг хүмүүс, улс орон өөр өөр байдаг. Бүгдээрээ сайн ч биш, бас бүгдээрээ муу ч биш. Бүх хүмүүст ижил төстэй зан чанар, арга зам бий гэдгийг энэ үгээр бас илэрхийлж болдог. #12, #127, #702, #1004-г үз.

Just as the trees are all different in a forest, people in a group, country or the world are different. Not all are good nor are all bad. This can be said when someone says that all people are a certain way or have a certain character. Also see #12, #127, #702 and #1004.

#687   *—frequently used*
Олзны бага нь амттай

Small amounts of profit are tasty

Шунах хэрэггүйг сануулан хэн нэг хүнд зөвлөгөө маягаар хэлж болно.

This might be used as advice to someone to not be greedy.

#688   *—occasionally used*
Олноор зөвлөвөл буруугүй
Олмоор гарвал аюулгүй

If advised by many, no mistakes
If crossing a river at a ford, no danger

Голын хамгийн аюулгүй хэсгээр голыг гатлах нь хамгаас чухал байдаг. Үүний нэгэн адил ямарваа нэг нөхцөл байдлаас амжилттай үр дүн гаргахын тулд бүгдээрээ зөвлөж ярих нь чухал байдаг.

It is understood that the best place to cross a river is where it is the safest. In the same way, the best way to have a successful outcome to a situation is for those involved to discuss it together. This might be used as advice for people to work together with others.

#689   *—often used*
Олны дотор үгээ шинж
Ганцаар явахдаа сэтгэлээ шинж

Check your word among many people
Check your soul when going alone

Бид ганцаараа байх үедээ өөрсдийнхөө хүсэл мөрөөдөл, зам мөрөө харах хэрэгтэй. Өөрсдийнхөө зан чанарыг засахын

When we are alone we can use this time to look at ourselves, our dreams and the path we are on. We can think about what we

тулд юу хийж болохыг бодох хэрэгтэй. Харин хүмүүстэй хамт байхдаа юу хэлэхээ бодох хэрэгтэй. Олон хүмүүсийн дунд өөртөө хэт анхаарч, бусдын үгэнд анхаарлаа хандуулдаггүй хүнд энэ үгийг хэлж болно. #268-г үз.

need to do to improve our characters. But when we are with others we need to concentrate on what we say. This might be said to people who are focused on themselves when with others and not paying attention to their words. Also see #268.

#690 —rarely used
Олны ёс
Орчлонгийн зүй

Энэ дэлхийн үндэстэн ястан бүр өөр өөрсдийн гэсэн ёс заншилтай байдаг. Энэ нь дэлхий ертөнцийг зүй тогтолтой байлгадаг. Аливаа улс үндэстний ёс заншил, хууль журмын чухлыг энд өгүүлжээ.

The customs of many
The order of the universe

This means that in the world there are many people and they each have their own customs and rules. This gives order to the world. This speaks of the importance of customs and rules in a country.

#691 —occasionally used
Олны олон
Таван цэн

Цэн гэдэг бол бага хэмжээ юм. Бага багаар цуглуулсан өчүүхэн бага зүйлүүд ч том зүйлд нэгддэг гэсэн утгатай.

Many of them
Five *tsen*

A *tsen* is a small measurement. This means that small amounts saved over time will add up to a large amount.

#692 —occasionally used
Олны төлөө
Оготно боож үхэх

Асуудлын дэргэд оготно үнэхээр өчүүхэн. Тиймээс өчүүхэн оготно юу хийж чадах вэ хэмээн гадуурхагддаг. Энэ зүйр үгийг Манжийн дарлалын үед ноёдынхоо эсрэг бослого гаргадаг байсан Монголчуудыг басамжлахын тулд гаргаж байжээ. Улс төрийн асуудлаар тэмцэж буй хүнд энэ үгийг хэлж болох юм. #921-г үз.

For the sake of many
A mouse strangles itself to death

The mouse is small in comparison to the trouble. Therefore, the mouse is despised because how can one little mouse's effort accomplish anything. This originally started during the Manchu occupation to discourage Mongols from rebelling against their leaders. This can be used to refer to someone who is fighting for political issues. See #921.

#693 —often used
Олны үг ортой
Оройн бургас очтой

Оройн бургас хуурай байдаг учир гал хурдан авалцдаг. Эхний мөрийг дангаар нь их хэрэглэдэг. Цуу ярианы талаар ярилцахдаа энэ үгийг их хэрэглэдэг. Хэрэв нэг асуудал дахин дахин сөхөгдвөл ямар нэг хэмжээгээр үнэний хувь бий гэж хүмүүс боддог. Эхэндээ үгүйсгэж байсан цуу яриа дараа нь үнэн болохыг ихэвчлэн мэддэг.

The words of the masses can be true
The brushwood has a spark from the top

This bush is very dry at the top and makes for a good fire. The first line by itself is the most common. It might be used when discussing rumors. If they are repeated enough times people believe there must be some truth in them. This might be said when earlier rumors that were denied are later shown to be mostly true.

Mongolian Proverbs

#694 —*often used*

Олны хүч
Оломгүй далай

Хүмүүсийг хамтдаа нэг баг болж ажиллахыг урамшуулан энэ үгийг хэлж болох юм. Хамтдаа байвал хүчтэй байдаг. Гатлах боломжгүй асар том далай мэт болох боломжтой.

The strength of many people
Is an ocean that cannot be crossed

This might be used to encourage people to work as a team because together we will be strong. We will be like an ocean that is so big it cannot be crossed.

#695 —*occasionally used*

Олон голын жавраас
Орны хөндийн жавар доор

Цаг агаарыг дүрсэлжээ. Гэрийн доторх хүйтэн гаднах хүйтнээс илүү хүйтэн байдаг.

Cold beside the bed is worse than chill beside the rivers

This describes the weather. It is worse when it is cold inside the *ger* than when it is cold outside.

#696 —*occasionally used*

Олон ирвэл цайгүй
Орой ирвэл зайгүй

Нэг зочин дахин дахин ирээд байвал нэр хүндээ алддаг гэсэн утгаар зарим хүмүүс хэрэглэдэг. Хүмүүс түүнийг хүндлэхээ больж, ирүүлэхийг ч хүсдэггүй. Хоёр дахь мөр нь гэрт суух зай бага байдгийг илэрхийлжээ. Хэрэв та хоцорвол бүх хүн суудлаа авчихсан байдаг учир танд суух газар олдохгүй. Аливаад цагаа баримталж байхын чухлыг ухааруулахаар энэ зүйр үгийг хэрэглэж болно.

If you come many times there is no tea
If you come late there is no space

Some people might use this as a warning that if visitors come too often, they will lose their good name. People will not respect them and not want them to visit. The second line refers to the fact that in a *ger* there are not a lot of places to sit. If you are late, everyone will already have taken all the seats. Some people might use this to encourage people to get to places on time.

#697 —*rarely used*

Олон мод – ой
Ганц мод – гадас

Мод ихтэй бол том ойд тооцогддог. Ганц модыг гадас гэж хэлсэн нь хэр өчүүхэн болохыг харьцуулжээ. Тоо нь олон байх тусмаа илүү хүчтэй байдгийг хүмүүст сануулахын тулд энэхүү зүйр үгийг хэрэглэдэг.

Many trees — forest
Lone tree — a peg

A forest with many trees is big. A tree by itself is only good to make a peg so it is small in comparison. This can be used to remind people that there is strength in numbers.

#698 —*regularly used*

Олон санаат оргож чадахгүй

Олон санаа санасан хүн
Оргож босож чадахгүй

Энэ зүйр үг аливаа зүйлийг хийх олон санаа урган гарсан ч аль нэгийг нь сонгож

With many ideas cannot escape

The person who has many thoughts
Cannot rebel and escape

These proverbs describe people who have many different thoughts on what to do, but

чадахгүй байгаа хүмүүсийг дүрсэлжээ. Тэд хоёрдмол санаатай учир шийдвэр гаргаад түүндээ үнэнч зогсож чаддаггүй.

they cannot make a firm decision. They are double-minded, unable to make a decision and stay with it.

#699 —occasionally used
Олон удаа бодож (бод)
Нэг (ганц) удаа хэл

Think many times
Say one time

Аливааг хэлэхээсээ өмнө бодож үзэх хэрэгтэйг хүмүүст сануулан энэ зүйр үгийг хэрэглэдэг байна.

This might be used to advise people to think before they speak.

#700 —occasionally used
Олон үгийн оосор нь нэг
Түмэн үгийн түлхүүр нь нэг

There is one cord for many words
There is one key for a multitude of words

Олон үгийн оосор нэг гэдэг нь олон үгийг цөөн үгээр хураангуйлан хэлэх боломжтой гэсэн утгатай. Түмэн үгийн түлхүүр нэг гэдэг нь түмэн үг хэлснээс хэлэх гэсэн зүйлээ хамгийн энгийнээр, товч, тодорхой цөөн бөгөөд зөв үгээр хэлсэн нь дээр гэсэн утгатай. Нэг өгүүлбэр хэлэх гэж олон үг хэрэглэх нь ихэвчлэн эелдэг гэдгээ харуулах зорилготой байдаг ч чалчаа хүмүүст Монголчууд дургүй байдаг. Нэг их олон үгээр хэлснээс ганц хоёр үгээр гол санаагаа илэрхийлэх талаар бодож үзээрэй хэмээн зөвлөхдөө энэ зүйр үгийг хэрэглэж болно.

One cord for many words means many words can be summed up in a few words. One key for a multitude of words means in a large group of words that might be said, there are a few correct ones that can say what you want to say the easiest and most accurate. Even though using more words in a sentence is often for the purpose of being more polite, typically Mongolians do not like it when people talk a lot. This might be used to advise someone to think about the one or two correct words to use rather than many.

#701 —occasionally used
Олон үгэнд олзгүй
Ганц үгэнд гарзгүй

No gain in many words
No loss in one word

Олон үгэнд олзгүй
Оготор нохойд шинжгүй

No gain in many words
No quality in a dog without a tail

Олон үгээр ярих нь эелдэг байдлаа харуулах зорилготой байдаг ч Монголчууд чалчаа хүмүүст дургүй байдаг. Хэт их ярихаас сэрэмжлүүлэн зөвлөж энэ үгийг хэлж болох юм.

Even though using more words in a sentence is often for the purpose of being more polite, typically Mongolians do not like it when people talk a lot. These might be used to advise someone to not talk too much.

#702 —regularly used
Олон хүн сайнтай, муутай
Ой (ойн) мод урттай, богинотой

There are good and bad among the many people
There are long and short trees in the forest

Ойн мод урттай богинотой байдгийн адил энэ дэлхийн улс орнуудын ард түмэн ч харилцан адилгүй байдаг. Хүмүүс

Just as the trees are all different in a forest,

бүгд сайн биш, бүгд муу ч бас биш. Хүн бүр өөр өөр зан чанар, арга барилтай байдгийг дүрслэн энэ зүйр үгийг ашиглаж болно. #12, #127, #868, #1004-г үз.

people in a group, country or the world are different. Not all are good nor are all bad. This can be said when someone says that all people are a certain way or have a certain character. Also see #12, #127, #686 and #1004.

#703 —occasionally used

Олон хэлбэл улиг
Удаан суувал уйтгар

Олон хэлбэл улиг
Цөөн хэлбэл билиг

If saying many times, it is an annoyance
If sitting a long time, it is a bore

Annoying if said many times
Wisdom if said few times

Нэг газар удаан суувал залхах нь ойлгомжтой. Үүний нэгэн адил бусдад нэг юмыг дахин дахин хэлэх нь үнэ цэнэгүй болж, улиг болдог. Үргэлж үглэж байдаг, эсвэл үргэлж бусдаас буруу хайдаг хүмүүсийн тухай, эсвэл ихэд гомдоллодог хүний тухай энэ үгийг хэлж болно.

It is understood that sitting in one place for a long time is boring. In the same way, nagging others is a nuisance and not valuable. These might be said about a person who nags or complains a lot or is always finding fault with others.

#704 —often used

Олонд нэртэй
Орчлонд данстай

Popular in crowd
Registered in the world

Хүн бүр нэртэй байдаг бөгөөд улсад бүртгэлтэй байдаг. Хоёр хүн хэрэлдэхэд нэг нь нөгөөдөө "Чи намайг мэдэхгүй. Засаг төр намайг мэднэ. Би олон найз нөхөдтэй. Би алдартай хүн шүү" гэсэн утгаар энэ зүйр үгийг хэлдэг. Хэн нэг алдартай, нэр хүндтэй хүмүүсийг мөн ийн хэлдэг.

Every one has a name and is registered with the government. When two people have a problem, one can say this meaning, "You do not know me, but the government knows me. I have a lot of friends. I am somebody." Or, it might be used in reference to a famous person or someone with a very good name.

#705 —occasionally used

Олонтой бол
Баянтай

If you have many friends
You are rich

Олон найз нөхөдтэй хүний амьдралыг дүрсэлжээ. Тэдний амьдрал сайн сайхан байдаг.

This refers to people who have many friends. Their lives are good.

#706 —occasionally used

Олуулаа бол хүртэхээрээ ид
Цөөхүүлээ бол цадахаараа ид

If you are many, eat until sufficient
If you are few, eat until full

Хэрэв олуулаа хооллохоор суусан бол хүн бүхэнд хүртээн, хуваадж идэх хэрэгтэй. Харин цөөхүүлээ бол цадталаа, хүссэнээрээ идэж болно. Үүнийг хүүхдүүдэд зааж сургахын тулд хэрэглэж болно.

If there are many at the table, only eat what is necessary so everyone can have something to eat. If there are few at the table, then each can eat until they are full. This might be used when teaching children.

#707 —occasionally used
Онгироо хүн олонд хүндгүй
Огтор хормой шаварт нөмөргүй

Эмэгтэйчүүдийн богино хормойтой хувцас бүрэн халхалж чаддаггүй тул хөл нь амархан бохирддог. Ярих зохисгүй зүйлийг үргэлж ярьж явдаг сайрхуу хүнийг энэ үгээр илэрхийлж болно. Тэрээр нэр хүндээ бузарладаг ажээ.

People do not respect the braggart
A short skirt does not protect from the mud

A short skirt does not cover what it should and a woman's legs will get dirty. This might be used to refer to a braggart who speaks about things he should not. He lets dirt get on his name.

#708 —regularly used
Онгойж явснаас
Умайж яв

Уранхай хувцастай гадуур явснаас муу ч болов түүнийгээ оёсон нь дээр гэдгийг хэлж байна. Уранхай хувцастай явж байгаа хүмүүст энэ үгийг хэлж болох юм. Мөн хэрэв хэн нэг хүн хувцасаа нөхөж оёсон байхыг хараад "Хэдий сайн оёогүй ч уранхай явснаас илүү дээр болж" гэсэн утгаар хэлдэг.

It is better to go narrow
Than to go open

This states that it is better to have torn clothing mended than to go around with holes in your clothes. It might be said to people who are wearing torn clothing. Or after mending clothes for someone you might say this, meaning, "It may not be the best sewing, but it's better than walking around with your clothes torn open."

#709 —occasionally used
Оолиор цавчвал өөгүй
Олноор хэлэлцвэл буруугүй

Мужаан хүн хийж буй зүйлдээ ооль ашиглавал өөгүй сайхан болдог. Үүний нэгэн адил хэрэв хүмүүс хамтдаа хэлэлцэж шийдвэл үр дүн нь сайн байна. Хүмүүсийг эвсэн ажиллахыг уриалж үүнийг хэлдэг. Хоёр дахь мөрийг дангаар нь их хэрэглэдэг.

If cut with an ax, it will become smooth
If discussed with many, a good solution comes

If a woodworker spends a lot of time on a piece, it will become smooth. In the same way, if people discuss and come to a decision together, the result will be good. This might be used to encourage people to work together. The second line by itself is the most common.

#710 —occasionally used
Ор гэхэд шагайх
Ооч гэхэд долоох

Хэрэв хүн хоол өгвөл зооглож, гэртээ урьвал орж тухлах нь Монголчуудын ёс. Бүдүүлэг хүнийг илэрхийлэхийн тулд энэ үгийг хэлж болно.

When told to come in, only peek
When told to drink, only lick

It is customary in Mongolia that when food is offered you should eat and when visiting someone's home you should go in and visit for a while. This might be used to describe a person who is not polite.

#711 —*frequently used*
Оргүйгээс
Охинтой нь дээр

Better to have a daughter
Than nothing

Монголчууд эхлээд хүүтэй болох дуртай байдаг. Хүү хүүхэдгүй, охидтой айлд энэ үгийг хэлж сэтгэлийг нь сэргээдэг. Тэд охидынхоо төлөө талархдаг байх хэрэгтэй. Зарим хүн байхгүй зүйлээ ямар нэг өөр зүйлээр орлуулахдаа энэ үгийг хэрэглэдэг.

Mongolians like to have a boy first. This might be said to a family member who is disappointed that a family only has a daughter and no son. They need to be thankful for their daughter. Some might use it when they want to substitute one thing for something else that is needed.

#712 —*occasionally used*
Оройтвол эртлэхэд бэрх
Доройтвол дэвжихэд бэрх

It is hard to get up early when it is already late
It is hard to reach success after failing

Хэрэв оройтож унтвал эрт босож чадахгүй нь ойлгомжтой. Хоёр дахь мөр нь ямар нэг зүйлийг хийх гээд бүтэлгүйтсэн бол дараа нь амжилт гаргахад амаргүйг хэлжээ. Амжилт гаргаж болох ч, нилээд их цаг хугацаа алдана. Бүтэлгүйтсэнийхээ дараа дахин дахин оролдсоор байх ямар хэцүү юм бэ гэж буй хүнийг дэмжиж байгаагаа илэрхийлж хэлдэг.

It is understood we cannot get up early once we have slept late. The second line means if you have failed at something, it is difficult to get up and be successful. It can be done, but it is hard because time has been lost. This might be used to encourage someone who has failed and does not understand why it is so hard to keep trying.

#713 —*often used*
Оролдвол нэгийг сурна
Уралдвал нэг нь түрүүлнэ

If you try, you will learn
If competition, one will win

Эхний мөрийг ихэвчлэн дангаар нь хэрэглэдэг. Хүнийг эрдэмд боловсрох хэрэгтэйг урамшуулан эхний мөрийг дангаар нь хэрэглэж болно. Хоёрдугаар мөрийг хийж буй зүйлээ юунаас ч хамааралгүй дуусгах хэрэгтэй болохыг урамшуулан хэлж болох юм.

The first line is usually used separately from the second. The first line can be used when you want to encourage someone to learn. Use the second one when you are encouraging someone to compete regardless of who will win.

#714 —*occasionally used*
Оролдлого сайт
Оройд нь гарна

Person who makes efforts
Will reach the peak

Үүнийг урам зориг өгөх хэлбэрээр хэрэглэж болно. Хэрэв хүн хичээж ажиллавал үр дүн нь үргэлж сайн байдаг.

This might be used as encouragement. If you try and work hard you will get results.

#715 —*occasionally used*
Оромноосоо хөдлөсөн чулуу
Олон жил зовдог

A stone that was moved from its place
Will suffer for many years

Нэг дэх мөрөнд гарч буй чулууг хүмүүс

Some people understand the stone referred

овоонд өргөсөн чулуу гэж ихэвчлэн ойлгож, тайлбарладаг. Овооны чулууг хөдөлгөвөл аз харьдаг гэж тэд үздэг. Бусад хүмүүс харин энэ чулуугаар хүнийг дүрсэлсэн гэж тайлбарладаг. Эдгээрийн аль аль нь байгаа газраасаа өөр газар уруу нүүсэн айлыг дүрслэхдээ ашигладаг. Найз нөхөд нь нүүж буйгаа эндээс нүүвэл тэнд очоод зовно гэсэн утгаар хэлдэг. Зарим хүн орон гэрээ зараад одоо орох оронгүй болсон хүний тухай ярихдаа үүнийг хэрэглэдэг.

to in line 1 to be a stone that has been placed on an *ovoo*, a sacred cairn. It is believed that moving one of those stones will bring bad luck. Other people understand the stone to be a metaphor for a person. Both groups might use it when referring to people who live in one place, but want to move to another place. Their friends will say this meaning you will suffer there, so do not move. Some might use this when referring to people who have sold their home and now have no place to live.

#716 —*occasionally used*

Оронгүй оргодол
Замгүй завхуул

Гэр орон, гэр бүлтэй атлаа байхгүй хүн шиг амьдардаг хүнийг ингэж дүрсэлдэг. Ийм хүн гэр орон, гэр бүлдээ анхаарал тавьдаггүй.

Escapee without home
Stray with no direction

This might be used in reference to a person who has a home and family, but acts as though he does not. He does not care for them or pay attention to them.

#717 —*occasionally used*

Ороо морийг уургаар
Ууртай хүнийг аргаар

Ууртай хүнтэй ярилцах гэж оролдсон ч бүтэлгүйтэж байгаа хүнийг хараад энэ үгийг хэлж болно. Ууртай хүнтэй ярилцахдаа эв зүйг нь олох хэрэгтэй.

Catch an elusive horse with a lasso pole
Deal with an angry person with a plan

This might be used when you see someone trying to talk to an angry person, but with no success. When speaking with an angry person we need a plan.

#718 —*often used*

Ороо нь ороогоороо
Жороо нь жороогоороо

Өөрийнхөө дур зоргоор бүхнийг хийдэг, дэг журамгүй хүнийг энэ үгээр дүрсэлдэг. Тэд өөрсдийнхөө хүссэнээр л хийдэг. Зарим хүн муу зан чанартай хүмүүстэй нийлээд байгаа хүнийг хараад үүнийг хэлдэг.

A colt follows its nature
An ambler follows its nature

This can be used in reference to undisciplined people who do what they want. It is their character. Some might use this when referring to those who are friends with people with bad characters.

#719 —*often used*

Орох гэргүй
Оочих аягагүй

Гэр бүл, үр хүүхэд, гэр орон, хийх ажилгүй хүнийг энэ үгээр дүрсэлдэг. Хамгийн гол нь энэ хүн орох оронгүй ажээ.

No home to enter
No bowl to drink from

This can be used when referring to a person who has nothing – no spouse, children, or home and nothing to do. Most important is that he has no home.

#720 —often used

Орох тэнгэрийн орой цоорхой
Орсон буурын шил цоорхой

Орой цоорхой гэдэг нь цоохор үүлтэй байхыг хэлж байна. Ороо нь орсон буурын шил цоорхой байдаг ажээ. Энэ үгээр хожим юу болохыг мэдэж байна гэсэн утгыг илэрхийлдэг байна.

There is an opening in the sky before rain
There is a hole in the neck of the male camel before sex

A hole in the sky means a break in the clouds. The hole can be seen on the neck of a male camel. This might be used when we want to say that we know what will happen next.

#721 —occasionally used

Орох үүдээ олоод
Гарах үүдээ бүү март

Айлд зочлоод хэт удаан байх хэрэггүй гэдгийг анхааруулахын тулд хэлдэг.

If an entrance is found
Do not forget the exit

This might be said as a caution not to stay too long when you visit.

#722 —often used

Орсон бороо арилдаг
Ирсэн гийчин буцдаг

Бороо болон зочинд адилхан тал байгаа нь тэд ирээд буцдаг, ороод арилдаг. Дандаа бороо орж байна хэмээн гомдоллож буй хүнд энэ үгийг хэлдэг байна.

Rain comes and fades away
Visitors come and go back

These are true statements about the weather and guests, both come and go. It might be said when someone is complaining that it is always raining.

#723 —occasionally used

Охин хүн амныхаа мууд
Ороо зусаг аашныхаа мууд

Энд сүү нь татарсан гурван настай ямааны тухай өгүүлжээ. Үүний нэгэн адил муу үг хэлж ярьж буй эмэгтэй өөрийнхөө жинхэнэ төрхийг харуулж байгаа нь тэр. Муу үг үргэлж хэлдэг эмэгтэйд энэ үгийг хэлж болно.

A girl's mouth is bad
A female goat's character is bad

It is understood that the goat being referred to here is a three-year old goat whose milk has finished. In the same way, a woman using bad words is displaying her bad character. It might be used when referring to a woman who uses bad words.

#724 —occasionally used

Өвгөдөө өргөж хүндэл
Нялхсаа асарч хүндэл

Хүүхэд, хөгшдийн аль алиныг нь асрах хэрэгтэй. Хөгшчүүлийг, ялангуяа хамаатныхаа ахмадуудыг асрах хэрэгтэйг сануулан энэ зүйр үгийг хэрэглэж болно.

Respect elders with care
Raise infants with care

Both babies and the elderly need to be cared for. This might be used as a reminder that we need to care for older people, especially relatives.

#725   *—often used*

Өвгөн хүнд өргөмж хэрэгтэй
Залуу хүнд сургамж хэрэгтэй

An old man needs to be cared for
A young man needs to be taught

Настай хүн залуу хүнд юм сургаж байгааг, эсвэл ахмад хүнийг асарч буй залууг хараад энэ үгийг хэлж болно. Настай хүмүүсийг хүндэтгэж, өргөмжлөх хэрэгтэй. Тэдэнд сайн сайхан үг хэлж, чанартай хоол унд өгч, хөгширсөн ч чухал хэвээрээ гэдгийг сануулж урамшуулах хэрэгтэй. Залуу хүнд харин заавар зөвлөгөө хэрэгтэй. Настай хүн залуу хүнд юм заахдаа, эсхүл залуус настай хүний зөвлөгөө хэрэгтэй байгааг илэрхийлэн энэ зүйр үгийг хэрэглэж болно.

This can be used when elders are teaching younger ones or when encouraging someone to care for an older person. Elders need to be honored and respected. They should be given good words, food, honor and help so they will know that they are important and not just old. The young man needs instruction or advice. An elderly person might say this when giving advice to a younger person or young people might say it to an older person meaning that they need their advice.

#726   *—occasionally used*

Өвсөн дотроос
Зүү эрэх

Look for a needle
In grass

Ямар ч боломжгүй зүйлийг хийхээр оролдох үедээ энэ үгийг хэлж болно.

This might be used in reference to trying to do something impossible.

#727   *—occasionally used*

Өвсөнд ороовч үхэр идэхгүй
Өөхөнд ороовч нохой шиншихгүй

Even though wrapped in grass, a cow will not eat
Even though wrapped in fat, a dog will not sniff

Царай муутай эмэгтэйн тухай Монгол үлгэр байдаг. Хэдийгээр эцэг эх нь хамгийн сайн хувцас өмсүүлсэн ч түүнийг нэг ч хүн тоодоггүй. Ямар нэг юмнаас татгалзахдаа энэ үгийг хэрэглэж болно.

There is a Mongolian tale about a woman who is not beautiful. Even though her parents make good clothes, no man will accept her. This might be used when we want to reject something.

#728   *—frequently used*

Өвстэй газар мал тогтдоггүй
Жаргалтай газар хүн тогтдоггүй

An animal will not stay long in a place where there is grass
A person will not stay long in a place where there is happiness

Өвс, ногоо нь тэгширсэн байхад ч мал тэр газар тогтдоггүй. Өөрсдийн сайн сайхан амьдралд талархал дүүрэн байхын оронд үргэлж тийм байх ёстой мэт аашилдаг хүмүүсийг дүрслэн энэ үгийг хэлдэг.

Even if the grass is good, animals are always moving. This might be said when referring to people who do not appreciate their happy lives and take them for granted.

Mongolian Proverbs

#729 —frequently used
Өвчин хэлж ирдэггүй
Хийсч ирдэг

Бид хэзээ өвдөхөө урьдаас мэддэггүй. Гэвч гэнэт л өвдчихдөг. Гэнэт өвчтэй болсон хүн ба гэв гэнэт гарч ирсэн асуудлыг дүрслэхийн тулд энэ зүйр үгийг хэрэглэдэг.

Disease does not inform that it is coming
It comes blowing

A disease does not notify us when it will come. It just suddenly comes. This might be used to describe trouble that came suddenly out of nowhere or a person who suddenly became ill.

#730 —occasionally used
Өвчнийг бага дээр нь
Хоолыг шинэ дээр нь

Өвчнийг дөнгөж эхэлж байгаа дээр нь буюу бага дээр нь эмчилгээ хийлгэхийг зөвлөн энэ үгийг хэлдэг.

Treat disease when it is little
Eat food when it is fresh

This might be used as advice to treat illness when it first appears and it is still small.

#731 —frequently used
Өглөгч хүн
Өөртөө хоосон

Өөрт байгаагаа өрөөлд өгөөд өөрөө юу ч үгүй хоосон үлддэг өглөгч хүмүүсийг дүрслэхдээ хэрэглэдэг.

A generous person
Has nothing for himself

This might be used to describe the generous person who likes to give to others, and then has nothing left for himself.

#732 —occasionally used
Өглөө хазаар
Орой ташуур

Морь өглөө омголон байдаг бол орой ядарч сульдсан байдаг. Зарим хүн энэ үгийг ажлыг түргэн шуурхай эхэлдэг ч яваандаа удааширдаг гэсэн утгаар хэрэглэдэг. Юу ч хийхгүй атлаа шургуу ажиллаж буй дүр эсгэдэг хүмүүсийг ч илэрхийлдэг. Зарим хүн өглөө зөв замаар хэрхэн явахаа заалгах хэрэгтэй гэсэн утгаар хэрэглэдэг. Орой нь бид ажлаа хурдан дуусгах хэрэгтэй. Дээрх хүмүүсийн аль аль нь аливааг эхлэхийн урьд заавар зөвлөгөө, дуусгах хүч урам хайрласан үг хэлүүлэх хэрэгтэй хэмээх утгаар энэ үгийг хэрэглэдэг.

A bridle in the morning
A whip in the evening

A horse gallops in the morning, but plods in the evening. Some people understand this to mean that in the same way, some people start work quickly but slow down later. It might be used when referring to people who only pretend to work hard but do nothing. Other people understand it to mean that in the morning we need guidance to go in the right direction. In the evening we need to quickly finish our work. These people might use it when referring to someone who either needs guidance to get started or encouragement to finish.

#733 —frequently used

Өглөөний дулааныг дулаанд бүү бод
Өсөхийн жаргалыг жаргалд бүү бод

Өглөөний нарыг наранд бүү бод
Өсөхийн жаргалыг жаргалд бүү бод

Цаг агаар хувирамтгай байдаг тул өглөөний нараар тухайн өдрийг дүгнэж болохгүй нь ойлгомжтой. Хүүхдүүд өсөж торнихдоо юу нь сайн болохыг сайтар ухаараагүй байдаг. Өглөө цаг агаар сайхан байх нь бүхэл өдөржингөө сайхан байна гэсэн үг биш юм. Өнөөгийн амьдрал сайхан байгаа нь ч цаашдаа байнга аз жаргалтай байна гэсэн үг бас биш. Жинхэнэ аз жаргал гэж юу болохыг ойлгоогүй, төлөвшөөгүй хүнд энэ үгийг хэлж болох юм.

Do not think morning warmth is real warmth
Do not think childhood happiness is real happiness

Do not consider the morning sun as the sun
Do not consider happiness in growing up as happiness

It is understood the weather is changeable, therefore we should not judge the whole day by the morning sun. Just because the weather is nice at the moment, does not mean it will be nice for the whole day. When growing up people are not mature and do not understand what is truly good. Even though life may be good at the moment, there is no guarantee that it will stay that way. These might be used to describe an immature person who does not really understand true happiness.

#734 —regularly used

Өглөөний хоолыг (цайг) өөртөө
Өдрийн хоолыг нөхөртөө (найзтайгаа)
Оройн хоолыг дайсандаа

Энэ бол зүйр үг биш юм. Харин энэ бол зөв хооллолтын талаар өгүүлсэн хэлц хэллэг. Энэ нь өглөөний цайгаа байнга уух, өдрийн хоолоо хэтрүүлэлгүй идэж, орой бага идэхийг зөвлөсөн үг.

Prepare breakfast for yourself
Prepare lunch for your friend
Prepare dinner for your enemy

This is not a proverb. It is a saying about healthy eating. It is advice to always eat breakfast, eat less at lunch and share with others and eat very little in the evening.

#735 —often used

Өгье гэвэл ганцаасаа
Уйлъя гэвэл сохроосоо

Бидэнд хэдий бага зүйл байсан ч бусадтай өөрт буй тэр зүйлээ ч болов хуваалцаж сурах хэрэгтэй. Хүмүүс харж чадахгүй ч гэсэн уйлдаг. Хүмүүсийг бусадтай хуваалцахыг урамшуулан энэ үгийг хэлж болно.

Can give even if only one
Can cry even if blind

Even though people have very little, they should still share. Even if people cannot see, they can still cry. This might be used to encourage people to share.

#736 —often used

Өдөр алдаад
Шөнө тэмтрэх

Өдөр алдаад гэдэг нь юу ч хийлгүй өдрийг өнгөрөөсөн учраас замбараагүй болсныг илэрхийлдэг. Ямар ч бодлого,

Passes the day
Fumbles at night

To pass a day means to not get anything done and therefore there is only disorder. This can be used for people who do not

төлөвлөгөөгүй амьдардаг хүмүүст энэ үгийг хэлж болно. Тэд ямар ч зохион байгуулалтгүй байдаг.

think or plan and they procrastinate. They are not organized.

#737 —regularly used
Өдөр унасан
Махыг авдаггүй

Махаа шалан дээр унагаачихаад сэтгэл тавгүй байхдаа энэ үгийг хэлдэг. Үүнийг мах муу мах байсан учраас газар уначихлаа гэж тайлбарладаг. Зарим хүн хэн нэгэн хүн юмнаас унахыг хараад хошигноож үүнийг хэрэглэдэг.

Do not pick up meat
That fell on the ground during the day

This can be used when someone feels uncomfortable after dropping meat on the floor. It explains that the meat fell to the ground because it was bad to start with. Some might use it when making a joke because someone has fallen off of something.

#738 —occasionally used
Өдөр явсан явдлаа шөнө цэнэ
Өглөө хийсэн ажлаа орой хяна

Үдэш болоход бид өдрийг хэрхэн өнгөрөөснөө тунгаан бодож, алдаагаа хэрхэн давтахгүй байх талаар бодох хэрэгтэй. Хийж буй ажлаа дүгнэж цэгнэн, сайтар сонголт хийх хэрэгтэйг сануулдаг.

Meditate at night on what you did during the day
Think in the evening on the things you did in the morning

At the end of the day we need to think about what happened and how to not make the same mistakes again. It reminds us also to consider how to work better or make better choices.

#739 —occasionally used
Өдрийг алдаж шөнө
Өглөөг алдаж орой

Ямар ч ажил хийдэггүй залхуу хүнийг энэ үгээр илэрхийлж болох юм.

Passes the day but works at night
Loses the morning but tries in the evening

This might be used to describe the lazy person who does not get anything done.

#740 —frequently used
Өдрийн бодол
Шөнийн зүүд

Хүмүүс энэ үгээр ямар нэг зүйл авахыг, эсвэл хийхийг ихэд хүсч байгаагаа илэрхийлж болно. Тэд үүнийгээ өдөр нь хийж, харин шөнө нь зүүдэлдэг.

Day thoughts
Night dreams

This might be used when people have something they really want to have or to do. They think about it in the daytime and dream about it at night.

#741 —often used
Өдрийн зоогонд зочин олон
Өнчин хүнд ноён олон

At lunch many visit
For the orphan many masters

Өдрийн хоолонд эзэн олон
Өнчин хүнд ноён олон

There are many owners for lunch
There are many lords over an orphan

Өдрийн хоолны үеэр хүмүүс их өлссөн байдаг тул айлд очиж хоол идэхийг хүсэх нь олонтаа. Өнчин хүмүүсийг дарангуйлах хүн олон байдаг. Өдрийн хоолонд олон хүн ирэх, эсвэл өнчин хүүхэдтэй зүй зохисгүй харьцаж байгааг хараад энэ зүйр үгийг хэлж болно.

It is common that at lunch time many are hungry and want to visit so they will get food. Orphans have many who are over them. These might be used when many visitors come for lunch or when you see orphans not being treated well or others are arrogant towards them.

#742 —occasionally used
Өлсөхөд өлөн бугын эвэр зөөлөн
Цадахад цагаан хурганы сүүл хатуу

When hungry, the horn of a hungry deer is soft
When full, the tail of a white lamb is tough

Хүн өлсөхөөрөө юу ч байсан иддэг. Харин цадахаараа голж шилдэг бөгөөд идэхэд амархан зүйл ч идэхэд хэцүү болох нь бий.

When you are hungry you will eat anything, but when you are full you are picky and find it difficult to eat something that should be easy to eat.

#743 —occasionally used
Өлсөхөд өөх эрдэнэ
Даарахад дах эрдэнэ

When hungry, fat is precious
When cold, goat's hide is precious

Хүмүүс өлсөхдөө өөхийг дангаар нь ч байсан идчихдэг. Даарахад ямааны арьсаар хийсэн дах ч сайхан байдаг. Өлсөж цангасан, даарсан хүнд энэ үгийг хэлдэг.

When people have nothing to eat, even eating only fat is good. When people are cold, even having a coat made from goat skin is good. This might be used when someone is very hungry or very cold.

#744 —occasionally used
Өмдгүй нь
Өвдөг цоорхойгоо шоолох

A person with no trousers
Picks on one with a hole in his trousers

Өөрийнхөө алдааг хардаггүй атлаа бусдын алдааг үргэлж олж хардаг хүмүүст энэ үгийг хэлдэг.

This might be used for a person who sees the faults of others but never his own.

#745 —occasionally used
Өнгө нь гаднаа (наанаа)
Өргөс нь дотроо (цаанаа)

Color is outside
Thorns are inside

Өнгө нь гаднаа гэдэг нь сайхан харагддаг зүйлсийг хэлж байна. Царайлаг, сайхан харагдавч дотоод зүрх сэтгэл нь тааруу хүнийг энэ үгээр дүрсэлж болно.

Color on the outside means something looks good. This might be used to refer to someone who looks good on the outside but may not have good character inside.

#746 —frequently used
Өнгөрсөн борооны хойноос
Цув нөмрөх

After the rain has finished
Put on a coat

Өнгөрсөн бороонд
Эсгий хэвнэг нөмрөх

For the past rain
A felt cloak is put on

Аливаа юмыг хийх ёстой цагт нь хийлгүй өнгөрчихөөд өнгөрсөн хойно нь харамсаж суудаг хүмүүсийг энэ үгээр дүрсэлдэг.

These might be used when people do not do what they should at the right time and now time has passed and they have regrets.

#747 —occasionally used
Өндөр уулын нөмөр сайхан
Өвгөн хүний түшиг сайхан

A high mountain is good for shelter
An old man is good for support

Өндөр уул нөмөртэй байх тул салхи бага, ээвэр дулаан. Ахмад настай хүмүүс амьдралын нарийн ширийнийг сайн мэддэг учир үнэхээр их тустай байдаг. Энэ бол амьдралын үнэнийг агуулсан зүйр үг юм.

A high mountain is good because it is warmer and has less wind. Older men are helpful because they can explain many things including how to have a good life. These are true sayings about life.

#748 —rarely used
Өнөр хүн эвгүй бол
Өнчин хүний идэш болох
Олон хүн эвгүй бол
Оорцог хүний идэш болох

A big family with no unity
Will be food for an orphan
Many people with no unity
Will be food for a cunning man

Гэр бүл эв түнжингүй бол юу ч амжуулж чадахгүй. Тиймээс өнчин хүн ирээд их ажиллаж, их мөнгө олж чаддаг. Мөн бүлэг хүмүүс эв нэгдэлгүй бол юу ч хийж чадахгүй байсаар байтал зальтай хүн тэдний авах ёстойг авчихдаг. Хүмүүсийг хамтарч ажиллаж чадахгүй үед нь энэ үгийг хэлдэг.

When a family is not united, work cannot get done. Therefore an orphan who comes will be given a lot of work and he can earn a lot. When a group is not united, nothing will get done and a cunning person will be able to come in and take advantage of them. This might be used when people are not working together.

#749 —occasionally used
Өнчин хүн өөч (өөнтөгч)
Өттэй ямаа шарваач

The orphan finds faults
The goat with worms wiggles

Хэрэв хонь эсвэл ямааны сүүл өтвөл тэд өтөө унагаах гэж үргэлж шарвадаг. Өнчин хүнийг бусад хүмүүс дээрэлхсэнээс болоод тэд аливаа зүйлд гомдомтгой, өөнтөгч болж хувирдаг. Хүнд нөхцөлд амьдарч байгаа өнчин хүнийг хараад энэ үгээр илэрхийлж болох юм.

Goats and sheep get worms on their bottoms and are always trying to shake them off because of the irritation. Orphans tend to be very sensitive and take offense because others have tried to take advantage of them in the past. This might be used when referring to an orphan who is having a difficult time.

#750   —occasionally used
Өнчинг тэжээвэл хүн болно
Өргүүлдгийг тэжээвэл мал болно

Өнчин хүүхдийг асарч, өсөж том болоход нь туслах хэрэгтэйг сануулж энэ зүйр үгийг хэрэглэж болно.

If you nourish an orphan he will become a person
If you feed a gaunt animal it will become an adult animal

This might be used to remind people that we need to care for orphans so they will grow up into adulthood.

#751   —occasionally used
Өөд гарвал уруутай
Өглөө болбол оройтой

Анхааралтай байхыг сануулсан сануулга юм. Одоо бүх зүйл сайхан байгаа ч ирээдүйд хэцүүдэж болзошгүй.

If the top is reached, there will be the down side
If morning comes, night will follow

This might be used as a warning to be cautious. Even though things are going well now they may take a different turn in the future.

#752   —regularly used
Өөдлөх айл үүднээсээ
Өндөр мод үндэснээсээ

Хэрэв модны үндэс сайн байвал тэр мод өндөр ургадаг. Гэр бүлийн сайн сайхан амьдрал нь үүдээр оронгуут мэдрэгддэг. Аливаа хүн, гэр бүл, эсвэл албан байгууллага сайн байгааг хараад энэ үгийг хэлдэг.

A prospering family is seen from the door
A tall tree is seen from the roots

If a tree has many good strong roots, it will grow tall. If a family is doing well, it can be seen as soon as you enter the home. This might be used when it can be seen that a person, family or organization is doing well.

#753   —occasionally used
Өөдлөх айлын үг нь нэг
Өсөх малын зүс нь нэг

Үг нэг гэдэг нь нэгдмэл байгааг илэрхийлнэ. Малын зүс нэг гэдэг нь тухайн айлын мал бүгд эрүүл чийрэг, тарга тэвээргэ сайтай байгаар илтгэнэ. Нэгдмэл байхын чухлыг сануулах үүднээс ингэж хэлдэг. #777-г үз.

Prospering family is one in its words
Increasing livestock are one in their appearance

To be one in their words means to be united. For animals to be one in their appearance means to all look good and be healthy. This might be used as a reminder of the importance of being united. See #777

#754   —often used
Өөдлөхөд санах, сэрэх
Уруудахад унтах, идэх

Хүүхдүүдээ хэт их унтаж залхуурахгүй байхыг анхааруулан эцэг эх нь хэлж болно. Хүний үйлдэл хүн юу хийж байгааг шууд харуулдаг. Хэрхэн сайн сайхан амьдрахыг сургаж үүнийг хэлдэг.

Prosperity comes from thinking and waking up early
Failure comes from sleeping and eating too much

This might be used by parents to teach children to not sleep too much or be lazy. Your actions will show how you are doing. It is used to teach how to live a successful life.

#755   *—frequently used*

Өөдөө хаясан чулуу
Өөрийн толгой дээр

A stone thrown upwards
Comes down on the head

Өөд нь хаясан чулуу
Өөрийн толгойд

A stone thrown upwards
Will come down on your head

Буруу зүйл хийсэн хүнийг засахын тулд энэ үгийг хэлж болно. Хүнд чи хэрхэн хандана, хүмүүс өөрт чинь түүнчлэн ханддаг. Бид өөрсдийхөө хийсэн үйлийнхээ үр дүнг өөрсдөө үүрдэг.

These might be used when you correct someone who has done wrong. What you do to others will come back on you. We will receive the consequences of our actions.

#756   *—often used*

Өөрийгөө засч чадахгүй хүн
Өрөөлийг засч чадахгүй

A person who cannot fix himself
Cannot fix others

Өөрсдөө асуудлаа шийдэж чадахгүй атлаа бусад хүмүүст асуудлаа хэрхэн шийдвэрлэхийг зааж, зөвлөж байгаа хүмүүсийг дүрслэн энэ зүйр үгийг хэрэглэдэг.

This might be used when referring to people who are advising others on how to deal with their problems when they are not able to do it themselves.

#757   *—occasionally used*

Өөрийгөө магтвал өвснөөс хөнгөн
Хүнээр магтуулбал чулуунаас хүнд

If I praise myself it is lighter than grass
If someone praises me it is heavier than a stone

Өөрийгөө магтах нь нэг их ач холбогдолгүй байдаг. Харин бусдаас магтаал хүндэтгэлийг сонсох нь нэр хүндтэй хэрэг. Хэн нэгэн хүнээр магтуулахдаа хэлдэг.

Praising ourselves does not carry much importance, but praise from someone else carries a lot of weight. This might be said when someone praises us.

#758   *—occasionally used*

Өөрийгөө хэлэхэд
Өндгөө дарсан шувуу шиг
Хүнийг хэлэхэд
Хүрэн эрээн бүргэд шиг

When you speak about yourself
Like a bird sitting on her eggs
When you speak about others
Like a spotted brown eagle

Хүн өөрийнхөө тухай ярихдаа өөрийнхөө буруог нууж, буруу зүйл хийгээгүй мэт ярьдаг. Хүрэн эрээн бүргэд хурц нүдтэй тул холын юмыг сайн хардаг шиг хүн бусдын талаар ярихдаа тэдний алдааг маш сайн олж хараад, хэлж ярьдаг. Өөрсдийгөө ямар ч буруугүй, гэнэн цайлган хүмүүс мэтээр ярих атлаа бусдыг үргэлж шүүмжилдэг хүмүүсийг дүрслэн энэ үгийг хэлдэг. #1254-г үз.

When you speak about yourself, you hide your guilt and deny that you did anything wrong. Just as the spotted brown eagle is big and has vision that can see far, when you speak about others, you speak authoritatively about their mistakes acting as though you have very clear vision. It might be used when referring to people who speak about themselves as though they are innocent, but always criticize others. See #1254.

#759 —occasionally used

Өөрийн мууг хүн дээр
Өвлийн хүйтнийг хавар дээр

Өөрсдөө алдаа хийчихээд үүнийхээ төлөө бусдыг буруутгадаг хүнд үүнийг хэлдэг.

Put my mistakes on others
Put the cold of winter on spring

This might be used when referring to people who blame others for their own mistakes.

#760 —often used

Өөрийн санаа өөртөө зөв
Өрөөл даавуу өмдөндөө зөв

Өөрийн санаа өөртөө зөв
Өрөөл булигаар гуталдаа зөв

Өрөөл даавуу дээл хийхэд хүрэхгүй ч өмд гутал хийхэд хүрэлцэнэ. Хэн нэгэн хүн өөрийнхөө шийдвэрийг оновчтой хэмээн бодохгүй байхад та тэр шийдвэрийг сайн гэж бодож байвал энэ үгийг хэрэглэж болно. Хүний санаа өөртөө зөв учир өөрөө л хариуцлагыг нь үүрнэ. Мөн бусдын зөвлөгөөг авалгүй үргэлж өөрийнхөө хүссэнээр хийдэг хүмүүсийг дүрсэлж энэ зүйр үгийг хэрэглэдэг.

My own idea is right for me
Half of a whole cloth is right for trousers

My own idea is right for me
Half of a whole calf skin is right for boots

Even though half of a whole is not enough for a *deel*, it is enough for trousers or for boots. Some people might use it if someone thinks your decision is not a good one, but you think it is. It is right for you and you will take responsibility for the consequences. Others might use it to describe people who do exactly what they want regardless of the advice from others.

#761 —regularly used

Өөрийн толгой дээрх бухлыг мэдэхгүй
Хүний толгой дээрх өвсийг харах

Өөрийн толгой дээрх тэмээг үзэхгүй (харахгүй байж)
Хүний толгой дээрх өвсийг харах (үзэх)

Хахир өвлөөр мал хуйгаа тэжээхийн тулд малчид намар хадлан тэжээлээ бэлтгэж, хадсан өвсөө бухалддаг. Хүний алдааг олж хардаг атлаа өөрийнхөө алдааг олж хардаггүй хүмүүст энэ зүйр үгийг хэлдэг.

Does not know the hay stack on his head
Sees a single blade of grass on another

Cannot see the camel on his head
Sees the hay on other's head

In the fall herders have piles of grass they have collected over the summer in order to feed the animals in the winter. These might be used to describe people who see the mistakes of others but are blind to their own.

#762 —occasionally used

Өөрийн тусыг урьд нь өг
Нөхрийн тусыг сүүлд нь ав

Өөрсдөө хэзээ ч хүнд тус болдоггүй атлаа бусдаас тусламж хүсдэг хүмүүст энэ үгийг хэлдэг.

Give your help first
Take friend's help later

This might be used for people who are waiting for others to help them when they have never helped anyone.

#763 —occasionally used
Өөрийн хожгорыг мэдэхгүй
Хүний халзанг шоолох

Өөрийнхөө буруугаа олж харалгүй үргэлж хүмүүсийг алдааг олж харж байдаг хүмүүст энэ зүйр үгийг хэлж болно.

A person who does not know he has little hair
Makes fun of a bald person

This might be used when referring to people who notice other's faults but not their own.

#764 —regularly used
Өөрөө унасан хүүхэд уйлдаггүй

Өөрөө ойчсон хүүхэд уйлдаггүй
Өөрөө алдсан хүн гомддоггүй

Өөрөө ойчсон тул уйлах хэрэггүй гэж эцэг эх нь хүүхдүүдээ унахад нь энэ үгийг хэлдэг. Өөрсдөө асуудлын эх үндсийг тавьсан томчуудад ч энэ үгийг хэлж болно. Мөн аливаа асуудал, эсвэл алдаа гаргасан ч дахин эхэлж болно хэмээн хүнийг урамшуулахдаа энэ үгийг хэлдэг.

The child who fell down by himself should not cry

A child who fell down by himself, does not cry
A person who made a mistake by himself, does not complain

Mothers will typically tell children who fall that it was their own fault and they should not cry. These might be used for adults who cause their own problems. Or, they might be used to encourage someone to continue on after a mistake or problem.

#765 —often used
Өөртөө зовлонгүй хүн
Өрөөлийн зовлонг ойлгохгүй

Аз жаргалтай байгаа хүн зовж буй нэгнийг ойлгодоггүй. Өөрөө зовлонг нь амсаж үзээгүй атлаа зовлонд орсон хүнд тохирохгүй зөвлөгөө өгч байгаа хүмүүст энэ үгийг хэлдэг.

The person who has not experienced suffering
Cannot understand another's problems

The person who is happy cannot understand one who is suffering. This might be used when people who have not experienced suffering are giving inadequate advice to people who are having problems.

#766 —frequently used
Өөх өгсөн хүнтэй
Өглөө босоод заргалдах

Өөх бол дээр үеэс дээдэлж ирсэн хүнс юм. Бусдаас авсан сайн зүйлсээ чамладаг, сэтгэл ханадаггүй хүмүүст энэ үгийг хэлдэг.

Complains to the person who gave fat
After getting up in the morning

Fat is traditionally a valued food. Some people might use it to refer to someone who received something good and then complained that more should have been given or, to describe people who are never satisfied with what has been offered to them.

#767 —frequently used

Өөх ч биш
Булчирхай ч биш
Хоёрын хооронд
Гурвын дунд

Not animal fat
Not a gland
Between two
In the middle of three

Эдгээр мөрийг зөвхөн хос хосоор нь хэлдэг. Эхний хоёр мөрийг, эсвэл сүүлийн хоёр мөрийг хамтад нь хэрэглэдэг. Ямар нэг дутуу дулимаг юмыг дүрсэлдэг. Мөн тодорхой үзэл бодол байхгүй, гуйвж дайвсан хүмүүсийг ч илэрхийлдэг. Бусдын өгсөн юманд сэтгэл ханадаггүй хүмүүсийг ч дүрслэх нь бий.

These lines are usually said only in pairs, the first and second lines or the third and fourth lines. The second pair means the same as the first pair. They might be used to describe something that is mediocre. Or, it might be used to describe people who cannot make up their minds. They are double-minded. Or it might be used to describe people who are never satisfied with what has been offered to them.

#768 —occasionally used

Өр хадгалсан (хүн) үгүйрдэг
Өвчин хадгалсан (хүн) үхдэг

A person who kept debt, has nothing
A person who kept sickness, dies

Ужиг өвчин хүнийг үхэлд хүргэдэг. Үүнтэй нэгэн адил өртэй хүн ч гэсэн өөдлөхгүй. Үргэлж өртэй байдаг хүнийг энэ үгээр дүрслэн хэлж болно. Эсвэл мөнгө зээлэх талаар бодож байгаа хүнд зөвлөгөө болгон энэ үгийг хэлж болох юм.

Prolonged illness will eventually kill a person. In the same way, the person who is always in debt will never have anything. This might be used to describe the person who is always in debt. Or, it might be used as advice for people who are thinking of borrowing money.

#769 —regularly used

Өргөхийг чи өргө
Аахилахыг би аахилъя

The thing to be picked up, you pick up
I will puff for you

Үнэг чоно хоёрын үлгэрээс гаралтай зүйр үг юм. Нэг дэх мөрөнд хүнээр хүнд хүчир ажил хийлгэхийг хүссэн хүнийг дүрсэлжээ. Хоёр дахь мөрийг хүнд хүчир юу ч хийгээгүй атлаа хийж байгаа хүн шиг аахилдаг хүнийг дүрсэлжээ гэж хүмүүс хэлдэг. Зарим хүн хоёр дахь мөрийг хичээнгүй ажиллаж буй мэт дүр исгэгч хүнийг дүрсэлсэн гэж үздэг. Өөрөө аль хөнгөнийг нь хийгээд, өрөөл бусдаар хүнд ажлыг нь хийлгэхийг хүссэн үедээ энэ үгийг хэлж болно.

This comes from a traditional tale about a fox and a wolf. Line 1 means you want someone else to do the hard work. Some people understand line 2 to mean that the lazy person breathes hard to show that he cannot do the difficult part of the work. Other people understand line 2 to mean that the cunning person pretends to be a hard worker. This might be used when you want to do the easy part of a job and want the other person to do the hard part.

#770 —frequently used

Өргүй бол баян
Өвчингүй бол жаргал

Without debt you are rich
Without disease you are happy

Энэ бол амьдралын үнэнийг өгүүлсэн үг юм. Өвчингүй хүн аз жаргалтай

These are true sayings about life. It is understood that people are happy when

байдаг. Үүний нэгэн адил өргүй бол хүн баян байдаг. Энэ зүйр үг өргүй хүнийг дүрсэлж байна. Мөнгө зээлэхийг хүсэж байгаа хүнд энэ үгийг хэлж болно. Ихэнх хүмүүс гэр бүл найз нөхдөөсөө, эсвэл мөнгө хүүлэгчээс өндөр хүүтэй мөнгө зээлсэн байдаг. Заримдаа хүн өрөө дарахын тулд орон байраа хүртэл зарах аж.

they are not sick. In the same way, people will be better off if they do not have debts. This describes a person without debt. Or, it can be used as advice for people who are considering borrowing money. Most people have debts to family or friends and many owe money to those who charge very high interest rates. Often people have to sell their homes in order to finally get out of debt.

#771 —*frequently used*
Өрөвдөхөд
Өр өшиглөх

When compassion was given
Kicked in the guts

Хэн нэгэн хүнд туслалаа заримдаа тэд тус боддоггүй, тэр бүү хэл хор хохирол учруулах нь ч бий. Өмнө нь тусламж авч байсан хүн дээрэнгүй хандаж ч болох юм.

Sometimes you help someone, but later they are unwilling to help you and sometimes even bring harm. The person who was helped earlier may even be insolent.

#772 —*regularly used*
Өрөнд унаж
Өтөнд баригдах

Fell into debt
Caught by a worm

Хоёр дахь мөр маханд орсон өт өсөн үржиж, удалгүй махыг тэр чигт нь үгүй хийдэг тухай өгүүлжээ. Үүнтэй нэгэн адил өрөнд орсон хүн өрөндөө бүх зүйлээ алдаж дуусдаг. Өр зээл тавих гэж буй хүнд анхааруулан энэ зүйр үгийг хэлдэг.

Line 2 refers to maggots that get into meat and just multiply and totally consume the meat. In the same way, people who fall into debt are consumed by those who loan them money. This might be used to warn people who are getting ready to go into debt.

#773 —*occasionally used*
Өрөөсөн хөл дөрөөн дээр
Өрөөсөн хөл шороон дээр

One leg in the stirrup
One leg on the ground

Хүнд байдалд орсон хүнийг дүрсэлж байна.

This describes a person in a difficult situation.

#774 —*often used*
Өртэй хүн дэлгүүр дээр
Өстэй хүн даваан дээр

The person with a loan in the shop
The person with hostility on the mountain

Мөнгө төгрөг зээлсэн хүн зээлүүлсэн хүнээсээ үргэлж зугтаж, тааралдахгүй байхыг хичээдэг. Харин санаандгүй дэлгүүр дээр тааралдах. Хүмүүс өстэй хүнтэйгээ тааралдахгүй байхыг хичээдэг. Мөн л санаандгүй явж байгаад даваан дээр тааралддаг. Бид өөрсдийнхөө үүрэг

In line 1 a person borrows money and then goes away and avoids the one who loaned the money. Then one day they unexpectedly meet in a shop. In line 2 a person has a problem with another and then avoids seeing that person. Then one day, they

хариуцлагаас зугтаж чадахгүй гэдэг нь энэ үгийн гол санаа юм. Уулзахгүйг хичээн, зугтааж байгаа хүнтэйгээ гэнэт тааралдвал хүмүүс хоёр дахь мөрийг ихэвчлэн дангаар нь хэлдэг.

unexpectedly meet while out on a mountain. The point is that we cannot run away from our responsibilities. The second line is commonly said by itself when someone who is trying to avoid another person, accidently runs into him.

#775 —often used
Өртэй хүн өгч амарна
Өвчтэй хүн эдгэж амарна

Хүний өвчин эдгэрсэн үед хүний санаа амрах нь ойлгомжтой. Үүний нэгэн адил өртэй хүн өрөө өгч байж сэтгэл нь амардаг. Өрөө төлөхийн тулд ажиллах хэрэгтэйг сануулан энэ үгийг хэлж болно.

The person who has debt will relax after he pays the debt
The person who is sick will relax after he is healed

It is understood that people will relax only after their illness has gone away. In the same way, people who owe money will only relax when the debt has gone away. This might be used to encourage people to work to pay off their debts.

#776 —frequently used
Өртэй хүн өөдөлдөггүй (өөдлөхгүй)
Өвчинтэй мал таргалдаггүй (таргалахгүй)

Мал өвчин туссан бол тарга тэвээрэг авч, өсөж торнихгүй нь ойлгомжтой. Үүнтэй адил өртэй байвал санхүүгийн хувьд амжилтанд хүрэхгүй. Үргэлж өр тавьж, дараа нь төлдөг хүмүүсийг энэ үгээр дүрсэлж болно. Эсвэл мөнгө зээлэх талаар бодож байгаа хүнд зөвлөгөө болгон энэ үгийг хэлж болох юм.

There is no success for one who has a debt
There is no chance to gain weight for sick herds

It is understood that if our animals are not healthy, they will not gain weight and grow. In the same way, debt will keep us from financial success. It might be used when referring to people who always have debts to make payments on. Or, it might be used as advice for people who are thinking of borrowing money.

#777 —often used
Өсөх малын зүс нэг
Өөдлөх айлын үг нэг

Нэг зүстэй байх гэдэг нь эрүүл байгаагийн шинж юм. Нэг үгтэй байх гэдэг нь гэр бүлийн гишүүд нэг санаатай байхыг хэлнэ. Нэгдмэл байвал улам бүр хүчтэй байдгийг сануулсан үг юм. #753-г үз.

Herds that are growing have one appearance
Families that are prosperous have one word

To have one appearance means to be healthy. To have one word is to be focused and single-minded in the family. This might be used as a reminder that there is strength in unity. See #753.

#778 —often used
Өсөхийн жаргал, жаргал биш
Өтлөхийн зовлон, зовлон биш

Хүүхэд насны аз жаргал бол жинхэнэ аз жаргал биш юм. Өтөл насны зовлон бол зовлон биш. Учир нь энэ бол амьдралын нэгээхэн хэсэг мөн. Заримдаа хөгшчүүл гомдоллодог. Гэхдээ тэд үнэндээ зовоогүй, харин өөрсдөө л зовж байна гэж боддог. Аз жаргалтай байгаа хүнд аз жаргал нь хэр удаан үргэлжлэхийг мэдэхгүй учир болгоомжтой байхыг сануулан энэ үгийг хэлж болох юм.

Happiness when growing up is not happiness
Trouble when getting old is not trouble

Life during childhood is not real happiness because it is only related to being a child. Trouble when you are getting old is not real trouble, it is just a part of life. Sometimes older people like to complain, but they are not really suffering. They just think they are. This is advice to be careful when you have happiness because it may not last.

#779 —occasionally used
Өсөхөд бие чимэг
Өтлөхөд хувцас чимэг

Залуу хүний бие эрүүл чийрэг, сайхан харагддаг. Гэвч хөгшрөх үед бие доройтож, хувцсаар чимж байж сайхан харагддаг. Залуу болон хөгшин хүмүүсийн гадаад үзэмжийн тухай ярихдаа энэ үгийг хэлдэг.

In growing up, the body is your decoration
In growing old, clothes are your decoration

When we are young, our bodies are strong and healthy. We look good. But when we are older, our bodies are no longer strong and healthy so our best appearance must be in our clothes. This might be used when referring to the appearance of young or old people.

#780 —often used
Өсөхөд сурсан эрдэм
Өглөөний нар мэт

Насны багад эрдэм сурах нь хэр чухал болохыг сануулахдаа энэ үгийг хэрэглэдэг.

The knowledge you learned when you were growing up
Becomes like the morning sun

This might be used as a reminder that it is important to learn when we are young because it will give us light the rest of our lives.

#781 —often used
Өст санаа биеийг зовооно
Өндөр уул морийг зовооно

Өндөр уулыг давах моринд амаргүй. Үүний нэгэн адил бусдын хэлж, хийснээс болж бид үргэлж уурлаж байвал бидний бие махбодид сайнаар нөлөөлөхгүй. Уур хилэнгээ дарж, өшөө авахыг хичээхгүй байхыг зөвлөн энэ үгийг хэлдэг.

A revengeful attitude makes the body suffer
A tall mountain makes the horse suffer

It is understood that it is hard on a horse to go over a high mountain. In the same way, if we are always angry because of what others have said or done to us, it will be hard on us physically. This might be used as advice to let go of anger and not seek revenge.

#782 — *occasionally used*

Өтлөхийн цагт үг цөөнтэй
Үхэхийн цагт ёо цөөнтэй

Нас тогтсон хүмүүс нэг их ярьдаггүй. Өвдсөн ч тэд нэг ч үг хэлдэггүй. Сайхан өтөлж байгаа хүнд эсвэл өтөл насандаа зовлон үзэж байгаа хүмүүсийг дүрслэн энэ зүйр үгийг хэлж болох юм.

In the time of old age, few words
In the time of dying, few "ouches"

It is common for old people to not talk a lot and if they hurt to not say anything. This might be used to describe someone who is aging well, or for an older person who is in a difficult situation.

#783 — *occasionally used*

Өтлөхөд сурсан эрдэм
Оройн нар мэт

Сурсан эрдэм ном хүнийг өтлөхийн цагт үр өгөөжөө өгдөг тухай сануулсан үг юм.

The knowledge you have learned when you get old
Becomes like the evening sun

This might be used as a reminder that it is very beneficial to have knowledge when we are older.

#784 — *frequently used*

Өтөлсөн болохоос
Үхсэн биш

Ахмад настангууд ч юм хийж чадна гэдгийг сануулах маягаар энэ үгийг хэлдэг.

Only got old
Not dead

This might be used as a reminder that older people can still do things.

#785 — *occasionally used*

Өтөлтлөө ухаангүй
Буцалтлаа шөлгүй

Шөл буцалсныхаа дараа идэхэд бэлэн болдог. Үүний нэгэн адил, олон жилийн дадлага туршлага хуримтлуулалгүйгээр мэргэн ухааныг олж авдаггүй. Өөрийгөө ухаантай гэж боддог ч жинхэнэ мэргэн ухааныг хуримтлуулах нас нь хүрээгүй залуу хүмүүсийг дүрслэхийн тулд энэ үгийг хэлдэг.

Not wise until aged
Not soup until boiled

It is understood that soup is not ready until it has come to a boil. In the same way, we do not gain wisdom until we have had many years of experience. This might be used to refer to someone who thinks they are wise, but is not old enough to have the experience yet for it to be true wisdom.

#786 — *occasionally used*

Өчигдрийн өндөг
Өнөөдрийн ангаахай

Залуусыг үл ойшоогч хүмүүст энэ үгийг хэлдэг. Тэд ч гэсэн залуу байсан гэдгийг энэ үгээр сануулдаг.

Yesterday's egg
Today's baby chick

This might be said when someone is looking down on young people. We were once young also.

Mongolian Proverbs

#787 —*frequently used*

Саалиа бэлдэхээр
Саваа бэлд

Instead of getting ready for milking
Get your containers ready

Хийх гэж буй ажилдаа бэлтгэлтэй байхыг зөвлөсөн зүйр үг юм. Зүгээр нэг ярих биш бодитоор бэлтгэх хэрэгтэй. Зарим хүн шинэ зүйлийг хүлээн авахдаа бэлэн болохдоо энэ үгийг хэрэглэдэг.

This might be used as advice to be prepared for the work you need to do. Do not just talk about it. Others might use it when they are getting ready to get new things.

#788 —*frequently used*

Сааль хураахаар
Сав хураа

Get a container
Before you milk the cow

Хийх гэж буй ажилдаа бэлтгэлтэй байхыг зөвлөн энэ үгийг хэрэглэж болно.

This might be used as advice to be prepared for the work you need to do.

#789 —*frequently used*

Саахалт айлын санаа нэг
Хошоо (Хөрш) айлын холбоо (хоол) нэг

Adjacent families have one intention
Neighboring families have one connection

Хөрш айлуудыг нэг санаатай гэж хүмүүс ярьдаг. Үүний нэгэн адил хөршүүдтэйгээ нөхөрсөг байх хэрэгтэйг сануулан энэ зүйр үгийг хэрэглэдэг. Учир нь хөршүүд бие биедээ анхаарал тавьж, хамт олныг бүрдүүлж чаддаг.

It is understood that families who live next to each other have the same goal. In the same way, this might be used as a reminder to be friendly with our neighbors because we all share the same goals of caring for our families and taking care of our community.

#790 —*occasionally used*

Сав савнаасаа дутахгүй
Самбай хадагнаас дутахгүй

One container is not worse than another
Cheesecloth is not worse than a blue silk scarf

Монголчууд дээр үеэсээ Цагаан сараар хадаг барин золгодог байжээ. Хадгийг тэд эдийн дээд гэж үздэг. Хадаг удаахаараа самбай болдог. Гэхдээ самбай болсон хадаг ч шинэ хадагнаас дутахгүй. Бусадтай өрсөлдөж, үргэлж тэднээс давж гарахыг боддог хүнийг илэрхийлэн энэ үгийг хэрэглэж болно.

In earlier times Mongols gave blue cloths on Tsagaan Sar. These blue cloths were sacred. They would give it to others and slowly it would wear out. But old can be just as good as new if it is all you have. This might be used when referring to a person who is competitive and always trying to be better than others.

#791 —*frequently used*

Саваагүй нохой саранд хуцна
Дэвээгүй нохой дэрсэнд хуцна

A curious dog barks at the moon
An immature dog barks at the broom grass

Нохой хэрэггүй зүйлд хуцах шаардлагагүй. Их юм чалчиж, бусдыг шүүмжилж, гомдоллодог боловч өөрөө ямар

This dog is barking at something that isn't its business. This might be used to refer to someone who speaks a lot and judges

нэг юмыг өөрчлөх байр сууринд хэзээ ч хүрдэггүй хүмүүсийг илэрхийлдэг. Мөн засгийн газрын шийдвэрт нөлөөлөх боломжгүй энгийн иргэн, эсвэл хэн нэгний ажил хэргийг гоочилж, муучилж буй хүнийг дүрслэхийн тулд хэрэглэж болох юм.

others and complains and criticizes but is unable to reach a position that can change things. Or it might be used in reference to the common person who is not able to be a part of discussions on government issues or to refer to someone who is nagging and complaining about someone else's business.

#792 —*occasionally used*

Саглагар мод уулын чимэг
Сайхан хүүхэн эрийн чимэг

Том саглагар мод ууланд сайхан харагддаг. Үүний нэгэн адил сайхан эмэгтэй нөхрөө чимдэг. Сайн эхнэрийг дүрслэхийн тулд энэ зүйр үгийг хэрэглэдэг.

A spreading tree is a mountain's decoration
A nice woman is a man's decoration

It is understood that a large healthy tree makes a mountain nicer. In the same way, a nice woman makes her husband look better. This might be used when referring to a good wife.

#793 —*regularly used*

Сайн моринд эзэн олон
Сайн хүнд нөхөр олон

Хүн бүр сайн морьтой болохыг хүсдэг нь гарцаагүй. Үүний нэгэн адил хүмүүс сайн хүнийг өөрийнхөө найз болгохыг хүсдэг. Энэ зүйр үг сайн нэрийн үнэ цэнэ, мөн олон найз нөхөдтэй сайн хүнийг илэрхийлэхийн тулд хэрэглэгддэг. #810-г үз.

A good horse has many owners
A good person has many friends

It is understood that many people would like to own a good horse. In the same way, many people would like a good person to be their friend. This refers to the value of a good name and it might be used when referring to a good person who has many friends. See #810.

#794 —*occasionally used*

Сайн морь гэж (гэгч) эмээлдээ биш
Сайхан зүс гэгч дээлэндээ биш

Мориный сайн, муу нь эмээлээрээ бус, харин мориный чадвараар илэрхийлэгддэг. Үүний адил хүний сайн, муу нь тэдний хувцаснаас бус, харин тэдний зан чанараас хамаардаг.

A good horse is not from the saddle
Beauty is not from the *deel*

Whether a horse is good or bad depends on the quality of the horse, not on the quality of its saddle. In the same way, whether people are good or bad depends on their character, not on the quality of their clothes.

#795 —*often used*

Сайн морь замын хань
Сайн эхнэр насны хань

Сайн морьтой бол аялал үнэхээр сайхан байх болно. Эхнэр нь сайн бол нөхөр нь аз жаргалтай байдаг. Сайн эхнэрийг дүрслэн энэ зүйр үгийг хэлдэг.

A good horse is a traveling companion
A good wife is a life companion

Just as traveling is easier and more enjoyable with a good horse, a husband's life is easier and more enjoyable with a good wife. This might be used when referring to a good wife.

Mongolian Proverbs

#796 —*often used*

Сайн морь эрийн чимэг
Сайхан хүүхэн гэрийн чимэг

Эр нөхөр нь сайн эхнэрээрээ бахархдаг. Сайн морьтой хүн ч сайн мориороо бахархана. Баяр наадмын үеэр хүмүүс бусдын сайн морийг хараад ийнхүү хэлдэг.

A good horse is a man's decoration
A beautiful woman is the home's decoration

It is understood that a good woman makes her husband proud. A good horse makes its owner proud. This is a saying that is common during Naadam and other feasts when commenting on good horses.

#797 —*regularly used*

Сайн нэрийг хүсэвч олдохгүй
Муу нэрийг хусавч арилахгүй

Нэгэнт муу нэртэй болчихвол яагаад ч салах аргагүйг сануулах үүднээс хэлдэг. Сайн нэрээ алдвал дахиад олж авах аргагүй. #559, #829-г үз.

Even if searched for, a good name will not be found
Even if scratched, a bad name will not go away

This might be used as a reminder that once we get a bad name it is impossible to get rid of it. Once our good name has been lost it cannot be recovered. See #559 and #829.

#798 —*often used*

Сайн сайн гэхээр
Сахлаа будах

Сайн сайн гэхээр сахлаа будав

Сахлаа будна гэдэг нь мэдэгдэхүйц алдаа гаргаж, ичгэвтэр байдалд орохыг хэлдэг. Хүнийг магтсаны дараа алдаа гаргаж, ичгэвтэр байдалд орсон үед хэрэглэж болно. Эсвэл хийсэн ажил, амжилтыг нь хүмүүс магтахад хүн өөрөөрөө сайрхаж, бахархах үед ч хэрэглэж болно. Мөн аливаа юмыг огт бодож саналгүй хийдэг, бусдын нөлөөнд амархан автдаг хүнийг илэрхийлэн хэлж болно.

When saying good good
Dyes the beard

A dyed beard after continually saying good words

To dye the beard means to make a mistake that others see and it causes embarrassment. These might be used after a man praises himself and then makes a mistake and is embarrassed. Or, they might be used if people act conceited after being praised and complemented for their accomplishment or talent. Or, they might be used to refer to a person who does things without thinking and is easily influenced by others.

#799 —*often used*

Сайн санааны үзүүрт сүү
Муу санааны үзүүрт зүү

Сүү цагаан өнгөтэй учир сайнд тооцогддог. Муу үйл муу үр дагавар авчрах учир зүүгээр хатгасан мэт байдаг. Хэрэв та зөв зүрхтэй байж, сайн үйл хийвэл ирээдүйдээ сайн сайхныг хүртэнэ гэсэн утгатай. Сайн сайхан зүйлс хүлээж байгаа учир сайн үйл хийхээ хэзээ ч бүү зогсоогоорой хэмээн урамшуулж, энэ үгийг тэдэнд хэлдэг.

The end of the good heart is milk
The end of the bad heart is a needle

Milk is white and considered good. The bad deed will someday bring an outcome at the end like being poked by a needle. This says that if you have a good heart and do good things, you will be repaid with good in the future. This might be used to encourage people to never give up doing good because there will be something good waiting in the end.

Mongolian Proverbs

#800 —*occasionally used*

Сайн санаатны үг тос
Муу санаатны үг ус

The words of good ideas are oil
The words of bad ideas are water

Монголд тосыг үнэ цэнэтэйд, усыг үнэгүйд тооцдог. Монголчууд ихэвчлэн зочиддоо ус өгдөггүй. Ингэх нь доромжилж буйтай адил юм. Хүний зан чанараас шалтгаалж сайн, муу санаа гардаг. Сайн, эсвэл муу хүнийг дүрслэхээр энэ үгийг хэрэглэж болно.

In Mongolia oil is valuable but water is not. Usually Mongols do not give plain water to guests. It would be considered rude. The good or bad ideas relate to character. This might be used when referring to a good or a bad person.

#801 —*occasionally used*

Сайн сэтгэл талыг тойрно
Муу сэтгэл биеэ тойрно

A good attitude will travel around the steppe
A bad attitude will go around its own body

Хүний сэтгэл сайн бол хол явдаг, харин муу бол өөрөөсөө хэтэрдэггүй. Сэтгэл сайтай байхын чухлыг хүмүүст ойлгуулахын тулд энэ үгийг хэрэглэдэг.

A good attitude will take a person a long way, but a bad attitude will hinder a person. This might be used to remind people of the importance of having a good attitude.

#802 —*often used*

Сайн тан гашуун боловч
Өвчинд тустай

Good medicine is sour but
Helpful for sickness

Эм хэдийгээр муухай амттай ч биед сайн. Үнэн үгийг сонсоход эвгүй байх боловч бидний зан чанарт сайнаар нөлөөлдөг. Энэ нь буруу зүйл хийсэн найздаа хатуу боловч үнэнийг хэлэх хэрэгтэйг сануулсан үг юм. Найздаа гашуун боловч үнэнийг хэлэх хэрэгтэйг хэдийгээр хүн бүр мэддэг ч ер нь дагадаггүй. Ингэж хэлбэл найз нөхдийн тангараг тасарна байх хэмээн ихэнх хүмүүс айдаг. Харилцаагаа тасалснаас юу ч хэлэлгүй байсан нь дээр гэж үздэг хүмүүс байдаг. Хэрэв хэлбэл хэлсэн хүнд таагүй байна гэж тэд боддог. #817-г үз.

It is understood that even though medicine may taste bad, it will help our bodies. This is a metaphor for the reality that truthful words may be difficult to hear, but they are helpful for us in order to develop good character. This might be used when advising someone to be honest with a friend who has acted in a wrong way. Even though it is common to advise others to be truthful about their friends' behavior, it is rarely followed even by those who advise others to do this. The fear is that the one being confronted will end the relationship. It is believed that it is better to say nothing than to risk having the relationship broken, because having that happen may bring bad luck to the speaker. See #817.

#803 —*occasionally used*

Сайн хүн зөвшөөч
Сайн морь хатираач

A good person discusses
A good horse trots

Сайн морь хатираа сайтай байдаг. Үүний нэгэн адил сайн хүмүүс маргаанаар биш харин зөвшилцлөөр өөрсдийгөө ямар хүн болохыг харуулж чаддаг. Зөвшилцлийн сайн талыг, эсвэл мар-

It is understood that a good horse will trot well. In the same way, good people show their good characters by discussing issues instead of arguing. This might be used to teach the value of discussion or to refer to

гаантай үед хэрүүл маргаанаар биш, харин зөвшилцөж шийдвэрт хүрэх хэрэгтэйг зөвлөн энэ үгийг хэлж болох юм.

a situation where a person needs to discuss instead of argue.

#804 —*often used*

Сайн хүн нэг үгтэй
Сайн морь нэг явдалтай

A good person has one word
A good horse has one gait

Сайн морины явдал нэгэн жигд байдаг гэж ярьдаг. Үүнтэй нэгэн адил сайн хүн ч хэлсэн ярьсандаа байдаг. Өнөөдөр нэг юм хэлээд маргааш нь үгээ өөрчилдөггүй. Сайн хүнийг, эсвэл үгээ үргэлж өөрчилдөг хүмүүст энэ үгийг хэлж болно. #808-г үз.

It is understood that a good horse will be consistent in how it walks. In the same way, a good person is consistent and does not say one thing today and something different tomorrow. This might be used to to compliment a good person or to refer to people who are not good because they keep changing their words. See #808.

#805 —*often used*

Сайн хүн нэрдээ хайртай
Муу хүн биедээ хайртай

A good person loves his name
A bad person loves his body

Сайн хүн өөрийнхөө нэр хүндэд ихээхэн анхаардаг. Харин муу хүн өөртөө болон өөрийнхөө хэрэгцээ хүсэл сонирхолд ихээхэн анхаардаг. Сайн нэр хэр чухал болохыг, эсвэл өөрийнхөө хүссэнийг хийх гэдэг муу хүмүүсийг илэрхийлэхийн тулд энэ зүйр үгийг хэрэглэдэг.

A good person puts the highest value on his good name. The bad person puts the highest value on himself and his needs and wants. This might be used to teach about the importance of a good name or when referring to bad people who are only concerned about what they want.

#806 —*often used*

Сайн хүн нэрээ хайрлана
Тогос шувуу өдөө хайрлана

A good person will cherish his name
A peacock will cherish its feathers

Сайн хүн өөрийнхөө нэр хүндэд ихээхэн анхаардаг. Харин муу хүн өөртөө болон гадаад төрхөндөө ихээхэн анхаардаг. Сайн нэр хэр чухал болохыг, эсвэл гадаад үзэмжиндээ хэт анхаардаг хүмүүсийг илэрхийлэхийн тулд энэ зүйр үгийг хэрэглэдэг.

A good person puts the highest value on his good name. The bad person puts the highest value on himself and his appearance. This might be used to teach about the importance of a good name or when referring to bad people who are only concerned about their clothes.

#807 —*often used*

Сайн хүн санаагаараа
Муу хүн модоор

A good person by his heart
A bad person by a rod

Сайн хүмүүс үргэлж ухаалаг байдаг бөгөөд үүнийг хийж буй үйлсээс нь харж болно. Тэдний үг ба үйлс сайн байдаг. Муу хүмүүс ухаалаг аргаар бус, харин хүчээр хийх гэж оролддог. Хүчээр аливааг хийх гэж оролддог муу хүмүүсийг

Good people are always wise and we see this in how they get things done. They use good words and actions. Bad people do not have wisdom and so they use brute force to get what they want. This might be used when referring to bad people who are using

дүрслэн үүнийг хэлж болно. Зарим хүн уулзах гэж бодож байсан хүн нь өөрөө ирэхэд үүнийг хэрэглэдэг.

force to get what they want. Others might use it referring to people who show up when we need to meet them.

#808 —regularly used

Сайн хүн санаагаараа
Сайвар морь жороогоороо

Сайн хүн санаагаараа
Сайн морь явдлаараа

Сайн морийг танихын тулд алхаа гишээг нь ажигладаг. Үүний адил сайн хүмүүс үйлсээрээ танигддаг. Эхний мөрийг дангаар нь хэрэглэдэг. Мэдээгүй байтлаа хэн нэгэн хүнд хэрэгтэй байсан зүйлийг нь өгсөн хүнд энэ үгийг хэлдэг. Энэ бол талархал илэрхийлсэн утгатай зүйр үг юм. #804-г үз.

A good person is recognized by his initiative
A walking horse is recognized by its trotting

A good person by his thoughts
A good horse by his gait

It is understood that we can recognize when a horse is good by the way it trots. In the same way good people are recognized by their actions. The first line is often used by itself. These might be used when a person needed something and without knowing about that need another person provided what was needed. This proverb expresses appreciation. See #804.

#809 —frequently used

Сайн хүн явснаа
Муу хүн идсэнээ

Сайн хүмүүс үргэлж суралцаж байдаг. Харин муу хүмүүс үргэлж өөрсдөдөө болон гэдсэндээ анхаардаг учир илүү сайн ажил, мөнгө олох боломжтой зүйлийг сурдаггүй. Аялж ирчихээд тэр тухайгаа ярихгүй байгаа хүнд энэ зүйр үгийг хэлж болох юм. Мөн идсэн хоолоо гайхуулан ярьдаг хүмүүст ч хэлж болно. Тэд зөвхөн өөрсдийгөө анхаардаг хүмүүс юм. Сайн хүн үргэлж хэрэгтэй зүйлийн талаар боддог. Юу идсэн талаар сонсох нь хэнд ч хэрэггүй.

A good person talks about what he has seen
A bad person talks about what he has eaten

Good people are always learning. Bad people are only concerned about themselves and their stomachs, not about learning anything so they can get a job and earn better money. This can be used for people who do not talk about what they have seen after traveling. It can also be used for people who boast or who only talk about food. They are self-centered. The good person thinks about useful things. Hearing about what you ate is not useful.

#810 —regularly used

Сайн хүнд нөхөр олон
Сайн моринд эзэн олон

Хүн бүр сайн морьтой болохыг хүсдэг нь гарцаагүй. Үүний нэгэн адил хүмүүс сайн хүнийг өөрийнхөө найз болгохыг хүсдэг. Энэ зүйр үг сайн нэрийн үнэ цэнэ, мөн олон найз нөхөдтэй сайн хүнийг илэрхийлэхийн тулд хэрэглэгддэг. #793-г үз.

A good person has many friends
A good horse has many owners

It is understood that many people would like to own a good horse. In the same way, many people would like a good person to be their friend. This refers to the value of a good name and it might be used when referring to a good person who has many friends. See #793.

#811 —often used

Сайн хүнд саад олон
Муу хүнд зугаа олон

Сайн хүний саад
Муу хүний зугаа

Сайн зүйл хийхийг хүссэн хүнд олон саад тотгор учирдаг. Зарим хүн хоёр дахь мөрийг муу хүмүүс үргэлж бусдыг хууран мэхлэх арга замыг олж үүнээсээ таашаал авдаг гэсэн утгаар ойлгож тайлбарладаг. Тэдний хувьд бусдыг залилан таашаал авч байгаа хүмүүсийг дүрслэх үүднээс хэрэглэж болох юм. Өөр нэг хэсэг хүмүүс хоёр дахь мөр бол сайн зүйлийг хийх гээд саадтай тулгарсан хүмүүсийг шоглодог муу хүмүүсийг илэрхийлсэн гэж үздэг. Тэдний хувьд үүнийг тэр сайн хүн, эсвэл гуравдагч этгээд дүрслэн ярих үед хэрэглэдэг ажээ.

To a good person many obstacles will come
To a bad person much entertainment will come

A good person's obstacle
A bad person's entertainment

For the one who wants to do good things, there will always be obstacles. Some people believe line 2 refers to the idea that a bad person can always find ways to trick others and he gets pleasure from doing that. For those people it might be used when referring to a bad person who is taking pleasure in tricking others. Other people believe line 2 refers to the idea that a bad person will always make fun of a good person who is having trouble. For those people it might be used by the good person or a third person when a bad person is making fun of a good person.

#812 —regularly used

Сайн хүний нэрийг
Гурав худалдаж идэх

Сайн хүний нэрийг
Долоо худалдаж идэх

Алдартай хүмүүсийн нэрээр худалддаг тул борлогддог бараа байдаг. Зарим нэг хүн хэн нэг алдартай хүний нэр нөлөөг өөртөө ашигладаг. Зарим хүн сайн нэр ямар чухал болохыг хэлэхийн тулд энэ зүйр үгийг хэрэглэдэг. Мөн ямар нэг алдартай хүнтэй ойр дотно байсан мэт аяглаж, тэдний дурдатгалыг бичиж байгаа зохиолчид энэ үгийг хэлж болно.

A good person's name
Is sold 3 times

A good person's name
Is sold 7 times

When people are famous or well known for their character, their names alone will sell products. When an influential, famous, or important person can be referenced, you can benefit. Some people might use it when teaching the importance of a good name. Others might use it when referring to someone who is writing false memoirs about a famous person as though the writer was close to the well-known person.

#813 —occasionally used

Сайн хүний нэрийг
Муу хүн гутаана
Сайхан сүмийн нүүрийг
Тагтаа шувуу баасдана

Үнэхээр сайхан сүмийн барилгыг шувууны баас хэрхэн гутаадаг тухай өгүүлжээ. Үүний адил сайн хүний нэр муу хүмүүстэй нөхөрлөснөөр сэвтдэг. Үүнийг муу хүмүүсээс хол байхыг анхааруулахын тулд ашиглаж болно.

Good person's name
Will be spoiled by a bad person
A nice temple's facade
Will be spoiled by pidgeon poop

It is understood how the droppings from birds will spoil the facade of a beautiful building. In the same way, our good name can be spoiled if we spend time with people with bad character. It can be used as a warning to stay away from bad people.

#814 —often used
Сайн хүний садан олон
Зандан модны салаа олон

A good person has many relatives
A sandalwood tree has many branches

Зандан мод олон салаа мөчиртэй байдаг. Үүний нэгэн адил хүн сайхан зан чанартай бол садан төрлүүд нь ойр байхыг хичээдэг. Садан төрлүүд нь байнга зочлон очдог айлыг ийнхүү дүрсэлдэг.

It is understood that a sandalwood tree has many branches. In the same way, when people have good characters, their relatives want to be near them. This might be used to refer to people who have relatives who visit often.

#815 —occasionally used
Сайн хүний үр
Сүүт гүүний унага

A good person's child
A milky mare's colt

Сүүгээр цатгалан унаганы тухай хоёр дахь мөрөнд өгүүлжээ. Унага өсөхийн тулд гүүний сүү зайлшгүй хэрэгтэй. Гүү сайн гэсэн бүхнээ унагандаа зориулдаг. Үүний адил хүүхдүүдээ зөв хүмүүжүүлье гэвэл эцэг эх нь зан сайтай байх хэрэгтэй. Сайн хүнийг, эсвэл сайн хүний үр хүүхдийг хараад энэ зүйр үгийг хэрэглэдэг. #1012-г үз.

Line 2 means the mare has a lot of milk. Mare's milk is needed for the colt to grow. She gives good things to the colt. In the same way, good character in the parent is needed for children to grow in the right way. This might be said when we see a good person or the child of a good person. See #1012.

#816 —occasionally used
Сайн хүний цээж саруул
Сайн морины сэрвээ өндөр

The chest of a good person is bright
The withers of a good horse is tall

Хүмүүс нуруулаг морийг сайн гэж боддог. Цээж гэдэг бол хүний зан чанарыг илэрхийлдэг. Үүний адил хүний үг ба үйлс нь сайн байвал сайн хүн гэдэг нь амархан мэдэгддэг.

It is understood that a big horse will be good. The chest refers to the place of a person's character. So, in the same way, people whose words and deeds are good can be recognized as people with good character.

#817 —often used
Сайн эм аманд гашуун боловч
Өвчинд тустай
Шударга үг чихэнд хатуу боловч
Явдалд тустай

Although good medicine is bitter in the
  mouth
It is good for sickness
Although honest words sound hard in
  the ear
They are helpful for deeds

Эм хэдийгээр муухай амттай ч биед сайн. Сайн үгийг сонсоход таагүй байх боловч бидний зан чанарт сайнаар нөлөөлдөг. Буруу зүйл хийсэн найздаа хатуу боловч үнэнийг хэлэх хэрэгтэйг сануулсан үг юм. Хэдийгээр найздаа гашуун ч гэсэн үнэнийг хэлэх хэрэгтэйг хүн бүр мэддэг ч ер нь дагадаггүй. Ингэж хэлбэл найз нөхдийн тангараг тасарна гэж ихэнх хүмүүс айдаг. Харилцаагаа таслснаас юу ч хэлэлгүй байсан

It is understood that even though medicine may taste bad, it will help our bodies. In the same way, good words may be difficult to hear but they are helpful for us in order to develop good character. This might be used when advising someone to be honest with a friend who has acted in a wrong way. Even though it is common to advise others to be truthful about their friends' behav-

нь дээр гэж үздэг хүмүүс байдаг. Хэрэв хэлбэл хэлсэн хүнд таагүй байна гэж тэд боддог. #802-г үз.

ior, it is rarely followed even by those who advise others to do this. The fear is that the one who is being confronted will end the relationship. It is believed that it is better to say nothing than to risk having the relationship broken, because having that happen may bring bad luck to the speaker. See #802.

#818 —*occasionally used*
Сайн эм сахиус
Муу эм дөнгө

A good woman is like an amulet
A bad woman is like being in shackles

Нөхрөө үргэлж дэмждэг сайн эхнэрийг эсвэл нөхөртөө үргэлж тээг тушаа болж байдаг муу эхнэрийг дүрслэхдээ энэ үгийг хэлж болно.

This might be used when referring to a wife who is supportive of her husband or, to a wife who nags and hinders her husband.

#819 —*occasionally used*
Сайн эм эрийн түшиг
Гэрийн чимэг

A good woman is a man's support
A home's decoration

Энэ үг сайн эхнэрийг дүрсэлж байна. Тэрээр эр нөхрөө дэмжиж, орон гэрээ тохижуулдаг.

This describes a good wife. She encourages her husband and therefore makes the home nicer.

#820 —*regularly used*
Сайн эр зорьсондоо
Сайвар (сайн) морь харайсандаа

A good man reaches his goal
A good horse jumps over the ravine

Сайн морь саадан дээгүүр харайх гэсэндээ харайдаг. Замын дунд зогсдоггүй. Үүний адил сайн хүн эхэлсэн ажлаа дуусгадаг. Өөрийнхөө зорьсныг гүйцээ хэмээн хэн нэгнийг зоригжуулахын тулд энэ үгийг хэлж болно.

It is understood that a horse that needs to jump over the ravine will keep going until it jumps. It will not stop halfway. In the same way, a good man completes what he starts. This might be used to encourage a man to finish what he started or to reach his goal.

#821 —*occasionally used*
Сайн эр урдаа шархтай
Муу эр ардаа шархтай

The good man is wounded on the front
The bad man is wounded on the back

Урдаа шархтай гэдэг нь асуудлыг нүүр тулан шийдвэрлэдэг гэсэн үг. Ардаа шархтай гэдэг нь асуудлаас зугтдаг гэсэн утгатай. Асуудлаас бэрхшээн нүүр буруулснаас зоригтойгоор шийдвэрлэсэн нь дээр гэдгийг зөвлөн үүнийг хэрэглэдэг.

A wound in the front means you are facing the problem. A wound in the back means you are running away from the problem. This might be used as advice that it is better to face difficulties bravely than to run away.

#822 — *often used*

Сайн эцгийн нэрийг
Арав худалдаж идэх

A good father's name
Is sold ten times

Сайн нэр төрийн үнэ цэнийн талаар өгүүлжээ. Сайн хүний нэр нь хүртэл бүтээгдэхүүн борлуулдаг. Тиймээс тэр хүний үгийг сонсох хэрэгтэй. Сайхан зан чанартай эцэг хүнийг дүрслэхдээ зарим хүн үүнийг ашигладаг. Аавынхаа нэрийг өөрсдийнхөө төлөө ашиглаж буй хүүхдүүдийг ч гэсэн илэрхийлэхийн тулд зарим хүн үүнийг хэрэглэдэг. Заримдаа улс төрч аавынхаа байр суурийг эзэлсэн ч аав шигээ байж чаддаггүй хүүхдүүдийг энэ үгээр илэрхийлдэг.

This speaks about the value of having a good name. When a man's character is good, his name alone will sell products. We should listen to this person. Some people might use it when referring to a father with good character. Others might use it when referring to children who use their father's name for their benefit. Others might use it when a politician dies and a spouse or child takes that person's place but is not qualified.

#823 — *often used*

Сайн юманд садаа их
Самуун явдалд хор их

Good things, great hindrance
Immoral action, great poison

Хэрэв хүн сайн юм хийвэл маш олон саадтай тулгарна. Хэрэв муу юм хийвэл хор хөнөөл нь асар их байдаг. Хэн нэг хүнд туслах гээд өчнөөн асуудалд орооцолдсон, эсвэл зан чанар муутай хүнд энэ зүйр үгийг хэлж болно.

If you are trying to do good things, there are a lot of problems. If trying to do immoral things, great suffering will come to you. This might be used when people have tried to help others and then had a lot of problems or when referring to someone who is behaving in a bad way.

#824 — *regularly used*

Сайн явах санааных
Сайхан төрөх заяаных

From your will, you go successfully
From your fate, you are born beautiful

Нэг дэх мөр хэрэв хүний санаа эсвэл төлөвлөгөө сайн байвал амжилттай байдаг тухай өгүүлсэн. Харин хоёр дахь мөр азаар хөөрхөн төрсөн тухай өгүүлжээ. Зарим хүн өмнөх амьдралаа сайн байсан учраас сайхан төрсөн гэж ярьдаг. Хүнийг тууштай байхыг урамшуулан энэ зүйр үгийг хэлдэг.

Line 1 means when your ideas or plans are good, you will be successful. Line 2 means that if you are beautiful it is because fate blessed you. Some believe that this refers to a good reincarnation because you were good in a previous life. This might be used to encourage someone to persevere.

#825 — *regularly used*

Сайн явахад садан олон
Муу явахад жанжин олон

When life is good, many relatives
When life is bad, many generals

Хүний амьдрал сайхан байхад садан төрлүүд нь их зочилдог. Харин амьдрал нь сайнгүй байвал садан төрлүүд нь дээрэлхэж, юу хийх ёстойг нь заах гэж оролддог. Хамаатнууд нь олноор цуглах үед энэ үгийг хэлдэг.

When our life is good, our relatives want to visit. When our life is bad, many want to rule over us and tell us what we should do. This might be used when many relatives are visiting.

#826   —*occasionally used*

Сайн явъя гэвэл нэрээ хайрла
Сайхан явъя гэвэл хувцсаа зас

Хүмүүс сайхан харагдахыг хүсдэг тул өмсөж буй хувцсандаа анхаардаг. Үүний адил хүмүүс сайхан амьдрахыг хүсвэл үг болоод үйл хэрэгтээ анхаарал тавьдаг. Нэрээ хайрлана гэдэг нь сайн хүн байна гэсэн утгатай. Сайн нэрээ хэвээр хадгалахын чухлыг заахын тулд хэрэглэдэг.

If I want to live well, I will value my name
If I want to look nice, I will value my clothes

It is understood that if people want to look nice, they will pay attention to what they wear. In the same way, if people want to live well, they will pay attention to their words and deeds. To value my name means to be a good person. This might be used for teaching the importance of keeping a good name.

#827   —*frequently used*

Сайнтай нөхөрлөвөл сарны гэрэл
Муутай нөхөрлөвөл могойн хор (хорлол)

Сайн хүнтэй, эсвэл муу хүнтэй нөхөрлөсөн хүмүүсийн амьдралд гарч болох ялгааны талаар энд өгүүлжээ. Хэрэв хүн сайн хүнтэй найзалбал амьдрал нь сайн байна. Хэрэв муу хүмүүстэй нөхөрлөвөл амьдрал нь тааруу байна. Үүнийг муу хүмүүсээс хол байх хэрэгтэйг сануулан хэрэглэж болно. #588, #828-г үз.

If you have friendship with a good person, it is like moonlight
If you have friendship with a bad person, it is like snake poison

This states the difference between what a person's life will be like by having friendship with a good character person or with a bad character person. If I am friends with good people, my life will be good. If I am friends with bad people, my life will be bad. It can be used as a warning to stay away from bad people. See #588 and #828.

#828   —*frequently used*

Сайныг дагавал сарны гэрэл
Мууг дагавал могойн хор (хорлол)

Сайн хүнийг дагаж, тэдэнтэй нөхөрлөвөл сайн, харин муу хүнийг дагаж, тэдэнтэй нөхөрлөвөл таагүй зүйлтэй учирдаг. Муу хүмүүсээс хол байхыг зөвлөн энэ үгийг хэрэглэдэг. #588, #827-г үз.

If you follow a good person it is like moonlight
If you follow a bad person it is like snake poison

Following or befriending a good person will bring good, but following or befriending a bad person will bring harm. This can be used as advice to stay away from bad people. See #588 and #827.

#829   —*occasionally used*

Сайныг олоход бэрх
Муугаас хагацахад бэрх

Муу нэртэй болчихвол үүнээс салахад бэрх гэдгийг сануулахын тулд хэрэглэж болох юм. Сайн нэрээ үгүй хийвэл дахин олох боломжгүй. #797, #559-г үз.

It is difficult to find good
It is difficult to get rid of bad

This might be used as a reminder that once we get a bad name it is impossible to get rid of it. Once our good name has been lost it cannot be found. See #797 and #559.

#830 —occasionally used
Сайхан хүүхэд гэрийн чимэг
Саглагар мод уулын чимэг

Том саглагар мод уулыг чимэх нь гарцаагүй. Үүнтэй нэгэн адил гэртээ сайн хүмүүжиж сайн зан чанартай болсон хүүхэд гэрээ чимдэг. Эцэг эхэд нь хүүхдүүдийнх нь зан чанарыг сайшаан хэлэхдээ энэ үгийг хэрэглэдэг.

A beautiful child decorates a home
A spreading tree decorates a mountain

It is understood that a large healthy tree makes a mountain nicer. In the same way, children with good character who are disciplined and good at home make the home nicer This might be used when complimenting children's behavior to their parents.

#831 —occasionally used
Сайхан явах гээд
Алцан явах

Ямар нэг сайн юм хийхийг хичээж байгаа ч ихэвчлэн нөхцөл байдлыг үргэлж дордуулчихаад байдаг хүнийг дүрслэхийн тулд хэрэглэж болох юм.

Tries to walk well
Walks wobbly

This might be used to describe someone who is trying to do something well but cannot and usually even makes the situation worse.

#832 —often used
Сайхныг эрэхээр
Сайныг эр

Гадаад үзэмжээс илүү сайн хүн байх гэдэг нь чухал юм. Өөрийнхөө зан чанараас илүүтэй гадаад үзэмжиндээ анхаардаг хүмүүсийг энэ үгээр илэрхийлж болох юм.

Instead of looking for beauty
Look for good

Being a good person is more important than outward beauty. This might be used when referring to people who seem more interested in their appearance than in their character.

#833 —occasionally used
Салаа ихтэй модны шувуу олон
Санаа сайтай айлын зочин олон

Салаа мөчир олонтой модонд шувуу цуглах нь ойлгомжтой. Үүний адил зочин олон цугладаг айл зан сайтай байх нь гарцаагүй. Санаа сайт айл гэдэг нь гэр бүлийн хүмүүс сайхан зан чанартай гэсэн утга. Олон зочин цугладаг сайн айлыг дүрслэхдээ энэ үгийг хэрэглэж болох юм.

A tree with many branches has many birds
A family with good thoughts has many visitors

It is clear that a tree has many branches because there are many birds in it. In the same way, it is clear that a family is good because they have many visitors. A family with good thoughts means people with good character are in the family. This might be used when referring to a good family that is having a lot of visitors.

#834 —occasionally used
Салхигүй бол өвсний толгой
  хөдлөхгүй
Санаагүй бол хэргийн үзүүр үүсэхгүй

Салхигүй бол өвсний толгой мэдээж хөдлөхгүй. Үүний адил ямар нэг санаа

If there is no wind, the top of the grass will not move
If there is no idea, work will not start

It is obvious when there is no wind because the top of the grass is not moving. In the

байхгүй бол ажил эхлэхгүй. Аливаад санаачлагатай байж, зөвхөн ярих биш хэрэгжүүлэх хэрэгтэйг сануулах үүднээс хэрэглэж болох юм.

same way, without an idea, work will not start. This might be used to remind us that we need to take the initiative and start projects and not just talk about them.

#835 —*frequently used*
Салъя гэж <u>салаагүй</u> (салсангүй)
Салаа замын эрхээр саллаа

We were not separated intentionally
We were separated by a forked road

Хамт алхаж явсан нөхдөөсөө салж гэртээ харих нь хэмээн гуних үедээ ийнхүү илэрхийлдэг. Тэд салж явахыг хүссэндээ бус, өөр өөр газар байдаг тул зам салж байгаа юм. Хамт аялаад ирсэнхүмүүс салах цаг болоход энэ үгийг хэлж болно.

This might be used when we have been walking with friends and now sadly, we have to go home. We do not want to separate, but our homes are different so our paths are different. Or, this might be used when people who have been traveling together for a while, will now go in different directions.

#836 —*occasionally used*
Самуун явбал өртэй
Шалиг явбал өвчтэй

If confused, in debt
If debauched, sick

Шалиг завхай амьдралтай хүний тухай ярихдаа ийнхүү хэлдэг.

This might be used when referring to someone who is living a very immoral life.

#837 —*frequently used*
Санаа байвч
Сачий хүрэхгүй

Has ideas but
Cannot afford

Зарим хүн хэн нэгэнд туслахыг хичнээн их хүсэвч юу ч хийх боломжгүй тохиолдолд энэ үгийг хэрэглэдэг. Харин зарим хүн ёс бус зүйлийг хийх хүсэлтэй хүний талаар ярихдаа энэ үгийг ашигладаг.

Some might use this when they want to help someone, but are unable so they feel helpless. Others might use it when referring to a person who wants to do evil.

#838 —*occasionally used*
Санаа заяа хоёр
Нэг замаар явахгүй

Ideas and destiny
Will not go the same way

Зарим хүн энэ үгээр олон санаа гаргадаг боловч юу ч хийдэггүй хүмүүсийг дүрсэлдэг. Үүний үр дүнд тэдний санаа үл хэрэгжин хаа нэгтээ орхигддог. Заримдаа олон санаа гаргадаг боловч хувь заяа нь өөр замаар хөтөлсөн хүмүүсийг дүрслэн энэ зүйр үгийг хэрэглэдэг.

Some people might use it to refer to a person who has a lot of ideas but gets nothing done. As a result, where their ideas would take them never gets reached and they end up somewhere else. Others might use it to refer to a person who had a lot of ideas, but was unsuccessful because his destiny took him a different way.

#839 —frequently used

Санаа зөв бол
Заяа зөв

Санаа муутын
Заяа муу

Санаа зөв гэдэг нь сайн бодолтой байх гэсэн утгатай. Сайн зүйлийг боддог хүмүүсийг сайхан ирээдүй хүлээж байдаг. Бодолтой явахын чухлыг заахын тулд энэ зүйр үгийг хэрэглэж болно. Учир нь үг ба үйл хэрэг нь хүний зан чанартай адил байдаг.

If the mind is correct
Fate is correct

Bad idea
Bad destiny

The mind being correct means to have good thoughts. People who put good things into their minds will have a good future. These might be used to teach the importance of putting good thoughts (words and deeds consistent with good character) into our minds.

#840 —often used

Санаа муу бол заяа муу
Самсаа муу бол хамар муу

Хэрэв хүний самсаа муу бол амьсгалахад хэцүү бөгөөд хамар муутайд тооцогддог. Энд гарч буй санаа гэдэг үг бол хүний хүсэл тэмүүлэл, зүрх сэтгэл, бодол санааг дүрсэлж буй. Муу гэдэг нь муу зан чанартай байна гэсэн үг. Бидний хувь заяа бидний бодол санаанаас хамааралтай. Сайн бодол санаатай байхыг урамшуулан энэ үгийг хэлж болох юм.

If the mind is bad, destiny is bad
If the nostrils are bad, the nose is bad

It is understood that if nostrils are bad, it will be difficult to breathe and the nose will be considered bad. The mind here refers to a person's will, thinking or heart. Being bad means being consistent with bad character. It states that our destiny depends on our ideas. This might be used to encourage people to have only good thinking.

#841 —occasionally used

Санаа муут дотроосоо
Сав муут ёроолоосо

Санааны муу дотроосоо
Савны муу ёроолоосоо

Ямар нэг юмыг муу саванд хийвэл ёроолоосоо эхлэн муудаж эхэлдэг. Саванд байгаа юм дээд талаасаа эхлэн гэнэт мууддаггүй. Үүний нэгэн адил муу зан чанар хүний зүрх сэтгэлээс гардаг. Тэд гэв гэнэт л муу хүн болчихдоггүй. Зүрх сэтгэлийнхээ хэрээр хүмүүс муу зүйлийг ярьж, бас үйлддэг. Өөрсдийнхөө хийсэн муу үйлийг тэдэнд хамаагүй мэт ярьдаг хүмүүст энэ үгийг хэлдэг.

Bad ideas are from within
Bad containers are bad from the bottom

A bad idea is from the inside
A bad container is bad from the bottom

If something is stored in a bad container, it will start rotting from the bottom. The top does not just suddenly become bad. In the same way, bad character comes from inside people. They do not suddenly become bad. They do and say bad things because that is the condition of their hearts. These might be used when referring to people who are trying to explain their bad actions as isolated events.

#842 —regularly used
Санаа муут яван хатах (хатна)
Сарьсан багваахай наранд хатах
　(хатна)

Сарьсан багваахай наранд гарвал хатаж үхдэг. Үүний адил санаа муутай явбал амьдрал нь сайнгүй байна. Муу хүн үхвэл зохистой гэсэн санаагаар хэлэх үе байдаг. Бузар мууг үйлддэг хүмүүст ч энэ үгийг хэлж болно.

The evil ideas of a man cause him to dry up over time
A bat dries out in the sun

It is understood that a bat will die if it tries to stay out in the sun. In the same way, if people have evil ideas, their lives will not be good. It can be used to mean that the evil person will deserve death. This might be said of the people who are evil in their ways.

#843 —occasionally used
Санаа муутай хүн үхтлээ зовно
Унаа муутай хүн хүртлээ зовно

Муу морьтой явбал аялалын зам хэцүү байх нь дамжиггүй. Үүний адил санаа муутай хүмүүс хэцүү амьдралыг туулдаг. Өөрийнхөө муу санааг даган амьдарч байгаа муу хүмүүсийг энэ үгээр илэрхийлдэг.

A person who has evil thoughts will suffer until he dies
A person who has a bad horse will have troubles until he reaches his destination

It is understood that riding a bad horse makes for a difficult journey. In the same way, people who have evil thoughts will have difficult lives. This can be used to refer to bad people who are following their bad ideas.

#844 —occasionally used
Санаа мэдэхгүй
Заяа мэднэ

Бурханд итгэх итгэл тэр хүний амьдралыг удирдана гэсэн утгатай үг. Бурхан хүний амьдралын заяаг шийддэг тул хүмүүн өөрчилж чадахгүй.

The mind does not know
Destiny knows

This refers to the belief that the gods have decided what will happen. They have determined our destinies and we cannot change it.

#845 —occasionally used
Санаа нь дэлхий
Чадал нь мэлхий

Олон санаа дэвшүүлэвч юу ч хийдэггүй хүмүүсийг энэ үгээр илэрхийлдэг.

Ideas like the world
Strength like a frog

This might be used to refer to people who have a lot of ideas, but get nothing done.

#846 —occasionally used
Санаа нь хярд
Бие нь бэлд

Өөрсдийн чадамжаас илүүг хийж чадна хэмээн боддог хүмүүсийг энэ үгээр дүрсэлдэг. Мөн ямар нэг юм хийхээсээ өмнө сайтар бэлтгэх хэрэгтэйг сануулж энэ зүйр үгийг хэлдэг.

Ideas on a mountain ridge
Self at the foot of a mountain

This might be used to describe people who think they can do more than they can. Or it might be used as a reminder that we need to be properly prepared before trying to do something.

Mongolian Proverbs

#847 —*often used*

Санаа нэгтийн заяа нэг

With one mind, one destiny

Хамтран ажиллаж буй хоёр хүний тухай энэ үгээр хэлж болох юм. Тэд нэг санаатай байвал ажил үйлс нь бүтэмжтэй байх болно.

This might be used when two people are working together. They need to be of one mind so their work can be successful.

#848 —*regularly used*

Санаа сайтын заяа сайн

A good mind has a good destiny

Санаа зөв гэдэг нь сайн бодолтой байх гэсэн утгатай. Учир нь сайн хүний үг ба үйлс нь нэг байдаг. Сайн санаат хүнийг сайхан ирээдүй хүлээдэг. Сайн бодолтой явахын чухлыг заахын тулд энэ зүйр үгийг хэрэглэж болно.

A good mind means to have good thoughts (words and deeds consistent with good character). People who put good things into their minds will have a good future. This might be used to teach the importance of putting good thoughts into our minds.

#849 —*occasionally used*

Санаандаа бодож
Шанаандаа зуух

Keep in mind
Grit your teeth

Хоёр дахь мөр ямар нэг юмыг шүдэндээ зуусан бол огт тавихгүй байх талаар өгүүлжээ. Зарим хүн энэ үгийг ухаан санаанаас юу ч гарахгүй байх үед хэлдэг гэж үздэг. Хүн сонсохоос татгалзахыг ч эс тоон заажа сургамжилсаар байгаа хүнд энэ үгийг хэлэх хэрэгтэй гэдэг.

Line 2 refers to when you have something in between your teeth and you cannot get it out. Some people might use it when referring to people who can't get something out of their mind. Others might use it when referring to the person who is unwilling to stop giving advice to someone who refuses to listen.

#850 —*occasionally used*

Санааны хирийг хэлэлцэж арилгана
Савны хирийг угааж арилгана

Dirt in the mind will be cleaned by discussing
Dirt in the cooking pot will be cleaned by washing

Бохирдсон хоолны савыг угааж байж л цэвэрхэн болгодог. Үүнтэй адил бидний оюун ухааны бохирыг ярилцаж байж л цэвэрлэнэ. Асуудлыг хэлэлцэж байж л шийдвэрлэнэ хэмээн уриалж энэ зүйр үгийг хэрэглэдэг.

It is understood that dirt in a cooking pot will ony be removed by washing the pot. In the same way, problems (dirt in our minds) will ony be resolved by discussion. This might be used to encourage people to discuss a problem they are having.

#851 —*frequently used*

Санаж явбал <u>бүтнэ</u> (бүтдэг)
Сажилж явбал <u>хүрнэ</u> (бүтдэг)

If you keep it in mind, it will be fulfilled
If you go step-by-step, you will reach your destination

Хэрэв хүн хүсэл мөрөөдлөө үргэлж санаж, хүсэл мөрөөдөлдөө хүрэхийн төлөө тэмцвэл амжилтанд хүрэх болно. Зорилгынхоо төлөө урагш тэмүүлсээр

This means that if we keep our dreams in our minds, mulling over how to accomplish them, we will be successful. We are to keep

байх хэрэгтэй. Хүнийг тэвчээртэй байхыг уриалан энэ зүйр үгийг хэлж болно.

moving towards our goal. This might be used to encourage someone to persevere.

#852 —occasionally used
Саруул тал <u>боловч</u> (байвч)
Шаврыг нь мэд
Сайн <u>нөхөр</u> (янаг) байвч
Санааг (Санаагий) нь мэд

Тал нутаг уудам дэлгэр сайхан харагдавч шууд харахад шавартай эсэх нь мэдэгдэхгүй. Найз нөхөд сайхан харагдаж болох ч тэдний итгэл үнэмшил, амьдралд хандах хандлага, зан чанар нь тэд үнэхээр сайн нөхөд мөн үү, биш үү гэдгийг тодорхойлдог. Ямар нэг юмыг хийхээсээ өмнө бодох хэрэгтэй гэдгийг сануулсан үг юм. Заримдаа найзууд жинхэнэ үнэнч найзууд биш байдаг. Заримдаа аль нэг ажил сайн гэж бодсон ч тийм биш байдаг.

It has mud
Even if it is a wide steppe
He has his own idea
Even if he is your good friend

The prairie might look broad and spacious, but it is not the appearance that is going to determine if it is good land. Friends might seem very nice, but what they are made of (belief, the way they look at life, character) is going to determine whether or not they become a good friend. This might be used as a reminder for us to think before doing something. Sometimes a friend is not really a friend. Sometimes we think a project will be easy, but it is not.

#853 —occasionally used
Саруул тэнгэр дулаанаараа
Сайхан хүн зангаараа

Тэнгэр цэлмэг байвал дулаан байдаг. Энэ нь бидэнд тодорхой. Үүний адил хүнийг үг болон үйл хэргээр нь сайн хүн гэдгийг нь мэдэх боломжтой. Энэ нь мөн л тодорхой. Хүмүүсийн зан чанарыг илэрхийлэхдээ энэ үгийг хэлдэг. Бид хараад тэднийг сайн гэдгийг шууд мэдэж болно.

A clear sky stays warm
A good person stays with his own character

It is understood that it will stay warm as long as the sky is clear. We can see it. In the same way, we know people are good because their words and actions continue to be good. We can see it. This might be used when referring to a person's character. We will know he is good by what we see.

#854 —regularly used
Сархад
Савнаасаа бусдыг дийлнэ

Архины хор хөнөөлийг харуулсан үнэн үг.

Vodka destroys everything but its container

This is a true saying about the destruction caused by vodka.

#855 —often used
Сахил хүртээд
Шал дордов

1930-аад оноос өмнө олон хүн хүүхдүүдээ лам болгохыг хүсдэг байжээ. Энэ нь цорын ганц боловсрох газар байсан юм. Энэ зүйр үгээр сурах гэж явсан хирнээ юу ч сураагүй нэгнийг илэрхийлжээ.

Took the vow as a monk
But got worse

Before the 1930s many families wanted to send sons to temples to become *lamas*. It was the only form of school. This proverb refers to one who goes but does not benefit from the teaching. Today it might refer to a child

Өнөө үед энэ үгээр хичээлээс гадуур сургалтанд суугаад дүн нь огт сайжирдаггүй хүүхдийг дүрсэлдэг. Мөн ямар нэг юмыг сайжруулах гээд улам дордуулсан хүнийг илэрхийлж болох юм.

who takes extra classes but still does not get better marks or, to refer to people who go back on an earlier promise. Or it might be used to refer to people who try to improve something, but they only make it worse.

#856 —regularly used

Сиймхий ч болсон гэр минь
Сэгсгэр ч болсон ээж минь

Хэдийгээр эх нь муухай харагдаж болох ч амьд мэнд байгаа нь сайхан хэрэг. Хэдийгээр гэр нь сайн биш ч гэсэн толгой хоргодож болно. Өөрийнхөө ээжийг голж, төрсөн эхдээ сэтгэл дундуур явдаг хүмүүст энэ үгийг хэлдэг.

Even if *ger* is shabby, it is still my home
Even if mother is disheveled, she is still my mother

Even though a mother may not be good or is ugly, it is still good to have her alive. Even if our *ger* is not much, it is still our home. It might be used when people are complaining about their mothers or are not satisfied with a less than perfect mother.

#857 —often used

Сонин дээрээ соохолзох
Сониноо буурахаар хоохолзох

Ямар нэг юмыг эхлээд их сонирхирхах боловч сонирхол нь амархан буурдаг хүнийг энэ үгээр илэрхийлдэг.

Responds enthusiastically to new things
Abandons when interest wanes

This might be used to refer to the person who is initially interested in something, but quickly loses interest.

#858 —often used

Сонссоноос үзсэн нь дээр
Сууснаас явсан нь дээр

Гэртээ сууж байснаас гарч ямар нэг юм хийж, ийш тийш явбал үргэлж юм сурч байдаг. Эхний мөр бол Монголын хэд хэдэн зүйр үгэнд орсон байдаг. Хэн нэгэнээр нэг юмыг олон удаа яриулснаас өөрийн нүдээр харсан нь хавьгүй илүү.

Seeing is better than hearing
Going is better than sitting still

A person will always gain by going out and experiencing things rather than just sitting at home. The first line is a common theme in several Mongolian proverbs. It's always better to see something with our own eyes than to have other people describe it, even if they do it many times.

#859 —occasionally used

Сохор нохой дүйвээнээр
Соотон гичий чимээнээр

Үймээн самууны үеэр сохор нохой үүгээр түүгээр гүйж улам саад болдог. Хоёр дахь мөрөнд гарч буй гичий чоно дуу чимээний өөдөөс давхиж өөрийгөө аюулд унагадаг. Эмх замбараагүй байдалд нэмэр болох гэж жагсаал цуглаанд оролцохоор гүйдэг хүнийг ийнхүү дүрсэлдэг. Мөн чанга дуу чимээ сонсоод өндөлзөх үед ч хэлдэг.

A blind dog during a commotion
A female wolf with pricked ears during any noise

When there is a commotion, a blind dog will just run around and create more havoc. The wolf in line 2 will run towards a noise and increase the level of activity. This might be used when referring to people who run towards a gathering or protest in order to add to the chaos. Or it might be used when we hear loud noises.

#860 —occasionally used

Сохор нохой улиач
Согтуу хүн дуулаач

A blind dog likes to howl
A drunk person likes to sing

Нохой болон согтуу хүний мөн чанарыг илэрхийлжээ.

This describes the normal behaviors of dogs and drunks.

#861 —occasionally used

Сохор хүн харах дуртай
Дүлий хүн сонсох дуртай

A blind person likes to see
A deaf person likes to listen

Сохор хүн харахыг хүсдэг ч харж чаддаггүй. Дүлий хүн хичнээн сонсохыг хүссэн ч сонсож чадахгүй. Ямар нэг юмыг үргэлж мэдэхийг хүсэвч тайлбарлаж өгөөд ч ойлгодоггүй хүнийг энэ үгээр илэрхийлэн хэлдэг. Бид ямар нэг юм хийх гээд мэдэхгүй бол үргэлж суралцаж байх хэрэгтэйг сануулж хэлж ч болох юм.

A blind person would like to see, but cannot. A deaf person would like to listen, but cannot. This might be said when referring to the person who always wants to know what is happening but is not wise enough to give good advice. Or it might be used as a reminder that if we do not know how to do something we should be trying to learn.

#862 —regularly used

Сохорсон биш
Завшив гэгч

Even if you became blind
It was profitable

Тохиолдсон муу явдал сайнаар эргэх үеийг энэ үгээр дүрсэлдэг. Ямар нэг юмаа алдсан мэт санагдавч харин ч түүний үр дүнд илүү их юм олж авдаг. Тэр алдагдлаас болж харин ч илүүг олж авсан байна.

This might be used to describe a situation when something good came from something bad. It looked like you lost something, but as a result of the event, you find that you actually gained. You are better off because of the loss.

#863 —occasionally used

Сохрын газар нүдээ
Доголонгийн газар хөлөө

Our eyes for the place of blind people
Our feet for the place of lame people

Сохор хүмүүсийн дунд бидний нүд хэрэгтэй. Доголон хүмүүсийн дунд бидний хөл хэрэгтэй. Байгаа газрынхаа уламжлалыг дагах хэрэгтэйг сануулсан үг юм. Нөхцөл байдлаас шалтгаалан бид өөрсдийнхөө үйлдэл болох хийдэг арга замаа өөрчлөх хэрэгтэй болдог.

Where people are blind, our eyes are needed. Where people are lame, our feet are needed. This might be used to remind us to follow the traditions of where we are. Depending on the situation, we may need to change our actions and how we do things.

#864 —often used

Сохрын газар сохор (болж яв)
Доголонгийн газар доголон (болж яв)

Be blind in a place for the blind
Be lame in a place for the lame

Байгаа газрынхаа уламжлалыг дагах хэрэгтэйг сануулсан үг юм. Нөхцөл байдлаас шалтгаалан бид өөрсдийн үйлдэл болон хийдэг арга замаа өөрчлөх хэрэгтэй болдог.

This might be used to remind us to follow the traditions of where we are. Depending on the situation, we may need to change our actions and how we do things.

#865 —occasionally used
Сумаа харваад нумаа нуух
Юмаа аваад саваа нуух

Shoot an arrow and hide your bow
Get your things and hide your container

Зарим хүн нэг дэх мөрийг нумаа хэрэглэсний дараа хажуу тийш тавиад мартдаг хүмүүсийг илэрхийлж байна гэж тайлбарладаг. Харин хоёр дахь мөр хүн өөрийнхөө юмыг аваад савыг нь байх ёстой байранд нь тавиагүйг хэлдэг. Ямар нэг юмыг хэрэглэчихээд дараа нь анхаарал тавьдаггүй хүнийг хэлдэг. Харин зарим хүн нэг дэх мөр нууцаар бусдыг хорлочихоод хорлоогүй юм шиг царайлдаг хүмүүсийг илэрхийлж байна гэж тайлбарладаг. Хоёр дахь мөр ямар нэг юм авчихаад аваагүй царайлдаг хүмүүсийг илэрхийлж байна. Нууцаар ямар нэг юм төлөвлөж, муу зүйл хийдэг хүмүүсийг дүрслэхийн тулд тэд энэ зүйр үгийг ашигладаг.

Some people believe that line 1 means after using his bow, this person puts it aside and doesn't take care of it. And line 2 means this person got his belongings, but then put them down rather than back in their proper place. These people might use this to describe people who use something but then do not take care of it. Other people believe line 1 refers to people who harm others secretly and then pretend as if they have not done anything. And line 2 refers to people who took something and then act as though they had not taken anything. These people might use this to refer to people who have evil thoughts and plans and work to accomplish them secretly.

#866 —occasionally used
Сураагүй байж
Судас барих

Did not study
But tries to check the pulse

Хүн эмчилдэг лам нарын хийдэг зүйлийн тухай хоёр дахь мөр өгүүлжээ. Харин эмчилгээ хийдэг ламыг бодвол энэ хүн юу ч сураагүй ажээ. Ямар нэг юмыг хэрхэн хийхээ мэдэхгүй атлаа мэддэг мэт хийх гэж оролддог хүмүүсийг энэ үгээр дүрсэлдэг.

The second line is what medical *lamas* do when trying to diagnose a medical problem. Unlike the medical *lamas*, this person is not trained. This might be used for people who act like they know how to do something, but they do not.

#867 —occasionally used
Сураад барагдашгүй эрдмийн далай
Судлаад баршгүй бодисын далай

The ocean of learning is inexhaustible for studying
The ocean of a substance is inexhaustible for searching

Далайн усанд амьдрал байдгийн адил сурах хэрэгтэй зүйл үргэлж байдаг. Сурах зүйл байнга гарч ирдэг учир хүмүүс сурч дуусдаггүй. Хүмүүсийг үргэлжлүүлэн сурсаар байхыг урамшуулахын тулд энэ үгийг хэрэглэж болно.

Just as there is always water (life) in the ocean, there are always things to be learned. We will never finish studying because there are always more things to learn. This might be used for encouraging people to never stop studying.

#868 —often used
Сурсан бүхэн эрдэм
Сураагүй бүхэн гэм

What you have learned is knowledge
What you have not learned is like sin

Сайн зүйлийг сурсан бол тэр нь мэдлэг

If you learn good things, this is knowl-

болдог. Харин сураагүй бол гэм болдог. Хэрэв хүн суралцаагүй бол хожим нь ямар нэг юм хийхдээ алдаа гаргах болно. Учир нь тэр урьд нь суралцаагүй. Одоо суралцаж буй зүйл даруй хэрэггүй мэт санагдавч хожим хойно заавал хэрэг болдгийг хүүхдүүдэд ойлгуулахын тулд энэ үгийг хэлж болно.

edge. Not learning is a sin. If you have not learned, sometime in the future when you need to do something you will make mistakes because you did not get the knowledge earlier. This might be used when teaching children there is value in what is being taught even if they cannot see an immediate application.

#869 —*frequently used*
Сурсан занг
Сураар боож болохгүй

Ingrained habits
Cannot be tied with a leather strap

Хүний зуршлыг өөрчлөх үнэхээр хэцүү. Муу зуршлаа орхиж чадахгүй байгаа хүнийгэнэ үгээр дүрсэлж болох юм.

It is hard to change well-learned habits. This might be used when referring to people who are unable to break bad habits.

#870 —*regularly used*
Сурсан нь далай
Сураагүй нь балай

A learned person is an ocean
An unlearned person is foolish

Үнэн нөхцөл байдлыг дүрсэлжээ.

This describes true situations.

#871 —*occasionally used*
Сурсан юмыг сураар боож болдоггүй
Сундуй, Банзрагчийг дээсээр боож болдоггүй

What has been learned cannot be tied with a strap
Sundui and *Bansragch* cannot be tied with a rope

Эхний мөр нь бидний сурсан мэдлэг, туршлага үүрд бидэнтэй хамт үлддэг тухай өгүүлжээ. Хоёр дахь мөрөнд Төвд судрын хоёр нэрийг бичжээ. Энэ хоёр номын хүчийг зогсоох зүйл юу ч байдаггүй гэж хүмүүс итгэдэг ажээ. Хүн сайн ч бай, муу ч бай ямар нэг юм хийхээр шийдвэл тэднийг хэн ч зогсоож чадахгүй гэсэн утгаар хэрэглэдэг. Тэд үүнийхээ төлөө үнэхээр зүтгэдэг. Зарим нь залхуу хүний зан чанарыг бид өөрчилж чадахгүй гэсэн утгаар хэрэглэдэг. Хамгийн муу биш ч, муу үйл хийчихээд түүнийгээ хүлээн зөвшөөрөлгүй, өөрийнхөө хийсэн үйлдлийг зөвтгөдөг хүмүүсийг дүрсэлдэг. Тэрээр өөрийгөө өөрчлөх гээд өөрчилж чадахгүй. Түүнийг ажигласан хүн энэ үгийг хэлдэг. Бид хийж сурсан юмаа хийлгүй орхиж чаддаггүй.

The first line means that the knowledge and experience I gain will always stay with me. The second line refers to two names from the Tibetan prayer books. It is believed that it is impossible to stop the power of these books. Some people might use it to refer to people who really want to do something, good or bad, and nothing can stop them. They are driven. Others might use it to refer to lazy people whose character we cannot change. Others might use it when someone has done something bad, but not the worst thing, and he denies that he did anything wrong. The one who did wrong uses it as an excuse for his actions. He could not help himself and the ones who observed him use it to speak about him. We cannot stop doing what we have learned to do well.

#872 —frequently used

Суусан газраасаа
Шороо атгах

Өөрийнхөө давуу чанарыг ашиглан өөртөө ашигтайгаар эргүүлж чаддаг хүмүүсийг энэ үгээр дүрсэлдэг.

Takes earth from the place where they sat

This might be used to describe people who use every available resource to their advantage.

#873 —frequently used

Суусан цэцнээс
Явсан тэнэг дээр

Зарим ухаалаг хүмүүс залхуу байдаг. Юу ч хийхгүй ухаалаг хүн байснаас ямар нэг юм хийдэг тэнэг байсан нь дээр гэсэн утгатай. Юу ч хийлгүй залхууран суудаг ухаалаг хүнийг энэ үгээр илэрхийлдэг.

A walking fool is better
Than a sitting wise man

Some knowledgeable people are lazy. This says it is better to be a fool and at least doing something than to be a knowledgeable person who is doing nothing. This might be used when referring to an intelligent person who is doing nothing.

#874 —occasionally used

Сүү горьдсон муур шиг
Сүүл долоосон чоно шиг

Амьдрал нь таарууу, ядуу хүнийг дүрслэхийн тулд энэ үгийг хэлдэг.

Like a cat who hoped for milk
Like a wolf who licked his tail

This might be used to describe someone who does not look good or who is very poor.

#875 —often used

Сүүдрээс өөр нөхөргүй
Сүүлнээс өөр ташуургүй

Энэ зүйр үг Монголын нууц товчоонд байдаг. Чингис хааны эх Өүлэн энэ үгийг хэлжээ. Морь унасан хүн морио илүү хурдан давхиулахын тулд ташууурддаг. Хоёр дахь мөр нь эзэнгүй морийг дүрсэлжээ. Хүнтэй таардаггүй, найз нөхөдгүй хүнийг энэ үгээр дүрсэлж хэлдэг. Тийм хүн ганцаараа байхыг илүүд үздэг. Мөн ганцаардмал хүнийг ч илэрхийлж болно.

There is no friend except a shadow
There is no whip except a tail

This comes from the Mongolian Secret History (section 76-78). It was said by Olin, Genghis Khan's mother when three of her sons had killed the fourth son meaning they had not valued an important relationship. The rider of a horse that is ridden will occasionally use a whip to get his horse to go faster. The second line describes a horse that is not ridden. This might be used to describe an unsociable person who does not want friendships or relationships with others. He prefers to be alone. Or, it might be used to refer to a lonely person.

#876 —frequently used

Сүүлийн тэмээний
Ачаа хүнд

Ер нь хамгийн сүүлд ирсэн хүнд хамгийн их ажил ногддог. Хамгийн сүүлд ирээд хамгийн их ажил хийсэн хүнийг энэ үгээр илэрхийлдэг.

The last camel's burden
Is the heaviest

Normally the one who arrives late will get the most work. This might be said by the one who came late, referring to the amount of work to be done.

#877 —occasionally used

Сүүнд халсан хүн
Тараг үлээх

Халсан гэсэн үг нь архи уусан гэсэн утгатай. Айраг уухдаа хүмүүс аягатай айрагны дээд хөөсийг нь үлээдэг. Хэт их ууж согтуурсан хүн халуун юмыг үлээж уудаг шигээ хүйтэн тараг үлээж уух үед энэ үгийг хэлдэг.

The man warmed by milk
Blows yogurt

To be warmed usually means from drinking alcohol. When drinking *airag* (fermented mare's milk) a person will blow on the top to clear away the cream or butter. This might be used to describe the person who has been drinking so much that he does not know that he is blowing on cold yogurt instead of a hot drink.

#878 —often used

Сүх далайтал үхэр амар
Сүүж явтал чөмөг амар

Үхрийг айлгах хүртэл амар амгалан байдаг шиг хүний хөл хөдлөх хүртэл бие амардаг. Амар амгалан цагтаа сайн амарч авах хэрэгтэй бөгөөд харин амарч дууссаныхаа дараа ямар нэг асуудал гарах, эсвэл цаг агаар өөрчлөгдөхөд төлөвлөгөөтэй байхыг сануулж байна. Зарим хүн энэ үгийг хэн нэгэн нь аюултай зүйлийг харчихаад юу ч хийхгүй байгаа тохиолдолд ашигладаг.

The cow is resting until the ax is held up
The femur is resting until the illium moves

Just as the cow stays calm until it is threatened, your body rests until your legs move. It means when you are having a peaceful time you need to rest but have a plan for when the rest is over because a problem or a change in the weather can come quickly. Others might use it when referring to the person who sees danger but never does anything.

#879 —frequently used

Сэжгээр өвдөж
Сүжгээр эдгэх

Өвчтэй хүмүүсийн дэргэд байхдаа өвдчих вий гэж айж явдаг хүмүүсийг энэ үгээр дүрсэлдэг. Өвчний нян биш, харин тэдний бодол өөрсдийг нь өвчлүүлдэг гэж тэд боддог. Мөн ямар нэг юманд итгэснээрээ эдгэрдэг. Энэ үгийг лам нар ихэвчлэн хэрэглэдэг. Зарим хүн амархан өвддөг хүний тухай ярихдаа энэ үгийг ашигладаг.

Gets sick from suspicion
Healed by belief

This might be used to describe people who imagine they will get sick whenever they are around sick people. They believe it is the thought that starts the disease, not the germs. Healing will come from your faith. This term is commonly used by *lamas*. Others might use it when referring to the person who easily gets sick.

#880 —occasionally used

Сэжгээс чөтгөр
Сүжгээс бурхан

Энэ тохиолдолд чөтгөр, бурхан хоёрын аль аль нь муугаар бичигджээ. Мухар сүсэгтэй хүн ямар нэг юм болчих вий гэсэндээ юу ч хийх хүсэлгүй байгааг энэ үгээр дүрсэлдэг.

Doubt is from a devil
Superstition is from a god

In this context, a devil and a god are both bad. This might be used to describe a person who is very superstitious and is unwilling to try something because of what might happen.

#881 —occasionally used
Сэтгэл муутын үг хатуу
Бодол муутын үг мохоо

A bad soul will have hard words
A bad mind will have dull words

Хэрэв хүн үргэлж хатуу ширүүн (урам хугалсан, хов жив, гомдол) үг ярьдаг бол түүнийг сэтгэл муутай гэдгийг мэдэж болно. Хэрэв хүн мунхаг үг яриатай бол түүнийг ухаан муутайг мэдэж болно. Үргэлж муу үг, эсвэл мунхаг зүйл ярьдаг хүнийг дүрслэхийн тулд энэ үгийг хэлж болно. Иймэрхүү хүмүүс үгээрээ хүмүүсийг гомдоож байдаг.

If a person speaks hard words (not encouraging, gossiping, nagging), you can see that he has a bad soul. If a person speaks dull words you can see he has a bad mind. This might be used when referring to someone who has used hard or dull words. These people hurt others by their words.

#882 —occasionally used
Сэтгэл цагаан бол
Үйлс цагаан

If the heart is white
The deed is white

Цагаан өнгөөр сайн сайхан зүйлийг илэрхийлдэг. Хүний зүрх сэтгэл сайн бол үйлс нь ч бас сайн байна. Сайн үйлстэй хүнийг хараад сайхан сэтгэлтэй хүн байна гэсэн уттаар энэ үгийг хэлж болно.

White is used for good things. A person whose heart is good will have good deeds. This might be used when referring to someone who has done good deeds, meaning this is obviously a good person.

#883 —occasionally used
Сэтгэлийн зовлонг үгээр
Биеийн өвчинг эмээр

The heart's suffering, by words
The body's sickness, by medicine

Сэтгэлийн зовлон гэсэн нь тааруухан зан чанартай гэсэн утгатай. Бид бие махбодио эмээр эдгээдэг шиг, сайн үгээр хүний зан чанарыг засаж болдог. Зан чанарыг нь засах хэрэгтэй хүнд энэ үгийг хэлж болох юм.

Heart suffering here means having a bad character. Just as our bodies are healed by medicine, our character can be improved by following good words. This might be used when referring to a person whose character needs improving.

#884 —occasionally used
Сэтэрхий зүүнд утас тогтохгүй
Садар хүнд хань тогтохгүй

For the broken eye of a needle, thread cannot stay
For the immoral person, the spouse cannot stay

Үнэн зүйлийг өгүүлжээ. Хэрэв зүүний сүвэгч нь сэтэрчихвэл утас тогтохгүй. Үүнтэй адил хэрэв гэр бүлийнх нь хүн садар самуун явдалтай бол түүнтэй хамт амьдрах боломжгүй.

This describes true things. When the eye of a needle is broken, the thread cannot stay in place. In the same way, when one spouse is immoral, the other one cannot stay living with that person.

#885 —occasionally used
Сээрийн бөхөөс
Сэтгэлийн бөх дээр

Strength of soul
Is better than hardness of spine

Эрчүүд үхрийн сээр хугалж өөрс-

A man shows his strength by how he can

дийн хүч тэнхээгээ харуулдаг. Биеийн хүчнээс сэтгэлийн хүч нь илүү дээр гэдгийг сануулахын тулд энэ зүйр үгийг хэрэглэдэг.

break the spine of a cow with its last rib. This might be used to remind someone that having a good character is more important than physical strength.

#886 —*often used*
Таарсан таар <u>шуудай</u> (шуудайнууд)
Дүүрсэн дүнхүү толгой

Large sacks that are the same
Useless dumb heads

Таарсан таар (<u>шуудай</u>) шуудайнууд
Нийлсэн нэргүй мондинууд

Large sacks that are the same
Befriended nameless villains

Нэг дэх мөрөнд гарч буй монгол үг бол хог хийдэг таар шуудайг илэрхийлсэн үг юм. Хэн нэг муу хүн муу үйл хийхэд өөр нэг хүн түүнтэй адил муу зүйл хийхийг хараад тэднийг адилтган энэ үгийг хэлдэг. Тэд бие биедээ сайнаар биш, харин муугаар нөлөөлөх аж. Мөн хийж буй ажил нь урагшгүй, амжилт гаргадаггүй хүнийг ч дүрслэхийн тулд хэлж болно.

The Mongolian word in line 1 for sacks refers to sacks that are used for taking out the trash. This might be used when referring to a situation where one bad person has done something bad and another follows and does the same thing. These people are not very bright and they influence each other in bad ways. It might also be used to describe people who are unsuccessful and unlucky in what they do.

#887 —*occasionally used*
Таван хуруу тэгшгүй
Хүний сэтгэл адилгүй

Five fingers are not even
People's hearts are not the same

Хүнийг өөр шигээ байлгаж, эсвэл өөр шигээ сэтгүүлэх гэж хүчилж байгаа хүнд энэ үгийг хэлдэг. Өөрчлөх гэж оролдсон хүн нөгөө хүнээ өөрчлөгдөхгүй болохоор нь уурлаж цухалддаг. Тиймээс тэр хүнд хүн бүр өөр өөрийн бодол санаа, хүссэнээрээ амьдрах ёстойг сануулан хэлдэг.

This might be used to refer to a person who is trying to make another to be like or to think like himself. The one trying to get the other to change becomes angry when the second person does not comply. This would be said to the first person to tell him to let others have their own ideas or to be as they want to be.

#888 —*rarely used*
Тавь хүрсэн хойно хэдийхэн явах вэ?
Тахиа дуугарсан хойно хэдийхэн унтах вэ?

Once you reach fifty how long will you live?
Once the rooster crows how long will you sleep?

Өглөө тахиа дуугармагц босох хэрэгтэй гэдэг. Ганцаараа ажиллах дуртай ахмадуудад энэ үгийг хэлж болох юм. Нэгэнт хүн 50 хүрсэн бол ганцаараа ажиллалгүй бусадтай хамтрах хэрэгтэй. Мөн өөрийнхөө эрүүл мэндийг бодох хэрэгтэй гэсэн утгаар ч гэсэн хэрэглэж болно.

It is understood that once the rooster crows in the morning, soon you will have to get up. This might be used as a warning for old people who like to work alone. Once they become 50 they may not have long to live and they need to work with others. Or, it might be used as a reminder that we should be concerned about our health.

#889   *—occasionally used*

Тал өгч худал инээснээс
Танихгүй хүн шиг дуугүй яв

Танихгүй хүн шиг явах гэдэг хэнтэй ч ярихгүй байх гэсэн утгатай. Хүнийг хуурч мэхэлж, худал хэлдэг хүний тухай ийн хэлж болно. Мөн хэн нэгэнд хэт тал засах нь нөгөө хүндээ хэцүү байгаа бол энэ үгийг хэрэглэж болно.

Instead of flattering and smiling
It is better to be quiet and go like a stranger

To go like a stranger means to not speak with anyone. This might be used to refer to a flatterer, someone who lies and deceives. Or, it might be used if someone is going overboard in focusing his attention on another and that level of attention will not be good for the recipient.

#890   *—occasionally used*

Тангараг эвдэрвэл
Тонгорог болно

Нөхөрлөл гэдэг бол чухал. Найз нөхдийн тангараг тасрах нь мэс болон хувирч байгаатай адил. Учир нь тэд өшөө авахыг оролддог. Тангарагаа сахих талаар сануулан энэ үгийг хэлж болно.

When promises are broken
They turn into a knife

Friendship is important. If promises are broken it is like being stabbed with a knife and usually a fight will ensue. This might be used to caution someone about not keeping promises.

#891   *—frequently used*

Танилтай хүн талын чинээ
Танилгүй хүн алгын чинээ

Олон найз нөхөдтэй хүнд боломж их байдаг. Алгын чинээ гэдэг нь хоосон гэсэн утгатай. Хүмүүстэй сайн харилцаатай байх хэрэгтэйг сануулан энэ үгийг хэлж болох юм.

Person who has many friends is like a wide steppe
Person who has no friends is like the palm of a hand

A person with many friends has many possibilities. The palm of the hand is used as a metaphor for being empty. This can be used when you are confronting someone about being nice to others.

#892   *—often used*

Танилын нүүр халуун
Таанын амт нясуун

Таанын амт гашуун байдаг. Нөгөө талаар таньдаг хүнтэйгээ уулзахад таатай байдаг. Хэрэв би хэн нэгэн хүнийг сайн мэддэг бол бүх зүйлээ нээлттэй ярина, хэрэв үгүй бол ярихгүй. Монголоос алс хол газар Монголчууд тааралдахдаа тэр бүр танил дотно болдоггүй. Сайн нөхдийнхөө болон эгчийнхээ талаар таагүй юм сонсвол энэ үгийг хэлдэг. Өөрөө ичгэвтэр байдалд орсон учир энэ үгийг хэлдэг. Олон жил сайн нөхөрлөсөн хүмүүс маань буруу зүйл хийхэд тэднийг шийтгэх амаргүй байдаг. Зарим хүн энэ үгийг өөрийн ажил ба төслөө хэрэгжүү-

The known face is hot
The wild leek taste is sour

It is understood that the wild leek is sour. On the other hand, seeing a person we know gives a good feeling. If I know you I can talk and be open with you. If I don't know you I can't. Mongols don't usually reach out to other Mongols if they meet in a foreign country. It might be used if I hear something bad about a good friend. I will be ashamed and would say this. It is hard to be critical of people we have known well for a long time and they have done wrong. Some might use this when referring to people who use important people they know in places of influence to

лэхийн тулд чухал, нөлөөтэй хүмүүст хандаж хэлэхдээ энэ үгийг хэрэглэдэг.

get their projects completed.

#893 —occasionally used

Танихаасаа өмнө талын хоёр гөрөөс
Танилцсан хойноо тагнайн хоёр судас

Талын хоёр гөрөөс уулзалдвал бие биеэ сонирхох магад ч болгоомжтой хандана. Үүний нэгэн адил хүмүүс анх уулзахдаа ч тийм хандлагатай байдаг. Анх уулзсан үе болон дараа нь сайн нөхөд болсон тухайгаа ийнхүү дүрслэн хэлдэг.

Before getting to know each other, two antelopes on the steppe
After getting to know each other, two veins in the palate

When two antelopes meet on the steppe, they are cautious, but curious. In the same way, this is true when two people meet for the first time. This might be used to describe how two people met the first time and later became good friends.

#894 —occasionally used

Тарга
Тав хоногийнх

Хөдөөгийн хүмүүст анхааруулга маягаар хэлсэн үг. Мал одоо тарга тэвээрэг сайтай байх нь хойшид ч тарган хэвээр байна гэсэн үг биш ээ. Тарган байгаа дээр нь гаргаж, идшэндээ хэрэглэх нь зүйтэй.

Fatness
Lasts for five days

This might be used as a warning for countryside people. Just because their animals are fat now does not mean they will stay that way. It is better to slaughter them while they are fat.

#895 —occasionally used

Тарчиг залуугаас
Тартай хөгшин дээр

Хэдийгээр залуу биш ч ахмад хүмүүсийг сонсох хэрэгтэй гэж залуучуудад сануулах үүднээс энэ үгийг хэлдэг. Ахмадууд их мэргэн ухаан, дадлага туршлага хуримтлуулсан байдаг. Залуу насны эрч хүчээс мэргэн ухаан, дадлага туршлага илүү чухал.

An experienced old person is better than
An inexperienced young person

This might be said to young people to remind them that even though old people are not young, it is good to listen to them. They have a lot of wisdom and experience. Having this wisdom and experience is more important than having the strength of youth.

#896 —rarely used

Тахиагүй ч үүр цайна
Тахиатай ч үүр цайна

Тахиа донгодсон ч донгодоогүй ч үүр цайсаар л байдаг. Юу ч тохиолдсон байсан өдөр хоног өнгөрсөөр л байна. Хүмүүсийн хийх гэж оролдож буй бүх зүйл ямар ч үр нөлөөгүй байгааг хараад энэ үгийг хэлж болох юм.

There will be dawn without a rooster
There will be dawn with a rooster

The sun will rise each day whether there is a rooster to crow or not. No matter what else happens each day will come. This might be used when referring to a situation where people are trying to do something but what they do will have no effect.

#897 —often used
Тоглоод тоглоомоо даахгүй
Тонгойгоод бөгсөө даахгүй

Хоёр дахь мөрөнд тонгойчихоод эргээд босч чадахгүй байгаа хүнийг дүрсэлжээ. Нэг дэх мөрийг зүйр үг гэхээсээ илүүтэй хар ярианы хэллэг маягаар хэрэглэдэг. Хэн нэг хүн тоглоом шоглоом хийх үед өөр нэг хүн түүгээр тоглоом хийнэ. Энэ мэтчилэн бие биеэ шоглосоор тоглоом эхлүүлсэн нь гомддог. Тэгээд тоглоомыг эхлүүлснээ хүлээн зөвшөөрөхгүй байх үед энэ үгийг хэрэглэдэг. Тоглоом тогловол хэтрүүлэх хэрэггүй. Хэрэв хэн нэгнийг шогловол өөрөө сүүлд нь шоглуулна. Хэн нэгнийг хэт шоглох үед энэ үгийг хэлдэг.

Kidding, will not joke
Bowing down, will not carry bottom

Line 2 says when you are bowing down you of course cannot pick up your bottom. Line 1 is used more as an idiomatic phrase than as a proverb. It is used when someone starts joking and then the other responds with a joke. As they go back and forth, the jokes intensify. At some point the one who started it gets offended and is unwilling to acknowledge that it is his own fault because he started the joking. When there is play time, do not go too far. If you tease too much, it may come back and bite you. It might be said to someone who is going too far with teasing.

#898 —regularly used
Тоглоом тоотой нь дээр
Толгой мөлжүүртэй нь дээр

Монголчууд малын толгойг иддэг. Арьсыг нь хуулж идсэнээс хуйхлаад идвэл илүү их махтай байдаг. Зарим хүн энэ үгийг тоглоом шоглоомоо хэтрүүлэхгүй байхыг анхааруулж хэрэглэдэг. Тоглоом шоглоом хэтэрвэл хүмүүс гомддог. Мөн хичээл сурлагадаа анхаарахгүй байгаа хүмүүст энэ үгийг хэлж болно. Зөрүүд, дуулгаваргүй хүмүүст ч хэлж болно.

There is a limit for joking
There is meat on the head bones

Mongols cook the animal head. If the fur is singed instead of being cut off, there will be more meat. Some people might use it as a reminder to not take jokes too far. People often get hurt when there is too much joking. Others might use it when someone has lost his focus on his studies and has become careless. And others might use it for an insolent person or one who oversteps bounds.

#899 —often used
Тогос шувуу сүүлээ
Төрсөн бие нэрээ

Тогосны сүүл бол тогосны бахархал юм. Тиймээс сүүлэндээ их анхаардаг. Бид амьдралаа сайн нэртэйгээр эхэлдэг. Тиймээс хамгаалах хэрэгтэй. Сайн нэрээ хадгалах нь ямар чухал болохыг сануулж энэ үгийг хэрэглэдэг.

The peacock's tail
The body's name

The peacock's tail is the source of his pride. He takes care of it. We start life with a good name and we need to take good care of it. This might be used to teach the importance of maintaining a good name.

#900 —frequently used
Толгой хагаравч малгай дотроо
Олгой хагаравч тогоон дотроо

Толгой хагаравч тоорцог дотроо
Тохой мултравч ханцуй дотроо

Бидний биеийн эрхтэн гэмтэж бэртлээ ч байгаа байрандаа л байдаг шиг гэр бүлийн эсвэл бүлэг хүмүүсийн асуудал тэр хүрээндээ л үлдэх хэрэгтэй, бусдад дэлгэх хэрэггүй. Асуудлаа гэр бүл болон бүлэг хүмүүсийн хүрээнээс гадуур бусадтай зөвлөлдөх үед энэ үгийг хэлдэг.

Even if the head is injured, it is inside the hat
Even if the intestine breaks, it is still in the pot

Even if the head is injured, it is in the cap
Even if the elbow is disjointed, it is in the sleeve

Just as our body parts stay in their places even when they are injured, problems within a family or a group should stay there and not be shared with others. These might be said to someone who is looking for advice or counseling for a problem outside the family or the group.

#901 —occasionally used
Толгойн үс олон ч
Ганц тонгоргоор хусна

Эв нэгдлийн тухай өгүүлжээ. Хэдий олон хүн байсан ч эв нэгдэлгүй бол ганц цохилтонд ялагдана. Хүмүүсийг эв нэгдэлтэй байхыг уриалан энэ үгийг хэлдэг.

Even though there are many hairs
It takes one knife to shave all

This is about unity. Even though there are many people, they can be defeated with one blow if they are not united. It might be used to encourage people to be united.

#902 —often used
Тоо бүрэн
Толгой мэнд

Мэнд гэдэг нь ямар ч мал үхээгүй гэсэн утгатай. Маш хүчтэй шууртаны дараа энэ үгийг хэлдэг.

All are present
The heads are safe

Safe means none of the animals died. It might be used following a severe storm.

#903 —frequently used
Тоолбол нас чацуу
Төөлбөл нуруу чацуу (бие чацуу)

Энэ үг уран зохиолд их гардаг бөгөөд нэг ангийнхан, эсвэл нэг салааны цэргийг тэд бүгдээрээ адилхан гэсэн утгаар хэлж болно. Бусадтай үргэлж өөрийгөө харьцуулдаг хүнд энэ үгийг хэлдэг. Нэгэнт хүн бүр адилхан тул ингэж харьцуулахаа боль гэсэн утгаар хэрэглэдэг.

If counted, the same age
If measured, the same height

This proverb is typically found in literature and it describes classmates or those in the army where everyone is the same. It can be said to people who are always informing on others or measuring themselves against others. This tells them to stop because they are the same as the others.

#904 —regularly used

Тоонотой гэрт толгой холбож
Тостой тогоонд хошуу холбох (сууж)

Тоонот гэрт толгой холбож
Тогоотой шөлөнд хошуу холбох

Гэр бүл болж хамтын амьдралаа эхлүүлж буй хүмүүст энэ үгийг хэлж болох юм.

Heads are together in a *ger* with a window
Lips are together in a greasy pot

In a *ger*, heads are together
In a pot of soup, mouths are together

These might be used when people get married and start living together.

#905 —occasionally used

Торго өмсөвч сүүдэр нь хар
Тос уувч баас нь хар

Аливаа зүйлийг хар гэж байгаа нь муу гэсэн утгатай. Тос бол үнэ цэнэтэй бөгөөд сайныг илэрхийлдэг. Хэдий сайн хоол идсэн ч баас хар өнгөтэй л байдаг. Үнэтэй хувцас өмссөнөөр хүн сайн болчихдоггүй. Сайхан хувцас өмсөх дуртай боловч өөрсдөө сайн биш, мөн зан чанар нь ч сайн биш хүмүүсийг илэрхийлэхийн тулд энэ үгийг хэлж болох юм.

Even if silk is worn, the shadow is still black
Even if oil is drunk, the stools will still be black

To call something black means to call it bad. Oil is valuable and represents good. It is understood that body waste is black even if we eat good foods. Wearing expensive clothes does not make a person good. This might be used to describe people who like to wear nice things but they do not look good on them nor do they make them better character people.

#906 —occasionally used

Торгон дээлтэй боловч
Тоо мэдэхгүй мунхаг

Хүн мэдлэг боловсролгүй бол хичнээн сайхан хувцасласан ч мунхаг хэвээрээ л байна. Мунхаг гэдэг нь хүний зан чанарыг илтгэсэн үг. Мэдлэггүй хүн гэдэг бол сайн биш. Мэдлэг боловсролоос илүүтэй өөрийнхөө гадаад үзэмжинд хэт их анхаардаг хүмүүст энэ үгийг хэлж болно.

A man in a silk coat
Is still a fool if he does not know how to count

If a person is not educated there is no use trying to be fancy, he is still a fool. Being a fool reflects on a person's character. A man without knowledge is not a good man. This can be used when a person is more concerned with his outward appearance than with gaining knowledge.

#907 —occasionally used

Тосон дотор умбаж
Торгон дээр хөлбөрөх

Баян хүнийг эсвэл баян хүнтэй гэрлэсэн эмэгтэйг дүрсэлсэн зүйр үг.

To wallow in oil
To roll on silk

This describes a wealthy person or a woman who married a rich man.

#908 —occasionally used

Төлөг үзэгч
Түмэн худалч
Заяа үзэгч
Жаран худалч

Fortune teller
A multitude of lies
Destiny teller
Sixty lies

Эхний мөрөнд гарч буй үг өдрийн зурхайг хэлжээ. Гурав дахь мөр хүний хувь заяаны талаар өгүүлж байна. Энэ хоёр нь үндсэндээ адилхан. Хоёр мөрөнд гарч буй хүн хоёул худал ярьдгийг илэрхийлжээ. Эрт үеэс нааш лам хуврага ийм байсан бөгөөд хүмүүс тэдэнд итгэдэггүй байжээ. Өнөө үед олон хүн тэдэнд итгэх болжээ. Лам нар болон төлөгч нар Төвдийн ном судар, эсвэл хөзөр, чулуугаар мэргэлж хүмүүст тэдний хайртай хүмүүс нь тэдний үр хүүхэд, мал амьтан болон эргэн төрсөн тухай хэлдэг. Төлөгч, лам нарын хэлсэнд итгэдэггүй хүмүүс энэ үгийг хэлдэг.

The first line is one who tells a person's horoscope for the day. The third line is one who speaks about a person's destiny. They are basically the same. This says both these categories were considered liars. In earlier times these were Buddhist *lamas*. People thought they told lies. Today many people believe they are speaking the truth. *Lamas* and fortune tellers today read Tibetan books, cards and stones and will tell descendents that their loved ones have returned and live as a child or as an animal. This might be said by someone who does not believe these people are telling the truth.

#909 —frequently used

Төлөөр баяжина
Шөлөөр цадна

Will be rich from newborn livestock
Will be full from soup

Шөл гэдэг нь махны шөлийг хэлж байна. Шөл уухад гэдэс цаддаг. Малчдын хөрөнгө малын толгойгоор тоологддог. Мал хөрөнгө багатай хүмүүст малаа сайтар хариулбал мал сүрэг чинь өснө хэмээн урамшуулахын тулд энэ үгийг хэн нэг хүн хэлж болно.

The soup referred to here is meat soup. Everyone knows it is very filling. It is common for herders to judge their wealth by the number of animals they have. This might be used when someone does not have many animals in order to encourage him that if he takes care of his animals, his herd will grow and he will prosper.

#910 —occasionally used

Төмөр хэдий бөх боловч зүлгэхгүй бол зэврэнэ
Хүн хэдий сайн боловч сурахгүй бол хоцорно

Even though steel is hard, it rusts without polishing
Even though a man is good, he loses without learning

Төмөр хэдий хатуу ч хэрэглэхгүй гадаа хаявал зэврэч цаашид хэрэггүй болдог. Харин зүлгэж арчилбал олон жилийн дараа ч хэрэг нь гардаг. Хоёр дахь мөрөнд өөрийгөө хөгжүүлээгүйн улмаас өмнө нь сурсан зүйлээ мартаж, дараа үеийнхнээсээ хоцорсон хүний тухай өгүүлжээ. Мэдлэгээ үргэлж өргөжүүлж байх хэрэгтэйг сануулах маягаар энэ зүйр үгийг хэрэглэж болно.

Steel is strong, but if it is left outside, in time it will rust and can no longer be used. But if we take care of it, it can be used again many years later. Line 2 describes the man who loses what he learned earlier because he did not develop himself and therefore the next generation will go beyond him. This might be used as a reminder that it is always good for us to increase our knowledge.

#911 —often used

Төмрийн сайныг
Давтаж мэддэг
Морины сайныг
Давхиж мэддэг

The quality of iron
Is recognized when it is forged
The quality of a horse
Is recognized when it is ridden

Төмрийн сайныг давтаж байж мэддэг. Үүний нэгэн адил морийг унаж үзсэний дараа л сайн хүлэг эсэх нь мэдэгддэг. Сайн морь мөн эсэхийг шалгахын тулд хэрхэх ёстойг зааж энэ үгийг хэлдэг.

It is understood that we only know the quality of iron after it has been pounded. In the same way, we only know the real quality of a horse after we have ridden it. This can be used to teach how to recognize a good horse.

#912 —often used

Төөрсөөр төөрсөөр төрөлдөө
Дөтөлсөөр дөтөлсөөр төрхөмдөө

End up at a relative's home after being lost
End up at home taking short cut

Төөрсөөр төрөлдөө
Тоссоор тогоондоо

Was lost but met relatives
Was expected but in your pot

Заримдаа хүмүүс бие биетэйгээ уулзаад ярилцаж байхдаа хамаатнууд болохоо мэддэг. Хамаатнууд бие биедээ илүү их тус болдог. Эхний мөр дангаараа их хэрэглэгддэг. Энэ нь хаа нэг газар төөрч яваад санамсаргүйгээр найз нөхөдтэйгөө уулзсан гэсэн утгатай. Хоёрдугаар хувилбарын хоёр дахь мөр нь дээр үед жолооч нар зам дагуу айлаар ордог байсан тухай өгүүлжээ. Заримдаа олон хүн тэр айлд цугласан байдаг. Мэдээж тэр айлын төрөл садан бол бусдаас илүү хүндтэй байж, хоол унд иднэ гэсэн үг. Хаа нэгтээ хэн нэг таньдаг хүнтэйгээ санаандгүй уулзвал энэ үгийг хэрэглэдэг.

When people meet in the countryside they ask about families and sometimes they discover they are related. A relative will help more than a non-relative. The first line is the most common. It means that you were going somewhere and lost your way and then unexpectedly met a friend. The second line of the second one refers to earlier times when drivers and riders out in the countryside stopped and visited families along the way. Sometimes there were too many people. But if you were discovered to be a relative you would definitely get something to eat. These might be used when you meet someone you know in the middle of nowhere, an unexpected place.

#913 —regularly used

Төр амгалан бол
Түмэн амгалан

If government is peaceful
People are peaceful

Улс төрчид маргаангүй, улс төр тогтвортой байвал хүмүүсийн амьдрал түвшин амгалан байдгийг дүрсэлжээ.

This describes the peacefulness in people's lives when politicians are stable, peaceful and not arguing.

#914 —often used

Төр төмөр нүүртэй
Төрсөн бие махан нүүртэй

The government has an iron face
The human body has a flesh face

Жирийн хүн шударга ёсыг хүртэх гэж оролдох үед төрийн эрх мэдэлтнүүд

This describes when the average person tries to get justice and the government au-

үл ойшоож, тэдэнд туслахгүй байхыг дүрсэлжээ. Хэрэв төр махан нүүртэй байсан бол илүү өрөвч байх байсан.

thorities show an iron face and do not help. If it had a human face, they would be more compassionate.

#915 —regularly used
Төр түмэн нүдтэй
Төрсөн бие хоёр нүдтэй

The government has a multitude of eyes
The human body has two eyes

Бид төрийг хянахаас илүүтэй төр биднийг хянадаг. Гэмт хэрэгтнүүд баригддаг. Төр таны юу хийж байгааг мэдэж байдаг. Төрөөс нуугдах боломж байхгүй. Хууль зөрчсөн хүмүүст хандаж энэ үгийг хэлж болно. Тэр хүн эрх мэдэлтнүүдэд захирагдах хэрэгтэй. Олон хүн төрийг ажиглаж, юу нууцалж байгааг нь олж мэдсэний дараа энэ үгийг бас хэлж болдог.

The government has more eyes watching us than us watching them. Criminals will be caught. The government can see what you are doing. You cannot hide. This might be used with someone who broke the law. He needs to submit to the authorities. It might also be used saying many people watch the government and can see when they are hiding things.

#916 —often used
Төр түмэн нүүртэй
Төрсөн бие махан нүүртэй

The government has a multitude of faces
The human body has flesh on its face

Хүн ганцхан нүүртэй байдаг бол төрийн нүүр байнга өөрчлөгддөг. Хүн төрд хандахад нь асуудал тулгарсан бол, мөн төрөөс хатуу хууль цааз гаргавал энэ үгийг хэрэглэж болно.

The human body has only one face, but the government can easily change its face. This might be used when someone is having problems when dealing with the government or if the government is making hard laws.

#917 —occasionally used
Төрд хууль бий
Түмэнд ёс бий

The government has rules
People have traditions

Төрд хууль байдаг шиг аливаа ёс заншил уламжлалтай байдаг. Аль алиныг нь дагах хэрэгтэй. Өөрийнхөө өв уламжлалыг сахих хэрэгтэй гэдгийг сануулж энэ үгийг хэлдэг.

Just as a government has rules, cultures have traditions. Both should be followed. This might be used to remind people to follow the traditions of their culture.

#918 —occasionally used
Төрж ядаж
Төлгөнд эх болох гэх

Struggling giving birth
The ewe tries to mother a yearling lamb

Энд гарч буй хонь төрж ядах атлаа бусдын хэрэгт оролцохыг хичээдэг. Бүх юманд оролцох гэж хичээн зүтгэдэг хүнийг энэ үгээр дүрсэлдэг.

This ewe is having a difficult time giving birth, but tries to get involved in the lives of others at the same time. This might be used to describe a person who tries to get into everything.

#919 —regularly used

Төрийн нуруу төвшин бол
Түмэн олон амгалан

Аливаа нутаг орны засгийн газар сайн ажиллавал хүмүүс нь амар амгалан байна гэдгийг өгүүлж байна.

If the government's back is upright
Many people are peaceful

This says that when the government of a country functions in a good way, the people will be content.

#920 —often used

Төрийн нуруу түвшин бол
Түмний нуруу амар

Улс төрчид маргаангүй, төр улс тогтвортой байвал хүмүүсийн амьдрал түвшин амгалан байдгийг дүрсэлжээ.

If the government's back is stable
People's backs rest

This describes the peacefulness in people's lives when politicians are stable, peaceful and not arguing.

#921 —frequently used

Төрийн төлөө
Оготно боож үхэх

Аливаа асуудалтай харьцуулбал оготно өчүүхэн жижиг амьтан болохоор юу хийж чадах вэ хэмээн оготныг үл тоодог. Манжийн булаан эзлэлтийн үеэс Монголчуудын тэмцлийг мохоох үүднээс гаргасан үг. Улс төрийн асуудлаар тэмцэл хийж байгаа хүнийг энэ үгээр илэрхийлж болно. Зарим хүн энэ үгийг өөрийнх нь хэрэг биш байтал ямар нэгэн зүйлд оролцоод байгаа хүмүүст хандан хэлдэг. #692-г үз.

For the sake of the government
A mouse strangles itself to death

The mouse is small in comparison to the trouble. Therefore, the mouse is despised because how can one little mouse's effort accomplish anything. This originally started during the oppression of the Manchu to discourage Mongols from rebelling against their leaders. This can be used to refer to someone who is fighting for political issues. Others might use this referring to when people want to get involved in something even though it is not their business. See #692.

#922 —often used

Төрийн хэлхээ хууль
Төрлийн хэлхээ нагац

Төрд хууль байхгүй бол тэр нь төр биш. Төр ба хүмүүс хуулиар холбогддог. Хүмүүс садан төрөлтэйгөө сайн харилцаагаар холбогддог. Хүмүүс ихэвчлэн ээжийнхээ талын хамаатнуудыг аавынхаа талынхаас илүү мэддэг. Аливаа газрын хууль дүрмийг дагах хэрэгтэй, эсвэл хамаатан садантайгаа сайн харилцаатай байх хэрэгтэй гэсэн утгаар хэрэглэдэг.

The connection between states is law
The connection between relatives is a maternal uncle or aunt

If a government does not have laws, it is not a government. People and government are joined through laws. We are joined with our relatives with good relationships. People usually know their mother's relatives better than their father's. This might be used when we want people to follow the laws of the land or to work at having better relationships with their relatives.

#923 —occasionally used
Төрийн хэлхээ эрдэм
Төрлийн хэлхээ эцэг эх
Гэрийн хэлхээ тооно
Гэдэсний хэлхээ хоол

The bond for the government is knowledge
The bond for relatives is parents
The bond for the *ger* is the upper frame
The bond for the stomach is food

Нэг дэх мөрөнд төр барьж буй хүмүүс мэдлэг боловсролтой байх хэрэгтэй талаар өгүүлжээ. Хоёр дахь мөр хүний эцэг эх хамаатан садантай холбох гүүр болдог тухай өгүүлжээ. Энэ бол мэдлэгтэй байж, эцэг эхээ хүндлэх тухай хэлсэн зүйр үг юм.

Line 1 says that people who are leading the government need to be knowledgeable. Line 2 says that our parents are our connection with our relatives. This is about the importance of having knowledge and of respecting parents.

#924 —occasionally used
Төрөөгүй хүн (хүүхэд гараагүй)
Төмөр дотортой

The person who has not given birth
Has iron inside

Өөрөө хүүхэд төрүүлээгүй эмэгтэй хатуу байдаг бөгөөд хүний хүүхдийг энэрч чадахгүй гэж хүмүүс ярьдаг. Хүүхэд өргөж авсан ч адилхан хатуу хандана. Өөрөө хүүхэдгүй учраас бусдын хүүхдэд хатуу ханддаг эмэгтэйг ажиглаад бусдын хүүхдүүдэд хэрхэн хатуу хандаж байгааг нь дүрсэлж энэ үгийг хэлдэг.

People commonly think that if a woman has not been able to have her own children that she will have a hard character and will not have compassion on other's children. This applies even if she adopts. This comes from observing people who have not had children being harsh with the children of others and might be used when referring to how harsh a childless woman treated someone's child.

#925 —regularly used
Төрөөгүй хүүхдэд
Төмөр өлгий бэлтгэх

For an unborn child
Prepare an iron blanket

Монголчууд шинэ хүүхдийн баяр гэж тэмдэглэдэггүй. Төрөөгүй хүүхдэд юм бэлдвэл азгүй явдал тохионо гэж үздэг. Төмөр өлгий бэлдэх гэдэг нь хүүхдээ төрөхөөс өмнө хамгаалах гэсэн утгатай. Төрөөгүй хүүхдэдээ ямар нэг юм бэлдэж байгаа хүнийг хараад тэр хүнд энэ үгийг хэлдэг.

Mongolians do not have baby showers because the baby has not yet been born. They do not prepare anything ahead of time for a baby because it would be considered bad luck. To prepare an iron blanket means to protect the baby instead of preparing something for it. It might be said if someone is preparing something for a baby who has not yet been born.

#926 —occasionally used
Төрсөн газраас
Түмний газар

From the place of birth
A crowded place

Төрсөн нутгаа орхиж илүү том хотод суурьшин амьдарч буй хүнийг ийнхүү дүрсэлдэг.

This might be used to describe people who left the place where they were born and moved to a larger city.

#927 —occasionally used
Төрсөн ухаанаас
Сурсан ухаан дээр (илүү)

Aquired knowledge is better than
natural knowledge

Зарим эцэг эхчүүд хүүхдүүдээ төрөлхийн ухаантай учир суралцах хэрэггүй гэж боддог. Гэвч мэдлэг боловсрол олгохгүй бол хүүхдийн зан чанар төлөвшдөггүй. Сурсан зүйлээ ажил хэрэг болгох хэрэгтэйг сурган энэ зүйр үгийг хэлж болох юм.

Sometimes parents think their children are smart from natural talents so they do not worry about what the children do or do not learn. But it is believed that without education character will not improve. This might be used when trying to encourage someone to practice what they have learned.

#928 —occasionally used
Туйлгүй (Туйлбаргүй) хүн буцах нь
   (буцахдаа) амархан
Тугалган жад шантрах нь
   (шантрахдаа) амархан

An indecisive person easily returns
A tin spear breaks easily

Буцахдаа амархан гэдэг нь бууж өгдөг хүнийг хэлж байна. Тэрээр ямар нэг шалтаг тооцоод хуучин уруугаа хөл тавьдаг. Тэр хүн хэзээ ч зорилгодоо хүрдэггүй. Амархан бууж өгдөг хүнд сануулга маягаар хэлж болно. Туйлбаргүй хүн ямар нэг ажлаас амархан залхаж, хийхээ больдог.

A man who easily returns is one who easily gives up. He makes excuses and goes back to his old ways. He does not reach his goal. This might be used as a warning for someone who easily gives up. An indecisive person quickly tires of a project and stops.

#929 —often used
丁ураг ядарвал уулаа
Хүн ядарвал ургаа

If a *turag* is tired, it goes to a mountain
If a person is tired, he goes to relatives

Нэг дэх мөрөнд гарч байгаа тураг гэдэг үг бол Азийн уулархаг нутагт амьдардаг зэрлэг хонийг хэлдэг. Ядарч зовсон цагт хамаатан садангаа бараадаж, зөвлөгөө, тусламж хүсдэг хүнийг ийнхүү дүрслэн хэлдэг. #969, #1228-г үз.

The animal referred to in line 1 is a wild Asian mountain sheep that only lives on the mountain. It might be used when referring to a person who is now tired and goes to visit relatives or, as advice to one who is tired. See #969 and #1228.

#930 —regularly used
Тус болох гээд
Ус болох

Trying to help
Becomes water

Усыг үнэ цэнэтэйд тооцдоггүй учир ямар нэг үнэ цэнэ багатай зүйлийг ихэвчлэн усаар төлөөлүүлдэг. Тус хүргэсэн мэт боловч үнэндээ тус биш байсныг ийнхүү дүрсэлж болно.

Water is not considered valuable so it is commonly symbolically used to refer to something that has little value. This might be used to describe help that looked like help, but it was not.

#931 —regularly used

Тус хийвэл дуустал
Давс хийвэл уустал

Хэрэв ямар нэг юм эхлүүлбэл дуусгах хэрэгтэй. Нэгэнт эхэлсэн бол дуустал нь ажиллахыг урамшуулан хэлж болох юм. Үр дүнг нь харах хүртэл ажилласаар байх хэрэгтэй.

If you help others, finish
If you put salt in water, stir until it dissolves

If you start something, you should finish it. It can be used to encourage people to not stop working once they have started. People should continue working until they can see some results.

#932 —regularly used

Тусыг усаар,
Ачийг бачаар

Хэн нэгнээр туслуулсан атлаа дараа нь тусалсан хүнийхээ ач тусыг нь мартсан, эсвэл бүр хор хөнөөл учруулсан хүнийг энэ үгээр дүрсэлж болдог. Хэн нэгэнд тусласан бол тэр хүн эргээд туслах ёстой байтал туслахын оронд усаар буюу өчүүхэн үнэ цэнэтэй зүйлээр хариу барихыг хэлж байна.

Help returns water
Support returns trouble

This can be used to refer to someone who has been helped by others, but later forgets and sometimes even harms the ones who helped him. Whenever you help someone, that person should help you in the future. But instead of help, he only gives you water which is commonly symbolically used to refer to something that has little value.

#933 —often used

Туу гэх нохойгүй
Чаа гэх ямаагүй

Хоёр дахь мөрийг дангаар нь ихэвчлэн хэрэглэдэг. Хонь ямааг туухдаа "чаа" гэдэг. Юу ч үгүй хүнийг дүрслэхдээ энэ үгийг хэрэглэдэг. #1088-г үз.

No dog to say "*tuu*"
No goat to say "*cha*"

Line 2 is commonly used alone. Cha is the word usually used to drive goats. This might be used to describe people who have nothing. See #1088.

#934 —occasionally used

Туулайн хэрээр нумаа тат
Тугалын хэрээр зэлээ тат

Тугалыг зэлэнд уяад эхийг нь саадаг. Хэр урт зэл татах нь хэдэн тугал зэлэндээ уяхаас шалтгаална. Зарим хүн энэ үгийг ямар нэг ажил хийхээсээ өмнө бэлтгэлтэй байхыг зөвлөж хэлдэг. Харин зарим хүн хэт олон зүйл бүү төлөвлөөрэй гэсэн утгаар хэрэглэдэг. Хийх ёстой зүйлээ цаг тухайд нь өдөртөө багтаан хийх хэрэгтэй.

Pull back a bowstring according to the size of the rabbit
Set a tethering line according to the number of calves

Calves are often tied to a rope strung between two poles so their mothers can be milked without them interfering. The distance between the poles depends on the number of calves the owner needs to tie up. Some people might use it to advise people to be prepared before they start a project. Others might use it to advise people to not overschedule. They should do what they said they would do and do it today.

#935 — *regularly used*

Түм түжигнэж
Бум бужигнах

Энэ үг ихэвчлэн кинонд гардаг. Дээр үеийн хөдөөний хүмүүс анх удаа хотод очиж үзэхдээ хотын хүн ам, хөл хөдөлгөөнийг хараад гайхахдаа ингэж хэлдэг байжээ. Өнөө үед ч гэсэн хөдөөний хүн хотын хүн амыг хараад ийнхүү хэлж болох юм.

Ten thousand bustling
One hundred thousand milling about

Normally this is heard in movies from earlier times when people from the countryside went to the city for the first time and were surprised by the number of people and the size of the crowds. It might be used today when people come to the city for the first time and are amazed at the numbers.

#936 — *often used*

Түмэн лантай явахаар
Түмэн олонтойгоо яв

Лан гэдэг бол Хятадын хэмжүүр. Мянган лан хэдий их ч гэсэн хүний сайнтай нөхөрлөх нь эд баялгаас илүү чухал гэдгийг хэлж болно.

Have many friends
Rather than a thousand *lan*

The *lan* is an archaic Chinese measurement. Even though a thousand *lan* is a lot, having friends is more important. This might be used to remind people that relationships with good people are more important than material wealth.

#937 — *often used*

Түмэнд нүүрээ
Төрд нэрээ барах

Өөрийнхөө зан чанараас болж нэр хүндээ алдсан хүнийг дүрсэлж байна.

To a multitude of people you lose your face
To the government you lose your name

Both lines are about the loss of respect. This describes the person who has lost the respect of others because of his behavior.

#938 — *occasionally used*

Түмэнд нүүрээ бараагүй
Түймэрт хормойгоо шатаагаагүй

Түмэнд нэрээ барж
Түймэрт хормойгоо шатаалгасан (шатаасан) биш

Ямар ч буруу зүйл хийгээгүй атлаа буруутан болж буруутгагдсан хүнийг илэрхийлж байна. Тэрээр буруугүй гэдгээ батлаж олсон хүний өмнө ичгэвтэр байдалд (нүүрээ барах) ороогүй гэсэн утгаар хэлдэг. Хоёр дахь мөр ч үүнтэй адил зүйлийг хэлсэн. Буруутгагдсан хүн энэ үгийг хэлдэг.

To a multitude of people, my face is not used up
To the wildfire, the bottom of my *deel* is not burned

Did not squander your name in front of a multitude of people
Did not burn the bottom of your *deel* in a wildfire

This refers to a person who has been accused of wrongdoing, but has not done anything wrong. He maintains his innocence and will say this meaning he has no reason to be embarrassed (lose face) in front of other people. Line 2 says the same thing. A person might say this when he has been wrongly accused.

Mongolian Proverbs

#939 —*rarely used*

Түргэн түүхий
Удаан даамай

Махыг сайтар чанаж болгодог. Түүхий махыг идэж болохгүй. Яарч адгаад сайн хийгээгүй ажлын тухай ярихдаа хэлдэг.

Fast is raw
Slow is well done

Meat is always thoroughly cooked until it is well done. Raw meat cannot be eaten. This might be used when referring to work that was done too quickly and therefore done poorly.

#940 —*occasionally used*

Түрийний бөөс
Толгойд гарах

Зарим хүмүүс энд гарч буй бөөс гэдэг үгээр боловсролгүй атлаа өндөр албан тушаал горилогч муу хүний талаар өгүүлж байна гэж тайлбарладаг. Тэд өөрсдийнхөө зорилгыг биелүүлэхийн тулд албан тушаалаа ашигладаг (ялангуяа улс төрд). Иймэрхүү аргаар төрийн өндөр албан тушаалд очсон хүмүүсийг ийнхүү хэлдэг. Мөн зарим хүн энэ үгээр хувиа хичээсэн хүмүүсийг дүрсэлдэг. Хүнээс гуйж тусламж авчихаад дараа нь дахин дахин тусламж хүсдэг хүнийг ийнхүү дүрсэлж хэлж болно. Тэдний гол зорилго бол өгч буй хүнийг гарынхаа дор байлгах явдал юм.

Lice on the lower leg
Will go to the head

Some people understand that lice here is a metaphor for bad people who have no education but who wants a high position. They want to use their career, often in politics, to accomplish their goals. These people might use this when referring to bad people who have reached high positions in the government. Other people understand this to be describing a selfish person. It might be used when referring to people who ask for and receive a little help and then later want more. Their goal is to control the giver.

#941 —*regularly used*

Түрүүлж дуугарсан
Хөхөөний ам хөлдөх

Хөхөө шувуу ер нь өглөө хамгийн түрүүнд дуугардаг. Хэн нэгэн бусдаас түрүүлж дуугарснаасаа болоод асуудалд орох үед энэ үгийг хэлдэг. Эсвэл өөрийнхөө ээлжийг хүлээлгүйгээр бусдын өмнүүр дайрч юм ярьдаг хүмүүсийг илэрхийлж болно. Энэ бол зөрүүд муу зан чанарыг илтгэдэг. Тэд бусдаас түрүүлж ярихыг хүсдэг. #986-г үз.

The mouth of the cuckoo that sounded first will freeze

The cuckoo bird is usually the first to tweet in the morning. This might be used to refer to a situation when someone has said something before others and gotten into trouble. Or, it might be used for a person who does not wait his turn when people are speaking and he interrupts others. This is rude and shows bad character. This person always wants to be the first to speak. See #986.

#942 —*often used*

Түрүүнд гарсан чихнээс
Сүүлд ургасан эвэр урт

Мал амьтан төрөхдөө чихтэй төрдөг. Тэднийг өсөж том болоход эвэр ургадаг. Энэ зүйр үгэнд залуу үеийнхнийг эврээр, харин ахмад үеийнхнийг чихээр төлөөлүүлжээ. Ахмад үеийнхэн чих шиг урт удаан амьдарч их туршлага

The horn that grew last
Grows longer than the ear that came out first

When animals are born you can see their ears. As they grow and mature, horns develop. In this proverb, the horn represents the younger generation and the ear represents the older generation. The

хуримтлуулжээ. Гэвч дараа нь гарч ирсэн залуус илүү их мэдлэгтэй, илүү их техниктэй харьцдаг тул эцэг эх болон өвөө, эмээгээсээ илүү зүйлд хүрдэг. Энэ үгийг алдаа хийсэн ч хийсэн алдаагаа ухамсарлан зассан залуусын талаар өгүүлэхдээ хэрэглэж болно. Багшаасаа илүү гарсан оюутнуудыг ч мөн энэ үгээр илэрхийлж болох юм. #984-г үз.

older generation, like the ear, has been out longer so it has more experience. But the younger generation that is born later has more knowledge and more technology so is better and excels beyond their parents and grandparents. This might be used when speaking about the younger generation or, when people make a mistake but now they understand their mistake and learn and stop their bad habits. It might also be used to refer to students who have become greater than their teacher. See #984.

#943 —often used
Тэвнийн чинээ нүхээр
Тэмээн чинээ салхи орох

Through the hole as small as a needle
Wind as big as a camel will blow

Өчүүхэн жаахан хов жив хүртэл хичнээн том зүйл болдгийг энэ үг зүйрлүүлэн хэлжээ. Хэлэх ёсгүй зүйлийг хэлэх хэрэггүй болохыг анхааруулж энэ зүйр үгийг хэлдэг. Зарим хүн өвөлд хүйтэрч хаалга, цонхоор салхи сийгэхэд энэ үгийг хэрэглэдэг.

This proverb is a metaphor for how small words of gossip can grow into something very large. This might be used to warn people who are saying things they should not. Others might use it when referring to a home getting cold in the winter because cold air is coming in around windows or doors.

#944 —regularly used
Тэгж үхсэнээс
Тээглэж үхсэн нь дээр

It is better to die tripping
Than dying like this

Хэн нэгэн хүн бидний хүсээгүй зүйлийг хийлгэхийг гуйхад түүнийг нь хийснээс үхсэн нь дээр гэсэн утгаар энэ үгийг хэлдэг. Мөн ямар нэг юм хийх хүсэлгүй атлаа хийсэн бол муу үр дагавар гарна гэсэн утгаар хэрэглэж болно.

This can be said when someone asks us to do something we do not want to do. We would rather die. Or, it might be said when we do not want to commit ourselves to doing something we know will bring bad consequences.

#945 —occasionally used
Тэгье гэхийг тэнхээ мэднэ
Тэднийхээр очихыг унаа мэднэ

Saying yes depends on my strength
Going to their place depends on my ride

Хэн нэг нь ямар нэг зүйл хийх эсвэл хаа нэгтээ явахыг биднээс хүсэх үед энэ үгийг хэлж болно.

This might be used when someone asks us to do something or go somewhere.

#946 —regularly used
Тэжээсэн бяруу
Тэрэг эвдэх

The calf you care for
Will break your cart

Монгол кинонд энэ зүйр олонтаа хэрэглэгддэг. Бяруу өсөж том болоод ямар нэг юм эвдэнэ гэдэг бол ердийн зүйл биш.

This is a common phrase from Mongolian movies. It is not unusual for calves to damage something when they get big. This

Маш их тус болж байсан найзынхаа тусламжид баярладаггүй, эсвэл хариу тус хүргэдэггүйгээс гадна найзыгаа үргэлж ашигладаг хүнийг ийнхүү дүрслэн хэлж болно. Зарим хүн хэн нэгэн нас биед хүрсэн хүн гэр бүлдээ эргээд туслахгүй бол энэ үгийг түүнд хэлдэг. Харин зарим хүмүүс эцэг эхээ зовоогоод байгаа хүүхдэд хандан үүнийг хэлдэг.

might be said to someone who is not appreciative of the help that friends gave him and later not only does not return the help but instead takes advantage of his friends. Others might use this when referring to adults who do not help the family they grew up in. Others might use it referring to children who bring trouble to their parents.

#947 —occasionally used
Тэмээ гэдгэрээ мэдэхгүй
Тэнэг мулгуугаа мэдэхгүй

Тэмээ толгой, биеэ хүзүүгээрээ холбогдсоныг мэддэггүй. Үүнтэй адил хийдэг алдаа нь хүн бүхэнд тодорхой ч тухайн хүн өөрөө бас үүнийгээ мэдэхгүй байх үе байдаг. Бусдыг шүүдэг атлаа хэзээ ч өөрийгөө шүүж хардаггүй.

A camel does not know how far his head is thrown back
A stupid man does not know his own foolishness

A camel cannot see where its head is in relation to its neck. In a similar way, this might be used when referring to people whose mistakes are obvious to everyone but themselves. They judge others but never themselves.

#948 —regularly used
Тэмээ гэхэд ямаа

Зөрүүд эсвэл хүний хэлснийг ойлгодоггүй хүнийг ийнхүү дүрслэн хэлдэг.

If I say camel, you say goat

This might be used to describe a stubborn person or someone who does not understand what is being said.

#949 —often used
Тэмээ туйлаад
Тэнгэрт хүрэхгүй
Тэнтгэр хатан
Зарга шүүхгүй
Ямаа туйлаад
Янгиа эвдэхгүй

Зарим хүн энэ үгээр ямар нэг эрх мэдэлтнээр зааварчлуулахыг хүсдэггүй өөрөө бүх юмаа хийдэг хүмүүсийг дүрсэлдэг. Тэд бол зөрүүд, өөрсдийнхөөрөө хүмүүс. Тэмээ, ямаа хоёр хичнээн хичээсэн ч хүссэн зүйлдээ хүрч чадахгүй. Мөн зан ааш муутай эмэгтэй хүнийг зарим хүн энэ үгээр илэрхийлдэг. Тийм эмэгтэй өөрийгөө их бодож, бусдыг байнга шүүмжилж, гоочилж, буруутгадаг.

Camel bucking
Cannot reach the sky
Fat queen
Cannot judge the case
Goat bucking
Cannot break the saddle

Some people might use it when referring to people who always do things by themselves and do not want any authority over them. They are haughty and arrogant. The camel and goat are both determined, but cannot get what they want. Others might use it to describe a woman with a bad character. She thinks highly of herself and criticizes, nags and judges others.

Mongolian Proverbs

#950 —regularly used
Тэмээ хариулсан хүн буурныхаа занг андахгүй

The herdsman knows his male camel's character well

Өөр хүн хүүхдээ хэрхэн хүмүүжүүлэхийг зааж эхэлбэл эх нь "Би өөрийнхөө хүүхдийг мэднэ" гэсэн утгаар энэ үгийг хэрэглэдэг. Мөн хэн нэгнийг юу хэлж, юу хийхийг нь сайн мэднэ гэдгээ хэлэхдээ энэ үгийг хэрэглэж болох юм.

This might be used when I want to say, "I know my child" because another person is trying to tell me how to care for my child. Or, it might be said when you want to say that you know someone very well and you know what he will say or do.

#951 —occasionally used
Тэмээ хужирт дуртай
Тэнэг хэрэгт дуртай

The camel likes ground salt
The fool likes to be nosy

Тэмээ хужирт их дуртай байх ажээ. Үүнтэй адил тэнэг хүмүүс бусдын хэрэгт оролцох дуртай. Бусдыг шүүмжилж, хэрэгт нь оролцдог хүмүүсийг болон огт хамааралгүй зүйлд хошуу дүрж мунхаг асуулт асуудаг хүмүүсийг зэмлэх үүднээс энэ үгийг хэрэглэж болох юм.

It is understood that camels like a salt marsh. In the same way, fools like to get into other people's business. This might be used as a rebuke of someone who is being nosy or as criticism of curiosity when people have asked a stupid question or tried to interject themselves into a situation where they do not belong.

#952 —occasionally used
Тэмээнд хүрэхгүй гараа
Тэнгэрт сарвайх

To stretch out your hands to the sky
When you cannot even reach to a camel

Маш том хүсэл мөрөөдөлтэй боловч хүсч буй зүйлээ биелүүлэх ямар ч боломж, чадваргүй хүнийг энэ үгээр дүрсэлж болдог.

This might be used when referring to the person who has big ideas but in reality cannot accomplish what he wants to do.

#953 —occasionally used
Тэмээний ачаанд
Туулай хүнддэхгүй

The rabbit will not make the camel's load any heavier

Туулай жижигхэн учир том биетэй тэмээнд ачаа ч болохгүй. Хэрхэн хийхээ мэдэж байгаа, амархан зүйлийг ингэж хэлж болно.

Just as a rabbit is very light and will be easy for a strong camel to carry, this might be used when you will do something that is easy for you because you already know how to do it.

#954 —regularly used
Тэнгэрийн муухай арилна
Хүний муухай арилахгүй

Bad weather will disappear from the sky
Bad attitude will not disappear from the person

Муу хүмүүсийн талаарх сануулга. Цаг агаар тааруу байсан ч дараа нь өөрчлөгддөг. Харин хүний муу зан чанар өөрчлөгддөггүй байна.

This might be used as a warning about bad people. We know that even if the weather is bad now, it will change. On the other hand, a bad character does not change.

Mongolian Proverbs

#955   —occasionally used

Тэнгэрийн муухай олныг зовооно
Тэнэгийн мунхаг өөрийгөө зовооно

A bad sky will make people suffer
A fool's stupidity will make himself suffer

Тэнгэрийн муухай гэдэг цаг агаар таагүй байхыг хэлдэг ажээ. Муу цаг агаар хүмүүст асуудал авчирдаг шиг тэнэг хүн өөртөө лай хураадаг. Өөрийгөө зовоох тэнэг зүйл хийж буй хүнийг хараад энэ үгийг хэлж болно.

Bad sky means bad weather. Just as bad weather causes problems for people, a fool's foolishness will cause him difficulties. This might be used when referring to a situation where someone is doing something foolish that you know will bring him suffering later.

#956   —regularly used

Тэнхлүүн явахад тэмээгээр тусалснаас
Тэвдэж явахад тэвнээр тусал

It is better to help with a needle when there is need
Than to help with a camel in times of abundance

Тэнүүн явахад тэмээгээр тусалснаас
Тэвдэж явахад тэвнээр (тэвэнгээр) тусалсан нь дээр

It is better to help with a needle when there is need
Than to help with a camel when on the steppe

Тэмээгээр тусална гэдэг бол том тус. Гэвч хүмүүсийн амьдрал сайн сайхан байхад том тусламж хэрэггүй. Хоёр дахь хувилбарын тэнүүн явах гэдэг нь амар амгалан гэсэн утгатай. Зарим хүн үүнийг бусдаас эрэх яаралтай тусламж гэж тайлбарладаг. Хамгийн хүнд хэцүү цагт тусламж хэрэгтэй. Мөн хэн нэг сайхан амьдралтай хүнд туслахыг хүссэн хүнд энэ үгийг хэлдэг. Зарим хүн хүний амьдрал сайхан байхад туслахыг хүсдэг атлаа хэцүү байхад зайлсхийдэг хүмүүсийг энэ үгээр дүрслэн хэлдэг.

To help with a camel is a big help, but when life is good people do not need a big help. In the second one, in this context to be on the steppe means to be peaceful. Some people might use it to describe a situation when a person quickly needs help from others. Help is best when we are having our worst times. Others might use it as advice for a person who wants to help someone who lives well. Other people might use it to refer to the person who treats you well when life is going well for you but does not treat you well when you are having difficulties.

#957   —occasionally used

Тэнцвэргүй ачаа тэмээний зовлон
Тэнцвэргүй амраг сэтгэлийн зовлон

An unbalanced load is trouble for the camel
An unbalanced spouse is trouble for the heart

Хэрэв ачаа нь тэнцвэргүй байвал тэмээ их зовно. Үүнтэй адил тэнцвэргүй буюу хэрүүлч эхнэртэй хүн түүнтэй амьдрахдаа их зовно. Гэр бүлийн асуудалтай хүмүүст энэ үгийг хэлдэг. Мөн тогтворгүй зан ааштай хүнд хайртай хэн нэгнийг энэ үгээр анхааруулж болно.

When a load is not balanced, a camel will have a harder time walking. In the same way, a person with an unbalanced or quarrelsome spouse will have a harder time living each day. Some people might use it to refer to a couple having marital problems. Others might use it to refer to someone who loves a haughty person.

#958 —occasionally used

Тэнэг хүн тогоо харна
Мэргэн хүн галаа харна

Тэнэг ховдог тогоогоо
Цэцэн ховдог галаа

The foolish person sees the caldron
The wise person sees the fire

The foolish glutton, his pot
The wise glutton, his fire

Ухаалаг хүмүүс хамгийн чухал зүйл бол гал гэдгийг сайн мэддэг. Мунхаг хүмүүс хоолондоо гол анхаарлаа хандуулдаг болохоор гал нь унтрахын цагт хоолгүй хонодог. Хийх ёстой ажилдаа бус, харин идэх уух зүйлдээ гол анхаарлаа хандуулдаг хүмүүсийг энэ үгээр дүрсэлж болно.

Wise people know that the most important thing is the fire, so they will tend it. Fools focus on the food and when it is gone they have nothing. These might be used when referring to people who are only concerned with eating and not with any of the work that goes into the preparation.

#959 —often used

Тэнэсэн сум
Тархинд

A stray bullet
Hits the head

Буугаа хааш нь чиглүүлэх хэрэгтэйг анхааруулан энэ үгийг хэлж болох юм. Мөн сайн үг хэлбэл хүнд ямар нэг ухаарал өгдөг болохыг заах хэрэглэж болно.

This might be used as a warning to be careful where you aim a gun. Or, it might be used to teach that one good word can make someone else realize something.

#960 —occasionally used

Угаасан ус нь рашаан
Унасан шороо нь алт

The water I washed with is a spring
The ground I fell on is gold

Зарим хүн угаасан ус гэдэг цэвэр, цэнгэг, байгалийн ус, харин унасан газар гэдгийг төрсөн нутаг гэсэн утгаар хэрэглэдэг. Монгол газар нутагт маш үнэ цэнэтэй рашаан ус олон газарт байх бөгөөд бид харж хамгаалах үүрэгтэй. Газраас хүмүүс алт ухаж гаргадаг. Энэ үгээр хүмүүст бидний төрсөн газар шороо хичнээн үнэ цэнэтэй болохыг сануулахыг хүсдэг. Зарим хүн үүнийг зүйр үг биш, хэлц үг гэж боддог.

Some people understand washed water to mean clean, clear, fresh, natural water and fallen ground to mean where they were born. There are valuable minerals under the ground in Mongolia, and we need to be good stewards of them. The land in a sense gave birth to the gold. This might be used to remind people of the value we have in our ground. Some people believe this is a saying, not a proverb.

#961 —occasionally used

Угаа мэдэхгүй хүн,
Усаа мэдэхгүй мал

A person who does not know his ancestors
An animal that does not know the water

Ус хаана байдгийг мэдэхгүй мал харангадаж үхнэ. Төрөл садангаа мэдэхгүй хүн хүнд хэцүү амьдардаг. Монголчууд уламжлал ёсоор бүх хамаатан садангуудаа мэддэг байхыг шаарддаг. Хамаатан садангийн үнэ цэнийг заахын тулд хэрэглэж болно.

An animal that does not know where the water is will die. People who do not know their relatives will have a harder life. Mongolians need to know their older relatives because it is their tradition. This might be used to teach the value of knowing our relatives.

#962   —*occasionally used*

Удаж байгаад уулзсан янаг
Ундаасаж байгаад уусан ус

Үнэхээр их цангасан үед ус уух нь хичнээн сайхан болохыг хүн бүр мэднэ. Урт хугацаанд уулзаагүй хайртай хүмүүстэйгээ уулзаад энэ үгийг хэлж болно.

The sweetheart who is reunited after a long time
The water drunk after being very thirsty

It is understood how wonderful it feels to drink water when we are very thirsty. This might be used when we meet with our sweetheart whom we have not seen for a long time.

#963   —*occasionally used*

Удмаараа алдаршдаггүй
Ухаанаараа алдаршдаг

Энэ үг хүмүүс эцэг эхийнхээ биш, харин өөрийнхөө хүчээр алдарт хүрэх тухай өгүүлжээ. Өөрсдийн хүчээр чинээлэг болж, амжилтанд хүрсэн хүмүүст энэ үгийг хэлж болох юм.

Become well-known by knowledge
Not through lineage

This means that people can become famous on their own and not just because of their parents. It might be used to speak about people who made a name for themselves and did not come from a wealthy family.

#964   —*regularly used*

Уйлах хүүхдийн хошного
Урд өдрөөсөө умалзах

Дуулгаваргүй хүүхдэд ийнхүү хэлж болно. Хэрвээ дуулгаваргүй байдлаа зогсоохгүй бол шийтгүүлнэ шүү гэсэн утгаар эцэг эх нь энэ үгийг хэлдэг.

The anus of a child who will cry tomorrow
Is pouting today

This might be used when a child is behaving disobediently. It is a warning from the parent that if the child does not stop what he is doing he will be spanked.

#965   —*regularly used*

Уйлсаар уйлсаар хүн болдог
Майлсаар майлсаар мал болдог

Зарим хүн хүүхэд уйлахад ямар нэг юм болчихсон юм биш байгаа гэж их айдаг. Хурга ишиг майлдаг шиг хүүхэд уйлах нь энгийн зүйл юм. Хүнд бэрхийг туулж байж хүмүүс илүү хүчирхэгждэг. Амьдралдаа хүнд хэцүү цаг үеийг туулж байгаа хүмүүст энэ үгийг хэлж болдог.

Babies become adults continually crying
Baby goats grow up continually bleating

Some people get nervous when a baby cries because they worry about what might be wrong. But babies' crying is normal just as baby goats bleating is normal. People get stronger when they go through hardships. This might be used when referring to people who are going through some of the normal difficulties of life.

#966   —*regularly used*

Улааныг <u>үзэж</u> (харж) урваж
Шарыг <u>үзэж</u> (харж) шарвах

Энэ зүйр үг 1921 онд Монголын арми (улаан тугтай) манж хятадууд болон Буддын лам нартай (шар тугтай) тулалдсанаас эхтэй ажээ. Дайны хөлд үрэгдэхийг хүсээгүй ард түмэн улаан

You see red and side with it
You see yellow and waver

The source of this proverb is back around 1921 when the army of Mongolia (red flag) was fighting against the Chinese and the Buddhist monks (wore yellow clothes). Not wanting to be harmed, when people saw

тугийг хараад тэдний, харин лам нарыг хараад тэдний тал болон шарвадаг байжээ. Тэр үеийн лам нар нөхцөл байдлыг өөрсдөдөө ашигтайгаар эргүүлэх гэдэг байжээ. Хүмүүсийн гуйлт биелдэггүй байсан ч лам нар ард иргэдийн мал хуйг залбирал үйлдсэнийхээ төлбөр болгон авдаг байжээ. Ард олон ч энэ бол сайхан амьдралд хүрэх ганц арга хэмээн бодож байв. Хүмүүс мөнгө хэрэгтэй үедээ хятад худалдаачнаас мөнгө зээлдэг байв. Харин зээлээ эргүүлэн төлж чадахгүй бол худалдаачин тэдний мал, гэр орон, охид, хөвгүүдийг өөртөө авдаг байв. Д. Сүхбаатар ард олныг уриалан босч өөрийн армийг бүрдүүлжээ. Ард олныг ноомой, дуулгавартай байлгахын тулд Манж нарын оруулж ирсэн Буддын шашин хятадуудын нэгэн адил ард олныг дарлаж байсан юм. Сүхбаатар зоримог, ухаалаг хүн байсан. Тэрээр өөрийнхөө улс үндэстнийг хайрладаг байсан тул ард олноо чөлөөлсөн. Шийдвэртээ бат байдаггүй хүмүүсийг дүрслэн ийнхүү хэлдэг. Зарим хүн юу ч сонссон түүндээ итгэдэг хүмүүсийн тухай ярихдаа энэ үгийг хэрэглэж магад.

the red flag, they said they liked the army, and when they saw yellow, they said they were on the monks' side. Unlike today, at that time the people saw the *lamas* as trying to take advantage of them. The monks took people's animals for prayers that were never answered favorably. The people thought that was the only way to have a better life. When the people needed money, they borrowed from Chinese businessmen and when they could not repay the loans, the businessmen took their animals, *gers*, daughters, and sometimes sons. Sukhbaatar rallied the people and raised up an army. He was brave and courageous. He loved the nation and he led the nation to independence. This might be used to describe someone who is indecisive. Others might use it to refer to people who believe anything they are told.

#967 —*occasionally used*

Унасан нь хэлтийснээ
Муу хэлэх

Өөрийнхөө бус, бусдын алдааг үргэлж хардаг хүмүүст энэ үгийг хэлдэг.

The person who fell says bad things
about the person who is leaning

This might be used when referring to people who see the faults of others, but not their own.

#968 —*occasionally used*

Ундарч байгаа булаг
Ургаж байгаа цэцэг

Зарим хүн байгаль дэлхийг дүрслэхдээ энэ үгийг хэрэглэдэг. Харин зарим хүн өсөж яваа охины тухай ярихдаа хэрэглэдэг.

Bubbling spring
Growing flower

Some use this to describe nature. Others might use it when referring to a growing girl.

#969 —*occasionally used*

Ураг муудвал удмаа түшдэг
丁ураг муудвал уулаа түшдэг

Нэг дэх мөрөнд гарч байгаа тураг гэдэг үг бол Азийн уулархаг нутагт амьдардаг зэрлэг хонийг хэлдэг. Ядарч зовсон цагт хамаатан саднаа бараадаж, зөвлөгөө,

If the in-laws become bad, a person can
lean on his relatives
If wild sheep become weak, they can lean
on the mountain

The animal referred to in line 2 is a wild Asian mountain sheep that only lives on the

тусламж хүсдэг хүнийг ийнхүү дүрслэн хэлдэг. #929, #1228-г үз.

mountain. They go to the mountain to rest. When we are tired and need help we should go to our relatives. This might be used when advising people who are having trouble with their in-laws. See #929 and #1228.

#970 —frequently used
Ураг төрлийн хол (нь) дээр
Уул усны ойр нь дээр

Ураг төрлийн хол нь дээр
Ус цасны ойр нь дээр

Уул, устайгаа ойр байх нь дээр. Уулын нөмөрт байвал салхи багатай, дулаахан байдаг. Өвөл хүмүүс цас хайлуулж мал сүргээ усалж, өөрсдөө уудаг. Хүмүүс төрөл төрөгсдийн хооронд асуудал үүсэх вий хэмээн эмээдэг. Хамаатнууд ойр байвал бие биеэ шүүмжилдэг. Мөн хамаатнуудтайгаа ойр байвал маргахад амархан байдаг тул хол байхыг хүсдэг. Хамаатнуудтайгаа асуудалтай байвал энэ үгийг хэлдэг.

Being far is better for relatives
Being close is better for mountain and water

It is better to have relatives far from each other
It is better for water and snow to be close

It is understood that being close to water and the mountains is good. The mountain is warmer and less windy. In the winter people melt snow for water for themselves and their livestock. People like to avoid problems with relatives. If relatives are near, they typically judge our behaviour. Or, sometimes people easily argue with relatives so they want them far away, but in times of trouble they want them close. This might be said when people are having problems with their relatives.

#971 —occasionally used
Ураг урагтаа хүнд
Ургаа мод газартаа хүнд

Мод ургаж том болохоороо газрын хувьд хүнд байдаг шиг эхийнхээ гэдсэнд өсөж том болж буй хүүхэд эхдээ хүнд санагддаг. Энэ харьцуулалтыг үргэлж тусламж хэрэгтэй байдаг хамаатны талаар ярихдаа хэрэглэдэг. Монголд олон хүний хамаатнууд ажил төрөл, мөнгө төгрөг байхгүй учир үргэлж тусламж гуйж байдаг. Мөнгө төгрөгтэй, мал хуйтай айлд хамаатнууд нь очиж байнга тусламж гуйхад энэ үгийг хэлдэг.

A baby in her womb (Relative) is heavy for the mother (relative)
A growing tree is heavy for the ground

Just as the tree gets bigger and heavier for the ground, carrying a child as it grows in her womb becomes heavy for an expectant mother. These images are used as a comparison to relatives who always need help. Many in Mongolia have relatives who do not have work or money and are always in need of help. This might be used when a person has money and animals and their relatives always come to them for support.

#972 —regularly used
Урагшаа гишгэхдээ ургаа хад
Ууж идэхдээ уургын морь

Гишгэхдээ ургаа хад гэдэг нь хөдөлдөггүй гэсэн утгатай. Залхуу хүнийг ингэж хэлдэг. Ажил хийдэггүй атлаа идэхдээ хурдан шалмаг хөдөлдөг хүнийг ийнхүү дүрсэлдэг.

Goes forward like a rock
Eats and drinks like a fast horse

To go forward like a rock means to not move. This person is lazy. This might be used to describe a person who does not work but is quick to eat something.

#973 —regularly used

Урагшгүй ноёнтонд
Ухаангүй албат

Тааруухан захиралд тааруухан ажилчид таардаг гэсэн утгаар хэрэглэж болох юм. #1010-г үз.

To an unsuccessful lord
Unintelligent servants

This might be said about a boss who is bad. Therefore, his workers are also typically bad. See #1010.

#974 —occasionally used

Уран хүн ирвэл учиг нэмнэ
Улцан хүн ирвэл нулимс нэмнэ

Улцан хүн гэдэг нь их уйлсан хүн гэсэн утгатай. Хоёр дахь мөрөнд гарч буй үг өөрийнхөө зан чанараас болж асуудалд орсон, үүндээ гомдоллож ямар ч тус нэмэр болдоггүй хүнийг илэрхийлж байна. Нөгөө талаар нэг дэх мөрөнд аливаад тустай хүнийг илэрхийлж байна. Хэн нэгэн хүн ирээд ярихыг хүссэн ч тэр хүн ирээд ярихаараа өөрөөсөө болсон асуудлын талаар гомдоллон ярихаас хэтрэхгүй тийм үед та энэ үгийг хэлж болох юм.

If a seamstress comes there will be help with sewing
If a person with puffy eyes comes there will be tears

Puffy eyes mean the person has been crying a lot. The context is that the person in the second line is one who has problems because of his own behavior and therefore he will only complain and not add anything. On the other hand, the first line refers to one who will add something good. This might be used when referring to people who want to talk but you know when they come they will only complain about the consequences of their own behavior.

#975 —occasionally used

Урантай утас бүү булаалд
Ухаантантай үг бүү булаалд

Гаднын хүнд аливаа мэргэжилтний хийж буй ажил хөнгөн ажил мэт санагддаг. Аливаа нэг зүйлийн талаар өөрөөс илүү сайн мэддэг хүнтэй маргалдах хэрэггүйг сануулан энэ үгийг хэлж болно.

Do not haggle with a seamstress about a thread
Do not haggle with the wise about a word

For the one watching an expert, the work looks easy so the observer makes suggestions. This might be used to caution people to not argue with someone who knows more than they do about a subject.

#976 —occasionally used

Ургамлын сүр цэцэгтээ
Улсын сүр цэргэгтээ

Аливаа улс орны цэргийн хүчийг сайшаан энэ үгийг хэлж болох юм.

The glamour of the plant is in its flower
The glamour of a country is in its army

This might be used when complimenting a nation's military.

#977 —occasionally used

Урдаас ирээд
Уул минийх гэх
Уургыг нь бариад
Адуу минийх гэх

Бүх зүйлийг өөртөө өмчлөх гэдэг шунахай хүнийг энэ үгээр дүрсэлж болох юм.

Comes from the south
And says the mountain is mine
Holds a lasso pole
And says the horse is mine

This might be used to refer to an arrogant person who thinks everything belongs to him.

#978 —regularly used

Урдуураа
Улаан хөлтнийг гишгүүлэхгүй

Улаан хөлт гэдэг нь бусадтай маргалдаж, тэднийг дорд үзэж, өөрийгөө өргөмжилдөг хүнийг хэлдэг. Мөн эмэгтэйчүүдийг хүчирхийлдэг хүнийг ч хэлдэг. Ийм хүн махан биеийн хүсэл тачаалд хөтлөгддөг. Үргэлж ялж, бусдаас дээгүүр байхыг хүсдэг хүмүүсийг ч бас илэрхийлдэг. Өөртэй нь ижил төрлийн хүн ч маргалдаад дийлэхээргүй тийм хүн юм. Мөн маш хурдан давхидаг морь, тэмээ, хүн эсвэл мал амьтныг ч ингэж хэлж болно.

Does not let red-legged person step in front of him

A red-legged person is someone who likes to argue, put others down and end up on top. He does not let others get ahead of him. Also he is promiscuous. He avidly pursues physical pleasure. This proverb describes people who always like to win and be higher than others. They are so determined that even another person who is the same way cannot win an argument with them. It might also be used to describe a very fast horse, person, camel, or other living being.

#979 —frequently used

Урмы (урмыг) нь хугалахаар
Ууцы (ууцыг) нь хугал

Бид бие биеэ урамшуулах хэрэгтэйг сануулан энэ үгийг хэлдэг.

Break the back bone
Rather than enthusiasm

This might be used to remind us that we need to encourage each other.

#980 —occasionally used

Урт мөрөн нугалаа олонтой
Ухаантай (Уран) хүн арга олонтой

Урт мөрөн нугалаа олонтой байдгийн адил ухаантай хүн олон зүйлийг сурсан учир маш их зүйлийг хийж чаддаг. Аль нэг арга зам нь болохгүй бол өөр арга замыг ч хайдаг. Мэдлэг боловсролын үнэ цэнэ, чухлыг онцлон энэ үгийг хэлдэг.

A long river has many bends
A wise (skillful) person has many ways

Just as a long river has many turns, smart (wise) people have many things they can do because they have learned many good ways. When one way does not work, they know others to try. This might be used when teaching the importance and value of knowledge.

#981 — *regularly used*

Урт хормой хөл ороono
Урт хошуу хүзүү ороono

Урт хошуу хүзүү ороono
Урт хормой хөл ороono

Урт хэл хүзүү ороono
Урт хормой хөл ороono

Урт хормой хөл ороoж хүнийг унагадаг шиг хов жив ярьсан хүн хов живэндээ ороогддог. Хов жив ярих аюултайг хүмүүст анхааруулахын тулд энэ үгийг хэрэглэж болно.

A long garment will wrap around the legs
Long lips will wrap around the neck

Long lips will tangle around the neck
The long lower part of a *deel* will tangle around the legs

A long tongue will wrap around your neck
A long coat will wrap around your legs

Just as a long garment will wrap around our legs and cause us to fall, gossip will bring harm to the gossiper. These might be used to warn people of the dangers of gossiping.

#982 — *regularly used*

Уруудах хүний унтах мартах нь их
Урагшлах хүний санах сэдэх нь их

Эхний мөрөнд гарч буй юу хийхээ мэдэхгүй байгаа хүн ба хоёр дахь мөрөнд буй идэвхтэй хүн хоёрыг харьцуулан хэлжээ. Идэвхгүй хүнийг энэ үгээр дүрслэн хэлж болох юм.

The person who deteriorates, sleeps and often forgets
The person who improves, ponders and often initiates

This states the comparison between the one who does not know what to do (first line) and the one who is active (second line). This might be used when referring to someone who is not active.

#983 — *often used*

Уруудахад буруудах

Хүний амьдрал уруудан доройтох үед хүмүүс тэднийг сайн сайхан амьдарч байгаагүй юм шиг шүүмжлэх үед энэ үгийг хэлдэг. Хэн нэг хүний амьдрал сайнгүй байх үед хүмүүс өргөж, тусалж дэмжихийн оронд шүүмжлэн буруутгах үед шүүмжлүүлсэн хүн эсвэл гуравдагч этгээд энэ үгийг хэлдэг.

Failure comes with pressure

This says that when life is not going well, others will criticize you in ways they would not if your life was going well. This might be said when referring to yourself or to someone else whose life is not going well and others are increasingly critical instead of trying to uplift and encourage.

#984 — *regularly used*

Урьд гарсан чихнээс
Хойно ургасан эвэр (дээр)

Урьд гарсан чихнээс
Хойно гарсан эвэр урт болох

Мал амьтан төрөхдөө чихтэй төрдөг. Тэднийг өсөж том болоход эвэр ургадаг. Энэ зүйр үгэнд эвэр нь залуу үеийнх-

The horn that grew later is better than
The ear that came out first

Later grown horn is better than
Ear that came first

When animals are born you can see their ears. As they grow and mature, horns will develop. In this proverb, the horn repre-

нийг, харин чих ахмад үеийнхнийг төлөөлж байна. Чих шиг ахмад үеийнхэн урт удаан амьдарч, арвин туршлага хуримтлуулжээ. Гэвч дараа нь гарч ирсэн залуу илүү их мэдлэгтэй, илүү их техниктэй харилцдаг тул эцэг эх, өвөг дээдсээсээ их зүйлийг амжуулдаг. Энэ үгийг алдаа хийсэн ч алдаагаа ухамсарлан хийхээ больсон залуусын талаар өгүүлэхдээ хэрэглэж болно. Багшаасаа илүү гарсан оюутнуудыг ч гэсэн мөн энэ үгээр илэрхийлж болох юм. #942-г үз.

sents the younger generation and the ear represents the older generation. The ear, like the older generation, has been out longer so it has more experience. But the younger generation that is born later has more knowledge and more technology and so is better and excels beyond their parents and grandparents. Some people might use them when speaking about the younger generation or, when people make a mistake but now they understand their mistake and learn and stop their bad habits. Others might use it to refer to students who have become greater than their teacher. See #942.

#985 —often used

Урьдын юм ул болж
Хожмын юм зул болох

Ул болох гэдэг нь огт хэрэглэгдэхээ болих гэсэн утгатай. Зул болох гэдэг нь ирээдүйд хэрэглэгдэнэ гэсэн утгатай. Хоёр дахь мөр тогтмол хэрэглэгддэггүй. Хүмүүс цөгцөнд зулын голыг олсоор хийсний дараа шар тосоор дүүргэн царцааж зул хийдэг. Энэ үгийг лам нар ганданд их хэрэглэдэг. Хүн нас барснаас хойш 49 өдрийн дараа амрах газар уруугаа явахад зул асаавал явах замаа сайн хардаг гэж тэд үздэг учир зул асаадаг байна. Гэртээ нэгийг асаадаг бол Буддын сүм дуганд олон тооны зул асаадаг. Тог цахилгаан байгаагүй үед зул гэрэлтүүлэх үүрэгтэй байсан. Гэрлээс гадна шүтээнд өргөдөг тахилтай ижил байжээ. Өмнө нь хэрэгтэй байсан ч цаашид хэрэггүй болсон зүйлсийг энэ үгээр илэрхийлдэг.

Things from before become tracks
Things that will come become lamps

Things becoming tracks means they are no longer used. Things becoming lamps means they will be used in the future. The second line is not common. This lamp is a brass cup or a stand where people take cotton and make a wick and then fill the cup with yellow butter. It is the candle used by *lamas*. Within 49 days after someone dies he should have found his resting place, so often the family burns these candles so the soul can see its way. They burn one at home but there are many in the Buddhist temples. When there was no electricity these were the only form of light. Besides light, it was an offering to the spirits. This can be used when referring to things that were useful earlier but now they are not.

#986 —regularly used

Урьтаж дуугарсан
Хөхөөний ам хөлдөнө

Хөхөө шувуу ер нь өглөө хамгийн түрүүнд дуугардаг. Хэн нэг хүн бусдаас түрүүлж дуугарснаасаа болоод асуудалд орох үед энэ үгийг хэлдэг. Эсвэл өөрийнхөө ээлжийг хүлээлгүйгээр бусдын өмнүүр дайрч юм ярьдаг хүмүүсийг илэрхийлж болно. Энэ бол зөрүүд муу зан чанарыг илтгэдэг. Тэд бусдаас түрүүлж ярихыг үргэлж хүсэх аж. #941-г үз.

The cuckoo bird that tweeted first will freeze his mouth

The cuckoo bird is usually the first to tweet in the morning. This might be used to refer to a situation when someone has said something before others and gotten into trouble. Or, it might be used for a person who does not wait his turn when people are speaking and he interrupts others. This is rude and shows bad character. This person always wants to be the first to speak. See #941.

#987 —occasionally used

Ус зөөлөн ч чулууг идэх
Улс тайван ч хааныг халах

Бүх зүйл энгийн харагдаж байгаа ч ард олонд улс орныхоо удирдагчийг зайлуулах эрх мэдэл байдгийг энд харуулжээ. Хүмүүс удирдлагаа солихыг хүссэн үедээ энэ үгийг хэлдэг.

Although water is soft, it eats stone
Although country is peaceful, it dismisses the king

This states that the people have the right to remove those leading their country even if everything apprears fine. This might be used when people want a change in leadership.

#988 —occasionally used

Усаар бохирыг ариутгана
Сургаалаар хүнийг ариутгана

Усаар бүхнийг цэвэрлэдэг шиг эрдэм мэдлэг хүний зан чанарыг муугаас сайн болгон өөрчилдөг. Муу зан чанартай хүнд хэрхэн туслах талаар зөвлөж энэ үгийг хэлдэг.

Purify dirt with water
Purify a person with teaching

Just as we clean dirty things with water, knowledge can change a person's character from bad to good. This might be used when advising someone about how to help someone with a bad character.

#989 —occasionally used

Усаараа уях

Хашаандаа худагтай болловч бусадтай хуваалцалгүй ганцаараа хэрэглэдэг хүнийг ийнхүү хэлдэг. Мөн ирсэн зочиддоо зөвхөн цай өгдөг хүнийг хэлдэг. Зочин ирэхэд гэрийн эзэгтэй дайлах ёстой. Зөвхөн цай уулгаад яриад байдаг хүмүүсийг энэ зүйр үгэнд дүрсэлжээ. Тэд удаан ярих тусам зочиндоо илүү их цай аягалан өгдөг байна.

To tie with water

This might be used to refer to a person who has a well but instead of sharing, he keeps others from getting water from it. Or, it might also be used to refer to someone giving guests tea. When visitors come, a host should put out tea for the guest. This proverb refers to people who like to give tea and then have a nice converstion. As they continue to talk, the host keeps giving more and more tea.

#990 —often used

Усан далай булгаас <u>ихтэй</u> (эхтэй)
Ухаан далай номоос <u>ихтэй</u> (эхтэй)

Жижигхэн гол горхи урсан далайг бий болгодог шиг бага багаар ном уншиж байж их эрдэм мэдлэгтэй болдог. Унших нь хичнээн чухал болохыг хүнд ойлгуулан ятгаж энэ үгийг хэлдэг.

The ocean starts from a spring
Learning starts from books

Just as from small springs of water, an ocean comes into existence, a large amount of knowledge will eventually come from small amounts of reading. This can be used when trying to persuade someone of the importance of reading.

#991 —regularly used

Усанд хаясан чулуу мэт
Элсэнд асгасан ус мэт

Чулуу ус хоёрын аль алиныг нь буцаан гаргаж авах боломжгүй. Тэд аль аль

Like the stone thrown into water
Like water poured into sand

Both the stone and the poured water cannot be retrieved. In a way, they have disap-

нь алга болдог. Хаа нэгтээ яваад олон жилийн турш чимээ анир өгөлгүй алга болсон хүнийг ийнхүү дүрсэлдэг.

peared. This might be used when referring to someone who has gone away and has not been seen or heard from for a long time.

#992 —regularly used
Усны дусал мэт адил

Эмэгтэй хүн хоёр ихэр төрүүлсний дараа, эсвэл хүүхдүүд нь эцэг, эх, өвөг дээдсээ дуурайсан байвал энэ зүйр үгийг хэлдэг.

The same as drops of water

This might be said when a woman has twins or when children are showing their parents' or ancestors' character.

#993 —often used
Усны эх булаг
Ургийн ах нагац

Усны эх нь булаг байдаг шиг өөрийнхөө түүхийг мэдэх хамгийн сайн эх сурвалж бол ээжийн төрлийн хамаатан садангууд байдаг. Яг энэ утгаараа тогтмол хэрэглэгддэггүй.

The beginning of a spring is water
Brother of a generation is the maternal uncle

Just as the source of water is a spring, the best source of our knowledge about our history is our mother's relatives. This is not said as much as it is understood.

#994 —frequently used
Усы (усыг) нь уувал
Ёсы (ёсыг) нь дага (дагана)

Энэ үг бол харийн хүмүүст зориулсан үг. Хэрэв тэд өөр улсад амьдарч байгаа бол тухайн орон нутгийнх нь хууль тогтоол, ёс заншлыг дагах хэрэгтэй гэсэн үг.

If you drink the water
You need to follow the traditions

This might be used for foreigners to remind them that if they are living in another culture, they need to respect the local customs and traditions.

#995 —often used
Утгагүй яриа цагийн гарз
Урагшгүй хүн ажлын садаа

Хоёр дахь мөрөнд байгаа урагшгүй гэдэг бол ухаалаг бус гэсэн утгатай. Энэ хоёр мөр хоёулаа үнэнийг өгүүлжээ. Утгагүй яриа сонсож буй хүнд цагийн гарз байдаг шиг ухаалаг бус хүн ажлын явцыг удаашруулдаг. Ажилдаа удаан ухаалаг бус, эсвэл дадлагажаагүй хүнийг илэрхийлж энэ зүйр үгийг хэлдэг.

Meaningless speech is a waste of time
A slow person is a stumbling block to work

Slow in the second line means someone who is not very bright. These two lines state two things that are true. Just as useless words are a waste of time for the listener, an unintelligent worker hinders progress. This might be used when referring to an unintelligent or unskillful worker who is slowing the work.

#996 —frequently used
Ууж идэхдээ уургын морь
Урагшаа гишгэхдээ ургаа хад

Ажил хийхдээ удаан, ууж идэхдээ хурдан залхуу хүнийг энэ үгээр хэлж болох юм.

In eating and drinking, like a fast horse catching other horses
In stepping forward, like an immovable rock

This might be used to describe a lazy person who is quick to eat but slow to work.

#997 — *occasionally used*

Ууж нь муу боловч
Уг нь муугүй

Ууж гэдэг бол эмэгтэй хүн дээлнийхээ гадуур өмсдөг урт хүрмийг хэлдэг. Үүнд эхнэр үс ч ордог. Энэ нь гадуур өмсдөг хувцас учир дотуур өмссөн дээлнээс илүү амархан хиртдэг байжээ. Гадна тал нь их хиртэй, хуучирч муудсан харагддаг ч дотор тал нь шинэхэн байдаг. Гадна талдаа харагдаж байгаагаасаа дотор тал нь сайн ч бай, муу ч бай өөр харагдаж байгаа тохиолдолд энэ үгийг хэлдэг. Мөн хэдийгээр хувцасны хийц нь муу ч гэсэн материал нь сайн байвал ингэж хэлдэг. Хувцас муутай, ядуу боловч сайхан зан аальтай хүмүүсийг энэ үгээр илэрхийлэн хэлж болдог.

Even if *uuj* is bad
The original material is not bad

The *uuj* is the long coat worn over the wife's traditional *deel*. It includes the hat with wings. It gets dirty easier than the *deel* underneath because it's an outside layer. The outside layer might look very dirty and worn out, but the *deel* underneath is fine. Some people might use it to describe the person who looks one way on the outside but may not be the same, better or worse, on the inside. Others understand it to mean that even though the workmanship of the clothing is bad, the material is not bad. These people might use it about clothes or an uneducated poor person who is nice.

#998 — *frequently used*

Уул морийг зовоох
Уур биеийг зовоох

Өндөр уул морийг зовоодог шиг удаан хугацаагаар ууртай байвал бие зовдог. Уурласан хэвээр байгаа хүнд уурлах нь аюултайг анхааруулан энэ зүйр үгийг хэлж болно. #1007-г үз.

A mountain makes a horse suffer
Anger makes the body suffer

Just as climbing a mountain is hard on a horse, over time holding onto anger will be hard on our bodies. This might be used as a warning of the dangers to a person who holds onto anger. See #1008.

#999 — *regularly used*

Уул үзээгүй хормой шуух
Ус үзээгүй гутал тайлах

Гол дээр хараахан ирээгүй байтлаа гутлаа тайлж, ууланд арай хүрээгүй байж дээлийнхээ хормойг шуудаг хүмүүсийн тухай энд өгүүлжээ. Ямар нэг юмыг төлөвлөөд түүнийхээ үр дүнгийн талаар аль хэдийнэ үр дүн нь гарсан мэт үргэлж ярьж явдаг хүмүүсийг дүрслэхийн тулд энэ зүйр үгийг ашигладаг.

Hold up your *deel* without seeing the mountain
Take off your boots without seeing the river

These people take off their boots to cross the water even though they are not there yet and pull up the lower part of their *deels* in order to climb a mountain even though they are not there yet. This might be used to refer to people who are planning something and they get so carried away with their ideas and what the results will be that they talk about the results as though they are already accomplished.

#1000 —often used
Уулыг өндөр гэж бүү няц,
явбал давна
Ажлыг их гэж бүү шантар,
хийвэл дуусна

Do not retreat from a tall mountain
If you keep going you will overcome
Do not give up on a big job
If you keep doing it you will finish

Хүмүүсийг эхэлсэн зүйлсээ дуусгаж, мө-рөөдлөө биелүүл хэмээн зоригжуулахад энэхүү зүйр үгийг хэлдэг.

This might be used to encourage people to complete what they started or to fulfill their dreams.

#1001 —frequently used
Уулыг цас дарна
Эрийг нас дарна

A mountain is covered by snow
A man is covered with age

Энэ үг ялангуяа эрчүүдийг талаар өгүүлжээ. Хичнээн сайн эр хүн байсан ч бүгд л өтөлдөг. Энэ бол байгалийн жам. #1380-г үз.

This refers specifically to men. No matter how good a man is, everyone gets old. It is natural. See #1380.

#1002 —occasionally used
Уулын буга ч үгүй
Унасан бух ч үгүй

Not even a mountain deer
Not even a ridden bull

Бүтэлгүйтсэн, эсвэл юу ч үгүй хоцорсон хүнийг ийнхүү дүрсэлж болох юм.

This might be used to describe someone who is unsuccessful and has nothing.

#1003 —often used
Уулын бугыг үзээд
Унасан бухаа хаях

Leave your bull
When you see a mountain deer

Илүү сайн гэсэн зүйлийн төлөө өөр-төө байгаа зүйлийг орхин явдаг хүнийг ийнхүү дүрсэлдэг. Залуу эмэгтэйн төлөө эхнэрээ орхиж буй нөхөр, эсвэл дараа-гийнх нь хүн илүү төлөх юун магад гээд эхний хүнийг өнгөрөн явдаг таксины жолоочийг ч энэ үгээр илэрхийлж болдог.

This might be used to describe someone who leaves what he already has to go after something that looks better. It could be a husband leaving his wife for a younger woman or a taxi driver going past one person to another because the second one looks like it will be a better fare.

#1004 —regularly used
Уулын мод урттай богинотой
Улс амьтан сайнтай муутай

Mountain trees are tall and short
People are good and bad

Уулын мод янз бүрийн хэлбэр хэмжээ-тэй байдаг шиг энэ дэлхий дээр олон төрлийн хүмүүс байдгийг ийнхүү са-нуулдаг. #12, #127, #686, #702-г үз.

This might be used as a reminder that just as there are different size trees in the forest, there are different kinds of people in the world. See #12, #127, #686 and #702.

#1005   —*often used*
Уулын чинээ алтнаас
Утсан чинээ амь илүү

Эд хөрөнгөнөөс амь нас илүү чухал юм. Хүний амь ямар их үнэ цэнэтэй болохыг энэ үгээр сануулж болно.

Life as narrow as a thread,
Is more than gold piled as big as a mountain

Life is more valuable than wealth. This might be used as a reminder of just how precious life is.

#1006   —*often used*
Уулын чинээ харыг
Туулайн чинээ цагаан дийлнэ

Эхний мөрөнд хүний зөв, сайн зүйл хэр бага хэмжээтэй байдгийг, хоёр дахь мөрөнд хүний алдаа, худал хуурмаг байдал ямар их болохыг дүрсэлжээ. Энэ үгээр дахин дахин алдаа хийсээр байдаг хүн дараа нь өчүүхэн боловч сайн зүйлийг хийж буйг дүрсэлж болно. Бага багаар харанхуйг ялан дийлсээр өөрчлөлтийг авчирч болно. Найдвар хэзээд байдаг.

The white as little as a rabbit will defeat
The black as big as a mountain

The first line refers to the measure of a person's true and good things and it is small. The second line refers to the measure of a person's mistakes or lies and it is big. It might be used to refer to a person who has made too many mistakes repeatedly, but then does one small thing that is right. By overcoming darkness a little at a time, we can change. We can see hope.

#1007   —*frequently used*
Уур биеийг зовооно
Уул морийг зовооно

Өндөр уул морийг зовоодог шиг удаан хугацаагаар ууртай байвал бие зовдог. Уур хилэнгийн хор хөнөөлийг сануулж уурласан хүнд энэ зүйр үгийг хэлж болно. #998-г үз.

Anger strains the body
A mountain strains the horse

Just as climbing a mountain is hard on a horse, over time holding onto anger will be hard on our bodies. This might be used as a warning of the dangers to a person who holds onto anger. See #998.

#1008   —*occasionally used*
Уургач морио
Удаан битгий уна
Учирсан нөхөртөө
Уйдах үг битгий хэл

Заримдаа нэг, хоёр дахь мөрийг нэг мөр, гурав, дөрөв дэх мөрийг нэг мөр болгож хэрэглэдэг. Нэг дэх мөрөнд (бараг зууд нэг тохиолдох) уургач морины тухай өгүүлж байна. Ийм тустай морийг гамтай унах хэрэгтэй. Найз нөхөд ч гэсэн чухал учир харилцаагаа сайн хадгалж, сайн найз нь байж чаддаг байх хэрэгтэй. Хэрэв тэд нартаа уйдах үг хэлбэл найз нөхөд маань биднийг сонсоход үнэхээр бэрх байх болно. Найз нөхдөдөө хэлэх үгийг нь зааж зөвлөн энэ үгийг хэлж болох юм.

The horse that is used to catch other horses
Do not ride that horse too long
To the friend you met
Do not say boring words

Sometimes lines 1 and 2 are combined into one line and 3 and 4 into one line. The first line refers to a type of horse (usually only one in a hundred) that is very valuable because it can catch other horses. Because of this we take very good care of it. Our friends are also valuable and we should take care of our relationships and be good to our friends. If we speak boring words to them it will be difficult for our friends to listen to us. This might be used when advising people about what they are saying to their friends.

#1009 —occasionally used

Уурын мунхаг
Өөдлөхийн дайсан

Уур хилэн өөрсдийг нь эцэст нь хөнөөх учир хүмүүст уур хилэнгээ тогтоон барихыг анхааруулан энэхүү зүйр үгийг хэрэглэнэ.

Stupid anger
Is the enemy to prosperity

This might be used for people who are holding onto anger as a warning their anger will eventually hurt them.

#1010 —regularly used

Ухаангүй ноёнд
Урагшгүй албат

Ажилчдынх нь хэлж ярьж буйг анзаарсан гадны хүн боссыг нь ухаан муутай болохыг энэ үгээр хэлж болно. Эсвэл босс өөрийгөө шоолон ингэж хэлж болох юм. Зарим хүн ажилчид эсвэл хүүхдүүд хичээнгүйлэн ажиллахгүй байхад энэ үгийг хэрэглэдэг. #973-г үз.

An unintelligent master
Has unsuccessful slaves

This might be used by a 3rd person who after observing workers says this joking that the boss must not be intelligent. Or, sometimes a boss will say this laughing at himself. Others might use it when referring to workers or children who do not work hard. See #973.

#1011 —often used

Ухаанд нь ухна ишиг үхсэн
Санаанд нь сарлаг үхэр хэвтсэн

Эхний мөрөнд гарч буй амьтан бол маш хурдан, хөдөлгөөнтэй амьтан. Гэвч үхсэн бол огт хөдөлхгүй. Хоёр дахь мөрөнд гарч буй амьтан бол хэвтсэн бол босдоггүй зөрүүд сарлаг юм. Энэ хоёр мөр хоёулаа ухаалаг бус, удаан боддог хүмүүсийг илэрхийлдэг. Хөдөлдөггүй ямаа, эсвэл босдоггүй сарлаг шиг оюун ухаантай хүмүүсийг энэ үгээр илэрхийлдэг.

In your mind, a male goat died
In your thoughts, a yak is lying down

The animal in line 1 is very fast and active. But if it is dead it is not moving. The animal in line 2 is a stubborn animal who once it lies down is very hard to get up. Both lines refer to the minds of slower thinkers, people who are not clever. This might be used when referring to people whose minds are like dead goats or stubborn yaks that refuse to get up and move.

#1012 —occasionally used

Ухаант хүний үр
Сүүт гүүний унага

Хоёр дахь мөрөнд сүү ихтэй гүүний талаар өгүүлж байна. Унага өсөж том болоход гүүний сүү хамгаас хэрэгтэй. Хамгийн сайн гэснээ унагандаа өгч байгаа нь тэр. Үүний нэгэн адил хүүхдийг өсөхөд эцэг эхийнх нь сайн зан чанар их чухал үүрэгтэй. Сайн хүнийг, эсвэл сайн хүний хүүхдийг хараад ингэж хэлж болох юм. #815-г үз.

The child of a wise man
A milky mare's colt

Line 2 means the mare has a lot of milk. Mare's milk is needed for the colt to grow. She gives good things to the colt. In the same way, good character in the parent is needed for children to grow in the right way. This might be said when we see a good person or the child of a good person. See #815.

Mongolian Proverbs

#1013 —*occasionally used*
Ухаантай хүнийг үгээр
Ууртай хүнийг эвээр

Deal with a wise man with words
Deal with an angry person with peace

Ухаантай хүнд үг хэлэхэд хүлээж авдаг бол ууртай хүн тэгдэггүй. Ууртай хүнтэй хэрхэн харилцах ёстойг зөвлөн энэ үгийг хэлж болно. Буруутгах биш, харин тайван байх хэрэгтэй.

A wise man will learn when given good words, but an angry man will not. This might be used when advising someone on how to deal with an angry person. You need calmness, not accusations.

#1014 —*occasionally used*
Ухааныг нь олбол учиргүй юм
    байдаггүй
Учрыг нь хайвал болохгүй юм
    байдаггүй

If you find a solution, nothing is without
    meaning
If you look for a reason, nothing is
    impossible

Бүх зүйлд утга учир байдаг. Хэрэв бид яагаад зарим нэг зүйл тохиолдсоныг мэдвэл гарах арга замаа олдог. Тиймээс хүмүүс лам дээр очиж өөрт тохиолдсон зүйлийн талаар асуудаг. Ямар ч учир шалтгаангүйгээр надад ийм зүйл тохиолдлоо гэж хэлдэг хүмүүст энэ үгийг хэлдэг.

Everything has a meaning. Once we know why something has happened we can find a way out. It is common for people to go to a *lama* to find out why something has happened. This might be used when people are thinking that something happened for no reason.

#1015 —*occasionally used*
Ухнанд явсан хүү
Ямаа ишиглэсэн хойно ирэв

The boy who went to catch a male goat
Comes back after the female goat has
    given birth

Ямар нэг юм хийх гэж хэт их уддаг хүмүүст энэ үгийг хэлдэг.

This might be used to describe a person who takes too long to do something.

#1016 —*occasionally used*
Учир мэдэхгүй хүнд
Үг хайран

Words said to person without
    understanding
Will be wasted

Хэрэв хүн алдаанаасаа суралцахыг хүсэхгүй байвал тэр хүнд юм заана гэдэг бол цагийн гарз. Сонсохыг хүсэхгүй байгаа хүнд юм заах хэрэггүйг зөвлөн энэ үгийг хэлдэг.

If someone is unwilling to learn from his mistakes, trying to teach him is a waste of time. This might be used when advising someone to not try to give advice to one who will not listen.

#1017 —*often used*
Учирсны эцэст хагацах
Төрсний эцэст үхэх

Be separated after meeting
Be dead after being born

Энэхүү монгол зүйр үгэнд үхлийн талаар өгүүлж байна. Нэг дэх мөр хань ижлийн эсвэл сайн нөхдийн хайр биднийг үхлээс зайлуулж чадахгүй боло-

The words used in the Mongolian indicate that death is being spoken about. Line 1 says that even a spouse's or a best friend's love cannot keep us from dying. Line 2

хыг хэлж байна. Хоёр дахь мөр бид дөнгөж төрсөн, эсвэл залуу хүмүүс байсан ч хэзээ нэгэн цагт үхэх нь гарцаагүйг өгүүлжээ. Хүн амьдарсны эцэст үхдэг тухай сануулан энэ үгийг хэлдэг.

says that even though we are born and are young, that will not prevent us from later dying. This might be used as a reminder that we all live and then eventually die.

#1018 —often used
Учрыг нь олж хужрыг нь тунгаах
Мөнийг нь олж мөчийг нь тоолох

Хужрыг тунгаах гэдэг нь үнэнийг олох гэсэн утгатай. Мөчийг нь тоолох гэдэг нь нарийн ширийнийг нь олох гэсэн утгатай. Бүрэн дүүрэн мэдээгүй байхдаа шүүх хэрэггүйг хүмүүст сануулж байна.

Find the meaning and refine the bitter salt
Find the truth and count the extremities

To refine the salt means to get at the truth. To count the extremities means to get all the details. This might be used to caution people to not judge a situation until they know the whole story.

#1019 —occasionally used
Үг алдсанаас
Үхэр алдсан нь дээр

Үхэр алдвал олж болно. Гэвч үг хэлэндээ анхааралтай байхгүй бол хэлсний дараа буцааж болдоггүй. Үг хэлээ захирахын чухлыг энд зааж өгчээ.

A lost cow
Is better than a lost word

If a cow is lost, we can find it. But if we are not careful of our words, we cannot get them back. This might be used when teaching the importance of controlling our words.

#1020 —occasionally used
Үг давтвал улиг
Ном давтвал билиг

Уншсан зүйлээсээ олон зүйл сурах нь ойлгомжтой. Зарим хүн олон үг хэлж хүмүүсийг өөртөө татах гэдэг ч утгагүй зүйл хэлж хүмүүсийг уйдаадаг. Олон юм ярьж, бусдыг шүүмжилдэг хүнийг ийнхүү илэрхийлдэг.

If words are repeated, a nuisance
If books are reviewed, knowledge

It is understood that we can learn from what we read. Some people try to impress others with a lot of words, but without clear sentences they are only boring others. It might be used when someone is nagging or using too many words.

#1021 —occasionally used
Үг дайрав уу
Үйл дайрав уу

Тулгарсан асуудлын талаар ярих үед энэ үгийг хэрэглэж болно. Сонссон хүн энэ талаар зөвхөн ярихыг хүсээ юу, эсвэл шийдвэрлэхийг хүсээ юу гэсэн утгаар энэ зүйр үгийг хэлдэг.

Did words pass?
Did actions pass?

This might be used when we have a problem and talk about it. The listener will say this proverb wanting to know if we want to just talk about this or do we want to do something.

Mongolian Proverbs

#1022 —*occasionally used*
Үг мэдэхгүй хүнд хэлсэн үг
Үнсэнд хаясан сувд хоёр адил

Муу зан чанартай хүнд зөвлөгөө өгөх нь цагийн гарз. Учир нь тэр хүн үгийг чинь хэрэгжүүлэхгүй.

When you tell something to a person who is disobedient
It is the same as when you throw a pearl into ashes

Trying to give good advice to a person with bad character is a waste of time because he will never follow your advice.

#1023 —*occasionally used*
Үг нь зөөлөн
Үйл нь хатуу

Эцэг эхчүүд хатуу зүйлийг зөөлөн үгээр заадж сургадаг. Зөөлөн үгээр хэлж, ярьдаг даруу төлөв хүн боловч яг бодит байдал дээр сайн бөгөөд хатуу зантай хүнийг илэрхийлдэг.

Soft words
Strong actions

Parents can use soft words to teach hard things. It might be used to describe a person who is meek and uses soft words but in reality has a good, strong character.

#1024 —*occasionally used*
Үг нь их
Үйл нь бага

Их ярьдаг атлаа юу ч хийдэггүй хүнийг энэ үгээр дүрслэж болох юм.

Many words
Little actions

This might be used to describe the person who talks a lot but gets nothing accomplished.

#1025 —*regularly used*
Үг олдвол (олдож)
Үхэр холдоно (холдлоо) (холдов)

Хэрэггүй зүйл ярьж цаг үрдэг хүмүүст энэ үгийг хэлдэг. Хэлж ярьсныхаа дараа хэрэгжүүлэхээ мартдаг хүмүүсийг илэрхийлэн ийнхүү хэлж ч болох юм.

If (When) there are many words
The cow will go far away

This might be used for people who waste time by talking about useless things. It might also be used about people who talk too much and then forget important things they were supposed to do.

#1026 —*often used*
Үг сөрвөл хэрүүл болно
Үүл сөрвөл бороо болно (орно)

Салхи урдаас байвал бороо ордог. Хэцүү хүмүүсийг хэзээнээс эхэлж засаж залруулах хэрэгтэйг сануулах үүднээс энэ үгийг хэлж болно. Бусадтай зөвшилцөхийг хүсдэггүй зөрүүд хүнтэй юм ярих гэвэл ихэвчлэн хэрүүл болж төгсдөг.

Opposing words will turn to an argument
Clouds coming from the opposite direction will bring rain

It is understood that clouds coming from different directions will bring rain. This might be used as a caution on when to correct a rebellious person. A stubborn person who is unwilling to agree with others will easily argue if you try to have a discussion.

#1027 —often used
Үг хатуу ч явдалд тустай
Эм (хэдий) гашуун ч биед тустай

Шударга үг заримдаа хүлээн авахад хэцүү байдаг ч хэрэв сонсож хүлээн авбал аюулаас хамгаалдаг. Найз нөхдөдөө үг ба үйлсээрээ үнэнч байхыг зөвлөн энэ үгийг хэлж болно. Гэвч харилцаагаа муутгахгүйн тулд хүмүүс бараг хэлдэггүй. Ихэнх нь хэлэхгүй дуугүй өнгөрөхийг боддог.

Words though hard are helpful for actions
Medicine though sour is helpful for the body

Honest words are sometimes hard to take, but if we listen we will avoid danger. This might be used when advising another about being truthful to a friend about his words or deeds. This is rarely done though because of the fear of breaking the relationship. Most choose to say nothing.

#1028 —occasionally used
Үгийг нь авч мөсийг нь тань

Хүмүүсийн хэлж ярьж байгааг сонсож байж тэднийг илүү сайн таньж мэддэг. Зарим хүн хэн нэгэнтэй цагийг илүү өнгөрөөвөл тухайн хүнээ илүү сайн таньж мэддэг болохыг хэлэхдээ энэ үгийг хэрэглэдэг.

Listen to words and then know character

We can learn what people are like by listening to their words. Some use it referring to the idea that the more time we spend with people, the more we will know their true character.

#1029 —occasionally used
Үгийн ил (үнэн) нь сайхан
Үнэгний улаан нь сайхан

Улаан үнэг сайхан харагддаг гэж ярьдаг. Үүнийг хүмүүсийн хэлдэг үгтэй харьцуулжээ. Асуултаас бултаж, үгээ оновчтой бус тойруу замаар илэрхийлдэг хүнд энэ үгийг зөвлөгөө маягаар хэлдэг. Юу бодож байгаагаа шулуухан хэлэх нь илүү дээр.

A word is good when clear (true)
A fox is nice when red

It is understood that a red fox looks good. This is compared to our words. This might be used to advise the person who is skirting the issue or beating around the bush and not getting to the point. It is better to just say what is on our mind.

#1030 —occasionally used
Үгийн цөөн нь дээр
Үхрийн олон нь дээр

Ам хуурайгүй ярьдаг хүмүүст энэ үгийг хэлж болно.

Words are better when few
Cows better when many

This might be said about someone who talks too much.

#1031 —occasionally used
Үглээ хүний үг, үг биш
Үхрийн жороо, жороо биш

Үхэр хэдий жороо морь шиг жороолвч тэгж чадахгүй нь ойлгомжтой. Үглэж яншдаг хүнийн энэ үгээр дүрсэлдэг.

A nagging person's word is not a word
A cow's ambling is not ambling

It is understood that even though a cow can move relatively quickly, it is not real ambling like what a horse does. This might be used when referring to a person who nags.

Mongolian Proverbs

#1032 —often used
Үгүйртэл өв харам
Үхтэл үр харам

Until impoverished, stingy with inheritance
Until dead, possessive of descendents

Хоёр дахь мөр эцэг эх нь насан турш үр хүүхдүүдийнхээ талаар хэрхэн боддогийг дүрсэлжээ. Үүний адил бүх насаараа эд хөрөнгө цуглуулдаг хүнийг ч бас хэлдэг. Үргэлж юм цуглуулж хадгалдаг хүнийг ийнхүү хэлж болох юм. #1080-г үз.

The second line refers to parents and how they think about their children their whole lives. In the same way, this person holds onto his things his whole life. This might be used for people who are always holding onto and collecting things. See #1080.

#1033 —occasionally used
Үгэнд ижилдвээс цэцэн
Илдэнд ижилдвээс баатар болно

Making friends with good words makes you smart
Making friends with a sword makes you a hero

Цэрэг хүн илд сэлмээрээ сайн дасгал хийсэн бол дайнд орохдоо биеэ хамгаалж чадна. Сурч буй зүйлээ сайн хийж сурахыг урамшуулан энэ үгийг хэлж болдог.

A soldier will be successful when he goes into battle if he has been practicing and training. This might be used to encourage people to practice what they are learning.

#1034 —often used
Үгээ олж хэл,
Үхрээ олж мөөр

Find your word and say
Find your cow and moo

Зөв үг хэрэглэж сурахын чухлыг заахын тулд хэрэглэж болно. Бусдыг гутаасан биш, харин сайн үг хэлж сурах хэрэгтэй.

This might be used to teach the importance of using the right words. We need to speak good words, not just nagging words.

#1035 —often used
Үгээр үхүүлж
Үгээр сэхээнэ

Kill by word
Resuscitate by word

Өөр хоорондоо хэрхэн ярих хэрэгтэйг зөвлөн энэ үгийг хэрэглэж болох юм. Үг хүнийг амьдруулж ч болно, үхүүлж ч болно.

This might be used when advising people on how to talk to another person. Words can give life or take it away.

#1036 —occasionally used
Үгээр хөөцөлдөхөөр
Үхрээ хариул

Instead of being occupied with words
Go herd your cows

Ажиллахаасаа илүү ярьдаг хүмүүст энэ үгийг хэлдэг.

This might be used for people who talk too much instead of working.

#1037 —occasionally used
Үгээр цохихоор
Сүхээр цохь

Hit with an axe
Rather than words

Бие махбодийг нь гэмтээснээс үгээрээ

This might be used as a reminder that harm

зүрх сэтгэлийг нь гэмтээх илүү хохиролтойг дүрсэлжээ.

caused by words is worse than physical harm.

#1038 —regularly used
Үд болтол унтаж
Үер болтол шээх

Унтаж, идэж уухаас (архи биш) өөр юу ч хийдэггүй залхуу хүнийг ийнхүү хэлдэг.

Sleep until noon
Urinate like a flood

This describes a lazy person who only sleeps, sits, eats and drinks (not necessarily alcohol) and does nothing.

#1039 —regularly used
Үд болтол унтаж
Үхрийн дуунаар сэрэх

Үхэр ихэвчлэн үд дунд мөөрдөг. Унтах дуртай, залхуу хүнийг ийнхүү дүрсэлжээ.

Sleep until noon
Wake up by the sound of cows

The sound of the cows is normally heard at noon. This describes the lazy person who likes to sleep.

#1040 —occasionally used
Үд өнгөрвөл наргүй
Үе өнгөрвөл нөхөргүй

Эхний мөр нь цагийг сайн ашиглах хэрэгтэйг анхааруулж байна. Цаг хугацаа биднийг хүлээхгүй. Зарим хүн энэ үгийг ганц бие хүмүүс гэрлэхгүй удвал ганцаар үлддэг тухай анхааруулан хэрэглэдэг. Нөхөр гэдгийг найз гэсэн утгаар хэрэглэж болно. Тиймээс зарим хүн цаг гаргаж найз нөхөдтэй болохгүй бол ганцаар үлдэж магадгүйг ийнхүү анхааруулж хэлдэг.

If noon passes, there is no sun
If time passes, there is no husband

The first line is a caution to use your time well. There is not a lot of it. Some people might use it to warn single people that if they do not get married, they will be alone. The word for husband can also mean friend. So, some people might use it to warn people that if they do not take time to build relationships with others, some day they may be alone.

#1041 —regularly used
Үзсэн нь далай
Үзээгүй нь балай

Аялах гэж буй хүнд энэ үгийг хэлж болно. Тэд эргэж ирэхдээ үзсэн харсан, сурсан зүйлээ бусадтайгаа хуваалцах хэрэгтэй. Явсан ч юм сураагүй хүн бол тэнэг хүн. Шинэ зүйлийг сурах хүсэлтэй хүнд ч хэлж болно. Сурна гэж ярьдаг атлаа сурдаггүй бол мөн л тэнэг хүн. Мөн хүмүүсийг юм хийхгүй байх үед нь хийлгэх гэж энэ үгийг хэлж ч болох юм.

The one who saw is like an ocean
The one who did not see is a fool

This might be used as advice for people who are getting ready to travel. They should return home and tell and explain to people what they saw and learned. The one who goes but does not learn is a fool. It might also be used when people are trying to learn something new. If they just talk about it but never do it, they are fools. It might also be used to try to get people to do something when they are not doing anything.

#1042 —*often used*
Үзээгүй юмаа үзэж
Үстэй толгойгоо зулгаах

Хоёр дахь мөр өмнө нь хэзээ ч тулгарч үзээгүй, бодож байгаагүй сонин хачин зүйлтэй тулгараад үсээ зулгаамаар санагдах үеийг дүрсэлдэг. Гэнэтийн асуудалтай тулгараад хүмүүс ингэж хэлдэг.

Experiencing what you have not experienced
Pull out your hair

Line 2 is an idiomatic phrase for feeling like doing something when we have a crazy, unexpected experience. It might be used when people suddenly have problems they did not expect.

#1043 —*often used*
Үзээгүйгээ (Үзээгүй юмаа) үзэж
Үхэр цамаа харайв (харайх)

Цам гэдэг бол Төвдийн буддын лам нарын өмсдөг шашны бүжгийн хувцас юм. Мэдээж үхэр хэзээ ч шашны бүжиг бүжиглэхгүй учир энэ үгийг хэзээ ч төсөөлж байгаагүй асуудалтай тулгарсан хүмүүс хэлдэг.

Seeing what I have not seen
Will see a cow dance the *tsam*

The *tsam* is a Tibetan masked religious dance performed in Buddhism. Naturally the cow will never perform a religious dance, so this might be said by people who are experiencing a difficult problem they never thought they would have.

#1044 —*occasionally used*
Үйл нь ирсэн оготно
Муурын толгойг маажина

Үйл нь ирсэн хулгана
Муурын сахлаар оролдох

Хулгана муурын толгойг маажина гэдэг бол үхлээ эрж буй хэрэг. Хоёр дахь зүйрлэл нь Монгол ардын үлгэрээс гаралтай. Өөрийнхөө хийсэн үйлдлээс болж зовлон амсах гэж буйгаа мэдэхгүй байгаа хүнийг дүрсэлжээ. Иймэрхүү хүмүүс хорт зуршил юм уу, эсвэл аливаа хууль бус зүйлд автсан хүмүүс байдаг.

Suffering will come to a rat
Who claws a cat's head

Suffering will come to a mouse
Who touches a cat's whiskers

For a mouse to scratch the cat's head is the same as asking for death. The second proverb comes from a Mongolian tale. This might be used when referring to people who are about to suffer because of their actions, but they do not realize it. They may have an addiction or are involved in illegal acts.

#1045 —*often used*
Үйл үйлээ дагана
Үнээ тугалаа дагана

Үнээ тугалаа харж хамгаалах үүрэгтэй байдаг. Зарим хүн үүнийг бид өөрсдийн хувь заяаны дагуу явдаг тухай өгүүлж байна гэж тайлбарладаг. Харин зарим нь бид хийсэн үйл бүрийнхээ үр дагаварыг амсах болно гэсэн утгаар хэрэглэдэг. Сайн зүйл хийвэл сайн, муу зүйл хийвэл муу үр дагавартай. Өнөөгийн хийж буй зүйл маргаашийг тодорхойлно гэдгийг сургахын тулд хэрэглэдэг.

Fate follows fate
A cow follows its calf

A cow takes care of its calf just as it is supposed to. For some people, this means we will follow our fate just as it was planned. For other people, it means that our actions will have consequences. If we do good things we will have good results but if we do bad things we will have bad results. These people might use it when teaching that what we do today will determine our tomorrow.

#1046 —occasionally used

Үйлгүй хүүхэн дууламхай
Сүүгүй үнээ мөөрөмхий

Үйлгүй гэдэг нь юм оёж чаддаггүй гэсэн утгатай. Хөдөө нутагт айлын эхнэр болсон хүн оёж чаддаг байх нь маш чухал. Дээр үед бэр болж буй эмэгтэй хадам эхдээ эхлээд цай чанаж өгөөд дараа нь хувцас оёж өгдөг байжээ. Энэ зүйр үг юу ч хийж чаддаггүй эмэгтэйг дүрсэлжээ.

The young woman without sewing likes to sing
The cow without milk likes to moo

To be without sewing means to not be able to sew. This is an important skill for wives in the countryside. In earlier times a prospective bride would first make tea for her future mother-in-law, and then she would make clothes. This proverb describes a woman who cannot do anything.

#1047 —regularly used

Үйлэнд уран
Үгэнд цэцэн

Сайн, уран гэрийн эзэгтэйг дүрсэлжээ.

Talented in sewing
Clever with words

This describes a good and talented woman.

#1048 —regularly used

Үйлээ үзэж
Тамаа цайх

Хичээнгүйлэн ажилладаг ч амжилт багатай хүнийг дүрсэлжээ. Хүний амьдралыг хүнд хэцүү байх үед зарим хүн энэ үгийг хэлдэг.

Endure one's fate
Experience great suffering

This describes someone who works hard but is unsuccessful. Some people might use it when a person's life is difficult.

#1049 —occasionally used

Үл ойлгох хүнд сургаал хэрэггүй
Үхэр хариулах хүнд унаа хэрэггүй

Үхэр удаан явдаг учир үхэр хариулж буй хүнд морь хэрэггүй байдаг. Хонь ямаа хариулах, адуунд явахад бол морь унах хэрэгтэй. Суралцах хүсэлгүй байгаа хүнд зөвлөгөө өгч буй хүн энэ зүйр үгийг хэлдэг.

To a person who will not understand, teaching is not needed
To a person who will herd the cows, a ride is not needed

It is understood that if you are herding cows you do not need a horse because they walk slowly. For sheep, goats or horses, you need to be on a horse. This might be used when someone is trying to give advice to someone who is unwilling to learn.

#1050 —occasionally used

Үлий сахисан сар шиг
Үнээ дагасан бух шиг

Хэн нэгнийг дагаж ажиглаж байдаг хүнийг ийнхүү дүрсэлдэг. Тэд юу ч хийлгүй хүнийг дагаж, тэднийг ажиглаж байдаг. Өөрийнх нь араас дагаж байгаа хүнд дургүй учир энэ зүйр үгийг хэлдэг

Like the moon guarding a mouse hole
Like a bull following a cow

This refers to a person who is guarding or watching over others. He has nothing to do but to watch others and follow after them. People do not like this and will say this proverb about the one who is follow-

байна. Иймэрхүү хүмүүсээс хол байх боломжгүй байдаг. Учир нь тэд наалдаад салдаггүй.

ing them. We want to get away from this person but cannot because he is always around.

#1051 —regularly used
Үнсэнд хаясан
Шалз шиг хоцрох

Орхигдож хаягдсан хүнийг дүрсэлж энэ зүйр үгийг хэлдэг.

To be left like a tick thrown in the ashes

This might be used to describe someone who has been abandoned.

#1052 —occasionally used
Үнсээ гаргасан тулга цэмцгэр
Үсээ самнасан авгай цэмцгэр
Үүлээ хөөсөн тэнгэр цэмцгэр

Энэ бол цэмцгэр зүйлсийг илэрхийлсэн хэллэг юм. Энэ нь зүйр үг биш.

The fireplace that has been cleaned of ashes is neat
The wife who combed her hair is neat
The sky that chased away the clouds is neat

This is a saying about things that are neat. It is not a proverb.

#1053 —frequently used
Үнэн мөнөөрөө явбал
Үхэр тэргээр туулай гүйцэх

Үнэнээр явсан хүн
Үхэр тэргээр туулай гүйцнэ

Үнэнээр явбал
Үхэр тэргээр туулай гүйцнэ

Үхэр тэргээр явах гэдэг нь удаан явах гэсэн утгатай. Хорон муу хүний үйлдэл бүхнийг тэргүүнд яваа мэт харагдаж болох юм. Хэдийгээр явцгүй удаан мэт харагдавч үнэн мөнийг баримтлах нь чухал юм. Үнэнээр явж буй хүмүүсийг урамшуулж үнэнээр явбал эцэст нь ялна гэдгийг сануулж, тэдэнд үнэнээр амьдрахын чухлыг заахдаа хэрэглэдэг.

If you are going by the truth
You will overtake a rabbit with a cow cart

A person going by truth
Will catch up with and pass a rabbit with a cow cart

If you go by truth
You will catch up with and pass a rabbit with a cow cart

To go by cow cart means to go slowly. The one who is doing evil appears to be ahead. So even though progress looks slow, going honestly is the better way. This might be said to people who are living honestly in order to encourage them that the truth will eventually win out or, to teach the importance of living honestly.

#1054 —occasionally used
Үнэн нь өмнөө
Үр нь хойноо

Хэрэв бид үнэнч шударга амьдарвал эцэстээ сайн үр дүнг харна. Үнэн хэзээд өмнө нь, харин үр дүн нь сүүлд нь байх ёстой. Хүмүүст зөв зүйл хийхийг уриа-

Truth at the front
Truth at the back

This says that if we live honestly, at the end of our lives we will see a good result. The truth must always be brought forth first and the result will come later. This might

лан энэ үгийг хэлдэг. Учир нь эхлээд зөв зүйл хийсний дараа үр дүн нь заавал сайн байдаг.

be used to encourage people to do the right thing, because a good result will only come after the right actions have been done.

#1055 —occasionally used

Үнэн сайн үг мянган лангийн үнэтэй

Нэг мянган лан гэдэг бол маш их мөнгө. Сайхан үг гоё чимэглэлтэй адил байдаг. Үнэ цэнэтэй үг гэдэг бол үнэт чулуутай адил. Хэн нэгнийг зөв зүйл хийхэд нь урамшуулж, буруу зүйл хийхэд нь зэмлэж энэ үгийг хэлдэг.

True and good words are worth one thousand *lan*

One thousand *lan* was very valuable. Nice words are like a beautiful decoration. Valuable words are like precious stones. This might be used when you want to encourage someone to do the right thing or to warn someone to not do bad things.

#1056 —occasionally used

Үнэн үг үнэд хүрнэ
Худал үг хор хүргэнэ

Үнэн үг хүнд зөв зүйлийг заах учир ирээдүй нь сайн сайхан байдаг. Худал үг хүнд алдаанаасаа суралцах боломж өгдөггүй учир цаашдаа улам их алдаа гаргадаг. Найз нөхдийнхөө алдааг шударгаар хэлэх хэрэгтэйг зөвлөж энэ үгийг хэлж болох юм. Хэдийгээр хүн бүр үүнийг хүлээн зөвшөөрдөг ч харилцаагаа муутгахгүйн тулд цөөн хүн энэ үгийг амьдралдаа хэрэгжүүлдэг.

True words bring value
False words cause damage

True words can help a person do the right thing and therefore have a better future. False words do not help a person learn from his mistakes so he will have more problems in the future. This might be used to advise people to speak honestly with their friends about wrong things that have been done. Even though all would agree this is good advice, few will follow it because of the fear that doing so would cause the one being corrected to end the relationship.

#1057 —often used

Үнэн үг хатуу боловч хэтийн
   амьдралд тустай
Давс шорвог боловч идээний амтанд
   найртай

Үнэн үгийг сонсох хэцүү ч хэрэв бид суралцвал ирээдүйдээ бага алдаа гаргадаг. Найз нөхдийнхөө алдааг шударгаар хэлэх хэрэгтэйг зөвлөж энэ үгийг хэлж болох юм. Хэдийгээр хүн бүр үүнийг хүлээн зөвшөөрдөг ч харилцаагаа муутгахгүйн тулд маш цөөн хүн энэ үгийг амьдралдаа хэрэгжүүлдэг.

Though the true word is difficult, it is helpful for life in the future
Though salt is strong, it gives taste for the meal

The truth may be difficult to hear, but if we learn, we will make fewer mistakes in the future. This might be used to advise people to speak honestly with their friends about wrong things that have been done. Even though all would agree this is good advice, few will follow it because of the fear that doing so would cause the one being corrected to end the relationship.

#1058 —frequently used

Үнэн үг хэлсэн хүнд хүн өшөөтэй
(өстэй)
Үхэр унасан хүнд нохой өшөөтэй
(өстэй)

A person has hatred for the person who tells true words
A dog has hatred for the person who rides an ox

Нохой ямар нэг юм унадаггүй харин өөрийнхөө хөлөөр явдаг учир үхэр унасан хүнд өстэй гэж үздэг. Хүмүүс ихэвчлэн өөрийнхөө алдаа дутагдлын талаар сонсох дургүй байдаг. 1057-р зүйр үгэнд өгсөн зөвлөгөөнд хариу болгож хэлдэг. Өөрийнхөө алдааны тухай үнэн үг сонссон хүмүүс ихэвчлэн уурладаг гэдгийг хүлээн зөвшөөрч хэлсэн үг юм. #1081-г үз.

Dogs always walk and never ride, so it is assumed they hate those who are able to ride. People usually do not like to hear the truth about their faults. This might be said in response to the advice given in #1057. It acknowledges that the ones hearing the truth about their faults often become angry. See #1081.

#1059 —often used

Үнэн үг чихэнд хатуу
Үхрийн шил шүдэнд хатуу

A true word is hard in the ear
Nape of cow's neck is hard for teeth

1058-р үгтэй төстэй. Үхрийн хүзүүний мах идэхэд хатуу байдаг шиг хүмүүст өөрийнхөө муу зан чанарын тухай үнэн үг сонсох хэцүү байдаг. 1059-р зүйр үгэнд өгсөн зөвлөгөөнд хариу болгож хэлдэг. Өөрийнхөө алдааны тухай үнэн үг сонссон хүмүүс ихэвчлэн уурладаг гэдгийг хүлээн зөвшөөрч хэлсэн үг юм.

This is similar to #1058. Just as the meat on the cow's neck is hard to eat, it is hard for people to hear the truth about their bad behavior. This might be said in response to the advice given in #1056 and #1057. It acknowledges that the ones hearing the truth about their faults often become angry.

#1060 —occasionally used

Үнэн худал хоёр
Дөрвөн хуруу зайтай

Truth and lies together
Are four fingers apart

Монголчуудын хувьд нүд үнэнийг, чих худлыг төлөөлдөг. Нүд, чихний хооронд дөрвөн хуруу зай байдаг. Үнэн худал хоёр хамтдаа орших боломжгүй. Үнэн үгийг худал үгтэй хольж хутгахыг оролдож буй хүнийг энэ үгээр дүрслэн хэлдэг.

For Mongolians, eyes symbolize truth and the ears symbolize falsehood. The eyes and ears are four fingers apart. Truth and lies cannot exist together. This might be used when referring to someone who may be trying to mix lies with some truth.

#1061 —often used

Үнэн хүчтэй
Олон ачтай

Truth is powerful
Many are helpful

Олон хүн ажиллавал тухайн ажил дээр сайн үр дүн гарах нь дамжиггүй. Үүнтэй адил үнэний хүч чадал сайн үр дүнг авчирдаг. Хүмүүст үнэнийг хэлэх хэрэгтэйг зөвлөн энэ зүйр үгийг хэлж болох юм. Зарим хүн ер нь үнэн үгийг сонсох

It is understood that if many help on a project, there will be a good result. In the same way, the power of truth will bring a good result. This might be used when encouraging people to be truthful in what they say to others. Others might use it when referring

дургүй ч хэнээс ч айхгүй хэлж байгаа хүмүүст хандан энэ үгийг хэлдэг.

to admiring people who speak the truth even though the people who are being spoken to do not like to hear the words.

#1062 —regularly used
Үнэн хэлсэн хүнд
Хүн өшөөтэй

Truth said to a person
Person is hostile

Хүмүүс ихэвчлэн өөрийнхөө алдааны талаар сонсох дургүй байдаг. 1057-р зүйр үгэнд өгсөн зөвлөгөөнд хариу болгож хэлдэг. Өөрийнхөө алдааны тухай үнэнийг сонссон хүмүүс ихэвчлэн уурладаг.

People usually do not like to hear the truth about their faults. This might be said in response to the advice given in #1057. It acknowledges that the ones hearing the truth about their faults often become angry.

#1063 —occasionally used
Үнэн цагаан сэтгэлээс бол
Үзмийн тал ч багадахгүй

If truth is from a white soul
Even if it is the size of half a raisin it is not too little

Цагаан өнгө сайн сайхныг бэлгэддэг. Бага ч гэсэн сайхан сэтгэлийн тус бол хамгийн том тус мөн. Хатсан үзмийн тал байсан ч энэ бол хамгийн сайхан тус мөн. Сайн зүйлийн талаар ярьж, үйлдэхийн ашиг тусыг зааж сургахад хэрэглэдэг.

White is a symbol for what is good. This states that help is best when it comes from a good person even if it appears small. Even if it is as small as half of a dried raisin, it will go a long way. This might be used when teaching the benefit of speaking and doing true and good things.

#1064 —rarely used
Үнэр мэдэхгүй хүнд
Зандан хайран

Sandalwood is wasted on the person
Who does not appreciate aroma

Зандан мод сайхан үнэртэй байдаг. Ямар нэг зүйлийн үнэ цэнийг мэдэхгүй хүнд энэ үгийг хэлдэг.

Sandalwood has a nice aroma. This might be said of the person who does not know the value of something.

#1065 —occasionally used
Үр өсөж эр
Үрээ өсөж хүлэг

A child grows into a man
A young stallion grows into a mature horse

Даага өсөж том хүлэг морь болдог шиг залуу хүү өсөж хэзээ нэг өдөр эр хүн болдог. Хүүхдүүдээ бага настайд нь өсөж том болоод сайн хүн болохыг зааж сургах хэрэгтэйг сануулан энэ зүйр үгийг хэрэглэдэг.

Just as a young stallion will grow into a strong mature horse, a young boy will one day grow up and become a man. This might be used as a reminder that we need to teach our children when they are young to grow up to be good people.

#1066 —occasionally used
Үргүй хүн
Үндэсгүй модтой адил

Person without a child
Is like a tree without roots

Үндэсгүй мод ургахгүй. Үр хүүхэдгүй бол хойч үе, залгамж халаа байхгүй. Ихэнх буддын шашинтнууд эргэж төрнө гэдэгт итгэдэг бөгөөд ихэвчлэн үр хүүхдүүддээ эргэж төрдөг гэж ярьдаг. Үр хүүхэдгүй бол эргэн төрөх боломжгүй. Хүүхэд гаргах боломжгүй эмэгтэйг ч ингэж хэлэх нь бий.

A tree without roots will not continue. With no children there will be no continuation into the next generation. Most Buddhists believe in reincarnation and some believe that people can only come back into their descendants. Without descendants, a person cannot come back to life. This might be said about a woman who does not have a baby.

#1067 —occasionally used
Үргүй хүний сормуус нойтон
Үртэй хүний өвөр нойтон

A person without a child has wet eyelashes
A person with a child has a wet front

Үргүй хүн нүд нойтон
Үртэй хүн өвөр нойтон

A person without a child has misty eyes
A person with a child has a wet lap

Сормуус нойтон гэдэг нь гуниглах гэсэн үг. Хүүхэд гаргах боломжгүй эмэгтэйн тухай ярихдаа энэ үгийг хэлж болох юм.

To have wet eyelashes means to be sad. These might be said about a woman who does not have a baby.

#1068 —occasionally used
Үрт хүн үрээрээ зүйрлэ
Биет хүн биеэрээ зүйрлэ

I have children and I need to think about other children
I have a healthy body and I need to think about old or sick people

Өөрөө хүүхэдтэй бол бусдын хүүхдэд туслах хэрэгтэй. Өөрөө эрүүл бол өвчтэй хүмүүст туслах хэрэгтэй. Бусдад сэтгэл гаргаж, санаа тавих хэрэгтэй. Хэн нэгнийг өөр шигээ эсвэл өөрийнх нь хүүхэд шиг болохыг хараад энэ үгийг хэлж болно. Хүмүүсийг зөвхөн өөрсдөдөө санаа тавьж байгааг хараад энэ үгийг хэлж ч болно.

When you have children, you should help other people's children. When you are healthy you should care for those who are not healthy. We should have compassion for others. This might be said when I see someone who is similar to me or my child who needs help. It might also be used when people are only thinking about themselves.

#1069 —occasionally used
Үртэй хүн үрээрээ жиш
Үргүй хүн биеэрээ жиш

People with children compare theirs with other children
People without children compare themselves with others

Хүмүүс ямар үйлдэл гаргадгийг харуулжээ. Эцэг эхчүүд зөвхөн хүүхдүүддээ анхаардаг бол ганц бие хүмүүс өөрсдөдөө анхаардаг ажээ. Өөрийгөө бусадтай, эсвэл өөрийнхөө хүүхдүүдийг бусдын хүүхдүүдтэй харьцуулж байгаа нэгнийг хараад ийнхүү хэлж болно.

This describes how people act. Parents are mostly focused on their children and single people are focused on themselves. This might be used when listening to people comparing themselves to others or their children to other children.

Mongolian Proverbs

#1070 —*occasionally used*

Үртэй хүн шуугиж
Үндэстэй мод найгана

A person who has children has noise
A tree which has roots waves

Сайн үндэстэй мод хүчтэй салхинд уналгүй харин найган үлддэг. Олон хүүхэдтэй айлд дуу шуу цалгиж байдаг. Өнөр гэр бүлийг хараад ийнхүү хэлж болно.

A strong tree with a lot of good roots will wave in the wind instead of blowing over. There is a lot of noise in a family with a lot of children. This might be used when referring to a large family.

#1071 —*occasionally used*

Үртэй хүний аяга хагархай
Үрээтэй хүний уурга хугархай

People with children have chipped cups
People with a young stallion have a broken lasso pole for catching horses

Хүмүүний амьдралыг дүрслэн харуулжээ.

This describes life.

#1072 —*regularly used*

Үрээ танихгүй өнөр
Үрээгээ танихгүй баян

Big family does not recognize their children
Rich people do not recognize their horses

Дээр үед баячууд мал хуйгаа харуулах олон тооны зарц, малчидтай байжээ. Зарц нь бүх малыг нь зүсээр нь мэддэг бол харин баян хүн өөрийнхөө үрээг ч таньдаггүй байж. Өнөө үед баян агаад ихэрхэг хүнийг энэ үгээр илэрхийлж болно. Мөн өвөө эмээ нар нь үр ач нараа танихгүй шахам өнөр өтгөн гэр бүлийг энэ зүйр үгээр илэрхийлэн хэлж болох юм. Зарим хүн гэрлэж буй хосод олон хүүхэдтэй, мөн сүрэг малтай болохыг ерөөж энэ үгийг хэлдэг.

In earlier times, rich people had slaves and servants to take care of their animals. These servants knew each animal, but the rich person had so many that he wouldn't be able to recognize his own horses. Today this might be used when referring to a very proud rich person. Or, it might be used when referring to a family that is so large that the grandparents do not have time for their grandchildren. Others might use it as a blessing for a couple getting married meaning the speaker wishes the couple to have many children and many horses.

#1073 —*frequently used*

Үс сайхан бол
Зүс сайхан

If hair is nice
Appearance is nice

Үсэндээ анхаарал тавихын чухлыг энд өгүүлжээ.

This speaks of the importance of taking care of our hair.

#1074 —*occasionally used*

Үүл хуралдвал хур
Хүн хуралдвал хүч

If clouds gather, rain
If people gather, strength

Үүл хуралдвал бороо орох нь гарцаагүй. Хүмүүс олноороо цуглаж, нэгдвэл тэднээс хүч гардаг. Эвтэй байх тусмаа

It is understood that when dark clouds come, it will rain. When people come together and are united, there is strength.

хүчтэй байдгийг хүмүүст сануулах маягаар хэрэглэж болно.

This might be used to remind us that we are stronger when we are united.

#1075 —occasionally used
Үүлэн чөлөөний нар хурц
Үхэх хүний нүд хурц

Энэ бол зүйр үг биш, харин хэлж үг. Энд хоёр төрлийн хурц зүйлийн талаар өгүүлжээ.

The sun breaking through a cloudy sky is bright
Dying eyes are sharp

This is a saying, not a proverb. It describes two things that are sharp or bright.

#1076 —occasionally used
Үүрэх хэргийг
Үхсэн хүн дээр

Өөрийнхөө алдаанаас болж амь насаа алдсан хүмүүсийг буруутгаж буй хүмүүсийг дүрслэн энэ үгийг хэрэглэж болох юм.

The case you should carry
On the back of the dead person

This might be used when referring to people who blame someone who has died for their own mistakes.

#1077 —occasionally used
Үхнэ үхнэ гэж үхрийн мах барах
Явна явна гэж ямааны мах барах

Зарим хүн энэ зүйр үгийг эрүүл хирнээ өвчилсөн тул удахгүй үхнэ гэж ярин олон хүмүүсийн анхаарлыг өөртөө татдаг хүмүүсийг зураглажээ гэж тайлбарладаг. Бусад нь их ярьдаг атлаа юу ч хийдэггүй хүмүүсийг илэрхийлдэг. Тэд нэг ажил эхэлсэн ч огт дуусгадаггүй. Сайхан махнаас амсаад явлаа гэх атлаа явахгүй идээд л суудаг хүмүүсийн тухай өгүүлсэн гэж зарим хүн тайлбарладаг. Өөр хотоос зочилж ирсэн зочид нь явахгүй ажил хэрэг нь хойшлогдоод гэрт нь байсаар байгааг харсан гадны хүн гэрийн эзэнд энэ үгийг хэлж болох юм.

Finishing beef, after saying will die, will die
Finishing goat meat, after saying will go, will go

Some people understand this as a picture of people who always say they are very sick or are dying in order to get attention, but they aren't really sick and they are not close to death. Others might use it to refer to people who talk too much and do nothing. If they start a task they usually will not finish it. Others might use it when people are eating good meat, they may keep saying that they will leave, but they do not and just eat more. Others might say it to their hosts when visiting relatives in another city and they keep staying because of ongoing business.

#1078 —often used
Үхсэн буурын толгойноос
Амьд ат айна

Зарим хүн үхсэн малын араг яснаас айдаг. Аюулгүй зүйлээс айдаг хүмүүсийг дүрсэлжээ. Мөн хэдийнэ нас барсан боловч өнөөг хүртэл хүмүүс эмээн хүндэлдэг хүнийг илэрхийлэхийн тулд ч хэрэглэдэг.

A five-year old male camel will fear
The head of a dead male camel

People are sometimes afraid of a dead animal skeleton. This describes people who are afraid of things that are not dangerous. Or, this might be used when referring to a person whom people are still afraid of even after he dies.

#1079 —occasionally used

Үхсэнээс үлдсэн
Үргэснээс хоцорсон

Remained away from dead
Stayed when frightened

Эхний мөр олон хүн үхсэнээс ганцаараа эсэн мэнд үлдсэн гэсэн утгыг, хоёр дахь мөр айснаасаа болж ихэнх нь зугтахад үлдэж хоцорсон цөөнх гэсэн утгыг илэрхийлдэг. Өнчин өрөөсөн, бусдад дээрэлхүүлж, шүүмжлүүлдэг хүмүүсийг илэрхийлж болно. Өнчин хүнд хамгаалалт хэрэгтэй. Өнчин хүүхдүүдийг хараад эцэг эхийг нь дурсдаг. Тэд эцэг эхээсээ тасарч үлдсэн билээ.

The first line means that many are dead, but one person remained alive. The second line means a group has been frightened away but a few stayed around. It might be used when referring to someone who is an orphan who is being humiliated or criticized by others. The orphan needs protection. When we look at the child we see the dead parents in him and remember them. The dead ones are in the child.

#1080 —often used

Үхтэл үр
Үгүйртэл мал

Until you die, your children
Until you are left with nothing, your livestock

Нэг дэх мөр эцэг эх нь бүх амьдралынхаа турш хэрхэн үр хүүхдүүдийнхээ тухай л боддогийг дүрсэлжээ. Үүний нэгэн адил бүх насаараа эд хөрөнгө хуримтлуулдаг хүнийг ч бас хэлдэг. Үргэлж юм цуглуулж хадгалдаг хүнийг ийнхүү хэлж болох юм. #1032-г үз.

The first line refers to parents and how they think about their children their whole lives. In the same way, this person holds onto his things his whole life. This might be used for people who are always holding onto and collecting things. See #1032.

#1081 —often used

Үхэр унасан хүнд
Нохой өшөөтэй

The dog has hatred for
The person who rides an ox

Нохой ямар нэг юм унадаггүй харин өөрийнхөө хөлөөр явдаг. Бусдад үргэлж атаархдаг хүмүүсийн тухай зарим хүмүүс хэрэглэдэг. Өөрийнхөө алдаа дутагдлыг үнэнээр нь сонссон хүмүүс ихэвчлэн уурладаг. #1058-г үз.

Dogs always walk and never get to ride on a cart. Some people might use it to refer to someone who is envious of another person. Others might use it when referring to a person who is angry with the truth. See #1058.

#1082 —occasionally used

Үхэх хулгана (Үйл нь ирсэн хулгана)
Муурын сүүлээр наадах

A dying mouse (Dying will come to a mouse)
Will play with a cat's tail

Аюултай зүйлээр оролдож байгаа хүнийг ийнхүү дүрсэлж болно.

This might be used when someone is doing something dangerous.

#1083 —often used

Үхэх хүнд үгний (үг) хэрэггүй
Унтах хүнд усны (ус) хэрэггүй

To a dying person, words are not needed
To a sleeping person, water isn't needed

Амьсгал хураож буй хүнд бусад хүмүүс

When a person is dying he does not need

алдаа оноог нь хэлж, хэрхэн амьдрах ёстой байсныг нь заах хэрэггүй. Унтах гэж буй хүн ус уух хэрэггүй. Эс бөгөөс шөнө босож бие засах хэрэгтэй болно. Хэн нэгэн хүнд цагаа олоогүй тусыг хүргэж буй, эсвэл буруу зүйлээр тусалж буй хүнийг хараад энэ зүйр үгийг хэлж болох юм.

others to tell him about his mistakes or how he should have lived. The one going to sleep does not want water or he will have to get up in the middle of the night. This proverb might be used when referring to a situation where someone is trying to help another at the wrong time or with the wrong thing.

#1084 —*occasionally used*
Үхэх хүний үг үнэн

A dying person speaks the truth

Үхэж буй хүмүүсийн захиас сонсож буй хүмүүсийн ирээдүйд хэрэгтэй үнэн үг байдаг гэж Монголчууд ярьдаг. Хадан гэртээ ойртож буй хүний хэлсэн үгийн тухай ийнхүү хэлдэг.

Mongols believe that a dying person is coming to his senses and will speak the truth which will be helpful in the future for the ones who are listening. This might be said when referring to something that has been said by a person who is close to death.

#1085 —*occasionally used*
Үхэх хүний үгийг сонс
Алах үхрийн цусыг ав

Listen to the words of a dying person
Take the blood of a cow being slaughtered

Үхэж буй хүмүүсийн захиас сонсож буй хүмүүсийн ирээдүйд хэрэгтэй үнэн үг байдаг гэж Монголчууд ярьдаг. Хөдөө нутгийн хүмүүс малаа муулж идшинд хэрэглэхдээ бараг хаягдал гаргадаггүй. Малын цусыг авч, гэдсийг нь цэвэрлээд гэдсэнд авсан цусаа цутгаж, гэдэс дотрыг нь чанаж иддэг. Гэр бүлийн хэн нэг нь нас барж буй хүнд энэ үгийг хэлж болох юм.

Mongols believe that a dying person is coming to his senses and will speak the truth which will be helpful in the future for the one who is listening. In the countryside people leave very little waste when killing an animal for food. Even the blood is taken and made into a kind of black pudding made of blood and waste material encased in an animal's intestine. This might be used when someone has a family member dying.

#1086 —*occasionally used*
Үхэх эрвээхэй
Дэнгийн зүг

A moth who will die
Towards a lamp

Эрвээхэй дэнгийн гэрэлд ойртон очоод шатаж үхдэг шиг энэ зүйр үг өөрсдөд нь хор хөнөөл учруулах зүйл уруу тэмүүлж буй хүнийг дүрслэн хэлдэг.

Just as moths will fly towards a flame that will kill them, this proverb describes people who are drawn to someone or something that will harm them.

#1087 —*occasionally used*
Үхэхдээ үхэр буу тавих
Гарахдаа гар буу тавих

Shoot a cannon when you die
Shoot a pistol when you go out

Хэрэв үхэр буугаар буудвал их хэмжээний сүйрэл авчирна. Гар буу ч үүнтэй нэг адил. Үхэх, гарах гэдэг нь тухайн

If somebody fires a cannon it brings a massive amount of destruction and so does the pistol shot. The death and leaving here

хүн үнэхээр хүнд асуудалд орооцолдсоныг илтгэж байна. Өөрсдөд нь асуудал тулгарах үед бусдыг хорлох гэж оролддог хүмүүсийг дүрсэлсэн. Мөн эхэндээ хүмүүс найз нөхөд шиг сайхан харилцаатай байх ч тэдэнд ямар нэг асуудал тулгарвал жинхэнэ мөн чанар нь илэрч байгааг дүрсэлж болно. Жишээлбэл: Олон сайхан юм амлаж сонгуулиар гарч ирээд амласнаа биелүүлдэггүй хүмүүсийг дүрсэлж болно. Нэгэнт тэд дараагийн сонгуулиар сонгогдохгүйгээ мэддэг тул энэ хугацаанд луйвардаж, өөрийн ашиг хонжоог хайдаг. Монголын өнөөгийн нийгмээс ийм дүр зургийг харж болно. 1921 онд Хятадын цэрэг Монголыг Манжийн дарлалаас чөлөөлөхөөр ирсэн ч үнэн хэрэгтээ шинэ эзэн суух бодолтой байжээ. Манжийн эзлэн түрэмгийллийг Хятадууд үргэлжлүүлэх хэрэгтэй гэж боджээ. Тэд одоо Тайваньд байдаг бөгөөд Монголын тусгаар тогтнолыг удаан хугацаагаар хүлээн зөвшөөрөөгүй цорын ганц улс юм. Тэд Монголыг Хятадын нэг хэсэг гэж үздэг. Тэд эхэндээ өнөөгийн Монголын улс төрчид шиг сайхан зантай байлаа. Гэвч Оросуудыг орж ирэхэд тэд Монголоос олон зүйл хулгайлжээ. Эцэст нь Оросын улаан арми Хятадын үлдэгдлийг хөөн зайлуулжээ. Хэдийгээр Монголын засгийн газар Хятадтай сайн харилцаатай байдаг ч гэсэн Монголчууд өнөөг хүртэл Хятад хүмүүсийг сэжиглэсээр байдаг.

symbolizes the seriousness of the problem someone has gotten into. It might be used to describe people who seek to harm others when they are having a serious problem. Or, it might be used when referring to people who say nice things and act like friends, but when there are difficulties their real motivations will come out. An example is some politicians who promise many things when they are running for office, but once elected they do not do what they promised. When they know they will not be re-elected for this reason, they may steal and do things to benefit themselves. Other examples come out of Mongolian history. In 1921 Chinese soldiers came to deliver Mongolia from Manchu rule, but what they really wanted was to rule Mongolia themselves. They believed that what the Manchu ruled over, China should rule over. These leaders are in Taiwan now and that is why for a long time Taiwan was the only country that did not recognize Mongolia as an independent nation. They believe that it is still a part of China. Initially the Chinese were nice, like some present day politicians. But when the Russians came in, the Chinese began to steal from the people. The Red army from Russia finally helped and threw the Chinese out. Even though the Mongolian government has a good relationship with Chinese leaders, many Mongolian people are still suspicious of China.

#1088 —*occasionally used*
Хаа гэх үхэргүй
Чаа гэх ямаагүй

No cow to say "*Haa*" to
No goat to say "*Chaa*" to

Хаа гэдэг үхрийг, чаа гэдэг нь ямааг туухдаа хэрэглэдэг үг юм. Хоёр дахь мөрийг ихэвчлэн дангаар нь хэрэглэдэг. Юу ч үгүй хүнийг илэрхийлэхийн тулд энэ зүйр үгийг ашигладаг. #933-г үз.

"*Haa*" and "*chaa*" are used to drive cows and goats, respectively. Line 2 is usually used by itself. This might be used to describe people who have nothing. See # 933.

#1089 —*occasionally used*
Хаа, гуяндаа түшиг
Хамар, амандаа түшиг

The front leg is supportive of the back leg
The nose is supportive the mouth

Энэ хоёр мөр хоёулаа үргэлж хамтран ажилладаг зүйлсийг дүрсэлжээ. Бие биедээ дэм болдог сайн найзуудыг энэ үгээр дүрсэлж болно.

Both lines show two things that work together. This might be used to refer to good friends who encourage each other.

#1090 —occasionally used

Хаагуур явахыг газарч мэднэ
Хаа хүрэхийг ноён мэднэ

Газарчин болон ноёд хаашаа явж байгаагаа мэддэг шиг ямар нэг асуудал гарах үед удирдагч хүн хэнтэй ярихаа сайн мэддэг болохыг зөвлөж энэ зүйр үгийг хэрэглэдэг.

The guide knows which way to go
The master knows where the destination is

This might be used when advising people that just as the guide and the master know the proper direction, the leader knows with whom to talk when there is a problem or question.

#1091 —occasionally used

Хаан ч гэсэн хааны булчирхай хаядаггүй
Гуйлгачин ч гэсэн гуяны булчирхай эрдэггүй (иддэггүй)

Булчирхай бол амьтанд байдаг ач холбогдолгүй мэт зүйл боловч хаан хүртэл түүнийг хаядаггүй. Дор хаяж нохойд хаяж өгдөг байна. Гуйлгачин хүртэл идэж болдоггүй зүйл бол гуяны булчирхай боловч бас хаядаггүй. Өчүүхэн зүйлсийг хүртэл үнэлж цэгнэх тухай сануулахдаа энэ үгийг хэрэглэж болдог.

Even a king does not throw away a gland in a front leg
Even a beggar does not look for (eat) a gland in the thigh

A gland in an animal's meat has little value, but even a king does not throw it away. He would at least give it to his dog. A gland is so unimportant even a beggar does not look for one or eat it, but he also would not throw it away. This might be used as a reminder that we need to value what we have even if it is small.

#1092 —often used

Хаанаасаа (хаалгач) нь
Дээдсээсээ (дээдхээсээ) дэргэдэх нь

Юмыг яаж хийхийг сул дорой хүмүүс мэддэг болохоор хаалгач нь илүү сайн мэдээлэлтэй байдаг. Дэргэдэх гэдэг нь ойр дотно гэсэн утгатай. Нийгэмд өндөр байр суурь эзэлдэг, бусдаас тусгаар байдаг хүмүүсээс хаалгач болон дэргэдэх нь илүү сайн зан чанартай байдаг гэж хүмүүс үздэг. Ноёд түшмэдүүд энгийн хүмүүстэй харьцах сонирхолгүй байдаг. Өнөөгийн захирлууд ч ийм байдаг. Өөрийнхөө байр сууринаас болж өөрийгөө бусдаас илүү гэж боддог хүмүүсийг энэ үгээр илэрхийлдэг.

To be a doorkeeper than a master
To be a neighbor than high class

A doorman gets information which is good because it is the little people who know how to do things. To be a neighbor is to be close to someone. Doormen and neighbors are considered to have better characters than masters or people in high society who are distant. Masters and high society people are usually not interested in associating with common people. Sometimes today bosses exhibit this same behavior. This might be used when people think they are better than others because of their position.

#1093 —often used

Хаанаасаа хаалгач нь
Хатнаасаа аягач нь

Зарим хүн энэ зүйр үгийг зөрүүд байдлыг илэрхийлсэн гэж үздэг. Тэднийхээр бол энэ зүйр үг хэнтэй хамаатай, хэнтэй ойр байгаагаасаа шалтгаалан өөрс-

The doorman is more than the king
The cup bearer is more than the queen

Some people believe that the "more" refers to arrogance. These people would say that the proverb is used to describe people who think they are important because of who

дийгөө тэднээс илүү чухал гэж үздэг хүмүүсийг илэрхийлсэн ажээ. Зарим хүн энэ зүйр үгийг илүү чухал зүйлийг илэрхийлсэн гэж үздэг. Бусдын төлөө өөрсдөөс нь илүү сайн хийдэг өчүүхэн боловч чухал хүмүүсийг энэ зүйр үг илэрхийлсэн гэж тэд үздэг. Нийгмийн чухал хүмүүстэй маш цөөн хүмүүс ойр дотно байдаг. Гэвч чухал бус хүмүүстэй хамтарснаар асуудлыг шийдвэрлэх үе ч байдаг. Зарим хүн байгууллагын хурган дарга нар нь том дарга нараасаа заримдаа илүү эрх мэдэлтэй байгааг харахад энэ үгийг хэрэглэдэг.

they are related to or who they are close to. Other people believe that the "more" refers to importance. These people would say the proverb means that little people are more capable of getting things done for others. Only a small number of people can be close to the important people in a society. But problems can be solved by working with the unimportant people. Some use this referring to the idea that smaller bosses may have more influence than the bigger bosses.

#1094 —occasionally used
Хааны алба халаатай
Эзэний алба ээлжтэй

There are shifts for the king's official
There are turns for the master's official

Зөв цагт, хэрэгтэй зүйлийг хийх хэрэгтэйг илэрхийлсэн үг гэж зарим хүн үздэг. Хүний амьдралд янз бүрийн мөчлөг байдаг. Улс төрчдийг илэрхийлэн зарим хүмүүс энэ үгийг хэлдэг. Насан турш хаадаг албан тушаал гэж байдаггүй.

Some people see this as referring to what we need to do at the right time. There are seasons in life. For other people it is used when referring to politicians. No position can be held for life.

#1095 —often used
Хаврын салхи хавирга нэвт
Өвлийн жавар өвөр нэвт

The spring wind, right through the rib
The winter chill, right through the chest

Хэр их хүйтэн байгааг ийнхүү илэрхийлжээ. Хүүхдүүддээ гадаа гарахдаа дулаан хувцсаа давхарлаж өмсөөрэй гэсэн утгаар энэ үгийг эцэг эх нь хэлдэг.

This describes how cold it can be. It might be used by parents to get their children to put on layers when they go out so they will be warm enough.

#1096 —often used
Хаврын тэнгэр хартай
Хайнга явдал хортой

The spring sky easily changes
Being careless is poisonous

Хавар халуун өдрүүд олон байдаг ч байнга ийм байна гэсэн үг биш юм. Урьдчилан бодож тооцоолдоггүй замбараагүй хүнийг илэрхийлж, эсвэл хаврын тэнгэр хувирч өөрчлөгдөхдөө хурдан болохыг сануулж энэ зүйр үгийг хэлж болно.

In the spring there are warm days. But that is no guarantee it will continue. This might be used when referring to a careless person who does not think ahead or to warn people that the weather can change quickly in the spring.

#1097 —occasionally used
Хаврын хахирт малаа
Харь газарт үгээ

In spring, watch your livestock
In a foreign place, watch your word

Өвөл тарга тэвээргээ алдсан малын хувьд хаврын тэнгэр хувирамтгай байдаг тул нилээд хүнд байдаг. Малчид маш сайн анхааралтай байх хэрэгтэй. Үүний нэгэн адил бид хүний нутагт явахдаа хэлэх ярих үгэндээ анхаарах хэрэгтэй.

Spring is a difficut time of year because the animals are tired from the winter and the weather can change quickly. Herders have to be careful. In the same way, people have to be particularly cautious about what they say when they are away from home.

#1098 —often used
Хагархай хэнгэрэг
Цуурхай цан

Broken drum
Cracked cymbals

Цан хэнгэрэг хагарч цуурвал цаашид хөгжмийн зэмсэг маягаар ашиглах боломжгүй болдог шиг хэн нэгэн хүн удаан ярьвал цаашид үргэлжлүүлэх бэрх байдаг. Олон юм ярьдаг ч ихэвчлэн муу зүйлийн талаар ярьдаг хүнийг ийнхүү дүрсэлж болох юм. Зарим хүн хов жив тараадаг хүний тухай ярихдаа энэ үгийг хэрэглэдэг.

Just like drums and cymbals that become useless as musical instruments when they are broken, so does conversation when someone talks too much. This might be used by some people to describe someone who uses too many words and usually their words are about bad things. Others might use it when referring to the person who spreads gossip.

#1099 —occasionally used
Хагархайгаа хатгавал уран
Хойдохоо бодвол цэцэн

If you sew up torn clothing, you are skillful
If you think ahead, you are wise

Уранхай хувцсыг оёвол цааш нэмэгдэж урагдахгүй. Үүнтэй адил аливааг урьдаас төлөвлөх хэрэгтэйг сануулсан үг юм.

It is understood that it is good to fix torn clothing so it will not get worse. In the same way, this might be used as a reminder to plan ahead.

#1100 —occasionally used
Хагацашгүй сайн нөхөрт
Мартагдашгүй муу үг бүү хэл

Do not say unforgettable bad words
To your inseparable good friend

Сайн найз нөхөд гэр бүлээс илүү дотно байх нь Монголд элбэг үзэгдэл мөн. Эхнэр нөхрүүд нууцаа бие биеэсээ нууддаг ч найз нөхдөдөө хэлдэг. Сайн найз тань үгийг тань үргэлж сонсож, дэмждэг. Тэгэхээр харилцаагаа сайн байлгах нь чухал юм. Энэ зүйр үг хэлж буй үгэндээ анхааралтай байхыг анхааруулжээ. Хэлсэн хатуу үг хэзээ ч мартагддаггүй. Хүний алдаа дутагдлыг шударгаар хэлэх талаар нилээд их зүйр үг байдаг ч хэрхэн хэлэх талаар тийм ч олон үг байдаг-

Typically in Mongolia your best friend is closer even than family. It is common for a husband and wife to keep secrets from each other, but they will share them with their friends. Your best friend will always listen to your problems and be supportive. Maintaining relationships is very important. This proverb reminds people to be careful of what they say because their harsh words will not be forgotten. Even though many proverbs speak of the importance of speaking to people about their bad behavior, few

гүй. Тиймээс ихэнхдээ муу зан чанарын талаар хэлэхдээ хэт хатуу үг хэлж харилцаандаа сэв суулгадаг. Алдааг нь хэлэхэд хүмүүст ичгүүртэй байдаг тул тэд эхлээд шууд үгүйсгэдэг. Тиймээс хүмүүс харилцаандаа сэв суулгахгүйн тулд юу ч хэлдэггүй. Өөр хоорондоо ярилцаж уучлах ёстой ч уур хилэн нь арилдаггүй. Цагаан сараар гэр бүлийн гишүүд өнгөрсөн хугацаанд бие биеэ гомдоосон бол уучлал хүсэж, бас уучилдаг. Заримдаа хүмүүс албаны маягтай мэндийг нь мэдэж сайн сайхан зүйл ярилцдаг. Тэд үнэндээ бие биеэ уучилдаггүй. Тэд уурласан хэвээр байдаг. Зарим хүмүүс нь уучлаагүйгээ мэдэгдэхийн тулд гэр бүлийнхэнтэйгээ ирж золгодоггүй.

have been taught how to do it. As a result when friends do point out mistakes their words are often understood as too harsh or bad and the relationship breaks. Having mistakes pointed out is shameful so the first reaction is usually to deny responsibility. So instead of risking breaking the relationship, the friend says nothing. People forgive by just starting to talk to the other person, but the anger does not go away. At *Tsagaan Sar* (Mongolian Lunar New Year) family members are supposed to forgive each other for wrongs done during the year. Sometimes people only go through the motions of formal greetings and saying good words. They do not really forgive. They continue to hold onto anger. Some are more honest and just do not get together with family because they know they have not forgiven someone.

#1101 —*occasionally used*
Хадгалж тавивал
Хожим хэрэглэнэ

If saved and put away
It can be used later

Заримдаа бид аливаа юм хэрэглэсэн ч дараа нь дахиад хэрэг болдог. Энэ үгийг үрэлгэн, юм хадгалдаггүй хүмүүст зориулан хэлдэг.

Our things can still be useful even after they have been used. This can be used for people who are extravagant or wasteful.

#1102 —*often used*
Хадны завсар хавчуулагдсан
Халиуны зулзага

A baby otter stuck in-between rocks

Энэ бол зүйр үг биш харин хэлц үг юм. Энэ үг нь дуунаас гаралтай. Асуудалд ороод хандах газаргүй болсон хэн нэгнийг илэрхийлэхийн тулд хэрэглэж болох юм.

This is a saying, not a proverb. It comes from a song. It might be used for someone who is stuck in a difficult situation with no where to go.

#1103 —*often used*
Хазайсан <u>газар</u> (дээр) нь түлхэх
<u>Хальтирсан</u> (хахсан) дээр нь нудрах

Pushes <u>on a slope</u> (when a person is unstable)
<u>Shoves when a person slips</u> (Pokes when a person chokes)

Хазайхад нь тулах
Хальтрахад нь түших

Support when deviating
Lean on when sliding

Өвлийн улиралд явган хүний зам хальтиргаатай байдаг тул хальтрахдаа хүн мөргөчихвөл тэр хүн мөн ойчно. Харин хоёр дахь зүйр үгэнд нэгнээ түшиж тулах тухай өгүүлжээ. Аль нэг алдаа

In winter, walkways are very slippery and if you knock into people, they can easily fall. In the second one, we should support each

хийсэн найз нөхдийгөө түлхэх хэрэггүй гэдгийг энэ зүйр үг зөвлөж байна. Тэгвэл тэр хүнд бүр илүү хүнд тусах болно. Хоёр дахь зүйр үгэнд бие биеэ түлхэлгүй тусалж дэмжих тухай өгүүлжээ.

other. This might be used when advising someone to not push away another who has made a mistake because that would be hard on that person. In the second one, we should help people when they have made mistakes.

#1104 —often used
Хазгар хүргэн хадамсаг
Хаздаг нохой хотсог

Ийм нохой гэр орноо хамгаалдаг учир эзэн нь сайн тэжээдэг. Хазгар гэдэг нь тусламж хэрэгтэй хүн гэсэн утгатай. Хадмуудаасаа үргэлж тусламж авахыг хүсдэг хүмүүсийг энэ үгээр дүрслэн хэлдэг. Зарим хүн бэр болон хүргэн, хадмуудтайгаа сайн харилцаатай байдаг хүмүүсийн тухай ярихдаа энэ үгийг хэрэглэдэг.

The one who limps is affectionate to in-laws
The dog who bites is close to home

This dog protects the home so he can continue to eat there. The one who limps is a metaphor for a person who needs help. This might be used to describe people who are always trying to get help from their in-laws. Others might use it when referring to a bride and groom who have good relationships with their in-laws.

#1105 —occasionally used
Хайр ихэдвэл харам ихэднэ
Хүсэл ихэдвэл хясал ихэднэ

Эхний мөр мөнгөнд дурлах тухай өгүүлжээ. Хэрэв бид ямар нэгэн эд юманд хэт татагдвал харам болдог. Хэрэв мөнгөтэй байсан бол худалдаж авч болох бүх зүйлийг худалдаж авна хэмээн мөрөөдвөл байгаа зүйлдээ сэтгэл ханагалуун байхаа больдог. Байгаа зүйлдээ сэтгэл ханагалуун байхын оронд боломжгүй зүйлийг мөрөөдсөөр байдаг. Бид өөрсдийгөө захирах хэрэгтэй. Боломжгүй зүйлийг хэт их мөрөөдөх нь өөрийгөө үргэлж голоход хүргэдэг.

If there is lots of love, you become stingy
If you have a strong desire, there are many hindrances

Line 1 refers to the love of money. If we become more attached to things, we will share less with others. If I spend all my time dreaming about what I could get if I had the money I become less content with what I have. Rather than being satisfied with what I have and doing what I can I only think about impossible things. We need to have self-control. Desiring what is impossible will naturally bring continual frustrations.

#1106 —occasionally used
Хайр ихэдвэл хартай
Халгай ихэдвэл цэврүүтэй

Халгайд түлэгдвэл арьс загатнадаг. Хар гэдэг бол Монголд хэвийн үзэгдэл, ялангуяа эхнэрүүд. Ямар нэг зүйлд уурлаж, уурласан шалтгаанаа хардалтаар тайлбарладаг хүнд энэ үгийг хэлдэг. Өөрөөр хэлбэл хартай байх нь уурлахад хүргэдэг. Учир нь хар гэдэг бол үнэхээр их хайртайн шинж тэмдэг юм.

If love is too much, jealousy
If nettles are too much, blisters

It is understood that nettles will bring skin irritation. Jealousy is a common emotion in Mongolia, particularly for wives. This might be used by someone who has become angry and uses jealousy as the excuse. In other words, the jealousy and therefore the anger should be expected because the one who is jealous has so much love.

#1107 —regularly used

<u>Хайраа</u> (Хайр нь) дотроо
<u>Халаа</u> (Хал нь) гаднаа

Хайр нь дотроо
Хал нь гаднаа

Энэ зүйр үг дуунд ихэвчлэн гардаг. Нялх хүүхэд л биш бол эцэг эх нь гаднаа нилээд хатуу ханддаг. Хайраа ил харуулбал хүүхдүүдийг муу занд сургана гэж боддог. Хөдөөний хүүхдүүдэд 4, 5 настайгаасаа морь унаж, ус түлээгээ авч, мал хуйгаа болон дүү нараа асрах үүрэг ногддог. Гаднын хүн гэр бүлийг нь хараад тэдний гэр бүлийн хайр ил харагдахгүй байгаад санаа зовж байвал гэрийнхэн нь энэ үгийг хэлдэг. Зарим хүн үүнийг өөрийгөө захирах гэж бас тайлбарладаг. Сайн хүн байхын тулд өөрийнхөө сэтгэл хөдлөлийг захирах хэрэгтэй. Монгол аавууд хүүхдүүдээ өсөж том болохоор нь хайраа гаднаа бараг илэрхийлдэггүй. Зарим хүн хүүхдүүдээ хэт их хайрлавал муу сүнс хүүхдүүдийг нь оролдоно гэж боддог. Энэ зүйр үг хүүхдүүдэд эцэг эх нь тэднийг хүмүүжүүлэхдээ хатуу үг хэлсэн ч гэсэн дотроо бол тэдэнд маш их хайртайг сануулдаг.

<u>Your love</u> (Love) is inside
<u>Your hardness</u> (Hardness) is outside

Even though a father is angry
His love for you is inside him

This is commonly used in songs. Typically parents are not outwardly affectionate except with babies. They believe that showing their affection will spoil the child. In the countryside when children become 4 or 5 they start to learn how to ride a horse and they are given the responsibility to carry water and to care for the animals and younger brother and sisters. Some people might use this when people worry if their family loves them because they are not outwardly affectionate. For others the proverb relates to self-control. In order to be a good person, you need to control your emotions. In the Mongolian culture it is common for fathers to not outwardly show affection to their children once they are no longer babies. Many believe that to show too much love will cause the spirits to take notice and they will then harm the children. This proverb reminds children that even though their parents speak harshly when they are disciplining them, inside they love them very much.

#1108 —occasionally used

Хайртай боловч хайчаар бүү тоглуул
Эрх боловч ээрүүлээр бүү тоглуул

Хайртай ч хутгаар бүү тоглуул
Зоргоор ч зүүгээр бүү наадуул

Хүүхдүүддээ буруу хүмүүжил олгохгүй байхыг захисан үг. Хүүхдийнхээ хүссэн болгоныг бүү өг. Тэдний хүссэн зүйл өөрсдийг нь гэмтээж болзошгүй.

Even if you love, do not let a child play with scissors
Even if you indulge, do not let a child play with a spindle

Even if you love, do not allow playing with a knife
Even if you allow everything, do not allow playing with a needle

This might be used as advice for parents to not spoil their children. Do not give something to your children just because they want it. What they want may harm them.

#1109 —occasionally used
Хайрхан уулыг цас дардаг
Хайран биеийг нас дардаг

Хүмүүс хөгширч өтлөхөөрөө энэ үгийг хэлдэг. Бидний бие махбодь бидний хүссэн бүгдийг хийх чадваргүй болдог.

The high mountain is covered with snow
The human body is covered with age

This might be used when we are older and get tired. Our bodies can no longer do what we want to do.

#1110 —often used
Хал **таньж** (үзэж)
Хашир **болох** (сууж)

Хал үзэж байж хашир болж бас алдаанаасаа суралцдаг.

By experiencing hardship
You become experienced

We become experienced through hardships as well as our mistakes.

#1111 —regularly used
Хал үзэж
Халуун чулуу **долоосон** (долоох)

Эхний мөр нь амьдралын туршлагын талаар өгүүлжээ. Зарим хүн хоёр дахь мөрийг өөрийгөө захирах гэж ойлгодог. Дээр үед хүмүүс галд хийсэн халуун чулуу долоох сургуулилт хийдэг байжээ. Хүнд хэцүү цагт өөрийгөө захирч сурсан хүмүүсийг дүрслэхийн тулд энэ зүйр үгийг ашигладаг. Харин зарим хүн халуун чулуу гэдэг нь хүмүүсийн амьдралдаа амссан зовлон бэрхшээлийг хэлсэн гэж үздэг. Өнөөгийн зарим бөө нар халуун чулуу долоож хүмүүсийг хараадаг. Амьдралын наана цаадахыг мэддэг туршлагатай хүнийг энэ үгээр илэрхийлдэг.

Went through hard things
Licked a hot stone

Line 1 refers to life experience. Some people understand line 2 as referring to someone's self control. In old days there were many people who practiced and were eventually able to lick a stone that was made hot in the fire. These people would use the proverb when referring to someone who has practiced self-control in difficult situations. Other people understand a hot stone here to be a metaphor for the suffering people experienced in their lives. Some shamans even today will lick a metal scraper that has been heated before cursing someone. They would use this when referring to someone who is very experienced and knows a lot.

#1112 —occasionally used
Халдавч хар халзандаа

Энэ бол зүйр үг биш, харин хэлц үг. Хонь төхөөрөхөөр хониныхоо хашаанд орсон хүний явдлаас үүдсэн. Тэрээр хамгийн сул дорой нь гаргахаар хайжээ. Харин хар халзан хонь нь түүнээс нүүрээ нуусан байна. Хэсэг хүмүүс буруутгагдахад тэд өөрсдийн алдааг хүлээн зөвшөөрөлгүй хамгийн сул дорой нэгнээ буруутгахад энэ үгийг хэлдэг гэж тайлбарладаг. Харин зарим хүн хэрэв хэн нэгэн хүн асуудалтай бол хамгийн сул дорой хүнийг цохиж унагадаг гэсэн утгаар тайлбарладаг.

Attack the black ones

This is a saying, not a proverb. It comes from a story where a person went to kill a sheep. Of course he looked for the weakest one. In the story it was a black one with a white stripe down its face. Some people might use this when several people are accused of something and they deny responsibility and blame the one in the group who is the weakest. Other people might use it when a person has a problem and he goes and hits a weaker person.

#1113 —occasionally used
Хамар ихтийн нус их
Ханцуй ихтийн нударга их

Үргэлж зодолдох дуртай хүнийг энэ үгээр дүрслэн хэлдэг.

A person with a big nose has lots of mucus
A person with big sleeves has big fists

This can be used to refer to someone who always likes to fight.

#1114 —occasionally used
Хамтарч хийвээс чанартай
Ханилж явбаас хөгжилтэй

Хэрэв хүмүүс хамтдаа ажиллавал сайн үр дүнтэй болохыг хэлдэг зүйр үг юм.

Do together so quality will be good
Go together so it will be fun

This is a reminder that the result will be the best if people work together.

#1115 —occasionally used
Хан уулыг цас дардаг
Хайран биеийг нас дардаг

Энд амьдралын үнэнийг өгүүлжээ. Энэ нь магадгүй өөрийгөө хэзээ ч хөгшрөхгүй мэт боддог залуст хэрэглэгддэг. Тэд өдөр бүр настангуудыг хүндлэх ёстой.

Snow weighs down the mountain
Age weighs down the body

These are true things about life. It might be said to young people who think they will never get old. Everyday they should respect their elders.

#1116 —often used
Ханат (ханан) гэр холдож
Хадат (хадан) гэр ойртох

Өтөлж нас барж байгаа хүнийг дүрсэлжээ. Эхний мөр нь хүн нас барахдаа гэр орноо орхидог тухай өгүүлжээ. Хоёр дахь мөр нь нас барсны дараа бидний дээр булшны чулуу босгодог гэсэн утгатай.

Gets far away from the home with a wall
Gets near the home with a stone

This refers to getting old and dying. The first line means that when we die we will leave our homes. The second line means that after we die our home will have a rock (tombstone) over it.

#1117 —occasionally used
Ханилбал өтөлтлөө
Хайрлавал өсгөтлөө

Эцэг эхэд нь хүүхдүүдээ хайрлахыг эсвэл гэрлэсэн хосуудад насан туршдаа бие биеэ хайрлахыг захисан үг юм. Гэрлэлт нь насан туршийнх байх учиртай. Хэрэв хүүхэдтэй бол тэднийгээ өстөл нь хайрлах хэрэгтэй. Гэвч энэ нь өссөн хойно нь хайрлахаа болино гэсэн утгатай үг биш ээ.

Your marriage should last your whole life
Your love for your child should last until they are raised

This might be used when speaking to parents about their children or to married couples about their life time commitment. If you get married, it should be for life. If you have children, you should be committed to caring for them until they are grown. This does not mean that you should stop caring at that point.

#1118   —frequently used
Ханилж яваад нөхрөө
Унаж яваад морио

Сайн морь унасан хүн морио орхидоггүй. Энэ зүйр үг сайн анд нөхөд байсан хүмүүс үл ойлголцлоос болоод эсвэл хэн нэг нь өөрийн эрх ашгийг илүүд тавьснаар нөгөө нь нөхөрлөлөө зогсоож байгааг дүрсэлжээ. Энэ үгэнд орхих, хаях гэсэн үг байхгүй ч тэгж ойлгогдож байна. Найз нөхрөө замын дунд орхидог хүн бол зөвхөн өөрийгөө анхаарч өөрийнхөө тухай л боддог.

Abandon your friend after long companionship
Abandon your horse after a long ride

It is understood that a rider would never abandon a good horse. This might be used when referring to a situation where two people have been close friends, but because of a disagreement or because of something one of them was able to benefit from, one abandons the other. The word for to desert or abandon is not in the Mongolian but it is understood. People who desert friends are self-centered and only think about themselves.

#1119   —regularly used
Хар гэртээ хаан,
Бор гэртээ богд

Хувьсгалаас өмнө *Богд* Манжийн дарлалд байсан Монголын эзэн хаан байжээ. Тэр үеийн ядуус ихэвчлэн хар, бор гэртэй байсан байна. Хэдийгээр хамгийн сайн гэр биш ч хүн өөрийн гэртээ эрх мэдэлтэй байх гэсэн утгатай.

The king in a black *ger*
The *bogd* in a brown *ger*

Bogd is the term used for the Mongolian kings under the Manchu overlords before the revolution. Black or brown *gers* were typically owned by the poor. This proverb states that you are the master in your own home even if it is not the best.

#1120   —often used
Хар санаа биеэ отно (зовооно)
Хасаг тэрэг бухаа зовооно

Хар өнгө муу зүйлийг бэлгэддэг. Хар санаа гэдэг нь муу зан чанар гэсэн утгатай. Жижиг тэрэгнээс том тэрэг бухыг илүү зовооно. Бусдыг хорлох талаар үргэлж бодож явдаг хүмүүсийг энэ зүйр үгээр дүрсэлжээ. Гэвч тэдний хар санаа өөрсөд дээр нь бууна. Тэдний хар санаа тэдэн дээр бууж ирнэ гэсэн санаа энэхүү үгэнд байхгүй ч тэгж ойлгогдож байна. Эхний мөрийг ихэвчлэн дангаар нь хэрэглэдэг.

A black mind will lie in wait for (troubles) the body
Large cart troubles the bull

Black is often symbolic of bad. A black mind means the person has bad character. It is understood that a large cart is more difficult for a bull than a small cart. This proverb describes people who are thinking about ways to harm others. But their malice will come back on them. The verb indicating that their action will come back on these people is missing in the Mongolian, but it is understood. The first line is usually used by itself.

#1121   —occasionally used
Хар санаа эзнээ отно
Ханын үдээр нүхээ элээнэ

Бусдыг хорлох талаар үргэлж бодож явдаг хүмүүсийг энэ зүйр үгээр дүрсэлжээ. Гэвч тэдний хар санаа өөрсөд дээр нь бууна.

A black idea waits for me
A leather strap of a *ger* wall makes a big hole

This proverb describes people who are thinking about ways to harm others, but their malice will come back on themselves.

#1122 —regularly used
**Хар хүний өмнөөс
Шар хүн**

Хувьсгалын үеэр энгийн хүмүүсийг хар хүн гэж харин лам нарыг шар хүн гэж нэрлэдэг байжээ. Хар хүнийг буруу зүйл хийх үед шар хүн тэднийг хамгаалж өмгөөлдөг байв. Хэн нэгэн гомдсон хүний өмнөөс гуравдагч этгээд очиж ярилцъя гэхэд нь гомдсон хүн тэр хүнд "Би өөрөө түүнтэй очиж уулзах хэрэгтэй" гэсэн утгаар ингэж хэлдэг байна. Өнөө үед нөхрүүдийг "хар хүн," төрд ажиллаж байгаа хүмүүсийг "төрийн хар хүн" гэж нэрлэдэг. Маргалдаж буй хоёр хүний хэргийг зохицуулахаар гуравдагч этгээд дундуур нь орох үед энэ үгийг хэлдэг. Энэ хүн зуучлах гэж оролддог.

**Yellow person on behalf of a
Black person**

During the revolution, ordinary people were called black people and the *lamas* were called yellow people. The black man was one who did something bad and the yellow man was one who protected. When one person offends another, the offended person would say this to a third person who says that he will go and speak to the offender. The offended person is saying, "I need to meet with him myself." Today a husband may be called "black person" or a government person might be called a "government black person." This might be used when a third person, in an effort to protect someone, is getting in between two people who are having an argument. He is meddling.

#1123 —often used
**Хар ч гэсэн хааны хишиг
Бор ч гэсэн *Богд*ын хишиг**

Аливаа бэлэг сэлтийг голох хэрэггүйг ийнхүү өгүүлжээ.

**Even if black, it is still the king's gift
Even if brown, it is still the *bogd's* gift**

This states we should not look down on any gift.

#1124 —regularly used
**Харамласан юм
Хар нохойн хоол болох**

Монголчууд нохойндоо онцгой сайхан хоол өгдөггүй. Хөдөө нутагт бол хүмүүс тогооныхоо угаадсыг нохойдоо өгдөг. Нохой хоолны үлдэгдэл, өвдөл цөвдөлөөр хооллодог. Энд хар гэх үг ямар нэг муу, үнэ цэнэгүй зүйлийг илэрхийлж байна. Хар нохойн хоол гэдэг нь үнэ цэнэгүй гэсэн утга. Туслах ямар ч сэтгэлгүйгээр тусалж байгааг энэ зүйр үг илэрхийлжээ. Ийм тусламж огт хэрэггүй. Харам сэтгэлээр өгнө гэдэг бол муу зан чанартайг илтгэж байна. Өгөөмөр сэтгэлээр өгөхийн чухлыг энд заажээ. Зарим хүн хэн нэгэн байгаагаа бусадтай хуваалцах дургүй байгааг хараад энэ үгийг хэрэглэдэг. Тэд байгаа зүйлээ алдчихаж болох юм.

**The thing you give someone reluctantly
Becomes a black dog's food**

Mongolians usually do not feed their dogs special food and in the countryside the water dogs drink is often what was used to rinse the cooking pot. They get leftovers and scraps. Black is often used to refer to something that is bad or of no value. A black dog's food is the lowest value. This proverb describes people who give others some help, but really do not want to help. This kind of help is useless. Reluctant giving is a sign of bad character. This might be used when teaching the importance of giving willingly. Some might use it as a warning to those who are unwilling to share. They may lose what they have.

#1125 —occasionally used
Харамч хүний үгүй олон
Хорон хүний мэх олон

Харамч хүн үгүй гэж хэлэх шалтгаанаа сайн олдог. Хорон хүн бусдад байгааг авахын тулд бүхнийг хийдэг. Харамч, эсвэл бусдын юмыг мэхэлж авдаг хорон хүнийг илэрхийлэхийн тулд энэ зүйр үгийг хэрэглэдэг.

A stingy person has many no's
An envious person has many tricks

The stingy person always thinks of many reasons to say no and the envious person has many tricks in order to get what another has. This might be used when referring to a stingy person or to one who is always trying to get what others have.

#1126 —occasionally used
Харанхуйг гэрэл иддэг
Хатууг зөөлөн иддэг

Гэрэл харанхуйг гийгүүлдэг шиг бусадтай зөөлөн харилцах нь илүү үр дүнтэй байдаг. Уураар аливаа зүйлийг шийдэлгүй, тайван байхыг зөвлөж энэ үгийг хэлдэг.

Light eats darkness
Soft eats hard

Just as light eliminates darkness, soft ways are more effective when working with other people. This might be used when advising someone to calm down rather than dealing with another in anger.

#1127 —occasionally used
Харах нүдний цэцгий мэт
Халуун зүрхний толь (тольт) мэт

Харж буй хүн тэр зүйлийнхээ гоо үзэсгэлэнг ийнхүү илэрхийлжээ. Толь мэт гэрэлтэх халуун хайр харсан хүний зүрхнээс гардаг тухай өгүүлжээ. Үнэ цэнэтэй эд юмс, хүнийг ийнхүү илэрхийлдэг.

Sees like lens of eye
Hot like mirror of heart

The viewer here sees beauty in whom or in what they are looking. The viewer has a hot heart that shines like a mirror for the object of affection. This describes valuable things or people.

#1128 —occasionally used
Харахад тарган сайхан
Дуулахад мэнд сайхан

Энэ бол зүйр үг биш, харин хэлц юм. Дуулахад мэнд сайхан гэдэг нь сайн мэдээ сонсох гэсэн утгатай.

Looking at fat animals is nice
Hearing a good greeting is nice

This is a saying, not a proverb. A good greeting here means hearing good news.

#1129 —occasionally used
Харваагүй байхад мэргэн олон
Барилдаагүй байхад бөх олон

Аливаа юмыг хийхээсээ өмнө бардамнадаг хүмүүсийг илэрхийлжээ. Тэд цаг нь болоход бүтэлгүйтдэг.

When not shot, there are many marksmen
When not wrestled, there are many wrestlers

This refers to people who brag about their abilities until they have to prove themselves and then they fail.

Mongolian Proverbs

#1130 —*frequently used*
Харж байж л болъё

Энэ бол зүйр үг биш, харин хэлц үг. Зарим хүн энэ үгийг харсныхаа дараа итгэнэ гэсэн утгаар тайлбарладаг. Зарим нь сайтар бодож үзэх хэрэгтэй гэсэн утгаар тайлбарладаг.

Let me see

This is not a proverb, it is a saying. Some people understand that it means I will believe something when I see it. Other people believe it means that I need time to think about something.

#1131 —*often used*
Хариутай бол бариутай
Харвинтай бол далантай

Хоёр дахь мөрөнд мах, өөх хамт байдаг тухай өгүүлжээ. Нэг дэх мөр хэрэв хэн нэгнээс тусламж гуйсан бол дараа нь бас тусламж авсан хүндээ туслах хэрэгтэйг өгүүлжээ. Тусалсан хүндээ ирээдүйд туслах хэрэгтэйг сануулах утгаар хэрэглэж болох юм.

If you have an answer, you have a gift
If you have fat, you have meat

In line 2 it is understood that meat and fat go together. Line 1 means someone asked you for help and you answered (helped). Therefore you should receive help from that person in the future. This might be used as a reminder that help now should be returned in the future.

#1132 —*occasionally used*
Харцага шувуу нэг шүүрэлттэй
Хаан хүн нэг зарлигтай

Хийх ёстой зүйлийг нь хэлж өгсөөр байхад хийхгүй хүмүүст энэ үгийг хэлдэг.

The hawk dives only once to catch
The king orders only once

This might be used when people have been told what to do, but they are not doing it.

#1133 —*occasionally used*
Харыг цагаан болгож
Хулганыг заан болгох

Аливааг дэвэргэж үргэлж худал ярьдаг хүмүүсийг дүрсэлжээ. Үнэн зүйл л өөрчлөлт авчирдаг.

Black is changed into white
Mouse is changed into an elephant

This refers to people who always lie or exaggerate. What is true changes.

#1134 —*often used*
Харыг цагаанаар
Хатууг зөөлнөөр

Цагаан гэдэг нь эерэг, хар гэдэг нь сөрөг зүйлийг илэрхийлдэг. Сайн нь үргэлж ялдаг. Асуудалд орсон хүмүүст үргэлж бүхнийг сайн сайхнаар бодох хэрэгтэйг зөвлөн энэ зүйр үгийг хэлж болно.

Black by white
Hard by soft

White normally means positive and black normally means negative. Good will always win out. This might be said to people who are having problems to remind them to only think positive thoughts.

#1135 —occasionally used
Харь газар үгээ бэхэл
Халуун зуураа эвээ хичээ

Хаана ч явсан хэлэх үгээ бодож анхааралтай байх хэрэгтэй.

Hold up your word when in a foreign land
Keep your unity while it is hot

No matter where you are, be careful of what you say.

#1136 —frequently used
Хашир хүн гэж
Хаширсан хүнийг хэлнэ

Туршлагатай хүмүүс гэдэг бол алдаанаасаа суралцсан хүмүүс байдаг. Ямар нэгэн зүйлийг хэлж, үйлдэхээсээ өмнө тунгааж боддог хүмүүсийг дүрсэлжээ.

Experienced person
Is called a cautious person

Experienced people are ones who have learned from their mistakes. This might be used to describe people who really think before they say or do something.

#1137 —occasionally used
Хаяа багтаж бууж
Хоншоор багтаж идэх

Ойр дотно гэр бүлийнхэн болон тэдний эв нэгдлийг энэ үгээр илэрхийлдэг. Тэд төрөл садан байх албагүй.

Place *gers* near
Eat food together

This refers to adjacent families and their unity. They do not have to be relatives.

#1138 —frequently used
Хийвэл бүү ай
Айвал бүү хий

Хэрэв хүмүүс ямар нэг юм хийвэл айлгүй шууд хийх хэрэгтэй. Хийж чадах зүйлээ хийж хариуцлагыг нь үүрэх хэрэгтэй хэмээн хүмүүсийг урамшуулахдаа зарим хүн энэ үгийг хэрэглэдэг. Зарим нэг хүн аливаа юмыг хийх эсэхээ шийдэж ядан байхад нь энэ үгийг мөн хэлж болно. Монгол айдас гэсэн үг бол үл харагдах муу сүнснээс айх гэсэн утгаар хэрэглэгддэг. Хэрэв хүн ямар нэг буруу зүйлийг буруу цагт үйлдвэл муу сүнс тэдэнд эз авчирч, зовлонд унагана гэж хүмүүс айдаг. #44-г үз.

If you do it, don't be afraid
If you are afraid, don't do it

If people are doing something, they need to be brave and just do it. Some people might use this to encourage people to do what they are capable of doing and that they should be responsible. Other people might use it when someone is having trouble making a decision about whether or not to do something. Fear in Mongolia is often related to the fear of the unseen spirit world. If something is done wrong or at the wrong time, the spirits might bring bad luck and misfortune on the person. See #44.

#1139 —frequently used
Хийхэд хэцүү
Хэлэхэд амархан

Хийхээс илүү хэлэхэд амархан зүйлийг энд дүрсэлжээ. Сайхан ярьдаг атлаа ярьсан зүйлээ хэрэгжүүлдэггүй хүмүүст, эсвэл хэлсэн зүйлээ хэрэгжүүлэх боломжгүй нөхцөл байдал үүсэхэд энэ үгийг хэлж болно. #1274-г үз.

Hard to do
Easy to say

This refers to something that is easier to talk about than to do. It might be used for people who talk well, but never do what they speak about or, when referring to a possible action that in reality will be very difficult to accomplish. See #1274.

#1140 —*occasionally used*
Хилэн ихтийг аргаар (тэтгэ)
Хилэнц ихтийг номоор (тэтгэ)

(Treat) An angry one by words
(Treat) A sinner by books

Номоор тэтгэ гэсэн нь мэдлэг өгөх гэсэн утгатай. Энд гарч буй хилэнц гэдэг монгол үг бол Буддын шашны дүрмийг зөрчсөн хүнийг илэрхийлдэг. Жишээ нь: Хүн хүн ба амьтны амь таслах ёсгүй. Хилэнцэт хүмүүс зам мөрөө зааглахын тулд мэдлэгтэй болох хэрэгтэй. Уургай хүмүүст зөөлөн үгээр ханддаг. Уургай, эсвэл дүрэм зөрчсөн хүнтэй хэрхэн харилцахыг зөвлөн энэ үгийг хэлж болно.

To use a book means to give knowledge. The Mongolian word used here for "sinner" is normally the one who has broken Buddha's rules. For example, you are not supposed to kill animals or people. Sinful people need knowledge in order to correct their ways. Angry people need soft words to calm them down. This might be used to advise someone on how to deal with an angry person or one who has broken the rules.

#1141 —*occasionally used*
Хиртэй гараар баримгүй цэвэр
Хилэнтэй нүдээр харамгүй сайхан

Clean that cannot be looked at with dirty hands
Good that cannot be looked at with angry eyes

Зарим хүн энэ үгээр онгон, үзэсгэлэнтэй охиныг илэрхийлдэг. Зарим хүн энэ үгийг сайн хүнийг буруутган шүүмжлэх үед хэлэх хэрэгтэй гэж үздэг.

Some people believe this refers to a beautiful young woman who is a virgin. Other people believe it is said to the person who is criticizing or blaming the good person.

#1142 —*occasionally used*
Хов хорноос доор

Gossip is worse than poison

Хов живний хор хөнөөлийг дүрсэлжээ.

This states the harmfulness of gossip.

#1143 —*often used*
Ховдогийн гэрт хоолгүй
Ховчийн гэрт жаргалгүй

No food in the gluttonous person's home
No joy in the gossiper's home

Хүний муу зан чанарын муу үр дагаварыг энд дүрсэлжээ. Ховдог, хов жив хөөцөлддөг хүмүүсийг дүрслэн энэ үгийг хэлдэг.

These lines describe the negative consequences of these bad character traits. It might be used when referring to someone who is a glutton or a gossip.

#1144 —*occasionally used*
Ховлосны эцэст илэрнэ
Хулгайлсны эцэст баригдана

A gossiper will be found out
A thief will be caught

Хулгайч хүн яваандаа баригддаг шиг хов жив зөөдөг хүний мөн чанар эцэстээ танигддаг. Хүний муу зан чанар яваандаа танигдана гэдгийг сургахын тулд энэ үгийг хэлдэг.

Just as a thief will eventually be caught, a gossiper's character will be seen. This might be used when teaching that people's bad character will eventually be discovered.

#1145 —occasionally used
Ховч хүн үгэндээ үхнэ
Ховдог хүн хоолондоо үхнэ

Хүний муу зан чанарын муу үр дагавары́г энд дүрсэлжээ.

The gossiper will die from his words
The glutton will die from his food

These lines state the consequences of these bad character traits.

#1146 —frequently used
Хоёр идэхгүй
Хоосон хоноxгүй

Амьдрах гэж зовж зүдэрч байгаа хүмүүсийг дүрсэлжээ гэж зарим хүн үздэг. Тийм хүн өдөрт ганцхан удаа л иддэг. Амьдрал нь хүнд хэцүү байх үед зарим хүмүүс ингэж хэлдэг. Дор хаяж би өдөрт нэг удаа хооллож байгаа гэсэн утгаар. Зарим хүн дундаж амьдралыг дүрслэхдээ энэ үгийг хэрэглэдэг. Тэд бол баян ч биш ядуу ч биш хүмүүс.

Does not eat twice a day
Does not go to bed hungry

Some people might use this to describe a person who is struggling to survive. He only eats once a day. Other people might use it when life is not bad. At least I am eating once a day. Some might use it when referring to an average life. The people are not rich nor are they poor.

#1147 —occasionally used
Хоёр нөхрийн хооронд хов битгий зөө
Хоёр нохойн хооронд яс битгий хая

Хоёр нохойн дунд яс хаявал тэд хоорондоо ясны төлөө уралцах нь гарцаагүй. Нэг найзад нөгөөгийнх нь талаар хов жив зөөдөг хүнийг дүрсэлжээ.

Between two friends, do not gossip
Between two dogs, do not throw a bone

It is understood that if a bone is thrown in between two dogs, there will be a fight. This describes someone who gossips to a friend about another friend.

#1148 —frequently used
Хоёр хар хэрээ бие биеийнхээ харыг гайхах

Нэгнийхээ зан чанарын хэр муу болохыг харж шүүмжилдэг хүмүүсийг илэрхийлжээ. Тэд бие биеэ шүүмжилж, шүүж, засахыг оролддог ч өөр өөрийнхөө муу зан чанарыг анзаарч хардаггүй.

Two black crows are surprised by each other's blackness

This refers to two people who see the bad character traits of each other. They criticize, judge and even try to correct the other, but do not see that they both have the same bad character traits.

#1149 —occasionally used
Хоёр хүн эвтэй бол төмөр хүрээ мэт бөх
Хорин хүн эвгүй бол эвдэрхий хүрээ мэт хялбар

Энэ бол нэгдмэл байхын хүч чадлыг сануулсан зүйр үг юм.

If two people are united, strong as an iron frame
If twenty people are not united, weak as a broken frame

This is a reminder of the strength in being united.

#1150 —occasionally used
Хоёр хүн явбал нэг нь ахлах
Нэг хүн явбал малгай нь ахлах

If two people go, one will lead
If one person goes, his hat will lead

Монголчууд удирдлагын багийн талаар ер нь боддоггүй. Удирдлагын загвар нь нэг хүний удирдлага юм. Малгай гэдэг нь өөрийнх нь санаа гэсэн үг юм.

Mongolians do not usually think in terms of group leadership. Their model of leadership is that one person is in charge. The 'hat' means his ideas will lead.

#1151 —occasionally used
Хоёр эхнэртэй юм шиг
Холгосон гуталтай юм шиг

Like having two wives
Like having boots that chafe

Холгодог гуталтай явах үнэхээр бэрх байдаг. Үүний нэгэн адил эрэгтэй хүний амьдралд хоёр эмэгтэй байвал амьдрал нь хэцүү байх болно. Уруу царайтай хүнийг хараад ийнхүү хэлдэг.

Boots that chafe make walking difficult. In the same way, trying to have two women in a man's life will make living difficult. It might be used when someone looks upset.

#1152 —regularly used
Хоёрын хооронд
Гурвын дунд

Among two
Between three

Хэн нэгэн хүнд тусалсан боловч тэр нь сайн тус байгаагүй бол ингэж хэлдэг. Туслахыг гуйсан хүн ингэж хэлдэг. Ямар нэг ажил үр дүнгүй, чанаргүй болсон үед энэ үгийг хэлдэг.

Some people use this when a person offered to help another, but was not very much help. The person asking for help would say this. Other people would use it when a project or work was done with low quality.

#1153 —regularly used
Хойд хормойгоо авч
Урд хормойгоо нөхөх

Take a piece from the back of your coat
Patch on the front of your coat

Хувцасны урд талд гарсан уранхайг нөхөж оёхын тулд хувцасныхаа ар талаас урж аваад нөхсөн ч хувцас уранхай хэвээр үлдэнэ. Хэн нэг хүнээс зээлж авсан зээлээ төлөхийн тулд өөр нэг хүнээс зээл авч төлдөг хүнийг энэ зүйр үгээр дүрслэн хэлдэг.

When a piece of material is taken from the back of clothing in order to cover a hole in the front, there will still be a hole in the garment. This describes a person who borrowed from one person and then borrowed from another person in order to pay back the first person.

#1154 —regularly used
Хойноос ирээд хот <u>минийх</u> (манайх)
(манай)
Хотонд ирээд хонь <u>минийх</u> (манайх)
(манай)

Comes from the north and says the fold is <u>mine</u> (ours)
Comes to the fold and says the sheep are <u>mine</u> (ours)

Бусад хүний юмыг өөрийнх мэт ашигладаг хүмүүсийг дүрсэлдэг. Айлд ирээд айлын юмыг өөрийн юм шиг хэрэглэдэг. Ийм хүн бусдын талаар огтхон ч боддоггүй.

This describes an aggressive person who comes and is inconsiderate of others. He may come to a home and take from it. He acts on impulse with little thought for others.

Mongolian Proverbs

#1155 —occasionally used
Хол гэж бүү цөхөр
Явбал хүрнэ
Хүнд гэж бүү цөхөр
Өргөвөл даана

Do not despair if it's too far
If you go it can be reached
Do not despair if it's heavy
If you try it can be lifted

Бусдыг зоригжуулахын тулд энэ үгийг хэлдэг.

This might be used to encourage others.

#1156 —often used
Хол явах гэвэл
Ойроос эхэл
Ихийг хийх гэвэл
Багаас эхэл

If you want to go far
Start near
If you want to do much
Start little

Аливаа юмыг хийхдээ багаас эхэлж, алхам алхмаар хийж, хол явах бол гэрээсээ эхлэн алхам алхмаар урагшлах нь хамгийн сайн гэдгийг сануулахын тулд хэрэглэдэг.

This might be used as a reminder that it is better to take a project step-by-step and get experience doing small things or things close to home first before starting a big project or going far away.

#1157 —occasionally used
Хонжоочийн хойд дээр
Хоёр хүн сундлаатай

A person who always tries to benefit
Two people are riding with him

Юм бүхнээс хожихыг хүсдэг хүнийг ийнхүү дүрсэлжээ. Тэр хүмүүсийг болон нөхцөл байдлыг өөртөө ашигтайгаар эргүүлэх гэж оролддог боловч өөрөө ихэвчлэн ашиглуулдаг.

This describes a person who tries to profit in every situation. He tries to take advantage of people or the situation, but others actually take advantage of him.

#1158 —occasionally used
Хонины хүнд хоол хэрэгтэй
Хожгор толгойд малгай хэрэгтэй

The sheep herder needs food
The bald head needs a hat

Амьдралын үнэнийг энд дүрсэлжээ.

This describes true things.

#1159 —often used
Хоноц хоноцоо таалахгүй
Хонуулсан айл
Хоёуланг нь таалахгүй

The lodger does not like other lodger
The family which gave them a place to stay
Does not like either of them

Хэт олон зочинтой үед энэ үгийг хэлдэг. Ирсэн хоёр зочин хоёулаа удаан хугацаагаар байрлаж байгаа ч талархалтай байхын оронд гомдоллож буйг ийнхүү илэрхийлдэг.

This might be used when there are too many guests. It describes when two uninvited guests who both stay too long, complain about each other rather than being appreciative that they have a place to stay.

#1160 —regularly used
Хонх нь дуугарвал дамар нь таг
Хоёулаа дуугарвал лам нь таг

Дамар гэдэг бол лам нарын хэрэглэдэг жижиг бөмбөр юм. Дамар, хонх хоёрыг лам хэрэглэдэг. Дамар, хонх, лам гурав зэрэг дуугарах ёстой байдаг. Ямар нэг зүйлийг хийх гэтэл хэн нэг нь юм уу, эсвэл ямар нэг зүйл дутуу байсны улмаас хийх гэж буй ажил нь бүтэлгүйтэхэд ингэж хэлдэг. Мөн хүмүүс байвч хэн нь ч дуугарахгүй бол тэднийг харсан хүмүүс ч ингэж хэлдэг. #351-г үз.

If the bell jingles, the *damar* is quiet
If both of them are noisy, the *lama* is quiet

The *damar* is a hand drum used by *lamas*. The *damar* and the bell are used by *lamas*. The *damar*, bell and *lama* should all be heard at the same time. Some people might say this when they are trying to do something and 1 thing or 1 person is missing, so the project cannot be done. Other people might use it when 2 people get together, but both are quiet. See #351.

#1161 —frequently used
Хоол болтол
Шийр зугаа

Хоол болох хүртэл завгүй байх хэрэгтэйг сануулсан зүйр үг юм. Зарим хүн хоолны өмнө идэх зуушийг хараад энэ үгийг хэрэглэдэг.

Until the food is done
Nibble the shank

This states we should stay busy until the rest of the food is ready. Some might use this to tell guests to eat some of the snacks that have been put out before the meal.

#1162 —occasionally used
Хоосон ам
Холхиндог гутал

Хоосон ам гэдэг нь их ярьдаг боловч юу ч хийдэггүй хүмүүсийг хэлдэг. Холхиндог буюу томдсон гуталтай бол явахад хэцүү байдаг бөгөөд ямар ч хэрэггүй байдаг. Таарахгүй гутал хэрэггүй байдаг шиг юу ч хийдэггүй хүний яриа огт утгагүй.

Empty mouth
Loose boots

An empty mouth means these people talk a lot but do nothing. Loose boots make walking difficult so they are useless. Just as boots that do not fit are useless, so also are the words of people who never do anything.

#1163 —occasionally used
Хоосон буунаас
Хорин хүн айна

Аливаа юмны гадна талыг хараад дотор нь юу байгааг мэдэхгүй тул айж буй хүмүүсийг дүрслэн хэлэхэд энэ үгийг хэрэглэдэг.

Twenty people will be afraid
Of a gun with no bullet

This might be used when referring to people who are afraid of something that is unknown because they can only see the outside.

#1164 —often used
Хор идсэн шаазгай шиг
Хоёр идсэн чоно шиг

Хэзээ ч сэтгэл хангалуун байж үзээгүй хүнийг дүрслэхийн тулд зарим хүн энэ үгийг хэрэглэдэг. Архи уусан үедээ

Like the magpie who ate poison
Like the wolf who ate twice

Some people use this to describe the person who never has enough. Others use it to describe someone who is very erratic and

агсам хүмүүсийг зарим нь энэ үгээр дүрсэлдэг. Ерөнхийдөө шаазгай хор идсэн бол ердийнх шигээ байхгүй нь ойлгомжтой. Чоно хоёр удаа идсэн бол дахиад л иднэ. Архийг мал шиг хэтрүүлэн уусан хүнийг дүрсэлдэг.

cruel when drunk. In general the magpie is hyperactive and if it ate poison it would be worse than usual. If the wolf eats twice it will do it again. This describes one who drank a lot and acted like an animal.

#1165 —often used

Хорвоод хүн нүцгэн ирж
Хорвоогоос мөн нүцгэн буцдаг

A person comes naked into the world
He returns naked from the world

Хүн дэлхийд төрөхдөө юу ч үгүй төрж, юу ч үгүй буцдаг болохыг ийнхүү хэлжээ. Материаллаг эд баялгийг илүүд үздэг хүнд энэ үгийг хэлж болно.

This states that we all came into the world with nothing and we will leave with nothing. This might be used when someone is valuing material possessions too much.

#1166 —occasionally used

Хорт могойг өчүүхэн гэж бүү бас
Хортон дайсныг буурай гэж бүү бас

Do not underrate the venom of a snake that looks small
Do not underrate the sworn enemy who looks weak

Хорт могойд нарийн, бүдүүн гэж үгүй
Хортон дайсанд хол, ойр гэж үгүй

There is no difference between big or small poisonous snakes
There is no difference between near or far for the evil enemy

Жижигхэн могой, хүчгүй сул дорой дайсан хүртэл хор хүргэж чадна. Тэд харагдаж байгаагаасаа илүү хүчтэй байдаг. Дайсан хол ойроосоо үл шалтгаалан дайсан хэвээрээ байдар. Анхааралтай байх хэрэгтэй. Сул дорой мэт харагдаж байгаа хүнийг тийнхүү бодох хэрэггүйг сануулсан үг юм.

A small snake and an enemy who look weak, can still harm us. They are stronger than they appear. An enemy is still an enemy whether he is near or far. Be cautious. This might be used to advise someone to not look down on another person who appears weak.

#1167 —regularly used

Хорхой ч гэсэн
Биед нь хүрэхээр атирдаг

Even an insect
Moves when you touch its body

Номхон даруу хүнээр оролдож, төвөг учруулж буй хүнд анхааруулан энэ үгийг хэлдэг. Хэдий даруу төлөв, гэм зэмгүй хүн байсан ч тэдэнд буруу зүйл хийвэл цочир уурладаг.

This might be used to warn people who are bothering others who appear to be calm. Even people who are very peaceful and calm can be irritated if we do the wrong things.

#1168 —often used

Хорхойд хоргүй
Сэтгэлдээ сэвгүй

Causes no harm to insects
Has no guilt in heart

Буддын сургаал ёсоор амьтан алах нь гэм нүгэл. Өчүүхэн хорхой хүртэл алж үзээгүй хүний сэтгэл сэвгүй, ариун гэж

In Buddhist teaching, killing an animal is considered a sin. The person who does not bring harm even to a worm has a clear con-

тэд үздэг. Аюулгүй, гэм зэмгүй сайн хүнийг энэ үгээр дүрсэлдэг.

science and is very innocent. This proverb describes a nice person who is innocent and harmless.

#1169 —often used
Хорыг хороор
Хожуулыг сүхээр

Архи уусан хүний гэдэс дотор эвгүйрхэхэд энэ үгийг хэлдэг. Тэрээр шараа тайлахын тулд бага зэрэг архи нэмж уудаг.

Poison by poison
Stump by axe

This can be used when a drunk gets up and his stomach is upset. He drinks a little vodka to settle his stomach.

#1170 —often used
Хорыг хороор
Хортныг мэсээр

Хүн чамд муу зүйл хийвэл тэдэнтэй адилхан харилцах хэрэгтэйг сануулсан зүйр үг. Хэн нэгэнд муугаар хандаж байгаагаа зөвтгөх маягаар ийнхүү хэлдэг.

Poison by poison
Evil by sword

This states that if people do bad things, we can treat them the same way. This might be used to justify treating someone badly.

#1171 —regularly used
Хошуу нэмэхээр
Хуруу нэм

Ярьснаас хийсэн нь дээр гэдгийг харуулахын тулд ингэж хэлдэг.

Add fingers
More than lips

This states that it is better to work than to just talk.

#1172 —often used
Хөгшид үхэхээрээ айлгана
Хүүхэд уйлахаараа айлгана

Залуусыг сонсоосой гэсэндээ ахмад настай хүмүүс энэ үгийг хэлдэг. Хүүхдүүд уйлж хүний анхаарал татдаг шиг настай хүмүүс холгүй байгаа үхлээрээ айлгаж хүмүүсийн анхаарлыг татдаг. Удаан амьдрахгүй гэж үргэлж ярьдаг настай хүмүүсийг дүрслэхийн тулд зарим хүмүүс энэ үгийг хэлдэг.

Old people will threaten with their dying
Children will threaten with their crying

Older people who want younger ones to listen might say this. Just as a baby gets attention by crying, older people get our attention by speaking about their death which is not far away. Other people might use it when referring to old people who always speak about how they do not have much longer to live.

#1173 —often used
Хөгшин азарга
Жороо сурах

Настай хүн атлаа залуу хүн шиг аашилж, саваагүйтэх нь зохимжгүй байгааг хараад ийнхүү дүрслэж болно.

An old stallion
Learns to amble

This can be used to refer to older people who act young and have funny characters, but it does not suit them.

#1174 —*regularly used*
Хөгшин хүн
Хүүхэд нохойн доог болох

Настай хүмүүсийг хүмүүжилгүй хүүхэд, нохдоос бид хамгаалж, асрах хэрэгтэй. Зарим хүн насандаа байхгүй, зохисгүй авирлаж буй настанг харахдаа энэ үгийг хэрэглэдэг.

The old person
Is teased by the child and the dog

We should care for old people and protect them from undisciplined children and dogs. Othes might use it when referring to older people who are not acting their age.

#1175 —*regularly used*
Хөгшин хүн
Хүүхэд хоёр адил

Хөгшид, хүүхдүүдэд адилхан асаргаа шаардлагатайг сануулсан үг юм.

Old person
And child are the same

This states that both these ages need the same care.

#1176 —*occasionally used*
Хөгшин хүн суун жаргаж
Залуу хүн яван жаргана

Настай хүмүүс хийдгээ хийчихсэн учир амарч, амьдралыг ажиглах нь зүйн хэрэг. Харин залуус ажил хийх хэрэгтэй. Гадаа нарлан сууж буй настай хүнийг хараад эсвэл залууст зүгээр сууснаас ямар нэг юм хийвэл аз жаргалтай амьдарна гэдгийг сануулан хэлж болох юм.

The old person enjoys sitting
The young person enjoys walking

This states that it is okay for older people to just sit and watch life because they have worked hard. A young person though should be up doing things. This might be used when observing an older person who is sitting outside or when advising young people they will be happier if they are doing something rather than just sitting.

#1177 —*regularly used*
Хөдөлбөл хөлс
Зогсвол зоос

Хэрэв ажиллавал хөлс авна гэсэн утгатай. Зарим хүн энд гарч буй зоос гэдэг үгийг хоосон гэсэн утгаар ойлгодог. Зарим хүн ажил хийдэггүй атлаа мөнгө авч, тусламж хүсдэг хүмүүсийг илэрхийлж байна гэж үздэг. Өөрийн гэр бүлийн хүрээ, найз нөхөд биш, хүмүүст сайн дураар туслах нь тийм ч элбэг биш байдаг. Бусдад туслахыг хүсдэггүй хүмүүс тусалсныхаа шанд мөнгө хүсч ийнхүү хэлдэг.

If you work, salary
If you stop, coin

This means if you work you will get paid. Some people believe coin here means you get almost nothing. Others believe it refers to someone who always wants money and help but does not work. Volunteerism or helping others for free outside the immediate circle of family and friends is not common. Some people who do not want to help others say this in order to get money for their help.

#1178 —often used
Хөлөө хүрэх газар явж
Хэлээ хүрэх газар заргалдах

Хэрэв хууль ёсны хэрэг мөн бол чадах бүхнээрээ тусална гэж хэлэхдээ ийнхүү хэлдэг. Зарим хүн зүгээр суугаад байлгүй очих хэрэгтэй газарт нь очих хэрэгтэй гэсэн утгаар хэлдэг. Буруутгагдсан хүн ямар ч байсан тэвчээртэй байна гэсэн утгаар хэлж болно. Мөн хол явах гэж байгаа хүмүүс ч энэ үгийг хэлж болох юм.

Going to places that the feet can reach
Litigating in places that the tongue can reach

Some people might use this if a friend has a legal case saying that he will do all that he can to help. Other people might use it as a reminder that it is better to go places than to just sit. Others might use it when another has wronged him meaning that he will persevere. And others might use it when they want to go to a far away place.

#1179 —occasionally used
Хөлөөрөө явж
Хөлсөө авах

Ажил хийж мөнгө олох талаар ярихдаа энэ үгийг хэрэглэж болно.

Go and do
Get wages

Some people might use this to refer to working and getting wages.

#1180 —often used
Хөлтэй нь хөлхөж
Хөлгүй нь мөлхөх

Хүн бүр амьдрахын тулд өөр өөрийнхөө чадварын хэрээр зүтгэдэг гэж зарим хүмүүс итгэдэг. Зарим хүн бүх хүмүүс өөр өөрийн чадвараас үл шалтгаалан ямар нэг зүйлд оролцох гэсэн утгаар энэ үгийг хэлдэг.

The ones with legs go
The ones without legs crawl

Some people believe this says that all people regardless of their abilities will do what they need to do to survive. Other people believe it says that all people regardless of their abilities will participate or get involved in an event.

#1181 —regularly used
Хөнжлийнхөө хэрээр хөлөө жийж
Адууныхаа хэрээр исгэрэх

Хөнжлийнхөө хэрээр хөлөө жий
Хүлгийнхээ хэрээр уралд

Бид хөлөө хөнжлөөсөө гартал жийж болохгүй, тэгвэл хөл даарна. Адуунд явсан хүн исгэрдэг. Адуу олонтой бол илүү чанга исгэрнэ гэсэн утгатай. Хоёр дахь зүйр үгийн дагуу бол бид хүлэг морио хэрээс нь хэтрүүлж давхиулж болохгүйг сануулж байна. Өөрсдийнхөө давуу болон сул талыг мэдэхийг сануулсан үг.

Stretch out your legs by the length of
   your cover
Whistle by the number of your horses

Stretch your leg by your blanket's length
Race your horse by its strength

We should not stretch our feet beyond the length of the blanket or our feet will get cold. Whistling is used to herd horses so the extent to which we whistle depends on how large our herd is. For the second proverb, we should not push our horse beyond its limits. These might be used to remind people to be aware of their strengths and weaknesses.

#1182 —*occasionally used*
Хөөвөр сахлаг Монгол морь
Хөдсөн дээлт Монгол эр амь нэг

Монгол эр хүн морьтойгоо амь нэгтэй байдаг гэсэн санааг илэрхийлжээ.

A Mongolian horse with a shaggy mane
A Mongolian man with a sheep skin *deel* have one life

This refers to the idea that the Mongolian man and his horse are one.

#1183 —*occasionally used*
Хөтөл давахыг нь хараагүй бол
Хүлэг гэж бүү магт
Хөдөс оёхыг нь хараагүй бол
Уран гэж бүү магт

Сайн морь өөрийгөө батлах хэрэгтэй. Үүнтэй адил аливаа юманд гаршсан гэж хэлдэг хүмүүс өөрсдийгөө батлах хэрэгтэй байдаг.

If you did not see the horse passing over a mountain
Do not boast it is a good horse
If you did not see the woman sewing
Do not claim she is skillful

A good horse has to have proven itself. In the same way, people who claim to be masters at something need to have proven themselves.

#1184 —*often used*
Хөх зүү
Хөндлөн хатгадаггүй эм

Бэр болох гэж буй хүнд юм оёх шаардлагыг тавьдаг уламжлалтай. Энэ зүйр үг сайн эхнэр байх шаардлага хангаагүй эмэгтэйг дүрсэлжээ.

A woman who cannot poke a blue needle across

Being able to sew is a traditional qualification for a prospective bride. This describes a woman who is not qualified to be a good wife.

#1185 —*regularly used*
Хөхүүрийн ам наашаа (цаашаа)
 (цаашилж)
Хүйтний ам цаашаа (наашаа)
 (наашлах)

Хөхүүр гэдэг бол айраг исгэдэг сав юм. Хөдөө нутагт хахир хүйтэн өвлийн улирал дуусч, халуун дулаан зуны улирал айсуй хавар цагт хүмүүс ингэж хэлдэг. Харин хаалтанд хийсэн үгээр хэлбэл зун дуусч намар эхэлж байгааг илэрхийлнэ. #1203-г үз..

The mouth of the skin sack is coming (going away)
The mouth of cold weather is going away (coming)

The skin sack here is the one used to make *airag* (fermented mare's milk). This is commonly used in the springtime in the countryside when the cold weather is ending and summer is coming soon. The words in the parentheses are used when summer is ending and fall is coming. See #1203.

#1186 —*regularly used*
Хувиа борлуулж
Довоо шарлуулах

Хувиа борлуулна гэдэг нь ийм зан чанар хүнд сайн ирээдүйг авчирдаггүй гэсэн утгатай. Мөн амьдарч буй газар нь ч сайнгүй байна. Бусдад анхаарал тавь-

Makes himself brown
Makes hillock yellow

To make myself brown means that my behavior will not bring a good future for me. Also my place will not be good. This describes a self-centered person who is not

даггүй хувиа хичээсэн үзэлтэй хүнийг илэрхийлжээ. Зарим хүн алс газар хүний нутагт амьдарч буй хүний тухай ярихдаа энэ үгийг хэрэглэдэг.

concerned with others. Others might use this for the person who is surviving in a foreign country.

#1187 —often used
Хувцас бурхан
Бие чөтгөр

Clothes are god
Body is devil

Хүн гаднаа сайхан харагдаж байгаа ч дотроо ямар муухай байж болохыг ийнхүү хэлжээ. Зарим хүн зохисгүй хувцасласан хүний тухай ярихдаа энэ үгийг хэрэглэдэг.

This describes people who look good on the outside but their characters are bad. Others might use this referring to the person who is not dressed properly.

#1188 —regularly used
Хувьтай хүн
Хур бороогоор

A lucky person
Comes with the rain

Сайн хүн ирвэл хур бороо орно гэж хүмүүс итгэдэг. Зочныг айлд орсны дараа бороо орвол зочин ийнхүү хэлдэг.

It is believed that if a good person visits, it will rain. This might be said by visitors when it rains after they come.

#1189 —often used
Худалч хүний нээрэн олон
Хуурамч хүний хөөрхий олон

People who lie, say "it's true" many times
People who are false, say "poor" many times

Худалч хүмүүс үргэлж үнэнээ хэлсэн гэж тангарагладаг. Үүний адил хуурамч хүмүүс бусдын зовлон бэрхшээлийг хараад хөөрхий гэдэг боловч тэдэнд огтхон ч тусалдаггүй. Санаа тавьж байгаа дүр эсгэсэн хүнд энэ үгийг хэлж болох юм. #1199-г үз.

People who habitually lie are always swearing that what they have said is true. In the same way, the false person is always expressing concern over others' difficult situation, but never does anything. This might be used when referring to a person who shows false concern. See #1199.

#1190 —occasionally used
Худгийн мэлхий далайн ихийг
    мэдэхгүй
Далайн мэлхий худгийн багыг
    мэдэхгүй

The frog in the well does not know the
    largeness of the sea
The sea turtle does not know the
    smallness of the well

Юу ч мэдэхгүй атлаа өөрийн чадвараас хэтэрсэн том ажил эхлүүлэх гэж оролддог хүмүүсийг ийнхүү дүрсэлж болох юм. Хэрэв хийх ур чадвар, мэдлэг байхгүй бол хийдэг гэж хэлэх хэрэггүй.

This might be said when referring to people who do not know something but try to do the project anyway even though it is beyond their abilities. If you do not have the right skills or knowledge, do not say that you do.

Mongolian Proverbs

#1191   —occasionally used
Худлыг үнэн гүйцнэ
Хурдныг сум гүйцнэ

The truth will catch a false one
The bullet will catch a fast one

Хичнээн хурдан амьтан байлаа ч суманд оногддог шиг үнэн яваандаа худлыг гүйцэж илчилдэг. Худал хэлэх гэж буй хүнд энэ үгийг анхааруулга маягаар хэлдэг.

Just as a bullet will hit even an animal that is fast, the truth will eventually bring lies into the light. This might be used to warn someone who is getting ready to lie.

#1192   —often used
Хулгайч бүрийнээр
Чоно борооноор

A thief in the early morning
A wolf in the rain

Хулгайч нар хүмүүсийг унтаж байхад, чоно бороо орж байхад гэтдэг. Учир нь хүмүүс малаа бус, өөрсдийгөө бодож гэртээ бүгдэг. Эгзэгтэй нөхцөлд анхааралтай байхыг сануулан энэ үгийг хэлдэг.

Thieves like to come when people are asleep and the wolf likes to attack when it is raining because people are under cover rather than with their animals. This might be used to advise people to be cautious at the times when they are most likely to be attacked.

#1193   —regularly used
Хумсалсаар хумсалсаар хулгайч
Хуурсаар хуурсаар худалч

To steal little by little, a thief
To deceive little by little, a liar

Хуурсаар хуурсаар худалч
Хумсалсаар хумсалсаар хулгайч

Lying a little will lead to more lying and you will be a liar
Stealing a little will lead to more stealing and you will be a thief

Муу зуршилтай хүний муу үйлдэл багаас эхэлж томорсоор тэдний муу зан чанар эцэстээ хэрхэн муу болдог тухай өсөх үйл явцыг энд дүрсэлжээ. Хүүхдүүдийг хулгай хийхээ больж, худлаа ярихгүй байхыг заахын тулд энэ үгийг хэлдэг.

This states the progression of how those who do bad things usually start with small things, but the habits grow and soon their characters are completely bad. This might be used to teach children to stop stealing or lying.

#1194   —regularly used
Хуруу дүрээгүй байж
Хошуу дүрэх

Didn't put his fingers in
But digs his snout

Өөрсдөө юу ч хийгээгүй атлаа зөвлөгөө өгч, зөвхөн хошуу нэмэрлэж байдаг хүмүүсийг дүрсэлдэг.

This describes a person who does not do anything but likes to advise and add something by words only.

#1195   —often used
Хуруу хөдөлбөл хошуу хөдөлнө

If fingers move then lips will move

Хэрэв хүн ажил хийвэл идэх юмтайгаа байна. Хүмүүст хичээнгүйлэн ажиллавал идэх уух юмтай байна гэдгийг сануулж ятгахын тулд энэ үгийг хэрэглэдэг.

This states if you work you will have something to eat. It might be used to try to persuade people to work hard so they can have something to eat.

#1196 —occasionally used

Хутга хурц боловч
Ишиндээ халгүй
Эмч мэргэн боловч
Биендээ тусгүй

Even though the knife is sharp
It does not harm its handle
Even though the doctor is clever
He does not benefit his body

Хутга хэдий хурц боловч
Ишиндээ нэмэргүй
Эмч хэдий сайн боловч
Өөртөө нэмэргүй

Even a sharp knife
Does not help the handle
Even a good doctor
Does not help himself

Бусдад тусалж чаддаг хэрнээ өөртөө тусалж чаддаггүй хүмүүсийг дүрсэлжээ. Жишээ нь: бусдын хүүхдийг сайн сургадаг багшийн хүүхдүүд сурлага муутай байдаг. Хэдийгээр бид зарим нэг зүйлийг сайн хийдэг ч заавал бусдын тусламж хэрэгтэй байдаг тийм үе бий.

This describes people who can help others but cannot help themselves. For example, a teacher who can teach others' children but their own remain weak students. Sometimes even though we are good at something we cannot help ourselves or those close to us.

#1197 —often used

Хутга тавилгүй мах идэж
Хундага тавилгүй архи уух

Eating meat without putting down the knife
Drinking vodka without putting down the glass

Энэ зүйр үг хааны найрыг дүрсэлсэн бөгөөд удаан хугацаагаар найрлаж цэнгэхийг өгүүлжээ.

This describes a king's feast and it might be used when there is a lot of celebrating.

#1198 —occasionally used

Хутгаа билүүдсэн хүн
Мах иднэ
Хэлээ билүүдсэн хүн
Ташуур иднэ (амсана)

The person sharpening his knife
Will eat meat
The person sharpening his tongue
Will eat (receive) a whip

Ажилласан хүн хоол идэж, хоосон ярьсан хүн шийтгүүлнэ гэдгийг илэрхийлжээ.

This states that the one who works will eat and the one who only talks will be punished.

#1199 —occasionally used

Хуурай модны яр олон
Хуурамч хүний хөөрхий олон
Худалч хүний нээрээ олон

The dry wood has many knots
The false person has many "poor"
The lying person has many "it's true"

Энэ бол зүйр үг биш, харин хэлц. Худалч хүмүүс үргэлж үнэн хэлсэн гэж тангарагладаг. Үүний нэгэн адил хуурамч хүмүүс бусдын зовлон бэрхшээлийг хараад хөөрхий гэх боловч тэдэнд огтхон ч тусалдаггүй. #1189-г үз.

This is not a proverb, it is a saying. People who habitually lie are always swearing that what they have said is true. In the same way, the false person is always expressing concern over others' difficult situation, but never does anything. See #1189.

#1200 —occasionally used
Хуурах, худалчийн зээ
Хумслах, хулгайчийн зээ

Муу явдал багаар эхлэвч яваандаа томорно гэдгийг сануулсан үг. Хулгай хийж, худлаа ярьдаг хүмүүсийн эцэг эх нь эсвэл эмээ өвөө нь тийм байсан нь нотлогдох үед энэ зүйр үгийг хэлдэг.

The liar's grandson lies
The thief's grandson steals

This states that someone who practices doing bad things a little will eventually do them a lot. This might be used when referring to people who lie or steal and it is known that their parents or grandparents also lied or stole.

#1201 —regularly used
Хуучин бууны
Хугархай

Амьдралын туршлага ихтэй хүнийг ийнхүү дүрсэлдэг.

A broken piece
Of an old rifle

This describes an experienced person.

#1202 —often used
Хуучин юм ул болж
Шинэ юм зул болох

Шинэ зүйлс үргэлж сайхан харагддаг тул бид хуучны уламжлалт зүйлсийг орхидог. Хуучин юмсыг шинэ юмаар сольсон үед энэ үгийг хэлж болох юм.

Old things become footprints
New things become a candle

New things always look better so we forget and throw away things and traditions that are old. This might be used when something old is replaced with something new.

#1203 —regularly used
Хүйтний ам цаашилж
Хөхүүрийн ам наашлах

Хоёр дахь мөрөнд байгаа хөхүүр гэдэг бол айраг исгэдэг сав юм. Зун айраг исгэдэг. Зуны сайхан улирал эхэлж байгааг ийнхүү дүрсэлдэг. #1185-г үз.

The cold mouth is going away
The skin bag mouth is coming closer

The animal skin bag in line 2 is used for making *airag* or *karmiss* (fermented mare's milk). This is done in the summer. This describes the coming of warm weather. See #1185.

#1204 —often used
Хүлгийн сайныг гэвэл шүдийг нь үз
Хүний сайныг гэвэл сэтгэлийг нь мэд

Сайн морь эрүүл шүдтэй байдаг гэж ярьдаг. Хүний сайн эсэхийг зан чанарыг нь ажиглан байж мэдэж болдог.

If it is a good horse, check his teeth
If it is a good person, know his heart

It is understood that a good horse will have healthy teeth. To see if people are good, we need to observe their character.

#1205 —occasionally used
Хүлэг морь хүний нөхөр
Хүдэр нум эрийн нөхөр

Сайн морь, сайн нум сумыг дүрсэлжээ.

A good horse is a person's friend
A strong bow is a man's friend

This describes a good horse and a good bow.

#1206 —*often used*

Хүн амьтны шившиг
Хүүхэд нохойн доог

Ердийн бус зүйл хийж, өөрийгөө олны өмнө ичгүүрт оруулсан хүнийг ийнхүү дүрсэлж болох юм. Архичдыг ихэвчлэн ингэж хэлдэг.

To be disgraced among others
To be ridiculed by children and dogs

This might be used when referring to someone who embarrassed himself by doing something unusual. It is often said about drunks.

#1207 —*frequently used*

Хүн ахтай
Дээл захтай

Өөрөөсөө ах хүнийг хүндлэхийн чухлыг зааж сургахдаа үүнийг хэлдэг. Энэ үг Монголын Нууц Товчооны нэгдүгээр бүлгийн 33–35-д гардаг. Тухайн агуулгаас нь харвал өөрсдийгөө сайтар хамгаалахын тулд аливаа бүлэг хүмүүст удирдагч хэрэгтэйг сануулсан утгатай үг байдаг.

A person has an older brother
A *deel* has a collar

This might be used when teaching about the importance of respecting elders. It appears in *The Secret History of the Mongols* (Chapter one, section 33–35). It is used in that context to mean that every group needs a leader in order to defend itself properly.

#1208 —*frequently used*

Хүн болох багаасаа
Хүлэг болох унаганаасаа

Хүний зан чанар бага байхад нь төлөвшдөг. Залуу байхаасаа эхлэн сайн зан чанарыг төлөвшүүлэхийн чухлыг сургахын тулд ийнхүү хэлдэг.

A person's future character starts at a young age
A horse's potential starts at a young age

People's characters are formed when they are young. This might be used to teach of the importance of practicing good character traits at a young age.

#1209 —*frequently used*

Хүн бүхэн адилгүй
Морь (Хүлэг) бүхэн жороогүй

Хүн бүр харилцан адилгүй байдаг. Хэн нэгнээр юм хийлгэх гэж оролддог хүмүүст энэ үгийг хэлж болох юм. Өөртэй нь адилхан хийх чадваргүй хүнээр өөр шигээ хийлгэх гэж оролдсон тохиолдолд энэ үгийг хэлдэг.

Not everyone is the same
Not every horse ambles

Eveyone is different. It might be said to someone who is trying to get another person to do something. But the person being asked to do the work does not have the same skills as the one asking.

#1210 —*often used*

Хүн гэмээ мэддэггүй
Тэмээ гэдгэрээ мэддэггүй

Өөрсдийнхөө алдаа дутагдлыг анзаарч мэддэггүй хүмүүст энэ үгийг хэлж болох юм. Тэд өөрсдийнхөө алдааг мэдэхгүй тул бусдыг үргэлж буруутгадаг.

A person does not know his own fault
Camel does not know its own curve of the neck

This might be used for people who do not see or acknowledge their own mistakes. They blame others because they cannot see them.

Mongolian Proverbs

#1211 —*occasionally used*
Хүн ёс дагана
Нохой яс дагана

Өөрсдийнхөө өв уламжлалыг дагах хэрэгтэйг сануулан энэ үгийг хэрэглэж болох юм.

People follow traditions
Dogs follow bones

This might be used to remind people that we need to follow our traditions.

#1212 —*occasionally used*
Хүн муугаа дарлана
Мал муугаа мөргөнө

Энд үнэнийг өгүүлжээ. Зарим хүн хүүхдүүддээ сул дорой хүнийг дорд үзэхгүй байхыг сургахдаа энэ үгийг хэрэглэдэг.

People oppress weak people
Animals gore weak animals

This states true things. Some might use it to teach their children to not look down on weak people.

#1213 —*occasionally used*
Хүн муугаа мэдэхгүй
Хүр хорхой өмхийгөө мэдэхгүй

Өөрийнхөө алдааг ухамсарладаггүй хүнийг дүрсэлжээ.

The person does not know his mistakes
The silkworm does not know its odor

This describes someone who cannot see his own mistakes.

#1214 —*regularly used*
Хүн нэмбэл
Хүнс нэмнэ

Айл гэрт шинэ хүүхэд мэндэлбэл хүнсэнд илүү их зарлага гарна гэдгийг ийнхүү хэлжээ. Зарим хүн шинэ төрсөн нялх хүүхдүүд сайн өсөж амьдралынхаа туршид хоол ундтай элбэг дэлбэг байхыг ерөөхдөө энэ үгийг хэрэглэдэг.

If a person is added
Food will be added

This refers to having a new baby in the family and you therefore will have extra costs. Some people use it for a blessing for new babies that goods and food will be enough during their lives.

#1215 —*regularly used*
Хүн нэрээ
Тогос өдөө

Тогосны бахархал бол өд нь юм. Хүний нэр өөрийнх нь бахархал байдаг. Тиймээс хүн нэрээ хамгаалах хэрэгтэй бөгөөд сайн нэрээ сэвтүүлэх юм хийхээс татгалзах хэрэгтэй.

Person's name
Peacock's feathers

Feathers are a peacock's pride. My name is my pride. I need to protect my name and not do something that will cause me to lose my good name.

#1216 —*occasionally used*
Хүн тоохгүй
Нохой шиншихгүй (шиншлэхгүй)

Чухал биш хүн ба юмсыг ийнхүү дүрсэлж болох юм.

Ignored by people
Not sniffed by dogs

This might be used to describe unimportant people or things.

#1217 —often used
Хүн тэжээвэл толгой цусдана
Мал тэжээвэл ам тосдоно

Хэрэв бид хүмүүст тусалбал тэр нь эргээд өөрсдөд нь зовлон авчирч болзошгүй. Нөгөө талаар хэрэв мал тэжээвэл дараа нь түүнийгээ муулж иднэ. Дээр үед баячууд ядууст туслахад тэд эргээд тэдэнд муу зүйл хийдэг байжээ. Зарц нар нь эзэндээ муу зүйл хийх үед ингэж хэлж болно. Хэнд туслах вэ гэдэг дээр болгоомжтой хандах хэрэгтэйг зөвлөн энэ үгийг хэлж болох юм.

If a man cares for another, his head will bleed
If a man tends livestock, his mouth will be oily

If we put our efforts into helping people we risk that later they will harm us. On the other hand, if we care for animals, we will have food to eat. In earlier times the rich might help the poor, but then the poor did bad things to them. It was also used when servants did bad things to their masters. This might be used today when advising someone to be careful when choosing whom to help.

#1218 —occasionally used
Хүн тэнхээгээрээ
Шувуу далавчаараа

Хүн тэнхээгээрээ их олон зүйлийг хийж чадна. Шувуу далавчаараа их хол газар нисэж чадна. Хүмүүст өөрсдөд нь боломж бололцоо их бий гэдгийг сануулан урамшуулахын тулд энэ үгийг хэлж болох юм.

A person by his strength
A bird by its wings

A person by his strength can do a lot. A bird can fly a long way because of its wings. This might be used when you want to encourage people that they have potential.

#1219 —occasionally used
Хүн үгэндээ
Үхэр дөрөндөө

Хүмүүс өөрсдийнхөө амлалтыг сахих хэрэгтэй. Үхрийг дөрөөр хөтөлдөг. Өөрсдийнхөө амлалтыг биелүүлээгүй хүмүүстэй уулзахдаа ийнхүү хэлдэг.

A person by his word
A cow by its nose ring

People should keep their promises. A cow is controlled by the nose ring. This might be said when confronting people who have not kept their promise.

#1220 —often used
Хүн хүндээ дасдаг
Мал малдаа ижилсдэг

Бие биеэ таньж мэдэж буй хүмүүсийг дүрслэн ингэж хэлдэг.

A person gets used to another
An animal gets used to another

This describes people getting to know each other.

#1221 —often used
Хүн хүний зан ондоо
Нутаг нутгийн заншил ондоо

Аливаа улс орны зан заншил ямар их өөр байдгийг хэлэлцэхдээ ингэж хэлж болох юм. Хүн болгон өөр өөр, ёс заншил бүр харилцан адилгүй байдаг бөгөөд эдгээр нь хэвийн үзэгдэл гэдгийг бидэнд сануулдаг зүйр үг юм.

People have different characters
Places have different traditions

This might be used when people are commenting on how strange the customs are in another culture. This is to remind them that just as all people are different, all cultures are different and that is normal.

Mongolian Proverbs

#1222 —often used
Хүн <u>хүнийхээ</u> (хүний) хүчинд
Загас <u>усныхаа</u> (усны) хүчинд

Загас усгүй бол амьдрах арга үгүй. Үүний нэгэн адил бид амьдрахын тулд нэгэндээ туслах хэрэгтэй. Аливаа бүлэг хүмүүсийн нэг хэсэг нь байх хэр чухал болохыг хүмүүст сануулахын тулд хэрэглэж болно.

The person survives with the help of others
The fish survives in its water

A fish cannot live without water. In the same way we need others to survive. This might be used to remind people of the importance of being part of a group.

#1223 —regularly used
Хүн хэдий <u>ухаантай</u> (сайн) ч
Хэлэхээс нааш <u>санадаггүй</u> (санахгүй)
Цаас хэдий нимгэн ч
<u>Чичихээс</u> (хатгахаас) нааш
    <u>цоордоггүй</u> (цоорохгүй)

Цаас хэдий нимгэн байдаг ч хэн нэг нь чичихээс нааш цоордоггүй. Хэдийгээр хүн оюуны өндөр чадамжтай ч хэн нэг хүн тайлбарлахгүй бол ойлгохгүй. Хэн нэг хүн нөгөө хүнийхээ яриасныг ойлгохгүй байна, эсвэл хэн нэгний алдааг хэлж өгөх хэрэгтэй гэж гомдоллох тэр үед энэ үгийг хэлдэг. #1291-г үз.

Even if a person is wise ,
He does not know until someone tells him
Even if paper is thin,
It will not be torn until it is poked

Even though paper is very thin, it is not broken until someone pokes a hole in it. Even though a person has high intelligence, sometimes it takes others (a friend) to explain something. This might be used when someone is complaining that another did not understand the situation or when someone needs to be confronted regarding a mistake. See #1291.

#1224 —occasionally used
Хүн хэлбэл өөрт
Хүнийгцэл идвэл араанд

Бидний буруу хандлага, үг ба үйлс хожим нь бидэнд сөргөөр нөлөөлнө гэдгийг дүрсэлж байна.

If you critique others, it damages you
If you eat arsenic, it damages your molar tooth

This states that our wrong motives, words or actions will harm us later.

#1225 —frequently used
Хүн Хэлэхээс наашгүй

Бид өөрсдийн арга замыг өөрчлөхгүй л бол амжилтанд хүрэхгүй. Буруу зүйл хийж байгаа хүнд зөвлөгөө өгөөрэй хэмээн хэн нэгэнд хэлэхдээ энэ үгийг хэрэглэж болох юм. Гэвч үнэндээ энэ зөвлөгөөг найз нөхдийн харилцаанд сэв суух вий хэмээн болгоомжилж олон хүмүүс хэрэгжүүлдэггүй.

The person until told is not successful

Until we change our ways, we will not be successful. This might be used when we want to advise people to say something to another person who is doing something wrong. In actuality, this advice is rarely followed because of the fear that criticism will cause a break in their relationship.

#1226 —regularly used
Хүн хэлээрээ
Мал хөлөөрөө

Хэн нэгнийг зодож байгаа хүнийг хараад

People, with language
Animals, with legs

This might be said to someone who is

энэ үгийг хэлж болно. Амьтан шиг харьцахын оронд хүн шиг харьцах хэрэгтэйг сануулдаг. Асуудлаа шийдвэрлэхийн тулд нөгөө хүнтэйгээ ярилцах хэрэгтэй.

beating up another. This tells him to act like a human being rather than an animal. He should talk things over with the other person in order to resolve their problem.

#1227 —*often used*
Хүн хэрээрээ
Тэмээ тэнгээрээ

A person can only do what he can
A camel can only carry what it can

Хүнд хэрээс нь хэтэрсэн зүйл даалгах хэрэггүй. Өөрийнхөө чадвараас хэтэрсэн ажил хийх гэж буй хүнд эсвэл хэзээ зогсохоо мэддэггүй хүмүүст энэ үгийг хэлж болох юм. Иймэрхүү хүмүүс үргэлж ямар нэг юм хийх гэж хичээн зүтгэдэг бөгөөд хэрээс хэтэрсэн зүйлээрээ хөөцөлддөг тул хэзээ ч амжилтанд хүрдэггүй.

Do not give people more to do than they can handle. It might be said to people who are getting ready to do something that is beyond their limits or to someone who does not know when to stop. These people are always trying to do something but because they go beyond their abilities, they are never successful.

#1228 —*occasionally used*
Хүн ядрахаар төрлөө
Тураг ядрахаар уулаа

A person goes to his relatives when tired
Wild sheep go to the mountain when tired

Хоёр дахь мөрөнд гарч буй тураг гэдэг үг бол Азийн уулархаг нутагт амьдардаг зэрлэг хонь юм. Хэрэв хүн ядарвал төрөл төрөгсөд дээрээ очиж тусламж авах хэрэгтэй. #929, #969-г үз.

The animal referred to in line 2 is a wild Asian mountain sheep that only lives on the mountain. When we are tired and need help we should go to our relatives. See #929, #969.

#1229 —*occasionally used*
Хүнд ачаа хөсөгт хортой
Хүнд суртал амьдралд хортой

Heavy load is harmful for the cart
Bureaucracy is harmful for life

Коммунист дэглэмийн үед хүнд суртал дунд амьдрах бэрх байсан тул энэ үеийг дүрсэлж ийм үг гарчээ.

This was common during the communist years to describe the difficulty of working with a large bureaucracy.

#1230 —*often used*
Хүнд гэмгүй
Хорхойд <u>хоргүй</u> (амьтан) (хүн)

Does not offend anyone
Does not harm an <u>insect</u> (an animal) (a person)

Зан сайтай, даруу хүнийг ийнхүү хэлдэг.

This describes a nice and gentle person.

#1231 —*often used*
Хүнд тус болвол
Өөрт тус ирнэ

If you help someone
You will receive help

Эхлээд би хүнд тусалбал дараа нь тэр хүн надад туслана гэсэн санааг илэрхийлж байна. Хэдийгээр Монголчууд

This states the understanding that if I help you now, you will help me later. Even though many Mongolians believe this,

үүнд итгэдэг ч гэсэн тусламж авсан хүмүүс хариу туслана гэсэн бодолтой амьдрахад дургүй.

many do not like that people think you owe them help in the future because they helped you in the past.

#1232 — *occasionally used*
Хүндээ хөнгөнөөс (өгөх)
Хүлгээ илжигнээс (өгөх)

Дээр үед Манжийн ноёд ирж Монголчуудыг дарлахад Монголын баячууд болон язгууртнууд тэдэнд мөргөж, тэднийг дагажээ. Энэ зүйр үг тэдгээр Монголчуудыг хэлж байна. Хүмүүст өөрсдийнхөө хийж буй тэнэг зүйлийн талаар бодохгүй байгаа г хэлэхийн тулд хэрэглэж болсх юм. Зарим хүн хэн нэгэнтэй сайн арилжаа наймаа хийсэн үедээ энэ үгийг хэрэглэдэг.

Change your worthy things for unworthy things
Change your horse for a donkey

In earlier times, Manchu overlords came to Mongolia and rich people and Mongolian rulers followed after them and bowed down to them. This proverb was said about those Mongolians. Today it might be used to tell people that they are not thinking about the foolish thing they are doing. Others might use it when they have traded well with another person.

#1233 — *regularly used*
Хүний амнаас (бусдаас)
Будаа идэх

Энэ бол бүү хуур гэсэн утгатай үг. Өөрийнхөө төлөө сурах хэрэгтэй. Багш нар сурагчиддаа энэ үгийг хэлж болох юм. Багш нар "Битгий бусдаас хуул" гэсэн утгаар "Битгий будаа идээрэй" гэж хэлдэг.

To eat rice
From another person's (others) mouth

This means do not cheat. Learn for yourself. Teachers might say this to their students. A teacher might say – "Do not eat rice" meaning, "Do not cheat!"

#1234 — *often used*
Хүний бага адтай
Хүлгийн бага хурдтай

Заримдаа хүмүүс залуу хүмүүсийг үл ойшоодог. Тэднийг сул дорой гэж үздэг учраас хэлж буй үгийг нь сонсдоггүй. Энэ үг залуучуудыг сэргэлэн ухаантай болохыг өгүүлжээ. Хэн нэг хүн залуусыг үнэлэхгүй байвал тэр хүнд энэ үгийг хэлж болно.

The youngest one among people is smart
The youngest one among horses is fast

Sometimes people look down on young people. They see them as inferior and do not pay attention to what they say. This proverb states that young people have good minds. It might be said when someone is not valuing a young person.

#1235 — *regularly used*
Хүний бага нь хөдөлж (явж) (гүйж)
Шувууны бага нь жиргэдэг (жиргэх)

Дүү нар илүү идэвхтэй байх хэрэгтэй. Тэд залхуурах ёсгүй. Хэн нэг зочин ирвэл дүү нар нь хаалга тайлж, цай унд бэлтгэж өгдөг. Залуу хүүхдүүд аливааг хэлж ярих хэрэгтэй байдаг. Дүү нараа-

People's young move (go) (run)
Bird's young cheep

Younger brothers and sisters need to be active. They should not be lazy. If someone comes to visit it is the younger children who open the door and offer tea and food. Younger siblings should speak

раа ямар нэг юм хийлгэх үедээ энэ үгийг хэлдэг. Хэрэв бүлэг хүмүүс хамтдаа байвал насаар бага нь түрүүлж бүх зүйлийг хийх хэрэгтэй.

when spoken to. It might be used when we speak to younger siblings to get them to do something. If there is a group of people in a room, it is the youngest that should run the errand.

#1236 —often used
Хүний газар нэрээ
Өөрийн газар ясаа

In a foreign land, your name
In your own land, your bone

Ямар зан авир гаргаж байгаа нь тухайн хүний соёлыг илтгэдэг. Тийм учраас гэрээсээ хол яваа бол хэлэх үгэндээ анхаарал тавих хэрэгтэй.

How I behave will reflect on my culture. Therefore, I need to be careful what I say and do when I am away from my home.

#1237 —often used
Хүний гараар
Могой бариулах
Хүзүүний махаар
Шөл уулгах

With someone else's hand
Catch snake
With neck meat
Make soup

Бусдаар бохир ажил хийлгүүлэх гэсэн утгатай. Хийсэн ажил нь бүтэлгүйтвэл хийлгэсэн хүнээ буруутгадаг. Өрөөл бусдаар аюултай зүйл хийлгэдэг хүмүүсийг хэлдэг. Бид олиггүй муу ажилд бусдыг ашиглах ёсгүй.

This means using others to do the dirty work. If it does not turn out well this person can blame the one who did the work. This person gets others to do the dangerous things. We should not use others to do our unpleasant work.

#1238 —occasionally used
Хүний муу хүн дайрах
Хүрзний муу чулуу дайрах

The bad person attacks a man
The bad shovel attacks a stone

Муу хүмүүс хүн уруу дайрдаг. Гишгэсэн хүрзийг чулуунд тээглээд зогсвол муу хүрз гэж үздэг. Сайн хүрз хөрсөнд орохдоо хялбар байдаг. Бусад уруу үргэлж дайрдаг муу хүнийг ийнхүү дүрсэлдэг.

A bad person hits people. If the shovel hits a stone and stops, it means it is a bad shovel. A good shovel goes easily through the dirt. This might be said to a bad person who attacks others.

#1239 —often used
Хүний нохойд өгөхөөр
Өөрийн нохойд өг

Give to one's own dog
Instead of giving to someone else's dog

Танихгүй хүмүүст юм өгдөг хүмүүсийг таньдаг хүмүүстээ өгөх хэрэгтэй хэмээн зөвлөж хүмүүс энэ үгийг хэлдэг. Монголчууд гэр бүлийн хүрээнээс гадуур хүмүүст аливаа юм өгөхөөсөө өмнө эхлээд өөрийнхөндөө өгөх хэрэгтэй гэж үздэг.

This might be said to those who give to people they do not know to encourage them to give to the people they do know. Mongolians believe that we should first give to our own relatives before giving to those outside the family.

#1240 —regularly used
Хүний олон хүнээ барьдаггүй
Нохойны олон нохойгоо барьдаг

Ноход бие бие уруугаа дайрдаг бол хүмүүс тэгэх ёсгүй. Олон хүн нийлж хэн нэгнийгээ үгээр дайрах үед ингэж хэлдэг. Тэднийг зогсоохын тулд энэ зүйр үгийг хэлдэг.

Many people do not hurt each other
Many dogs hurt each other

Dogs attack each other, but people should not act this way. This might be said when many people are verbally attacking one person. This is said to try to get them to stop.

#1241 —regularly used
Хүний сайныг ханилан байж мэднэ
Хүлгийн сайныг унан байж мэднэ

Дээр үед аав ээж нь хэнтэй гэрлэхийг нь шийддэг байсан тул залуу хосууд бие биеэ мэдэхгүйгээсээ болоод сүрддэг байжээ. Тэд хамтдаа амьдрах явцдаа гэрлэсэн хүн нь сайн эсэхийг танъж мэддэг байв. Харин өнөө үед бол хэн нэгэнтэй нөхөрлөж байж ааш занг нь мэддэг бөгөөд сайн хүн үү, муу хүн үү гэдгийг нь таньдаг гэсэн утгаар хэрэглэж болно.

Through the marriage we can see if a person is good
By riding a horse we can learn if it is a strong horse

In earlier times parents arranged marriages. Therefore the bride and groom were afraid because they did not know each other. As the couples lived together, they learned if the other person was a good person. Today it might be used as a reminder that as we have a relationship with a person we will get to know him or her and will learn if they have a good or a bad character.

#1242 —occasionally used
Хүний уг нагац
Модны уг үндэс

Хүний садан төрлийн талаар өгүүлж байна. Ер нь эцгийн талын хамаатнаас ээжийн талын хамаатан илүү ойр байдаг.

A person's origin is in mother's brothers and sisters
A tree's origin is in its roots

This refers to our relatives. Usually it is the mother's relatives who are known better than the father's.

#1243 —often used
Хүний үгээр үг бүү хий
Хээрийн нохойгоор нохой бүү хий

Гаднын хүний хэлсэн үгээр аливааг баталгаажуулах нь сайн биш гэдгийг бидэнд зөвлөж байна.

Do not make a word from another's word
Do not make a wild dog into a pet

This advises us not to take as fact what someone else says when it is our only evidence.

#1244 —occasionally used
Хүний хуучин нь (дээр)
Дээлийн шинэ нь (дээр)

Эртний найзууд байх нь сайн байдаг шиг шинэ хувцас хүнд сайхан харагддаг.

Old person
New *deel*

Old is better when it comes to friends and new is better when it comes to clothes.

#1245 —regularly used

Хүний хүү (хүүхэд)
Хүрэн бөөртэй

Another person's son (child)
Has a brown kidney

Хүний хүүхэд хүрэн бөөртэй
Өөрийн хүүхэд өөхөн бөөртэй

Another's child has a brown kidney
One's own child has a fat kidney

Хүрэн бөөртэй гэдэг нь муу гэсэн утгатай. Бусдын хүүхдүүд төрсөн хүүхдүүдээс ялгаатай гэдгийг энд дүрсэлжээ. Хүүхдүүд төрсөн аав ээжээ асардаг. Зарим хүн энэ үгээр өргөж авсан аав ээжийнхээ ач тус, сэтгэлийг мартаж, тэдэнд талархах нь байтугай, хайрладаггүй, бас анхаарал халамж тавьдаггүй өргөмөл хүүхдүүдийг дүрсэлдэг.

To have a brown kidney means to be bad. This states that others' children are different from the ones we have given birth to. Our own children should take care of us. Some people might use this to refer to an adopted child who has been given a lot by his new parents, but he does not appreciate them, love them or even pay attention to them and does not remember the care he was given.

#1246 —often used

Хүний хүү хүссэндээ
Хүлэг морь харайсандаа

A person's son does what he wants
A good horse jumps where it wants

Зорилгодоо хүрэхийн тулд бүхнийг хийдэг хүмүүсийг дүрсэлж байна. Хэн нэгнийг зоригжуулахын тулд хэлж болно. #1362-г үз.

This describes people who do whatever they have to do in order to accomplish their goals. It might be used to encourage someone. See #1362.

#1247 —regularly used

Хүний (Нөхрийн) хэрэг бүтвэл
Өөрийн хэрэг бүтнэ

If another person's (friend's) work is done
Your work will be done

Бие биедээ тусалбал аль алиных нь ажил төрөл бүтнэ гэдгийг сануулахын тулд хэрэглэдэг. Бид зөвхөн өөрсдийнхөө ажил хэрэгт санаа тавих ёсгүй.

This might be used to encourage us to help each other so we can both finish our work. We should not just think about our own work.

#1248 —regularly used

Хүний эрхээр жаргахаар
Өөрийн эрхээр зов

Suffering on my own is better than
Being in a state of bliss under someone else's authority

Хүний эрх чөлөө гэдэг хамгийн чухал зүйл байдгийг ийнхүү өгүүлжээ. Сайхан нөхцөлд байснаас бие даасан байх нь илүү дээр юм. Зовж байгаа хүн ийнхүү хэлж болох юм.

This says that human freedom is the most important thing. Being independent is better than being in a good place. This might be said by a person who is suffering, but independent. See #1249.

#1249 —occasionally used
Хүний эрхээр хүрд эргүүлэхээр
Өөрийн эрхээр бул эргүүл

Хэнээр ч удирдуулалгүйгээр ажиллахыг хүсч буйгаа ингэж хэлдэг. Хүрд гэдэг бол дотор нь Төвдийн Буддистуудын хийсэн залбирлын хүрд, эргүүлэхэд уншигдах маягаар хийсэн бяцхан бөмбөр хэлбэртэй зүйлийг хэлдэг. Лам нар хүмүүст залбирлыг нь бичиж өгдөг. Хүний эрх чөлөө гэдэг хамгийн чухал зүйл байдгийг ийнхүү өгүүлжээ. Сайхан нөхцөлд байснаас бие даасан байх нь илүү дээр юм. Зовж байгаа хүн ийнхүү хэлж болох юм. #1248-г үз.

Turning the mill stone by your own will rather than
Turning the prayer wheel by someone else's authority

This states that I want to work with no one controlling me. A prayer wheel is a drum wrapped with strips of paper inscribed with prayers deemed by Tibetan Buddhists to be offered when the drum is turned. *Lamas* write them for the people. This says that human freedom is the most important thing. Being independent is better than being in a good place. This might be said by a person who is suffering, but independent. See #1248.

#1250 —often used
Хүний эрээн дотроо
Могойн эрээн гаднаа

Хүн дотроо бузар бодол тээж байдаг тул тийм хүмүүсээс болгоомжлохыг анхааруулсан зөвлөгөө юм. Хоёр нүүртэй, итгэж боломгүй хүмүүсийг илэрхийлэн энэ үгийг хэлдэг.

Humans have many colors inside
Snakes have many colors outside

This might be used as advice to caution someone that if another has evil thoughts, they are hidden inside him. This might be used when referring to a person who is two-faced and not to be trusted.

#1251 —occasionally used
Хүнийг зүсээр шинжиж болдоггүй
Усыг уутаар хэмжиж болдоггүй

Уут бол ус хэмжихэд тохиромжтой сав биш юм. Хэмжсэн ус үргэлж буруу гардаг. Үүний нэгэн адил хүний нүүр царайгаар тэр хүнийг дүгнэх нь учир дутагдалтай.

You cannot check a person by his appearance
You cannot measure water with a bag

A bag is not the proper thing to use to measure water. The result would not be accurate. In the same way, just looking at a person's face is not an accurate way to know him.

#1252 —occasionally used
Хүнийг мэдье гэвэл зан аашийг нь үз
Хүүхдийг мэдье гэвэл тоглоомыг нь үз

Хүнийг мэдье гэвэл занг нь шинж
Хүүхдийг мэдье гэвэл тоглоомыг нь шинж

Хүмүүсийг хэлж ярьж, хийж байгаа зүйлээр нь бид сайхан ааш араншинтай, муу муухай зан авиртайн алин болохыг нь мэдэж болдог.

You can know a person's character by watching
You can know a child's character by looking at his toys

If you want to know this person, check his character
If you want to know this child, check his toys

It is when we observe what people do that we learn whether they have a good or a bad character.

#1253 —occasionally used
Хүнийг танья гэвэл
Нөхрийг нь тань

If you want to know someone
First get to know his friend

Хүнийг шинжье гэвэл нөхрийг нь шинж
Нутгийг шинжье гэвэл усыг нь шинж

If you want to learn a person's character, learn about his friends
If you want to learn a country's character learn about its water

Хүний зан чанарыг танихыг хүсвэл түүний найзуудыг анзаарч харах хэрэгтэй. Усыг шинжих гэдэг нь тухайн газрын ёс заншил, уламжлалыг нь мэдэх хэрэгтэй гэсэн үг. Шинэ найзтай болох гэж байгаа хүнд энэ үгийг зөвлөгөө болгон хэлдэг байна. Өөрийнхөө шинэ найзыг сайтар танмьж мэдэх хэрэгтэйг зөвлөж буй хэрэг юм.

If you want to know a person's character, just look at his friends. To learn about the water means to learn the customs and traditions. This might be used as advice for someone who is starting to make a new friendship. We are advising this person to take a close look at the new friend's friends.

#1254 —occasionally used
Хүнийг хэлэхдээ хүрэн эрээн бүргэд шиг
Өөрийгөө хэлэхдээ өндгөө дарсан шувуу шиг

Talking about others, acts like a spotted brown eagle
Talking about oneself, acts like a bird hatching its eggs

Хүрэн эрээн бүргэд хурц нүдтэй тул холын юмыг сайн хардаг шиг хүн бусдын тухай ярихдаа тэдний алдааг маш сайн олж хараад хэлж ярьдаг. Харин өөрсдийнхөө алдааны тухай огт үг дуугардаггүй. Өөрсдийнхөө алдааг мэддэггүй буюу мэдсэн ч нуудаг атлаа бусдыг үргэлж шүүмжилдэг хүмүүсийг дүрслэн энэ үгийг хэлдэг. #758-г үз.

The spotted brown eagle is big, so when this person speaks about others, he speaks authoritatively about their mistakes acting as though he has very clear vision. But when it comes to his own faults, he is very quiet. This describes a person who does not know his own faults or tries to hide them. He likes to criticize others. See #758.

#1255 —occasionally used
Хүнс голвол хоолгүй
Хүн голвол нөхөргүй

If you reject food there will be nothing to eat
If you reject people there will be no friends

Хүнсийг голвол идэх юмгүй болно гэдэг нь ойлгомжтой. Үүний нэгэн адил найз нөхдөө үнэлж, тэднийг халамжлахгүй бол найз нөхөдгүй болно гэсэн үг. Найз нөхөдтэй байхын чухлыг хүмүүст ойлгуулахын тулд энэ үгийг хэлж болно.

It is understood that if you reject food, you have nothing to eat. In the same way, if you do not value and care for friendships, you will not have any. This might be used to remind us of the importance of making friends.

#1256 —regularly used
Хүргэн хүү хүчтэй
Хүзүүний мах мөлжүүртэй

Son-in-law is strong
Neck of an animal has a lot of meat on it

Амьтны хүзүүнд их мах байдаг шиг хүр-

Just as the neck of an animal has a lot of

гэн хүү их хүчтэй байдаг. Тусархаг, сайн хүргэн хүүг хүмүүс хүндэлж ийнхүү хэлдэг.

meat on it, a son-in-law is very strong. This might be said to give honor to a son-in-law who is helpful.

#1257 —occasionally used
**Хүргэн хүүгийн (хүний) хүзүү бөх
Хүний морины (ухааны) нуруу бөх**

Хүмүүс өөрийнхөө морийг нөөж, бусдын мориор хүнд хүчир ажлаа амжуулах сонирхолтой байдаг. Үүний адил эхнэрийнх нь эцэг эх хүргэн хүүгээрээ хамаг хүнд хүчир ажлаа хийлгэж, өөрийнхөө хүүг амраадаг. Хэдийгээр хүргэн хүү хадмын талынхандаа нэр хүндтэй ч тэд түүнийг өндрөөр үнэлж ашигладаг. Хүргэн хүүгээ ашиглаж буй хадмуудыг хараад энэ үгийг хэлж болох юм.

**Son-in-law has a strong neck
Another's horse has a strong back**

People like to use someone else's horse for hard work in order to protect their own horse. In the same way, a wife's parents will typically ask their son-in-law to do the hard work in order to protect their own son. Even though the position of son-in-law is an honorable one and relatives speak highly of him, they use him. This might be used when someone is taking advantage of a son-in-law.

#1258 —regularly used
**Хүссэн юм хүзүүгээр
Шилсэн юм шилээр**

Хүзүүгээр татна гэдэг нь ямар нэг авахыг хүсэж байсан зүйл нь бүр хангалттай хэмжээгээр олдсон, эсвэл илүү их хийх ажилтай болсон гэсэн утгатай. Хоол идэж цадсан хүмүүс дахин хоол нэмүүлэхгүй гэхдээ гараа хүзүүндээ тулгаж цадсан гэдгээ харуулдаг. Заримдаа хүн өөрсдөдөө хангалттай байгаа бол голж шилдэг. Өөрт нь их байгаа учраас үнэ цэнэ нь буурдаг. Харин тухайн зүйл хэрэгтэй болбол түүнийг дахин хэрэглэж ашигладаг. Энэ тохиолдолд хүн энэ зүйр үгийг хэлдэг.

**The wanted thing up to the neck
The chosen thing up to the nape of neck**

Often "come up to the neck" is an expression to have more than enough of something one desired or to be very busy with plenty of things to do. People put their hand flattened just under the chin to show that they are very full when offered another plate of food. Sometimes a person is picky and speaks badly about something they had enough of. It was no longer valuable. Later a situation arises when the item is needed and used. The person who uses it says this proverb.

#1259 —occasionally used
**Хүү олдоно
Дүү олдохгүй**

Аав ээж нь хөгширсөн буюу бэлэвсэрсэн тохиолдолд хүн хичнээн хүсэвч дүүтэй болох боломжгүй. Гэвч тэр хүн өөрөө хүүхэдтэй болох боломж бол бий. Тийм учраас үр хүүхдээс илүү ах дүү нар илүү чухалд тооцогддог. Тэгэхлээр бид үр хүүхдүүдээсээ илүү ах дүү нараа гэх учиртай.

**A son can be found
A younger sibling cannot be found**

If a person wanted to have another sibling and had only one parent or aged parents, it is impossible. But it is possible for that person to have a child. For this reason a sibling is more precious than children. Therefore, we should love our siblings more than our own children.

#1260 —occasionally used
Хүчтэний өмнө
Хүчгүй нь буруутай

In front of the strong one
The weak are guilty

Хүчтэй хүний дэргэд байхдаа айж чичирсэн хүмүүс заримдаа энэ үгийг хэлдэг. Бусад хүмүүс хүчтэй хүмүүсийн дэргэд байхдаа ямар нэг зүйл бүтэлгүйтвэл өөрсдөөс нь болсон мэт сэтгэгдэл төрж энэ үгийг хэлдэг.

Some people might use this when they are nervous around powerful people. Other people might use it when they are with powerful people and feel guilty for anything that went wrong.

#1261 —occasionally used
Хэдэр хүн хээр
Хэдрэг мод гадаа

A cranky person out in the wilderness
A curvy wood outside

Хоёр дахь мөрөнд гарч буй хэдрэг гэдэг бол нэг талыг нь иржгэр болгож зассан мод юм. Үүнийг малын арьс элдэхэд ашигладаг. Хэдрэгээр элдсэн арьсаар хийсэн дээлийг малчид өмсдөг. Харин хэдрэгний иржгэр арилбал хэрэггүй болж хаягддаг. Үүний нэгэн адил хэдэр хүнээс хүмүүс зугатаж тэр ганцаарддаг. Өөрийнхөө муу чанараас болж хүмүүстэй нийцтэй байж чадалгүй ганцаар орхигдсон хэдэр хүмүүсийг илэрхийлэхийн тулд энэ зүйр үгийг ашиглаж болно.

The wood in line 2 is a flat stick that has a jagged edge on one side. It is used to soften animal skins. These softened skins with their fur are used on beds or to make coats to wear during the harsh winter weather. Once the edge is gone, the stick is useless and it is thrown outside. In the same way, a quarrelsome person is useless and belongs out away from people. This might be used to refer to argumentative people who will be alone because they do not fit in with others because of their bad characters.

#1262 —occasionally used
Хэлбэл хэл өвдөнө
Хэлэхгүй бол сэтгэл өвдөнө

If said, the tongue will hurt
If not said, the heart will hurt

Хэл өвдөнө гэдэг нь хэн нэгний талаар ямар нэг зүйл хэлэхээс айсан гэсэн утгатай. Хэрэв хэлбэл тэр хүн дуртай байхгүй нь ойлгомжтой. Гэвч хэрэв дуугүй байвал бидний сэтгэл өвдөнө. Яагаад гэвэл үнэнийг хэлэх ёстой. Найзынхаа зан чанарын талаар үнэн үгийг хэлэх эсэхээ шийдэж ядан байгаа хүмүүс энэ үгийг хэлдэг.

The tongue hurting means we want to say something but are afraid to because the person we will speak to will not like what we say. But if we keep silent, our heart (conscience) will hurt because we know it is best to say what is true. This might be used when people are deliberating over whether or not to speak true words about a friend's behavior.

#1263 —occasionally used
Хэлд орж үг холбодог
Хөлд орж газар гишгэдэг

You connect words as you learn to speak
You make steps as you learn to walk

Хүүхдүүдийг ийнхүү дүрсэлжээ.

This describes babies.

Mongolian Proverbs

#1264 —often used

Хэлдэг нь хэдүүл
Хийдэг нь ганц

Many who say
One who does

Олон хүн ажлын талаар ярьдаг ч яг цаг нь тулахад ганц хүн хийдэг байдлыг энд дүрсэлжээ.

This might be used in a situation where many are talking about a project but only one actually does it.

#1265 —frequently used

Хэлж ирэхгүй
Хийсэж ирнэ

Does not say before coming
Comes by blowing

Хүмүүст гэнэтийн асуудал, бэрхшээл тулгарахад энэ үгийг хэлдэг.

This can be used when people have sudden bad problems or difficulties.

#1266 —occasionally used

Хэлж өгөвч чих нь цоорхой
Хийж өгөвч сав нь цоорхой

Even though told, one's ear has a hole
Even though poured in, the container has a hole

Өөрсдөд нь хэлсэн үгийг амархан мартдаг хүмүүсийг дүрсэлж байна.

This describes people who easily forget what has been said to them.

#1267 —often used

Хэлсэн үгэндээ эзэн болж
Идсэн хоолондоо сав бол

You are the master of your words
You are the container of the food you eat

Энэ үг бол амласан зүйлээ биелүүл, хоол идсэнийхээ дараа битгий гомдоллож бай гэсэн үг юм. Энэ нь хүний хоол ходоод гэдсэнд ордог бол хүний амнаас гарсан үг хүний доторхыг буюу зан чанарыг илтгэдэг гэсэн утгатай.

This means you have to do what you promised you would do and after you eat something do not complain about it. It can also mean that what I eat is inside me. Words that were inside me come out and show what is inside me, my character.

#1268 —occasionally used

Хэлсэн үгээр нь цэцнийг мэдэх
Хийсэн эдээр нь дархныг мэдэх

Know the wise by his words
Know the smith by his wares

Дархан хүнийг хийсэн гоёл чимэглэлээр нь таньж мэддэг бол мэргэн, ухаалаг хүмүүс хэлсэн үгээрээ бусдад танигддаг.

Just as you recognize a smith (jeweler) by his workmanship, a wise person will be recognized by the wisdom of his words.

#1269 —occasionally used

Хэлтэн гүүнээс
Шувтан унага

As the mare
So the foal

Адилхан юм адилхан л байдаг. Хүүхдүүд нь эцэг эхийгээ өвчсөн юм шиг адилхан байдаг. Үүнийг дүрслэхийн тулд хэрэглэдэг.

Like comes from like. This might be said when children are acting like their parents.

#1270 —occasionally used
Хэлэлцвэл бүтдэг
Хэрэлдвэл бутардаг

If discussed, it gets done
If quarreled, it breaks up

Хүн бүр өөр өөрсдийнхөөрөө мэтгэлцэн зүтгэж байснаас өөр хоорондоо санаа бодлоо уралдуулж ярилцвал илүү үр дүнтэй гэдгийг зөвлөхийн тулд энэ зүйр үгийг хэлдэг.

This might be used when advising people that it will be better if they discuss their ideas with others and come to agreement rather than arguing for their own way.

#1271 —occasionally used
Хэлэх нь уулын чинээ
Хийх нь хэдгэнийн чинээ

Talk like mountain size
Do like horsefly size

Ийм, тийм юм хийнэ гэж их ярих атлаа хэрэг дээрээ юу ч хийдэггүй хүмүүүсийг дүрсэлж энэ үгийг хэлж болох юм.

This might be used when referring to people who talk big about what they will do, but in reality get nothing done.

#1272 —occasionally used
Хэлэх үгий (үгийг) эзэнд нь
Тавих морийг ижилд нь

Say a word to the right person
Take the horse to its herd

Морио унасны дараа ижил сүрэгт нь тавьж явуулах хэрэгтэй. Энэ нь бид зөв зүйлийг зөв цагт хийх хэрэгтэй гэсэн утгатай үг юм. Мөн хэлэх хэрэгтэй үгийг хэлэх гэсэн хүндээ л хэлэх хэрэгтэй. Тэр хүндээ хэлсний дараа өөр хүнд хов жив болгон ярих хэрэггүй.

When I am finished with a horse, I should release it to be free. This means that we are to do the right thing at the right time. It can also be used if a person needs to speak to another. He should go to that person himself and not gossip to others.

#1273 —occasionally used
Хэлэхийн өмнө болгоомж
Хийхийн өмнө хичээмж

Caution before saying
Carefulness before doing

Ямар нэг юм хэлж, хийхээсээ өмнө заавал тунгааж бодож байх хэрэгтэйг зөвлөсөн үг юм.

This might be used to advise people to think before they speak or before they do something.

#1274 —frequently used
Хэлэхэд амар
Хийхэд хэцүү

Easy to say
Hard to do

Ямар нэг ажлын гүйцэтгэлийг туйлын амархан хэмээн тухайн ажлыг хариуцсан хүн хэлсэн ч үнэн хэрэгтээ хийхэд амаргүй байгааг ийнхүү дүрсэлдэг. #1139-г үз.

This describes a project that is being spoken about and the speaker makes it sound easy to do, but in reality it will be hard to accomplish. See #1139.

#1275 —often used
Хэн хэнээ хэлэлгүй
Хэл амаа татлалгүй

Not criticizing each other
Not being involved in a dispute

Хүмүүсийг эв нэгдэлтэй байхыг зөвлөсөн эсвэл анхааруулсан утгаар хэрэглэж болно.

This might be used as advice or as a warning for people to be united.

#1276 —occasionally used
Хэн ч биш
Хярамцаг болох

Becomes nobody
But *hyramtsag*

Хярамцаг гэдэг бол малын гэдэс дотрыг гүзээнд нь хийж хөлдөөсөн зүйлийг хэлдэг. Зарим хүн энэ үгийг хэн ч зовохыг хүсдэггүй гэсэн утгаар хэрэглэдэг. Зарим хүн энэ үгийг өмнө нь маш чухал хүн байсан боловч бүх юмаа алдаад гуйлгачин, эсвэл архичин болсон хүмүүсийг дүрслэхийн тулд хэрэглэдэг.

Hyramtsag is a sort of black pudding made of blood and offal encased in an animal's intestines and frozen. Some people might use this to say that no one wants to suffer. Other people might use it to describe someone who once was an important figure but had lost everything and became a beggar or a drunkard.

#1277 —regularly used
Хэргийн эзэн
Хэнгэргийн дохиур

The crime's owner
A drumstick

Хэнгэрэг дохиур хоёр үргэлж хамааралтай байдаг шиг асуудал ба асуудал үүсгэгч хоёр хоорондоо холбоотой байдаг. Ямар нэг асуудал үүсэхэд эхэндээ хэн буруутай байсан нь мэдэгдээгүй боловч сүүлдээ мэдэгдэхэд энэ үгийг хэлдэг. Зарим хүмүүс сахилгагүй хүүхдийн тухай буюу дөнгөж хөлд орж юм буулгаж байгаа хүүхдүүдийн тухай ярихдаа энэ үгийг хэрэглэдэг.

Just as the drum and the stick are related to each other, the problem and the causer are linked. This might be used when there was a problem, but initially we did not know who did it, but now that person has been discovered. Others might use it for the small child who is naughty or the toddler who is beginning to walk and makes a mess everywhere.

#1278 —occasionally used
Хэрэг явдлын бүтэх нь
Хичээж бодохоос болдог

From trying and thinking
Your plan for work will be fulfilled

Хэрэв ямар нэг хийхийг хүсвэл эхлээд нилээд хугацаанд бодох хэрэгтэй. Тэгвэл яваандаа амжилтанд хүрэх болно.

If you want to do something, first you need to think and slowly try and eventually you will be successful.

#1279 —regularly used
Хэрээ галууг дуурайж
Хөлөө хөлдөөх

A crow imitating a duck
Freezes its leg

Бусдыг дуурайсан хүмүүс бүтэлгүйтэж, дараа нь ичгүүрт ордог болохыг дүрсэлжээ.

This describes people who try to do things following others but they cannot and are therefore ashamed.

Mongolian Proverbs

#1280 —occasionally used
Хэрээ зуун жил хар
Хэрэг мянган жил хар

A crow is black for 100 years
An offence is black for 1000 years

Хүмүүс гомдсон бол ер нь барагтай уучилж, мартдаггүй гэдгийг харуулж байна. Зарим хүн муу зүйлийг сэдэж хийхийг хүсэж буй хүмүүст сануулга болгож энэ үгийг хэлдэг. Тэдний хийсэн үйлдийн хор уршиг хэзээ ч арилахгүй.

This states that people will not forgive or forget offences. Some use it as a warning to people who are planning to do what is wrong. The consequences of their actions will never go away.

#1281 —often used
Хэрээ мэдэж
Бяраа тань

Know your potential
Know your strength

Хүмүүсийг өөрсдийнхөө хэрээс хэтэрсэн зүйлийг ярьж сайрхахад энэ үгийг хэлдэг.

This might be used when people talk or boast beyond their capabilities.

#1282 —often used
Хэрээ мэдэж яв
Бяраа мэдэж өргө

When you go, remember who you are
When you lift up, remember your strength

Өөрийнхөө давуу болон сул талыг сайтар мэддэг байх хэрэгтэйг сануулдаг.

This reminds us to be aware of our strengths and weaknesses.

#1283 —frequently used
Хэрээ хэрээнийхээ
Харыг гайхах

The crow becomes surprised
By another crow's blackness

Өөрөө ч ялгаагүй алдаа гаргах атлаа бусдыг алдаа гаргасных нь төлөө шүүмжилдэг хүнд энэ үгийг хэлдэг.

This might be used to describe a person who criticizes another for the same problem that he has.

#1284 —often used
Хээр алагаас
Шийр алаг

From a motely body
To a motely leg

Эцэг эхийнхээ муу зан чанарыг дуурайсан хүүхдүүдийг ийнхүү дүрсэлдэг.

This refers to children who imitate the bad habits of their parents.

#1285 —often used
Хээр хонож
Хэц дэрлэх

Sleeps on the steppe
Uses a mountain ridge as a pillow

1921 оны хувьсгалаас өмнө ноёд маш өндөр татвар татдаг байх үед ядуус амь зогоох аргагүй байлаа. Тэр үеийн "сайн эрс" баячуудын малыг хулгайлж ядууст өгнө гэсэн тангараг тавьж ууланд амьдардаг байжээ. Тэдэнд гэр орон гэж байсангүй. 1970–1980-д оны уран зохиолоос

Before 1921 the lords' taxes were so high that some poor people could not live. There were "good men" who went to a mountain to make a vow that they would steal the animals back for the poor. These men did not have a home anywhere. You read about them a lot in literature from the 1970s and

321

тэдний тухай ихийг уншиж болно. Гэр оронгүй хүнийг сайн муу гэлгүйгээр ийнхүү дүрсэлж хэлдэг. #1289-г үз.

1980s. This might be used to describe a person who does not have a home without saying he is good or bad. See #1289.

#1286 —often used
Хээрийн галуу нисэн үл хүрэх газраас
Хүний хүү эрдэм өвөртлөн ирнэ

Энэ бол зүйр үг биш. Орчин цагийн Монголын яруу найргийн эцэг гэгддэг *Нацагдоржийн* шүлгийн мөр. Гэрээсээ гарч аялж яваад ирж буй хүнийг дүрсэлжээ. Тэрээр гадаад явж суралцаад ирсэн тул хүмүүс түүгээр бахархан ийнхүү хэлдэг. Хүмүүс хэр хол явж мэдлэг хуримтлуулах чадвартайг илэрхийлэн энэ үгийг хэлж болох юм.

Where the wild duck cannot reach by flying
A person's son can bring knowledge

This is not a proverb. The lines are from a poem by *Natsagdorj*, the father of modern Mongolian poetry. It is in literature and it refers to a person who travels and comes home. He studied abroad so people are proud of him and say this. It might be said to speak about how people have the ability to go far when they have knowledge.

#1287 —regularly used
Хээрийн улс
Хээгүй нь дээр

Хөдөө явсан бол тэндхийн нөхцөл байдалд хэрхэн биеэ авч явахыг дүрсэлжээ. Бид ичих, нэрэлхэх болон албархах хэрэггүй.

People out in the country
Are better off being easy-going

This describes the appropriate way to act in the countryside. We should not be shy nor should we be formal.

#1288 —often used
Хээрийн хүнд (хүн) хээгүй (нь дээр)
Хэтний галд (гал) утаагүй (нь дээр)

Дээр үед хүмүүс чүдэнзний оронд хэт бүсэндээ зүүж явдаг байжээ. Хэтний уутанд онцгой төрлийн ургамал хийдэг бөгөөд хэтийг чулуутай хавирахад гал авалцдаг байна. Тэр ургамлын хөвөн шатахад утаа гардаггүй ажээ. Хүмүүс хөдөө хээр явбал хамтдаа байж эв найртай байх хэрэгтэйг сануулан энэ зүйр үгийг хэрэглэж болох юм.

Person in the countryside is (better) easy going
A *Khet's* fire is (better) not smoky

In earlier times, instead of matches, people carried a *khet* on their belt. In the *khet* was a special flower (edelweiss) that when placed on the *khet* and struck with a stone created a spark. When the cotton inside the flower burned there was no smoke. This might be used when a group is out away from their community and they need to work together because they are in the wilderness.

#1289 —often used
Хээрээр гэр хийж
Хэцээр дэр хийх

1921 оны хувьсгалаас өмнө ноёд маш өндөр татвар татдаг байсан ядуус амь зогоох аргагүй байлаа. Тэр үеийн "сайн эрс" баячуудын малыг хулгайлж ядууст өгнө гэсэн тангараг тавьж ууланд амьдардаг байжээ. Тэдэнд гэр орон гэж бай-

Makes a home in the field
Uses a mountain ridge as a pillow

Before 1921 the lords' taxes were so high that some poor people could not live. There were "good men" who had gone to a mountain to make a vow that they would steal the animals back for the poor. These men did not have a home anywhere. You read about them

сангүй. 1970–80-аад оны уран зохиолоос тэдний тухай ихийг уншиж болно. Гэр оронгүй хүнийг сайн муу гэлгүйгээр ийнхүү дүрсэлж хэлдэг. #1285-г үз.

a lot in literature from the 1970s and 1980s. This might be used to describe a person who does not have a home without saying he is good or bad. See #1285.

#1290 —occasionally used

Хялгана ихэдвэл зуд болно
Хялар ихэдвэл сохор болно

Хялар ихэдвэл сохор
Хялмаа ихэдвэл цас

Хялмаа хэтэрвэл зуд болох
Хялар хэтэрвэл сохор болох

Зун хур бороо их ороход хялгана өвс их ургадаг. Үүнийг ажигласан хүмүүс өвөл их цас орох нь гэдэг. Энд гарч буй зуд гэдэг бол өвлийн цасан шуурга юм. Хаврын улирал мал амьтан эцэж турсан тэр үед гэнэт их цас орох нь жирийн үзэгдэл юм. Мал хунгарлан орсон цасыг ухаж өвс олж идэж чадахгүй тул турж үхдэг байна. Заримдаа малчид бүх малаа алддаг. Зүйр үгийн хоёр дахь хувилбарт буй хялмаа гэдэг бол нойтон цас юм. Олон хоног орвол энэ цаснаас болж газар хөлддөг. Ингэвэл байгалийн гамшиг нүүрлэнэ. Зарим нэг зүйлийн үр дагаварыг урьдчилан таамаглаж болдог. Тиймээс бид асуудлыг аль болох хурдан шийдвэрлэх арга замыг хайх хэрэгтэй. Асуудлыг бага дээр нь шийдвэрлэх хэрэгтэйг зөвлөн энэ үгийг хэлж болох юм.

If feather grass increases, there will be big snow fall
If cross-eyed increases, there will be blindness

If cross-eyedness increases, blind
If snow flakes increase, snow

If snow flakes fall too much, disaster will come
If cross-eyed too much, blindness will come

When there is a lot of rain in the summer, a lot of feather grass will grow and people expect there will be a big snow fall in the winter. The disaster referred to here is a *zud*, which means a severe winter storm. It is normally at the beginning of spring when the animals have been let out to graze and then there is a sudden blizzard. The animals are not able to dig through the snow to eat and they die. Sometimes people lose their entire herd. In the second one, this particular type of snowflake is a kind of wet snow. It has the danger of freezing the ground after snowing for a long time and can be the cause of a natural disaster. The end result or consequences of some things is predictable. Therefore we need to quickly try to fix a problem rather than wait until it gets bigger. This might be used when advising people to try to fix a problem when it is small.

#1291 —often used

Цаас хэдий нимгэн ч
Чичихээс наашгүй
Хүн хэдий ухаантай ч
Хэлэхээс наашгүй

Цаас хэдий нимгэн байдаг ч хэн нэг нь чичихээс нааш цоордоггүй. Хэдийгээр хүн оюуны өндөр чадамжтай ч хэн нэг нь тайлбарлахгүй бол ойлгохгүй. Хэн нэг хүн нөгөөгийнхөө хэлж ярьсныг ойлгохгүй, эсвэл хэн нэгний алдааг хэлж өгөх хэрэгтэй хэмээн гомдоллох

Although paper is thin
Until poked, it is not pierced
Although a person is wise
Until told, he is not successful

Even though paper is very thin, it is not pierced until someone pokes a hole in it. Even though a person has high intelligence, sometimes it takes others (a friend) to explain something. This might be used when someone is complaining that another did not understand the situation or when

үед энэ үгийг хэлдэг. #1223-г үз.

someone needs to be confronted regarding a mistake. See #1223.

#1292 —*occasionally used*
Цаасанд нэргүй
Цасанд мөргүй

No name on paper
No foot print on snow

Амьдралдаа хийж бүтээсэн зүйл юу ч үгүй хүмүүсийг дүрслэхийн тулд энэ үгийг хэлдэг. Тэд юу ч хийж бүтээсэнгүй, нэг ч үр хүүхэд гаргасангүй.

This might be used to describe people who have nothing to show for their lives. They have done nothing and they have no descendants.

#1293 —*regularly used*
Цаг цагаараа байдаггүй
Цахилдаг хөхөөрөө байдаггүй
Өнгө өнгөөрөө байдаггүй
Өвс ногооноороо байдаггүй

Time does not stay the same
The iris does not stay blue
Color does not stay the same
Grass does not stay green

Амьдрал үргэлж сайн сайхан байдаггүйг илэрхийлжээ. Амьдрал тогтуун байдаггүй. Юм бүхэн өөрчлөгддөг. Амьдралд байнга тохиолддог зүйл бол өөрчлөлт юм. Тиймээс бид бэлтгэлтэй байх хэрэгтэй.

This says that life does not always go smoothly. Life is not consistent. Things change. The only constant thing in life is change, so we should be prepared.

#1294 —*often used*
Цаг цагт нэг цаддаг
Цагаан сараар нэг цаддаг

Get filled from time to time
Get filled once during *Tsagaan Sar*

Хүмүүс ер нь жирийн үед бага багаар иддэг боловч Цагаан сараар цадталаа иддэг. Цагаан сараар хэр сайн идэхээс шалтгаалан тухайн жилдээ идээ будаагаар хэр элбэг дэлбэг байх нь тодорхойлогддог гэж хүмүүс итгэдэг.

Normally a person eats small amounts on a regular basis. But during *Tsagaan Sar* people eat in abundance. It is believed that how well you eat during *Tsaagan Sar* will be an indication of how well you will eat during the year.

#1295 —*often used*
Цагаан идээний савыг
Хоосон буцаадаггүй

The dairy container
Should not be returned empty

Энэ бол зүйр үг биш, харин хэлц үг. Хэрэв ямар нэг юмыг саванд хийж өгсөн бол монголчууд савыг нь хоосон буцаадаггүй.

This is a saying, not a proverb. When you receive something in a container it should be returned with something in it.

#1296 —*often used*
Цагийн юм цагтаа
Цааз хууль улсдаа

There is a time for everything
There is a law for the country

Бүх зүйл цаг хугацаатай байдгийг ийнхүү дүрсэлжээ.

This states that everything happens in its own time.

#1297 —often used
Цадахад цагаан хурганы сүүл хатуу
Өлсөхөд ороо буганы (өлөн бугын) эвэр зөөлөн

When full, a white lamb's tail is hard
When hungry, a lame (starved) deer's horns are soft

Цадахад гэдэг нь амьдрал сайхан байх, өлсөхөд гэдэг нь амьдрал хэцүү байх үеийг хэлж байна. Хатуу хоолыг идэхэд бэрх, харин зөөлөн хоолыг идэхэд хялбар байдаг. Чанасан хонины сүүл тэр чигээрээ өөх байдаг тул их зөөлөн байдаг. Амьдрал сайхан байх үед хүмүүс шилж сонгодог. Гэвч амьдрал сайнгүй бол өгсөн бүхнийг бид баяртайгаар хүлээн авдаг.

To be full means that life is good and to be hungry means that life is difficult. Food that is hard is difficult to eat and food that is soft is easy to eat. Boiled sheep tail is mostly fat and therefore a delicacy. When life is good, we can be picky. But when life is not good we are happy to take whatever we are offered.

#1298 —occasionally used
Цай хэдий шингэн боловч идээний дээж
Цаас хэдий нимгэн боловч номын хуудас

Even though tea is liquid, it is an important part of food
Even though paper is thin, it still makes a page in a book

Энд бодит үнэний тухай өгүүлжээ.

This describes true things.

#1299 —regularly used
Цай ч үгүй
Царай ч үгүй

Not even tea
Not even warmth

Зочин ирвэл цайгаар дайлах хэрэгтэй. Цай хийж өгөхгүй бол ёсонд үл нийцнэ гэж настай хүмүүс үздэг. Энэ нь гэрийн эзэгтэй сайн хүн биш гэсэн утгатай. Зочломтгой бус гэрийн эзэгтэйг ийнхүү хэлж болно.

When people visit they should be offered tea. Often older people consider it rude when tea is not offered. It is an indication that the host is not a good person. This might be said about a host who was not hospitable.

#1300 —regularly used
Царайны сайхнаар
Цай сүлэхгүй

You cannot make milk tea
With a pretty face

Хүний гадаад төрх бүхнийг илэрхийлэхгүйг ингэж хэлжээ.

This states that appearance is not everything.

#1301 —occasionally used
Цаст уулын цагаан барс
Цагаа болохоор шоргоолжинд бариулах

In time the white tiger comes from the snowy mountain
In time it will be caught by ants

Хоёр дахь мөр барын үхлийг хэлж байна. Цаг хугацааны эрхэнд бүх хүнийг өвчин зовлон, аль эсвэл үхэл дайрна гэдгийг дүрсэлжээ.

The second line means that the tiger dies. This states that over time everything gets sick or dies.

#1302 —often used
Цувж явсан барнаас
Цуглаж суусан шаазгай дээр

Шаазгай ганц нэгээрээ байвал юу ч хийж чадахгүй ч харин олуулаа байвал өөр хэрэг. Бар ганцаараа байсан ч хүчтэй. Гэхдээ өөр барнуудтай нэгдвэл илүү хүчтэй байна. Ганц нэгээрээ байсан бар ихэвчлэн хохирол амсдаг. Нэгдмэл байвал илүү хүчтэй байдгийг сануулан энэ үгийг хэлж болох юм.

Crowd of sitting magpies is better than
Strung out tigers walking on the road

Even though a single magpie is weak, as a group they can do a lot. A single tiger is strong, but would be much stronger if it is a part of a group of tigers. Tigers that are strung out are not together in a group. This might be used as a reminder that there is strength in being united.

#1303 —often used
Цусаа гартал зодолдож
Тосоо гартал тэврэлдэх

Үргэлж хэрэлдэж, зодолддог боловч дараа нь бие биеэ тэврэч үнсэн өмнө нь зодолдоогүй юм шиг байдаг хосуудыг ийнхүү дүрсэлдэг.

Fight until bleeding
Hug until oily

This can be used to describe a couple who are always fighting, but in the end they kiss and make up and act as though they had never fought.

#1304 —occasionally used
Цуцлаас гал
Цухлаас хэрүүл

Жижигхэн цуцлаас гал гардаг шиг амархан цухалддаг хүнээс болоод хэрүүл маргаан үүсдэг болохыг дүрсэлсэн зүйр үг юм.

Fire from the embers
Argument from a person who is easily upset

This states that just as a fire starts from small embers, an argument will eventually come from talking with an easily angered person.

#1305 —often used
Цэргийг мянган өдөр тэжээгээд
Нэг өдөр хэрэглэдэг

Энд цэргийн амьдралыг дүрсэлжээ. Зөвхөн ганцхан өдөр хэрэглэхийн тулд бүхэл бүтэн армийг олон өдөр тэжээдэг байна.

A soldier is fed a thousand days
Used one day

This speaks about the life of a soldier. The army feeds him for a long time in order to use him maybe for one day.

#1306 —often used
Цэцэн үг цээжнээс (цээжинд)
Цэцэг навч уулнаас (ууланд)

Энд гарч буй цээж гэдэг үг бол зүрхийг илэрхийлж байгаа бөгөөд Монголчууд зүрх бол хүний зан чанарыг агуулдаг сав гэж итгэдэг. Ярьж буй хүнийг ухаалаг хүн юм хэмээн хэн нэгэнд хэлэхэд сонсож буй хүн энэ зүйр үгийг хэлдэг. Ухаалаг хүүгийн талаар өгүүлсэн эртний нэг үлгэр байдаг. Тэр хүү хаад

A proverb <u>comes from</u> (are) within the chest
Flowers and leaves <u>grow from</u> (are on) mountains

The chest here is used as a reference to the heart. Mongolians understand it to be the place of a person's character. It can be used when someone tells another that the speaker is wise. The person hearing that would say this proverb. There is an ancient story of a

ноёдтой мэтгэлцэж өөрийнхөө мэргэн ухаанаар гэр бүлээ, нутаг орноо аюулаас гэтэлгэдэг.

poor young boy who was smart. He dealt with kings and wealthy people and conquered them through his intelligence and he saved his family and region from harm.

#1307 —*occasionally used*
Цэцэнд хоёр чих цөөдөх
Тэнэгт нэг хэл олдох

Two ears are too few for smart one
One tongue is too many for foolish one

Ухаалаг хүний хэлэх үг бүрийг бид сонсохыг хичээдэг. Нөгөө талаар тэнэг хүний мунхаг үгийг бид сонсохыг хүсдэггүй. Энэ хоёр хүний аль алиныг нь илэрхийлэхийн тулд энэ үгийг хэрэглэж болно.

We are very interested in hearing everything the wise person has to say. On the other hand, we are not interested in listening to the words of a fool. It might be said when referring to either type of person.

#1308 —*occasionally used*
Цээжний үгийг архи хөөнө
Цээлийн загасыг сэрээ хөөнө

Words in the chest are chased away by alcohol
Fish in the pool are chased away by a spear

Архи уусан хүмүүс цээжиндээ хадгалж байсан үгээ үнэнээр нь хэлдэг гэж хүмүүс үздэг.

People believe that a person will say what he really feels when he is drunk.

#1309 —*often used*
Чамд инээдэн (инээд)
Над ханиад

It's laughter to you
But coughing to me

Хэн нэгэнд өөрийнхөө асуудлыг хэлэхэд тэд инээдэг. Харин асуудлаа хуваалцаж байгаа хүн энэ үгийг хэлдэг.

This refers to when people laugh when others are telling them about their troubles. The one who is suffering would say this.

#1310 —*occasionally used*
Чамд хов зөөсөн хүн
Чамайг хүнд ховлоно

The person who gossiped to you
Will gossip about you to others

Хэн нэгэн хүн хов зөөхөд нь энэ үгийг хов жив сонссон хүнд анхааруулах маягаар хэлдэг. Өөрт чинь хэн нэг хүн хов жив зөөсөн бол дараа нь тэр өөрийн чинь талаар өрөөл бусдад хов зөөх болно.

This might be used to warn people when someone gossips to them about another person. If the gossiper gossips to you, he will gossip about you to others.

#1311 —*frequently used*
Чамлахаар
Чанга атга

Instead of being dissatisfied
Hold tighter

Хүмүүс өөрт байгаа болон хүмүүсээс авсан зүйлдээ сэтгэл дундуур байж болох юм. Чамлаж хаяснаас дараа нь хэрэг болж болох учир чанга атгах хэрэгтэй. Гомдоллодог хүнд энэ үгийг хэлж болно.

People can be dissatisfied with what they have or with what has been given to them. But instead of discarding it out of dissatisfaction, they should hold it tighter because someday it will be useful. This might be

Mongolian Proverbs

Тийм их биш байсан ч байгаа зүйлдээ сэтгэл хангалуун байж талархах хэрэгтэй.

said to someone who is complaining. We should be thankful for what we have even if it is not very much.

#1312 —regularly used

Чигчий хурууны
Чилээ гаргах чадалгүй

The little finger's
Stiffness cannot go out

Монгол бөхөд барьц аван барилдах чухал байдаг. Үүний тулд бүх хуруу чухал үүрэгтэй. Хоёр дахь мөр хуруугаа хэрэглэх шаардлагагүй гэсэн утгатай. Барилдах гэж байгаа хүн нөхцөл байдлаасаа шалтгаалан өрсөлдөгчөө үгээр идэж, басамжилдаг. Юу ч хийж чадахгүй атлаа бусдад чадна гэж онгирдог хүмүүсийг илэрхийлэхийн тулд энэ үгийг хэрэглэж болно.

In Mongolian wrestling, the technique of a good grab is important. It takes all ten fingers to do this action. Line 2 means the little finger is not used. If a man says not even his pinkie needs to move to wrestle with his opponent, depending on the situation, he is either teasing his friend or looking down him. This might be said when referring to people who cannot do anything, but they tell others that they can.

#1313 —occasionally used

Чинийх долоо
Минийх долоохон

You have seven
I have only seven

Яг адилхан зүйл хүлээж авсан хирнээ өөрийгөө дутуу авлаа гэдэг хүмүүсийг илэрхийлжээ. Ийм хүмүүс хэзээ ч сэтгэл хангалуун байдаггүй. Зарим хүн энэ үгийг зүйр үг гэж боддоггүй.

This describes people who think they have less than others when in reality they have just as much. They are never satisfied. Some people do not believe this is a proverb.

#1314 —occasionally used

Чихгүй толгой
Цээжгүй бөгс

A head without ears
A butt without a crack

Хэрвээ хүний чихийг тасалчихвал юу ч сонсохгүй. Сахилгагүй хүүхдүүд чихгүй хүүхэд шиг эцэг эхийнхээ үгийг сонсдоггүй. Бусдыг сонсох дургүй, дуулгаваргүй, бусдыг хүндэлдэггүй хүмүүсийг илэрхийлэхийн тулд энэ үгийг хэлдэг.

If a person's ears are removed he will not be able to hear anything. When children are naughty, they do not listen to parents as if their ears have been removed. This might be said about a person who does not like to listen to others, is disobedient and does not respect others.

#1315 —regularly used

Чихээр сонссоноос
Нүдээр үзсэн нь дээр

Чих худал
Нүд үнэн

Better to see with eyes
Than to hear with ears

Ears can make a mistake
Eyes are true

Ямар нэг юмыг үнэн гэж чихээр сонссоноос бодит байдлыг нүдээр харсан нь дээр болохыг дүрсэлжээ.

This states that it is better to see something in order to believe it is true rather than to rely on what others have said.

#1316 —often used
Чоно махнаас гарах
Чөтгөр гоймонд дурлах

A wolf goes away from meat
A demon is fond of noodles

Чоно махнаас гарах ямар ч боломж байхгүй. Мөн чөтгөр хэзээ ч гоймонд дурлахгүй. Архи тамхи, болон бусад хорт зуршилд автсан хүмүүс тэдгээрээс гарна гэж хэлэхэд нь эргэлзсэн хүмүүс энэ үгийг хэлдэг.

It is impossible for a wolf to quit eating meat. It is also understood that demons are not fond of noodles. It is said by others about people who are addicts to alcohol, cigarettes, or other destructive behaviors, when they doubt the addict will quit the things they are addicted to.

#1317 —occasionally used
Чоно ч хөөрхий
Хонь ч хөөрхий

Too bad for the wolf
Too bad for the sheep

Аль аль нь хүнд нөхцөл байдалд орсон хоёр хүнийг ийнхүү дүрсэлжээ. Тэдний нэг нь чоно шиг түрэмгий, нөгөө нь хонь шиг номхон ажээ.

This describes two people who are both in difficult situations. One of them is like an aggressive wolf and the other is like a meek sheep.

#1318 —occasionally used
Чонын ам идсэн ч улаан
Идээгүй ч улаан

The wolf's mouth that eats is red
The wolf's mouth that does not eat is red

Идсэн ч, идээгүй ч чонын ам улаан байдаг. Энэ үг худалч хүнийг илэрхийлдэг. Тэд үнэнийг хэлж байсан ч хүмүүс тэднийг худал ярьж байна гэж боддог.

Whether he eats or not, a wolf's mouth is red. This might be used to refer to a liar. People think of that person as a liar, even if he is telling the truth.

#1319 —often used
Чонын амнаас гараад
Барын аманд орох

Goes out from the mouth of the wolf
Goes into the tiger's mouth

Энэ зүйр үг бол нэг асуудлаас мултарч нөгөө том асуудалд унах гэсэн утгатай.

This means to go from one trouble to a bigger one.

#1320 —often used
Чөтгөрийн бага адтай
Чөмөгний мах амттай

The demon's little one has cunning
The thigh bone's meat is tasty

Хүнийг, хүүхдийг хүртэл дутуу үнэлэх хэрэггүйг сануулж байна.

This says that we should not underestimate a person, even a child.

#1321 —occasionally used
Шаасан гадас шиг
Шахсан бяслаг шиг

Like a driven stake
Like pressed cheese

Хэцүү зан чанартай боловч өөрчлөгдөхийг хүсэхгүй байгаа хүнийг дүрсэлжээ.

This describes the person who has a hard character and is unwilling to change.

#1322 —frequently used
Шаварт унасан
Шарын эзэн хүчтэй

Хүмүүс өөрсдийнхөө юмыг хамгаалахын тулд их хүч гаргадаг. Хийх ёстой зүйлээ хийх тэнхээтэй байхыг урамшуулан энэ зүйр үгийг хэрэглэдэг. Зарим хүн хийх ажил их байхад цөөхөн ажилчин байгаа үед энэ үгийг хэрэглэж магад.

The owner is strong
When his ox falls into the mud

For our own things we will show great strength in order to protect them. This might be used to encourage people to find the strength to do what has to be done. Other people might use it when there is a lot of work to do but few people are willing to do it.

#1323 —often used
Шавийн эрдэм багшаас
Зулын гэрэл тосноос

Тосны чанараас дэнгийн гэрэл хамааралтай байдаг шиг оюутнуудын мэдлэг багшийн чанараас ихээхэн шалтгаалдаг байна.

The student's knowledge is from the teacher
The oil lamp's light is from the oil

Just as the brightness of a lamp depends on the quality of the oil, the knowledge students have depends on the quality of their teachers.

#1324 —often used
Шар нар
Бор хоног

Зарим хүн энд гарч буй бор гэдгийг хүнд хэцүү, муухай гэсэн яруу найргийн хэллэг гэж боддог. Хэдийгээр өдөр нь хэцүү байсан ч нар гэрэлтсээр байдаг. Зарим хүн бор өдөр гэдгийг саргүй харанхуй шөнө гэж тайлбарладаг. Энэ дэлхий дээрх амьдралыг ийнхүү дүрсэлдэг. Зарим хүмүүс өглөө эрт гараад үдэш оройтож харьдаг хүний тухай ярихдаа энэ үгийг хэрэглэдэг.

Yellow sun
Brown day

Some people see brown here as a poetic synonym for difficult or ugly. Even though a day may be difficult, the sun is shining. Other people understand a brown day to mean a dark night with no light from the moon or stars. This describes life on earth. Some people might use it when referring to the person who leaves early in the morning and returns late at night.

#1325 —occasionally used
Шарсан мах амттай
Шартай хүн хортой

Шарсан мах амттай байдаг шиг шар хүн хор шартай байдаг. Ийм хүмүүс их өрсөлдөмтгий байдаг бөгөөд амархан уурладаг. Тэд өөнтөгч, хүйтэн хөндий байдаг.

Fried meat is tasty
An envious person is malicious

Just as fried meat is tasty, an envious person is malicious. This person is competitive and easily angered. His attitude is cynical and hostile.

#1326 —occasionally used
Шивнэсээр шивнэсээр ховч
Чимхэлсээр чимхэлсээр хулгайч

Бага багаар буруу зүйл хийсээр байгаад хүний муу зан чанар тогтдог. Хүүхдэд,

Whisper by whisper to gossip
Pinch by pinch to thief

Bad character starts with doing wrong things just a little. This might be used as a

эсвэл хов жив зөөж, хулгайлж эхэлж буй хүмүүст энэ үгийг анхааруулга маягаар хэлдэг.

warning to a child or a person who is starting to gossip or steal.

#1327 —regularly used
Шиврээ бороо дээлэнд халтай
Шивнээ үг сэтгэлд халтай

Drizzling rain is hard for the *deel*
Whispering words are harmful for the heart

Монголчууд хүний зүрхийг зан чанар, зүрх сэтгэл оршдог газар гэж үздэг. Шивнэж ярих нь хүнд таагүй сэтгэгдэл төрүүлдэг. Хэлж байгаа зүйлийг нь бусад хүмүүс бүү сонсоосой гэсэндээ хүмүүс шивнэж ярьдаг. Учир нь муу зүйл ярьж байгаа тул ингэж ярьдаг байна.

Mongolians consider the heart to be the place of a person's character and soul. Whispering is considered very rude. It is assumed that people are whispering because they do not want others to hear what they are saying because what they are saying is bad.

#1328 —occasionally used
Шидээ үзүүлнэ гээд
Шившгээ тарих

Try to show magic
Embarrass yourself

Өөрөөрөө сайрхаад бүтэлгүйтсэн хүнийг дүрсэлжээ.

This is said of a person who is proud and then makes a mistake.

#1329 —occasionally used
Шинэ баян цээж өвчтэй
Хур баян хууч өвчтэй

A person newly rich has a sick chest
A person rich from birth has a chronic sickness

Цээж өвчтэй гэдэг нь муу зан чанартай гэсэн утгатай. Энэ зүйр үгээр баян, ихэрхүү хүнийг дүрсэлжээ.

To have a sick chest means to have a bad character. This describes a rich and boastful person.

#1330 —occasionally used
Шинэ хүргэн
Шөлний үнэрт цаддаг

The new son-in-law
Becomes full by the smell of soup

Хэрэв хүн гэр бүлийн шинэ гишүүн болбол өөрийгөө эелдэг хүн болохыг хичээгээд өөрийнхөө хүслийг тэр бүр хэлээд байж чаддаггүй.

Normally if you are a new member of a family, trying to be polite, you do not yet feel comfortable expressing your desires.

#1331 —frequently used
Шөлөөр цадаж
Төлөөр баяжина

Get full by soup
Get rich by new born animals

Хэрэв мал өсөж байвал хоол ундтай байна. Хэрэв бид хоол ундтай байхыг хүсдэг бол малаа сайн хариулах хэрэгтэй. Зарим хүн энэ үгийг мал хуйгаа сайн харах хэрэгтэйг сануулан хэлдэг.

If our herds are growing we will have meat and later soup. If we want to eat we need to care for our animals. Some people might use this to encourage people to take care of their animals. Some older people might

Зарим нэг настай хүмүүс шөл уух дургүй хүмүүст энэ үгийг бас хэлдэг. Зарим хүн зочныхоо хоолонд бага мах хийсэн гэрийн эзэнд хандан энэ үгийг хэрэглэдэг. Харин зарим нэг хүн жижиг ч гэсэн юманд анхааралтай бай, учир нь тэр нь хамгийн чухал нь байж болохыг анхааруулахдаа энэ үгийг хэрэглэдэг.

say this to those who do not like to drink soup. Others might use it referring to the hostess who made a lot of soup but did not use enough meat. Others might use it to tell someone to focus on something that seems small because in reality it is important.

#1332 — *occasionally used*
Шөнөд оройгүй
Шөлөнд дээжгүй

No matter earlier or later, night is dark
No matter first or last, soup is the same

Хоол хийсний дараа ихэвчлэн гэрийн эзэн болох аавд эсвэл тухайн гэр бүлийн хамгийн хүндтэй ахмад настай хүнээс эхэлж хоол аягалдаг. Эхний мөр орой хэдэн цагаас ирсэн ч бай шөлнөөс хэзээ ч хоцордоггүй гэсэн санаагаар хэлж болно. Эхлээд шөл идсэн ч, үлдсэн шөлийг уусан ч ялгаагүй л шөл.

Normally when food is served, it is offered first to the father or to the most important person at the table (by age or status). The first line can mean that it does not matter what time in the evening you visited, you are never too late for soup. The beginning of the soup is just as good as the last.

#1333 — *often used*
Шувуу өдөөрөө
Хүн ухаанаараа

The bird shows its feathers
The person shows his mind

Хүмүүс шувууны гоёмсог өдийг шагшин магтдаг шиг хүний мэргэн ухаан, мэдлэгийг магтдаг.

Just as birds are admired for their beautiful feathers, people are admired for their intelligence or knowledge.

#1334 — *occasionally used*
Шувуу шиг эрт босч
Адуу шиг орой унтах

Gets up early like a bird
Goes to bed late like a horse

Хичээнгүй ажилладаг хүнийг ийнхүү дүрсэлж болно.

This might be used to describe a hardworking person.

#1335 — *regularly used*
Шунал ихэдвэл шулам болно
Шуурга ихэдвэл зуд болно

If greed increases, the person will become evil
If the storm increases, it will become a disaster

Шунал биднийг муу зүйлд хөтөлдөг. Шунал хүслээсээ татгалзах хэрэгтэйг хүмүүст анхааруулан энэ үгийг тэдэнд хэлж болно.

Greediness will lead us in a bad direction. This might be used to warn people that they need to stop being so greedy.

#1336 —occasionally used

Шуналаар баяждаггүй
Ховдгоор таргалдаггүй

Хүнд маш их мөнгө, эд хөрөнгө байх ч энэ нь түүнийг баян болгодоггүй. Шунал хүний зан чанарыг доройтуулж ядууруулдаг. Хүн их идсэнээрээ тарган том биетэй харагдаж (амжилттай яваагийн шинж тэмдэг) болох ч түүний зан чанар төлөвшөөгүй хэвээр байдаг.

Greediness does not make you rich
Gluttony does not make you fat

This states that a person may have a lot of money or things, but that does not make him rich. Greediness makes your character bad so you are really poor. A person can eat a lot and be big (a sign of success), but have an empty character.

#1337 —often used

Шуудайд хийсэн
Үхрийн эвэр шиг

Үхрийн олон эврийг шуудайд хийх амаргүй. Хоорондоо эв нэгдэлгүй хүмүүсийг дүрслэхийн тулд энэ үгийг хэрэглэдэг.

Like the horns of cows
That were put into a sack

Several sets of horns would not easily go into a sack. This might be used to refer to a situation where people are not united.

#1338 —occasionally used

Шүүрэн шанагаар
Ус зөөх

Хүмүүс хичнээн хичээсэн ч аз дутсанаас ямар ч амжилтанд хүрээгүй үед энэ үгийг хэлдэг.

Tries to carry water
With a strainer

This describes when people try hard, but get nowhere because they are unlucky.

#1339 —occasionally used

Эв түмэн лан
Эрдэм мянган лан

Хүмүүс эв нэгдэлтэйгээр ажиллахгүй байгаа нөхцөлд энэ үгийг хэлдэг. Эв нэгдэлтэй байх нь эрдэм мэдлэгтэй байхаас илүү дээр гэжээ. Монголын Нууц Товчооны I бүлгийн 19-22-т ээж нь хүүхдүүддээ нэг нэг сум өгөөд хугал гэхэд тэд хялбархан хугалчихдаг. Дараа нь хүүхдүүддээ таван сумыг нэг багц болгоод өгөхөд тэд нэг нэгээрээ оролдсон боловч нэг нь ч хугалж чаддаггүй. Энэ бол эв нэгдлийг бодитоор харуулсан сургамж байсан юм. Чингис хааны үед Цагаан сарыг намар тэмдэглэдэг байсан бөгөөд энэ нь ургац хураалт, цагаан идээний баяр байжээ. Дараа нь энэ баярыг хавар хийдэг болсон, учир нь Монголын өвөл хахир болдог. Өвөл дуусаныг тэмдэглэн баярладаг болжээ. Дээр үед хүмүүс өөрсдийнхөө төрсөн

Unity is worth ten thousand *lan*
Knowledge is worth one thousand *lan*

This might be used when people are not working together. It states that being united is more valuable than knowledge. There is a story in the The Secret History of the Mongols (chapter one, section 19–22) about a mother who gave each of her sons an arrow and asked them to break them. They easily broke. Then she gave them five arrows bound together and asked each son to try to break them. None of them could. This was a visual lesson on the strength in being united. In the times of Genghis Khan, *Tsagaan Sar* (a time to celebrate the uniting of the Mongolian tribes by Genghis Khan) was celebrated in autumn at a time when there was already a holiday to celebrate the harvest and milk products. Later it was moved to spring because the Mongolian winters are so harsh. It celebrated the end

өдрийг тэмдэглэдэггүй байсан учир Цагаан сар үндэсний баяр болжээ. Эрт цагийн олон хүн төрсөн өдрөө мэддэггүй, харин төрсөн улирлаа мэддэг байв. Цагаан сараар хүмүүс бие биеэ уучилж, эвлэрэн нэгддэг.

of winter. In ancient times people did not celebrate their individual birthdays, so *Tsagaan Sar* became a national birthday. Many did not know their birthdays, only the season. During *Tsagaan Sar* families are supposed to forgive each other and be unified again.

#1340 —*occasionally used*
Эв хязгааргүй
Эрдэм ёроолгүй

Найз нөхөд хэр чухал болохыг дүрслэхийн тулд эсвэл суралцах нь ямар чухал болохыг заахдаа энэ үгийг хэрэглэж болох юм.

Friendship is limitless
Knowledge is endless

This can be used when referring to friendships or when teaching about the importance of learning.

#1341 —*occasionally used*
Эвгүй хүн яг
Эрдэмгүй хүн таг

Нөхөрсөг бус хүн бусадтай таардаггүй учир юу ч хийж чаддаггүй. Боловсролгүй хүнд боломж цөөн олддог. Нөхөрсөг бус, боловсролгүй хүнийг дүрслэн ийнхүү хэлж болох юм.

Unfriendly person cannot do anything
Uneducated person is closed

Unfriendly person cannot do anything because he does not work well with others. Uneducated person has few opportunities. This might be used when referring to people who are uneducated or unfriendly.

#1342 —*often used*
Эвдэх хялбар
Эвлүүлэх бэрх

Энд үнэн зүйлийг өгүүлжээ.

To break is easy
To build is hard

This states true things.

#1343 —*often used*
Эвлэвэл бүтнэ
Ховловол гутна

Хэрэв хүмүүс хамтдаа ажиллавал олон зүйлийг амжуулж чадна. Гэвч тэд бие биеийнхээ талаар хов жив зөөж эхэлбэл эв түнжин хагарч, юу ч хийж чадахгүй.

If we reconcile, it will be fulfilled
If we gossip, it will be grievous

If people work together they can get a lot done. But if they gossip about each other they will not be united and will get nothing done.

#1344 —*regularly used*
Эвт шаазгай
Буга барина

Хэдийгээр шаазгай өчүүхэн боловч хэрэв тэд эв нэгдэлтэй байвал ихийг бүтээж чадна. Эв нэгдэл хэр чухал болохыг заах сургахын тулд энэ үгийг хэрэглэж болно.

Friendly magpies
Will catch the deer

Even though magpies are small, they can do a lot if they work together. This might be used when teaching about the importance of unity.

#1345 —frequently used
Эд мэдэхгүй хүн
Эдийн нэрийг гутаана

Хүмүүс мэдэх ёстой зүйлийг мэдэхгүй бол аливаа юмны үнэ цэнийг мэддэггүй. Иймээс тэд тухайн юмны талаар буруу, болгоомжгүй зүйл хэлдэг.

The person who does not know goods
Disgraces the name of the good

This might be used when people who should know, do not know the value of things. As a result they say careless or inaccurate things about the items.

#1346 —regularly used
Эд нь хэврэг (байг)
Эзэн нь мөнх (байг)

Энэ бол зүйр үг биш харин хэлц. Хүнд бэлэг өгөхдөө ингэж хэлдэг. Бэлэг өгч буй хүн бэлэг авсан хүнийг урт удаан наслаасай гэж энэ үгийг хэлдэг.

May the goods be fragile
May the owner be eternal

This is a saying, not a proverb. This might be used when a gift is given. The person giving the gift might say this wishing the recipient a long life.

#1347 —occasionally used
Эдийн баянаас
Эрдмийн баян

Мэдлэг боловсрол хичнээн чухал болохыг өгүүлжээ.

It is better to be rich with knowledge
Than rich with goods

This speaks of the importance of knowledge.

#1348 —frequently used
Эдээр биеэ чимэхээр
Эрдмээр биеэ чим

Эд хураахаар
Эрдэм хураа

Эд хөрөнгөтэй байснаас мэдлэгтэй байсан нь хавьгүй дээр. Мэдлэг олж авахаас илүүтэй хувцас хунарт анхаардаг хүмүүс энэ үгийг хэлдэг.

Adorn yourself with knowledge
Rather than things

Collect knowledge
Rather than goods

Knowledge is more important than having material goods. This might be said to someone who pays more attention to clothes than to acquiring knowledge.

#1349 —often used
Эдээрээ оролдвол эвдэхийн тэмдэг
Эхнэрээрээ оролдвол салахын тэмдэг

Өөрсдийнхөө эд юмсад болгоомжтой хандахгүй бол эвдэрнэ. Үүний адил хүн эхнэртээ анхаарал тавихгүй бол түүнийгээ алдана.

If you fiddle with your things, it is a sign they will get broken
If you provoke your wife, it is a sign you will be divorced

It is understood that if we do not take care of our things, they will get broken. In the same way if a man does not care for his wife, he will lose her.

#1350 —occasionally used
Ээгүй хүн яг
Эрдэмгүй хүн таг

Хүмүүстэй харилцах харилцаандаа анхаардаггүй хүмүүсийг дүрсэлжээ. Ийм хүн хаалттай байдаг. Тэр мэдлэггүй тул ямар нэг юм хийх арга зам байдаггүй.

The abrupt person has no communication
The person who has no knowledge has no way

This describes an abrupt person who does not care about relationships. He is closed. He has no knowledge and therefore no way to do things.

#1351 —regularly used
Эзэн нь юмаа мэддэг (мэдэж)
Эрэг нь усаа хашдаг

Бусдын юманд зөвшөөрөлгүй гар хүрдэг хүмүүст энэ үгийг хэлдэг. Эзэн нь өөрийн юмаа мэдэх бүрэн эрхтэй байдаг.

The master knows his own things
The shore limits the water

This might be said to the person who touches other people's things without permission. The owner always has more of a right to something.

#1352 —frequently used
Эзэн хичээвэл
Заяа хичээнэ

Хүний хичээл зүтгэл хэрхэвч үр дүнгүй өнгөрөхгүйг хэлж байна.

If a person tries hard
Destiny will try hard

This says that good efforts will not be wasted.

#1353 —often used
Эм гашуун ч өвчинд тустай
Үг хатуу ч өөдлөхөд тустай

Эм хэдийгээр гашуун амттай байдаг ч хүний биед хэрэгтэй. Үүнтэй адил хүний муу зан чанарыг илчилсэн үгийг сонсож хүлээж авахад бэрх байдаг. Гэвч ийм үг тухайн хүний зан чанар төлөвшихөд тустай.

Although medicine is sour, it is helpful for illness
Although words are hard, they are helpful for prosperity

Even though medicine might taste bad, it helps the body. In the same way, true words about another's behavior is hard for that person to hear. But those words will help the person's character to improve.

#1354 —often used
Эмээлээс өндөр даваа даваагүй
Эхнэрээсээ өөр хүн танихгүй

Юу ч хийж бүтээгээгүй, бусадтай нийцгүй хүнийг ийнхүү дүрслэн хэлдэг.

Never climbed a hill higher than a saddle
Never met anyone except his own wife

This might be said about the person who has not done anything and is unsociable.

#1355 —occasionally used
Энэ бие хэврэг
Эрхэм нэр мөнх

Бидний бие махбодь яваандаа үхэж мартагддаг бол харин бидний нэр цаа-

This body is fragile
This name is eternal

This might be used to remind people that our bodies will eventually die and be for-

шид дуурсагдсаар байх болно хэмээн хүмүүст сануулсан үг юм.

gotten, but our names will live after us.

#1356 —*occasionally used*

Эр бие өсөж
Ээжийн дээл багадах

Өсөж буй хүнийг ийнхүү дүрсэлдэг. Дүү нараа урамшуулж тэднийг өсөж, өндөр болж байгааг хэлээд хүүхэд насных нь хувцас таарахгүй болж байгааг илэрхийлдэг.

A man's body grows
A mother's *deel* will be too small

This describes the person who is growing up. It can be said to younger brothers to encourage them that they are getting stronger and taller and will grow out of the clothes they wore as children.

#1357 —*often used*

Эр нэг энддэг
Эрэг нэг нурдаг

Энд онцгойлон эрэгтэй хүнийг илэрхийлжээ. Гаргасан алдаан дээрээ төвлөрөх хэрэггүй. Бүх эрчүүд л алдаа гаргаж байдаг.

The man makes a mistake once
The river bank erodes once

This refers specifically to men. This states that we should not dwell on our mistakes. All men make them.

#1358 —*occasionally used*

Эр олзонд
Эрвээхэй дөлөнд

Энд муу зан чанартай хүнийг дүрсэлжээ. Ямар нэг олзны цаана хохирол авчрах муу зүйл үргэлж нуугдаж байдаг.

The man to loot
The moth to flame

This describes the man with a bad character. Behind the loot there is something bad that will bring harm.

#1359 —*frequently used*

Эр өсөж (өсч) (өсдөг)
Эсгий <u>сунана</u> (сунадаг) (юм)

Өсч буй эрэгтэй хүүхдийг дүрсэлжээ.

A man grows up
Felt stretches

This describes the boy who is growing up.

#1360 —*often used*

Эр хүн долоо дордож
Найм сэхнэ

Хэдийгээр хүний амьдрал хэцүү байсан ч үргэлжлүүлэн хичээсээр байх хэрэгтэйг сануулсан үг юм.

A man falls seven times
And rises eight times

This states that even though life is difficult at times, men continue to try.

#1361 —*often used*

Эр хүн зоригтой бол
Чоно чацга алдана

Эр хүнийг зоригтой байхыг урамшуулан энэ үгийг хэлдэг.

If a man is brave
A wolf will poop

This might be used to encourage a man to be brave.

Mongolian Proverbs

#1362 —*often used*

Эр хүн санасандаа
Үрээ (Эмээлт) морь харайсандаа

Өөрсдийнхөө зорилгыг биелүүлэхийн тулд хэрэгтэй бүхнийг хийдэг хүмүүсийг дүрсэлжээ. Хэн нэгнийг урамшуулахын тулд энэ үгийг хэлж болох юм. #1246-г үз.

A man does what he wants to do
A <u>young</u> (saddled) horse jumps where it wants

This describes people who do whatever they have to do in order to accomplish their goals. It might be used to encourage someone. See #1246.

#1363 —*frequently used*

Эр хүн туг ч барина
Тугал ч хариулна

Дээр үед туг барин хамгийн түрүүнд явж байгаа хүн хэний тал вэ гэдгээ харуулдаг байжээ. Энэ нь чухал зүйл хийх цаг ч байна, өчүүхэн зүйл хийх ч үе байдгийг харуулжээ.

A man will hold a flag
Also he will herd a calf

In ancient times the flag went first to show whose side you were on. This means there are times for a man to do important things and times to do mundane things.

#1364 —*often used*

Эр хүн эрвэлзэнэ
Эмээлт морь дэрвэлзэнэ

Эр хүн болон түүний хүлэг морийг магтахын тулд энэ үгийг хэрэглэдэг.

A man is swift
A saddled horse is fast-paced

This might be used as praise for a man and his horse.

#1365 —*often used*

Эр хүнд итгэхээр
Эрхий хуруундаа итгэ

Эрхий хуруу бол хүний бие эрхтний нэг хэсэг мөн. Бид хуруугаараа ямар нэг зүйлийн сайн, мууг илэрхийлдэг. Хүмүүс өөртөө худал хэлдэггүй. Харин өөр хүмүүс бидэнд худал хэлдэг. Эрэгтэй хүнд итгэдэггүй эмэгтэйчүүд энэ үгийг ихэвчлэн хэлдэг.

Instead of trusting a man
Trust your thumb

Our thumb is a part of our body, part of us. We use this finger to indicate if something is good or bad. People do not lie to themselves, but other people lie to us. This is often said by women who do not trust men.

#1366 —*frequently used*

Эр хүний
Замын хүзүү урт

Одоогийн хүнд ажил, амьдралдаа нэг их анхаарал тавих хэрэггүйг эрчүүдэд сануулахын тулд хэрэглэдэг. Зарим хүн ирээдүйд юм сайхан болохын тухай болон хэн нэгэнтэй дахин уулзахыг найдахдаа энэ үгийг хэрэглэдэг.

A man's way is a long road

This might be used to remind a man to not focus on the present because of a difficult life or work. Others might use it referring to things getting better in the future or when we will see someone again in the future.

Mongolian Proverbs

#1367 —*regularly used*

Эр хүний дотор
Эмээлтэй хазаартай морь багтана

Inside of a man
A horse with a saddle will fit

Том хүсэл мөрөөдөл, санаатай хүнийг урамшуулахын тулд ийнхүү хэлдэг.

This can be used to encourage someone with his big ideas.

#1368 —*frequently used*

Эр хүний жаргал
Эзгүй хээр

A man's happiness
Is in the countryside

Үргэлж хөдөө гадаа явах дуртай Монгол эрчүүдийг илэрхийлсэн утгатай.

This might be said about the Mongolian man whose heart is always outdoors.

#1369 —*regularly used*

Эр эмийн дундуур (хооронд)
Илжиг бүү жороол

A donkey should not amble
Between a man and his wife

Гэр бүлийн маргаанд ялангуяа эхнэр нөхөр, үерхэж буй хосуудын хоорондын маргаанд гуравдагч этгээд оролцох хэрэггүйг анхааруулсан үг юм.

This warns people to not get involved in another family's arguments, especially between husbands and wives or between two who are dating.

#1370 —*often used*

Эргүүлж мөлжихөд хүзүү сайхан
Эргээд уулзахад эгч (ээж) сайхан

The neck is nice to nibble again
The <u>older sister</u> (mother) is nice to meet again

Төрөл төрөгсөдтэйгөө уулзах хичнээн сайхан байдгийг дүрсэлжээ.

This says that it is nice to meet with relatives.

#1371 —*occasionally used*

Эрдмийг гүн гэж бүү цөхөр
Эндэгдлийг бага гэж бүү омтгойл

Do not give up because learning is deep
Do not be careless because failing is little

Хийж байгаа зүйлээ өчүүхэн зүйл учир онц чухал биш гээд хийхээ болин орхиж байгаа, эсвэл шантарч байгаа хүмүүст энэ үгийг хэлдэг. Мөн зарим хүн энэ үгийг өөрсдийнхөө алдааг нэг их чухал биш гэж боддог хүмүүст хэлдэг.

Some people might use this when people are thinking about giving up or thinking that what they are doing is unimportant because it is small and as a result they are not careful. Other people might use it when people think their mistakes are unimportant.

#1372 —*often used*

Эрдмийг хичээлээр сурдаг
Эрлийг сургаар олдог

Knowledge comes from learning
Discovery comes from inquiring

Маш их хичээнгүйлэн зүтгэж байж эрдэм мэдлэг олж авдаг болохыг урамшуулж, эсвэл ямар нэг юмаа алдсан бол хүн бүрээс тусламж гуйн, асууж сураглах хэрэгтэйг ятган энэ үгийг хэлж болох юм.

This might be said to someone to persuade him to try hard in order to gain knowledge or when trying to encourage someone to continue looking and asking for help when he has lost something.

#1373 —occasionally used
Эрдмийг эхнээс нь
Эвийг эртнээс нь

Try hard to learn from the beginning of learning
Try hard to keep unity from the start

Ажлаа шинээр эхэлж байгаа хүмүүст, эсвэл суралцаж байгаа хүмүүст эхнээсээ сайн хийж, анхан шатны үндсэн зүйлсэд суралцах хэрэгтэйг зөвлөж хэлж болох юм. Мөн хүмүүсийг хэрүүлч бус, нөхөрсөг байхыг зөвлөн хэлж болно.

This might be used to encourage people to do their work well from the beginning or if they are learning something new, they need to learn the basics first. It might also be used when advising people to be friendly and not quarrel.

#1374 —occasionally used
Эрдэмд оройгүй
Үрд ганцгүй
Олзонд багагүй

There is no end of learning
One child can be enough
No find is too little

Энэ үгийг хангалттай сурчихлаа гэж бодож байгаа хүнд, нэгээс илүү хүүхэдтэй болох хэрэгтэй гэж бодож байгаа эцэг эхэд, мөн ямар нэг юм олчихоод хэрэггүй гэж бодож байгаа хүмүүст хэлдэг. Зарим хүн ганц хүүхэдтэй бол өөрсдийгөө хүүхэдгүй мэт боддог. Тэд хамгийн бага нь хоёр хүүхэдтэй байх хэрэгтэй гэдэг.

This can be used when someone thinks he has learned enough or when parents think they must have more than one child or when someone finds something and thinks it is unimportant. Some people think that if they only have one child they do not have children. They think they must have at least two children.

#1375 —occasionally used
Эрдэмт хүн улсын чимэг
Эвтэй хүн олны тэргүүн

A knowledgeable man is a national jewel
A kind man is the foremost of others

Бусадтай эвтэй, бас мэдлэг боловсролтой байх хэрэгтэйг хүүхдүүддээ зааж сурган ингэж хэлдэг. Бусдад үүрэг хариуцлагыг нь сайн ойлгуулж өгдөг хүмүүсийг ч илэрхийлж болно.

This might be used when teaching children the importance of being kind as well as knowledgeable. It might also refer to a person who delegates responsibilities well to others.

#1376 —often used
Эрдэмтэй хүн далай
Эрдэмгүй хүн балай

The knowledgeable person is an ocean
The unknowledgeable person is stupid

Эрдэм мэдлэгийн үнэ цэнийг илэрхийлжээ.

This states the value of knowledge.

#1377 —often used
Эрдэмтэй (Эрдэмт) хүн даруу
Их мөрөн дөлгөөн

Эрдэм мэдлэгтэй хүн хичнээн даруу, дөлгөөн байдгийг дүрсэлжээ. Эрдэм мэдлэгтэй хүн даруу байдаг тул бардаж сайрхдаггүй.

The knowledgeable person is humble
The large river is calm

This describes the peacefulness of a knowledgeable person. Knowledgeable people should be humble and not brag about themselves.

#1378 —occasionally used
Эрдэнэ ховор боловч олж болдог
Эрдэм гүн боловч сурч болдог

Шинэ юм сурахаар хичээнгүйлэн оролдож буй хүнийг урамшуулахын тулд ингэж хэлдэг.

Although treasure is scarce, it can be found
Although knowledge is deep, it can be attained

This might be used to encourage someone who is working hard to learn something new.

#1379 —frequently used
Эрийг бүү бас
Далайг бүү янд

Эр хүнийг гадаад төрхөөр нь басах хэрэггүйг сануулжээ. Эр хүн сайхан харагдахгүй байлаа ч хүчтэй байж болох юм. Эр хүнийг басаж, бас шүүмжлэх хэрэггүй.

Do not underrate a man
Do not measure the ocean

This says not to underestimate a man by his appearance. Even though a man does not look good, he may be strong. We should not look down on a man or judge him.

#1380 —frequently used
Эрийг нас (дарж)
Уулыг цас дарна

Энэ үг ялангуяа эрчүүдийг илэрхийлжээ. Эр хүн хэдий сайхан байсан ч бүгдээрээ л өтөлдөг. Энэ бол байгалийн жам. #1001-г үз.

The man gets old
The mountain gets snow

This refers specifically to men. No matter how good a man is, everyone gets old. It is natural. See #1001.

#1381 —occasionally used
Эрийн түшиг
Гэрийн чимэг

Энэ зүйр үг сайн эзэгтэйг дүрсэлжээ.

A man's support
A home's decoration

This describes a good woman.

#1382 —regularly used
Эрт босвол нэгийг үзэх (үзнэ)
Орой унтвал нэгийг сонсоно (сонсох)

Хүмүүст өөрт ногдсон цаг хугацаагаа үр дүнтэй ашиглах хэрэгтэйг сурган ингэж хэлж болно.

If you get up early you will see something new
If you go to bed late you will hear something new

This can be used to teach people to use their time effectively.

Mongolian Proverbs

#1383 —occasionally used

Эрт босвол оройдоо тустай
Идэртээ сурвал өтлөхөд тустай

Эрт босвол өдрийн ажилд тус
Эрдэм сурвал насны үйлсэд тус

Хэрэв хүн эрт босвол ажлаа эрт дуусгаж орой нь амарна. Хүмүүсийг ажлаа өглөө эрт эхэлж, залуусыг залуудаа сайн суралцах хэрэгтэйг зөвлөн энэ үгийг хэлж болно.

If you get up early it is helpful for evening
If you learn while young it is helpful for old age

If one gets up early, it is helpful for daily work
If one learns knowledge, it is helpful for life

If you get up early, you will finish your work and be able to rest in the evening. This might be used to encourage people to start their work early in the day or to encourage a young person to study.

#1384 —occasionally used

Эртэч хүү эцэгтээ тустай
Эрт босох өдөртөө тустай

Эрт босвол тухайн өдрийг сайнаар эхэлж буй хэрэг хэмээн хүүхдүүдэд зааж сургахын тулд хэлж болно. Хүүхдүүдийг тусч байхыг зааж сургахаар хэлж болно.

Early rising son helps his father
Getting up early helps that day

This might be used when teaching children to get up early so they can get a good start on the day. It is also for teaching children to be helpful.

#1385 —regularly used

Эрүүл биед
Саруул ухаан (оршино)

Эрүүл чийрэг байхын ач тусыг телевизийн эрүүл мэндийн нэвтрүүлгээр ихэвчлэн ингэж хэлдэг.

In a healthy body
An alert mind

This is often seen on medical TV programs speaking of the benefits of being healthy.

#1386 —frequently used

Эрхийг сурахаар бэрхийг сур

Зан чанар нь эвдэрсэн хүүхдийн эцэг эхэд зөвлөгөө өгч ийнхүү хэлж болно. Заримдаа бид хүчтэй байхын тулд хүнд нөхцөл байдлыг туулах хэрэгтэй байдаг.

Learn difficult things rather than being undisciplined

This might be used when giving advice to a parent regarding a spoiled child. Sometimes we need to go through difficulties in order to become stronger.

#1387 —often used

Эрхмийн дээд эрдэм

Хүнд байх хэрэгтэй хамгийн эрхэм нандин зүйл бол эрдэм мэдлэг болохыг өгүүлжээ.

Intelligence is a magnificent thing

This states that the most precious thing to have is knowledge.

Mongolian Proverbs

#1388 —*often used*

Эрхэм баян эрдэм (ном)
Дунд баян өнөр (үр хүүхэд) (өтгөн)
Адаг баян адуу мал (эд хөрөнгө)

Highest treasure is knowledge
Middle treasure is multitudes
Lowest treasure is horses and livestock

Энэ бол зүйр үг биш, хэлц. Өнөр гэдэг нь олон хүүхэдтэй гэр бүл гэсэн утгатай. Мал амьтдыг адаг баян гэсэн нь өвөл хаврын шуурганд амархан үхдэг учраас ингэж хэлжээ. Олон хүн хүүхэд олонтой, олон малтайгаа бол баян гэж боддог ч хэрвээ мэдлэг боловсролгүй бол жинхэнэ баян биш юм. Хүүхдүүдэд мэдлэг боловсролын чухлыг зааж сургахын тулд хэрэглэж болно.

This is a saying, not a proverb. A multitude means a big family with many children. Animals are the lowest treasure because they can easily die in a drought or a storm. This states that many people think they are rich because they have a big family and many animals, but without knowledge they are not really rich. It might be used when trying to teach children about the importance of knowledge.

#1389 —*occasionally used*

Эрэхийн үед элээний сүүл
Мянган лан

When you find a crow's tail
It is worth a thousand *lan*

Лан гэдэг бол Хятадын дээр үеийн хэмжүүр юм. Энэ нь таны олсон зүйл үнэ цэнэтэй бөгөөд ховор гэсэн утгатай. Үнэ цэнэтэй зүйлийг олох амаргүй байдаг. Ховор нандин юм олох гэж хичээж буй хүмүүст энэ үгийг хэлж болох юм. Тийм хүн хичээнгүйлэн ажиллах хэрэгтэй. Ямар нэг юмаа алдчихаад олох гэж зүдэрч яваа хүнд энэ үгийг бас хэлж болох юм.

The *lan* is an archaic Chinese measurement. This means that what you found is valuable and rare. It is not easy to find valuable things. It might be used if you are trying to find something that is rare or valuable. You must work hard. It might also be used if a person loses something and is having a hard time finding it.

#1390 —*occasionally used*

Эсгий гэр холдож
Энгэр гэр ойртох

The felt *ger* moves away
The slope *ger* comes closer

Эсгий гэр гэдэг бол хүний амьдардаг гэр орон. Хүмүүсийг нас барахад уулын наран талдаа энгэрт хөдөөлүүлдэг. Үхэж буй хүнийг ийнхүү дүрсэлдэг.

The felt *ger* is a person's home. People are buried on the southern slope of a mountain. This refers to someone who is dying.

#1391 —*often used*

Эсгий хийх газар нохой хэрэггүй

The place where felt is made does not need a dog

Ажил хийж байхад нохой ойр байвал энд тэнд үсчиж ажилд саад болдог. Ажил хийж буй хүнд саад болдог хүмүүсийг дүрслэхийн тулд энэ зүйр үгийг ашиглаж болно. Тийм хүн тус болохын оронд олон юм ярьж ажил хойш татдаг.

If a dog is around, he will run around jumping on the felt and bothering the workers. This might be used to refer to a person who disturbs others while they are working. He cannot help, but he nags and becomes a hindrance to the work.

Mongolian Proverbs

#1392 —*frequently used*
Эх нь хээр алаг бол
Хүү нь шийр алаг

If the mare is dappled
Then the foal is dappled

Эцэг эхийнхээ муу зан чанарыг дуурайсан хүүхдийг ийнхүү хэлдэг.

This refers to children who imitate the bad habits of their parents.

#1393 —*occasionally used*
Эх хүн үрээ харж байхдаа
Гол нь тасардаггүй

A mother looking after her own child
Never wants to die

Үр хүүхдэдээ зориулах эхийн хайрыг илэрхийлжээ.

This describes the total love a mother has for her child.

#1394 —*regularly used*
Эхийг нь эцээж
Тугалы (Тугалыг нь) тураахгүй

Do not wear out the cow
The calves will not be thin

Хэрэв үнээний бүх сүүг саавал тугал нь хөхөх сүүгүй үлдэнэ. Хамгийн сайнаараа хичээхгүй байгаа, эсвэл амьдралд нь тэнцвэр хэрэгтэй хүнд энэ үгийг хэлж болно. Зарим хүн ямарваа юмыг хүн бүрт хүртээмжтэй тэгш хуваах тухай ярихдаа энэ үгийг хэрэглэдэг.

If we take all the milk from a cow, there will be no milk for her calf. It can be used if someone is not doing his best or for someone who needs balance in his life. Some people might use it when sharing something and it will be divided equally among everyone.

#1395 —*frequently used*
Эхийн санаа үрд
Үрийн санаа ууланд

A mother's thoughts are on her child
A child's thoughts are on the mountain

Эхийн сэтгэл үрд
Үрийн санаа ууланд

A mother's heart is for her child
A child's thoughts are on the mountain

Энд ээж нь хүүхдүүдийнхээ талаар үргэлж бодож байдаг бол хүүхдүүд эцэг эхээ гэлгүй өөр зүйлд санаа тавьж байдгийг дүрсэлжээ. Монгол эцэг эхчүүд хүүхдүүдийнхээ хийх сонголтоос илүү тэдэнд муу зүйл тохиолдох вий гэж санаа зовж байдаг. Эцэг эхээ хайрладаггүй, тэдэнд дуулгаваргүй ханддаг, эцэг эхдээ захиа бичиж эсвэл зочилдоггүй, эцэг эхтэйгээ хэрэлдэж маргалддаг хүүхдүүдийг засахын тулд энэ үгийг хэлдэг.

This says that mothers always think about their children, but children think about many other things rather than their parents. Mongolian parents worry more about what will happen to their children (bad luck) than the choices they will make. It might be used to correct children when they do not show compassion for their parents, are disobedient, do not write letters or call or visit their parents or when they argue with their parents.

#1396 —*occasionally used*
Эхнэрээр нь нөхрийг
Эмээлээр нь морийг

By seeing the wife, you know the husband
By seeing the saddle, you know the horse

Эхнэр нь сайхан хувцасласан, аз жаргалтай байвал түүний нөхөр сайн хүн

If a wife is in good clothes and is happy, it means her husband is a good man. If

гэсэн үг. Хэрэв мориньι эмээл өнгөлөг, өндөр үнэтэй бол морь нь сайн гэсэн үг.

the saddle is good and expensive then you know it is a good horse.

#1397 —often used
Эхнэрээсээ өөр хүн танихгүй
Эмээлнээсээ өндөр даваа даваагүй

From wife, man does not know others
From saddle, man goes nowhere

Зарим хүн энэ үгийг маш их хаалттай, өөрийнхөө ертөнцийг л мэддэг, ган-цаардмал хүмүүсийг илэрхийлсэн гэж тайлбарладаг. Харин зарим хүн энэ үгийг юу ч хийгээгүй, бусадтай нийцгүй хүнийг дүрсэлсэн гэж тайлбарладаг.

Some people understand this as a description of a man who is very closed and only knows his small area, so he is lonely. Other people believe this describes the person who has not done anything and is unsociable.

#1398 —often used
Эхтэй хүн элэг бүтэн
Үртэй хүн сэтгэл дүүрэн

The person with a mother is full
The person with a child has a satisfied heart

Ээж байхын аз жаргалыг ийнхүү дүрсэлжээ. Түүний сэтгэл зүрх дүүрэн байдаг.

This describes the happiness of being a mother. Mind and heart will be full.

#1399 —often used
Эхэлбэл дуусгах хэрэгтэй
Эрвэл олох хэрэгтэй

If you start something, it is necessary to finish it
If you look for something, it is necessary to find it

Хийж буй ажилдаа тууштай байж, эхлүүлсэн зүйлээ дуусгахыг хүмүүст урамшуулж байна.

This might be used to encourage people to be persistent and finish what they start.

#1400 —occasionally used
Эцэг хүү хоёр адилгүй
Эрэг ус хоёр тэгшгүй

Father and son are not the same
Water and shore are not even

Хоорондоо адилгүй эцэг хүү хоёрын тухай ярьж байхдаа ийнхүү хэлдэг.

This might be used when talking about a father and son who are different from each other.

#1401 —regularly used
Эцэггүй хүүгийн толгой том
Эхгүй охины бөгс том

Without a father's guidance, a son
 chooses his own way and becomes a
 hooligan
Without a mother, a daughter's bottom
 is big

Бэлэвсэн эмэгтэй хүүгээрээ бүх зүйлийг даалган хариуцуулах үеийг нэг дэх мөр дүрсэлсэн гэж хүмүүс тайлбарладаг. Гэтэл хүүхэд нь сайн шийдвэр гаргах төлөвшилд хүрээгүй байдаг. Том бөгстэй гэдэг нь биеэ хэрхэн авч явах талаар хэн ч түүнд зааж байгаагүй гэсэн утгатай. Зарим хүн нэг дэх мөрийг аав нь хүүдээ

Some people understand line 1 to refer to when a single mother makes her son the leader. He is not mature enough to make good decisions. Having a big bottom means the daughter had no one to teach her how

сайн заавар зөвлөгөө өгөөгүй бол хүү нь ихэвчлэн буруу шийдвэр гаргадаг гэсэн утгаар тайлбарладаг. Үүний адил ээж нь охиндоо зааж өгөхгүй бол охин нь өөрийнхөөрөө явж завхай амьдралтай болдог. Энд гарч буй том бөгс гэдэг нь завхай гэсэн утгатай метафор юм. Зарим хүн эцэг эхгүй өсөж буй хүүхдийн тухай ярихдаа энэ үгийг хэлдэг.

to care for her body. Other people believe that line 1 refers to when a father does not give his son guidance and the boy therefore makes bad choices. In the same way, without a mother's guidance, a daughter chooses her own way and becomes immoral. Big bottom here is a metaphor for becoming immoral. Some might use it when referring to children who grow up without a mother or a father.

#1402 —often used
Юм болгон учиртай
Учир болгон утгатай

There is a reason for everything
There is a meaning for every reason

Ямар нэг сайн, эсвэл муу зүйл тохиолдоход хүмүүс учир шалтгааныг нь эрж хайдаг. Учир нь бүх юманд учир шалтгаан байдаг. Хэрэв муу зүйл тохиолдоход буруу зүйл хийсэн хүнийг л хайж олохыг хичээдэг. Өөрөөр хэлбэл, тохиолдсон муу зүйлд хэн нэгнийг буруутгахыг хүсдэг.

When something happens, good or bad, people will ask why it happened and will then look for the meaning or reason because everything has an explanation. If what has happened is bad, people will look for who must have done something wrong in order for this bad luck to occur. In other words, they want to know who is to blame for the bad luck.

#1403 —regularly used
Юм үзэж
Нүд тайлах

Sees something
Eyes are untied

Гадаадад гарч олон сайхан юм үзэж, нүд тайлсан хүмүүсийг дүрсэлж байна. Зарим хүн арвин их туршлагатай хүний тухай ярихдаа энэ үгийг хэрэглэдэг.

This describes people who went out and had their eyes opened to good things. Others might use it to describe the person who has had a lot of experiences.

#1404 —often used
Юманд учир
Нуманд гичир
(Суманд занги)
(Модонд мөчир бий)

A thing has a reason
A bow has a *gicher*
(An arrow has a tie)
(A tree has branches)

Гичир гэдэг бол модон нум сумны голд байдаг сумны зүг чигийг тодорхойлогч зүйлийг хэлдэг. Сайн, эсвэл муу зүйл тохиолдоход хүмүүс учир шалтгааныг нь эрж хайдаг. Учир нь бүх юманд учир шалтгаан байдаг. Гичир хараалахад тусалдаг шиг аливаа юмны утга учир, шалтгаан амьдралд тохиолддог зүйлсийг тайлбарлахад тусалдаг.

A *gicher* is the guide in the middle of the wooden part of the wooden bow that helps you aim the arrow. When something happens, good or bad, people will ask why it happened and will then look for the meaning or reason because everything has an explanation. Like the *gicher* helps your aim, the meaning or reason helps to explain what happens in life.

#1405 —often used
Юмны эзэн
Суман занги

The item's master
The battalion's commander

Ямар нэг зүйлийн талаар маргалдаж буй эсвэл хэн нь хариуцлага хүлээхийг шийдэх гэж хүмүүс маргалдаж байхад энэ үгийг хэлдэг. Өөрийгөө ямар нэг юмны эзэн, эсвэл үүрэг хариуцлагатай хүн гэж бодож байгаа хүн энэ үгийг хэлдэг.

This might be said if people are arguing over an item or who should be in charge. This would be said by the person who thinks he should be in charge of the item or the situation.

#1406 —frequently used
Юу сайхан
Дур сайхан

What is good
Desire is good

Хэрэв хүн аливааг үнэхээр сонирхсон бол хийх хэрэгтэй, учир нь танд сайн болох нь гарцаагүй. Ямар нэг юм хийх гэсэн чин хүсэлтэй хүмүүст хандаж энэ үгийг хэлдэг. Зарим хүн зөрүүд хүний тухай ярихдаа энэ үгийг хэрэглэдэг.

If you really desire something, just do it because it must be good for you. This would be said to the person who has a strong desire to do something. Others might use it when referring to a stubborn person.

#1407 —often used
Яаравч явган бүү суу
Ядравч ташуураа бүү тул

Even though you are in a hurry, do not squat
Even though you are tired, do not lean on a horsewhip

Амьдралдаа зовж шаналж яваа хүмүүсийг урамшуулан зоригжуулах үүднээс энэ үгийг хэлдэг. Хэдийгээр амьдрал хэцүү ч бид ямар нэг юм хийх хэрэгтэй. Энд яригдаж буй ташуур бол модон ташуур. Хэрэв морио унаж байхдаа ташуураа тулбал удаан явна гэсэн үг. Гэртээ хурдан харьсан нь дээр. Үргэлж яарч, аливаа юм хийхдээ буруу хийдэг хүнийг зарим хүн ийнхүү дүрсэлдэг.

This can be used as encouragement for when a person has suffering in his life. Even though life is hard, we still have to get out and do something. The horsewhip is a wooden rod. If you lean on your horsewhip while riding you will go slower. It is better to quickly go home. Some people might use this for one who is always in a hurry and doing things wrong.

#1408 —regularly used
Яарвал даарах
Ядарвал өлсөх

If you are in a hurry, you will be cold
If you are tired, you will be hungry

Яарвал даарна
Явбал хүрнэ

If you are in a hurry, you will be cold
If you go, you will arrive at the destination

Хөдөө нутагт гадаа хийх ажил маш их байдаг. Жишээ нь: хонь малаа хариулах, шөнө адуу манах гэх мэт. Хэрэв хүн яарч бэлтгэвэл дулаан хувцас, шүдэнз, хөнжил гудас зэргээ мартах тул шөнө нь их даардаг. Маш их ажиллах хэрэгтэй болдог. Хэрэв ажиллаж чадахааргүй

Countryside life involves a lot of outside activities such as looking for lost animals, staying overnight herding the horses, etc. If the person does his preparation in haste he might forget to bring enough warm clothes, matches or blankets and be cold. A lot of work is involved. If I am too tired

болтлоо ядарвал хоолоо хангалттай идэж чадахгүй. Энэ зүйр үг хэрэв бид яарч, ямар ч бэлтгэлгүйгээр аливааг хийвэл үр дүнгүй болохыг сануулжээ. Гэвч хэрэв юунд хүрэхээ нэгэнт шийдвэл хэдий урт зам туулах ч байсан бид үргэлжлүүлсээр, тууштай байх хэрэгтэй. Ингэвэл яваандаа бид хүрэх газраа хүрэх болно. Үргэлж яарч аливаа юмыг мартаж байдаг хүмүүст энэ үгийг хэлдэг. Зарим хүн цаг нь болоогүй байхад аливаа юмыг хэт хурдан хийчихдэг хүмүүст энэ үгийг хэлдэг.

to work, I will not have enough to eat. This proverb is saying that if we try to do things quickly without the proper preparation, the plan will fail. But once we decide what we want to achieve we should keep going and persevere however long the journey feels to us and eventually we will arrive at our destination. Some people might use this for people who are always in a hurry and forgetting to do things. Other people might use it for the person who does things too quickly and before the right time.

#1409 —often used

Явж байвал явдал бүтнэ
Хэлж байвал хэрэг бүтнэ

Хүн гэртээ байсаар байвал юу ч хийдэггүй байна. Тэр сурч, ажиллахын тулд хаа нэгтээ явах хэрэгтэй. Хоёр дахь мөр хэрэв бид хийх гэж байгаа зүйлийнхээ талаар мэддэг хүнтэй нь уулзаж ярилцвал ажлаа амжилттай дуусгах арга замыг мэдэх боломжтой гэсэн утгатай. Эхэлсэн ажлаа дуусгадаг хүмүүсийг урамшуулахын тулд ийнхүү хэлж болно.

If you are going, your matter will be completed
If you are speaking, your work will be completed

If a person is sitting at home, he is not doing anything. He needs to go somewhere to work or to learn. The second line means if we go and speak with someone who has knowledge about what we are doing, we can get help with good ways to finish our work. This might be used to encourage people to finish what they started.

#1410 —regularly used

Явсан нохой яс зууна
Хэвтсэн үнээ хээл алдана

Үүгээр, түүгээр хэсүүчилсэн нохой яс олдог бол хээлтэй үнээ хэвтсээр байвал хээл алддаг байна. Энэ зүйр үгийн гол утга нь залхуурахаас сэрэмжлүүлж байна.

The dog that went gets the bone
The lying cow has a miscarriage

People know that it is the dog that runs around that finds a bone and that a cow that lies down to give birth will lose the calf. The point here is a warning to not be lazy.

#1411 —often used

Ядаж байж ямбанд дуртай
Явган байж жороод дуртай

Юу ч үгүй байгаа тансаглах дуртай хүнийг дүрсэлжээ.

Lacking, yet likes luxuries
Walking, yet likes an ambling horse

This describes the person who likes luxuries but has nothing.

#1412 —often used

Ядуу хүнд ноён олон
Явган хүнд даваа олон

Явган алхаж буй хүн олон даваа давах хэрэгтэй байдгийн нэгэн адил ядуу хүнийг дарлах гэсэн ноёд олон байдаг.

The poor have many lords
The walking person has many hills

Just as a person who is walking will encounter many hills, poor people have everyone trying to boss them around.

#1413   —*regularly used*
Ялихгүй юм ямааны гарз
Ялихгүй зусар баяжихад саад

Ялихгүй зусар
Баяжихад садаа

Little things, loss of a goat
A little flattery, a barrier for wealth

A little flattery
An obstacle to wealth

Хэрэв болгоомжтой байхгүй бол жижиг алдаа ч том асуудал үүсгэж болзошгүйг анхааруулжээ. Жишээ нь: хүн жижиг алдаа гаргасныхаа төлөө ямаагаараа төлнө. Баяжих гэж зусардсан ч юу ч олж долоохгүй. Мөн жижиг зүйлсэд хэт их анхаарал хандуулдаг хүмүүст ч энэ үгийг хэлж болох юм. Энэ нь сайн хэрэг биш.

This says that when you are not being careful, even a small mistake can cause you many problems. For example, a man makes a small mistake and loses his goat in payment. A man, wanting to be rich, flatters others but gets no where. Or, it might be used when referring to a person who spends a lot of time on small things. This is not good.

#1414   —*often used*
Ямаа туйлаад (туйлавч) янгиа эвдэхгүй
Тэмээ туйлаад (туйлавч) тэнгэрт гарахгүй

A goat cannot break a saddle, even if it is mad
A camel cannot go to the sky, even if it is mad

Юм бүхэнд хэмжээ хязгаар гэж байдаг бөгөөд бид өөрсдийнхөө хэмжээ хязгаарыг сайн мэддэг байх хэрэгтэй. Мөн өөрийгөө хазаарлан захирч сурах хэрэгтэй. Бүхнийг өөрийнхөөрөө хийж, өөрийгөө хэн нэгний удирдлага дор байх ёсгүй гэж боддог хүмүүсийг дүрсэлжээ. Ийм хүн өөрийнхөө дураар бүхнийг хийдэг.

This says that everything has its limits and we need to know ours. We need to exercise self-control. This describes a person who does things by himself and considers himself not to be under anyone's authority. He does as he pleases.

#1415   —*occasionally used*
Ямаа ямбалж усгүй хоцорно

A spoiled goat loses the chance for drinking water

Уух ус нь таалагдаагүй учир ямаа хаанаас ч байсан ус олж уух чадна гэж боджээ. Ямар нэг зүйл өгөхөд нь дараа илүү сайныг олж болно гэж бодоод авалгүй явдаг хүмүүс дараа нь юу ч үгүй хоцордог гэсэн утгатай.

This goat is not in the mood to drink and he thinks he can get water whenever he wants. It means if people reject things when they are offered because they think they will get something better later they will have nothing.

#1416   —*often used*
Ямаан толгой ямбанд ордоггүй
Янтгар хатан зарга шүүдэггүй

A goat's head should not enter the chamber
An arrogant queen should not be the judge

Дээр үед нөхрүүд нь аливаа хэргийг шүүдэг байжээ. Гэвч заримдаа эхнэрүүд нь шүүх ёсгүй атлаа шүүдэг байж. Монголчууд хонины махыг ямааны махнаас

In old times, the husband was the judge, but sometimes the wife was doing the job and she should not have been. For Mon-

илүүд үздэг. Тиймээс ямааны махыг тэр бүр иддэггүй. Үүний нэгэн адил эхнэрийн эрх мэдэл нөхрийнхөөс илүү гарахгүй. Учир нь эр хүн чухал хэргүүдэд шийдвэр гаргадаг. Хүмүүс өөрсдийгөө байгаагаасаа илүү дээгүүр тавих үед энэ үгийг хэлдэг.

golians mutton is always preferred over goat meat. The goat is not a choice food. Likewise the wife of a ruler will never be preferred over her husband who makes the decision for important cases. This might be used when people think of themselves as higher than what they actually are.

#1417 —frequently used

Ямааны мах
Халуун дээрээ

Ямааны мах
Халуундаа сайн
Явган хүн
Хурдандаа сайн

Ямааны мах чанасны дараа маш хурдан царцдаг. Хонины мах харин тийм байдаггүй. Хонины өөх царцалгүй уддаг байна. Тийм учраас ямааны махыг чанасны дараа халуун байгаа дээр нь хурдан идэх хэрэгтэй болдог. Бизнесээ аль болох хурдан эхлэх хэрэгтэй гэсэн утгаар зарим хүн хэрэглэдэг. Ямар нэг зүйл тохиолдсон ч тэр нь нэг их чухал ач холбогдолгүй бол энэ үгийг хэлэх тохиолдол ч байдаг. Зарим хүн хэн нэгэн харилцааны асуудалтай хүмүүст сануулга болгон энэ үгийг хэлдэг. Асуудлаа хурдан шийдэх нь хамгийн сайн.

Goat meat is
Better hot

For goat meat
Hot is good
For a walking person
Fast is good

Goat fat congeals or cools very easily once it's cooked. This is not true with mutton. Mutton fat can stay warm for a longer time. This is why it is said that goat meat is best if eaten as soon as it is served while it is still warm. Some people might use this to advise people to take care of business right away rather than waiting. Other people might use it to refer to something that has happened, but after a while it is unimportant. Others might use this as a warning to people who are having relationship problems. It is best to resolve the problems as soon as possible.

#1418 —occasionally used

Янаг ихэдвэл
Тэнэг ихэднэ

Хосууд өөрсдийн хайр энхрийллийг олны нүдэн дээр гаргах хэрэггүй.

Too much intimacy
Will be stupid

Couples should not show too much affection in public.

#1419 —often used

Яртай модны яран дундуур
Ярдаг хүний шилэн дундуур

Муухай ааш авиртай хүнийг хатуу шийтгэх хэрэгтэй гэсэн утгатай.

Between the knots of gnarled wood
Through the nape of a cantankerous person's neck

This means that a bad-tempered person needs to be hit hard.

Bibliography

Crépeau, Pierre. 1994. The invading guest: some aspects of oral transmission. In *The Wisdom of Many: Essays on the Proverb*, edited by W. Mieder and A. Dundes. Madison WI: The University of Wisconsin Press. Original edition, 1981.

Jason, Heda. 1971. Proverbs in Society: The problem of meaning and function. *Proverbium* 17:617-623.

Kirshenblatt-Gimblett, Barbara. 1994. Toward a Theory of proverb meaning. In *The Wisdom of Many: Essays on the Proverb*, edited by W. Mieder and A. Dundes. Madison WI: The University of Wisconsin Press. Original edition, 1981.

Messenger, John C. Jr. 1959. The role of proverbs in a Nigerian judicial system. *Southwestern Journal of Anthropology* 15 (1):64-73.

Seitel, Peter. 1977. Saying Haya sayings: Two categories of proverb use. In *The Social Use of Metaphor*, edited by J. D. Sapir and J. C. Crocker. Philadelphia: The University of Pennsylvania Press, Inc.

Westermarck, Edward. 1930. *Wit and Wisdom in Morocco. A Study of Native Proverb*. London: George Routledge & Sons, Ltd.

www.ingramcontent.com/pcd-product-compliance
Lightning Source LLC
Chambersburg PA
CBHW082026300426
44117CB00015B/2367